JN379196

김동준

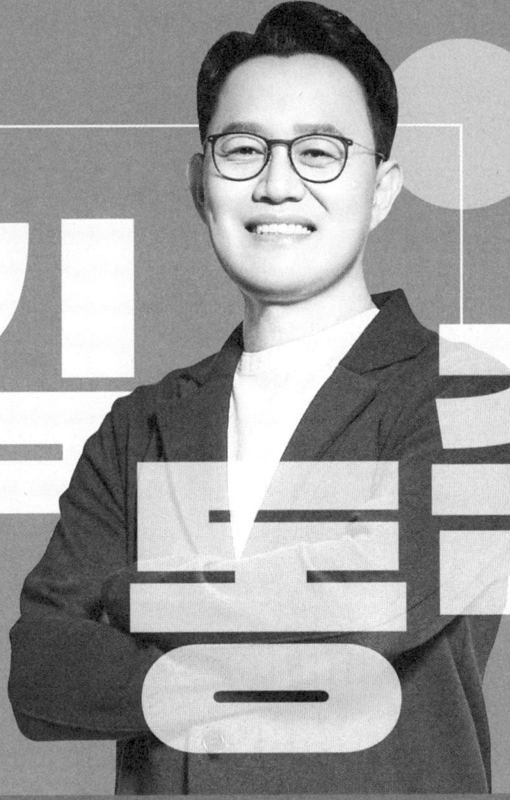

소방관계법규

단원별 기출문제집 500

서울고시각
www.gosigak.co.kr

**Stand by
Strategy
Satisfaction**

새로운 출제경향에 맞춘 수험서의 완벽서

머리말

소방공무원은 없어서는 안 되는 현대사회에 필수적인 직종입니다. 사회가 발달함에 따라서 화재는 날로 증가되고 있으며 소방인이 해야 하는 일은 날로 전문화되어 가고 있습니다.

현재 소방공무원의 인원은 너무나 부족한 실정이어서 향후 몇 년간은 많은 인원이 채용될 예정으로 있으며 합격하기 위해서는 무엇보다도 기출문제 분석이 우선되어야 될 것이고 거기에 심화학습을 통한 깊이 있는 학습이 필요합니다.

우리나라 국보 1호인 숭례문이 전소되었습니다. 거기에는 매뉴얼이 없었기 때문입니다. 만약 건물이 지진으로 붕괴가 될 경우 생존가능성이 가장 높은 사람은 미리 매뉴얼이 있는 사람일 것입니다. 그래서 수험생들에게도 미리 매뉴얼이 있어야 합니다. 어떻게 공부할 것이며, 내가 무엇을 위해 공부하는지를 명확히 해야 만이 빠른 시일 내에 합격을 손에 넣을 수 있습니다.

이 책은 소방관계법규 기출문제를 단원별로 분석하고, 상세한 해설을 달아 수험생 여러분이 수험대책을 세우고 미리 매뉴얼을 작성하는 데 도움을 줄 수 있도록 구성되어 있습니다.

수험은 단순함의 연속입니다. 수험에 도움이 안 되는 것은 버릴 줄 아는 지혜도 필요합니다. 아무 생각 없이 오로지 수험에만 매진한다면 반드시 빠른 시일 내에 합격할 수 있습니다.

우리가 환란 중에도 즐거워하나니 이는 환란은 인내를, 인내는 연단을, 연단은 소망을 이루는 줄 앎이로다(로마서 5장 3~4절).

이 책의 출판을 위해 노력을 아끼지 않은 김용관 회장님과 김용성 사장님 이하 모든 서울고시각 임직원여러분에게 감사한 마음을 전합니다.

마지막으로 수험생 여러분의 뜻하신 바가 이루어지기를 두 손 모아 기도드립니다.

편저자 씀

소방직 수험준비와 대책

1 명확한 목표 설정과 실천

소방직을 준비하는 여러 가지 이유가 있을 것이다. 그러나 분명한 것은 명확한 목표를 가져야 흔들림 없이 합격에 도달할 수 있다는 것이다. 합격이라는 자그마한 목표를 위해 달려가다 보면 분명 장애물이 있을 테고, 그 장애물을 넘기 위해선 용기와 끈기 그리고 지혜가 필요하다. 그 장애물을 잘 넘기 위해서는 몇 가지 대책이 필요하다.

첫째 : 건물을 짓기 위해선 설계가 필요하듯이 소방직공무원을 준비하기 위해선 공부를 어떻게 할 것인지 설계가 필요하다. 소방적 마인드로 접근해 보면 숭례문이 불이 났을 때 제때 진압을 하지 못한 이유는 매뉴얼이 없었기 때문이다. 미리 숭례문이 화재가 난다고 가정이 되었다면 쉽게 진압할 수 있을 것이다.

둘째 : 설계가 되어 있다면 그 공사에 최선을 다해야 한다. 즉 수험생이라면 공부에 최선을 다해야 된다. 부실시공이 되지 않기 위해선 체력과 노하우, 성실함이 필요하다. 특히 소방직은 다른 사람의 생명을 담보로 하기 때문에 체력이 우선시 되어야 한다.

셋째 : 자기가 계획된 방향으로 제대로 가고 있는지 감독과 올바른 지적이 필요하다. 그 감독대행을 할 수 있는 곳이 학원이며, 선생의 역할이다. 대체적으로 이 부분을 간과하는 경우가 많다. 공부는 물론 자기 자신과의 싸움이지만, 질문·토론과 상담을 통해서 올바른 공부 방향으로 나아가야 된다.

2 소방직의 전망

① 소방직의 전망은 아주 좋지 않다고 가정하자. 그러면 소방직의 나쁜 점을 기술해 보자.

첫째 : 위험하다.

교통사고 사망률은 얼마이며, 일반직공무원으로 근무하다가 심장마비로 사망하는 숫자는 얼마인가? 또한 경찰공무원의 순직비율은 얼마인가? 소방관은 절대로 위험하지 않다. 그 이유는 '소방관은 불을 끄는 직종이다.'라고 하는 마인드에서 탈피해야 한다. 소방직에서 할 수 있는 일을 보면 건축허가 동의, 소방민원, 소방교육, 소방검사, 화재조사, 구조행정, 구급행정, 소방방송, 재난관리, 위기관리, 소방학교 교수업무, 소방학교 교관업무, 소방학교 행정업무, 소방체험관 근무, 소방방재청 근무, 소방서 근무 등으로 위에서 나열한 근무는 모두 내근직이다. 즉 9시 출근, 6시 퇴근이다.

둘째 : 일이 힘들다.

물론 생사를 넘나드는 화재현장에서 화마와 싸우기는 힘들 것이다. 그러나 과연 화재는 몇 건이 발생하고, 화재로 출동하지 않을 때는 무엇을 하는지를 생각해 보라. 소방직 만큼 탁구와 족구, 배드민턴을 잘하는 사람은 별로 없을 거라 생각이 된다. 어차피 체력을 길러야 하므로 꾸준한 운동은 기본이 된다.

셋째 : 결혼하기 힘들다.

'위험한 직종이기 때문에 결혼하기 힘들지 않습니까?'라는 질문을 받을 때가 있다. 그것은 정말 잘못된 생각이다. 그 이유는 가장 좋은 직업 1위가 소방관이다.

소방직 수험준비와 대책

② 이상으로 나쁜 점을 보았다. 그러면 현대사회의 특성에 대해 알아보자.

첫째 : 환경의 변화

현대사회는 초고층화, 지하화, 고령화 등 소방이 담당하는 분야도 화재진압뿐만 아니라 재난, 재해, 국민을 위한 복지까지 확대되어 가고 있다. 건물을 보면 초고층화로 인한 화재의 위험성에 노출되어 있어서 소방관의 채용은 점차 확대되어 가고 있는 추세이다.

둘째 : 연료의 개발

잘 타는 연료의 개발, 즉 연소가 잘되는 고분자물질이 증가함에 따라, 화재위험성은 점차 증가될 것으로 사료되며, 소방이 더욱더 필요한 시대이다.

셋째 : 편리성 추구

편리성을 추구함으로 인해 여러 가지 사고가 많이 나고 있으며, 딱딱한 의자보다는 편안한 의자를 찾기 때문에 화재에 더욱더 노출되게 된다.

넷째 : 안전을 갈망하는 사회

지금 시대는 밥을 못 먹고 사는 세대는 아니다. 그러기에 사람의 안전이 더욱더 중요시되는 사회이다. 거기에 안전에 관한 총책임자인 소방관이 필수 불가결하다.

3 합격하기 위한 전략

소방학이 정립되어 감에 따라 문제수준은 날이 갈수록 어려워질 전망이다. 그러나 분명한 것은 소방학 고득점 전략이 있고, 영어, 국어, 행정법, 수학, 과학보다는 고득점 맞기가 쉬울 것이다. 그러면 소방학 고득점 전략에 대해 알아보자.

첫째 : 기출문제 분석

어느 시험이고, 기출문제의 중요성은 말할 필요가 없다. 기출문제에서 나올 수 있는 문제는 점점 줄어들고 있는 추세지만, 20~30% 이상은 기출에서 나온다.

둘째 : 용어의 이해와 암기

소방학과 소방법은 특수한 과목이기에 거기에 나오는 용어가 어려울 수 있다. 일단은 용어의 이해와 암기가 필요하다. 예를 들면 무창층, 비상구, 옥내소화전 등 우리가 주변에 있지만, 관심이 없기에 잘 모르는 것이다. 소방에 관심을 가지고 있으면 쉽게 이해할 수 있을 것이다.

셋째 : 흐름의 이해

흐름은 분명히 있다. 예를 들자면 소방을 한문으로 보면 消防, 즉 끌 소, 막을 방이다. 불을 끄고 막기 위해서 소방서가 나온 것이고, 연소가 계속 되어서 불이 되는 것이다. 그러면 연소란 무엇이며 연소가 일어나기 위해선 무슨 요소가 필요한지를 알아야 한다. 연소는 가연물이 산소와 결합하여 열과 빛을 내는 급격한 산화 반응이다. 담배를 피기 위해서는 담배와 라이터 그리고 산소가 필요하다. 담배는 가연물, 라이터는 점화원, 산소는 산소공급원이다. 담배를 제거하면 담배를 피울 수 없다. 그것이 바로 제거소화가 된다. 라이터를 물로 끄면 이것이 냉각소화가 되며, 산소를 없애면 질식소화가 된다. 그러면 소화하기 위해선 어떤 약제가 필요한지 보면 된다. 소화약제는 수계와 가스계가 있다. 수계에는 물과 포, 가스계에는 이산화탄소, 할론, 청정, 분말이 있다. 이런 흐름이 있다. 이러한 것이 소방학이 된다.

CONTENTS

01 문제편

Part 01. 소방기본법 / 3

Chapter 01	총 칙	4
Chapter 02	소방장비 및 소방용수시설 등	29
Chapter 03	화재의 예방과 경계	48
Chapter 04	소방활동 등	73
Chapter 05	화재조사	103
Chapter 06	구조 및 구급	109
Chapter 07	의용소방대	109
Chapter 08	소방산업의 육성·진흥 및 지원 등	109
Chapter 09	한국소방안전원	110
Chapter 10	보 칙	114
Chapter 11	벌 칙	118

Part 02. 소방시설법 / 123

Chapter 01	총 칙	124
Chapter 02	소방특별조사 등	149
Chapter 03	소방시설의 설치 및 유지·관리 등	158
Chapter 04	소방대상물의 안전관리	212
Chapter 05	소방시설관리사 및 소방시설관리업	233
Chapter 06	소방용품의 품질관리	237
Chapter 07	보 칙	239
Chapter 08	벌 칙	241

Part 03. 소방시설공사업법 / 245

Chapter 01	총 칙	246
Chapter 02	소방시설업	253
Chapter 03	소방시설공사등	267
Chapter 04	소방기술자	305

Chapter 05	소방시설업자협회	307
Chapter 06	보 칙	308
Chapter 07	벌 칙	310

Part 04. 위험물안전관리법 / 313

Chapter 01	총 칙	314
Chapter 02	위험물시설의 설치 및 변경	352
Chapter 03	위험물시설의 안전관리	360
Chapter 04	위험물의 운반 등	376
Chapter 05	감독 및 조치명령	381
Chapter 06	보 칙	382

02 기출문제 모의고사

Part 01	2021년 상반기(경채)	386
Part 02	2021년 상반기(공채)	393
Part 03	2020년 상반기(경채)	400
Part 04	2020년 상반기(공채)	408
Part 05	2019년 상반기(경채)	415
Part 06	2019년 상반기(공채)	423
Part 07	2018년 하반기(경채)	430
Part 08	2018년 하반기(공채)	437
Part 09	2018년 상반기(경채)	443
Part 10	2018년 상반기(공채)	448
Part 11	2017년 경채	454
Part 12	2017년 중앙	460
Part 13	2017년 하반기	465

소방관계법규
기출문제집
500

문제편

소방관계법규
기출문제집
500

소방기본법

Chapter 01 총 칙
Chapter 02 소방장비 및 소방용수시설 등
Chapter 03 화재의 예방과 경계
Chapter 04 소방활동 등
Chapter 05 화재조사
Chapter 06 구조 및 구급
Chapter 07 의용소방대
Chapter 08 소방산업의 육성·진흥 및 지원 등
Chapter 09 한국소방안전원
Chapter 10 보 칙
Chapter 11 벌 칙

PART 01 | 소방기본법

제1장 총칙

01 「소방기본법」상 소방의 궁극적인 최종목적은?
① 복리증진
② 화재예방
③ 화재진압
④ 재해·재난 방지
⑤ 구조·구급

[11. 간부]
상 중 하
기본서 2권 p.14

02 다음 중 「소방기본법」의 목적에 해당하는 내용으로 옳지 않은 것은?
① 화재를 예방·경계하거나 진압한다.
② 국민의 생명·신체 및 재산을 보호한다.
③ 공공의 보호와 안전을 하달한다.
④ 공공의 안녕 및 질서 유지와 복리증진에 이바지한다.

[11. 울산]
상 중 하
기본서 2권 p.14

해설

01 소방기본법의 궁극적인 최종목적은 <u>공공의 안녕 및 질서 유지</u>와 <u>복리증진</u>에 이바지함이다(법 제1조).

02 화재를 <u>예방·경계하거나 진압</u>하고 화재, 재난·재해, 그 밖의 위급한 상황에서의 구조·구급 활동 등을 통하여 <u>국민의 생명·신체 및 재산을 보호</u>함으로써 <u>공공의 안녕 및 질서 유지와 복리증진에 이바지함</u>을 목적으로 한다(법 제1조).

정답 01.① 02.③

03 다음 중 괄호 안에 들어갈 말로 적절한 것을 고르시오.

> 이 법은 화재를 예방, 경계하거나 진압하고, 화재, (㉠)·재해, 그 밖의 (㉡)한 상황에서의 (㉢), 구급 활동 등을 통하여 국민의 생명·신체 및 재산을 보호함으로써 공공의 (㉣) 및 질서 유지와 복리증진에 이바지함을 목적으로 한다.

       ㉠   ㉡   ㉢   ㉣
① 재난, 위급, 구조, 복지
② 재난, 위급, 구조, 안녕
③ 재난, 위험, 구조, 안녕
④ 재난, 위험, 구조, 복지

[13. 경기]

04 다음 중 화재를 진압하고 화재, 재난·재해, 그 밖의 위급한 상황에서의 구조·구급 활동 등을 하기 위한 소방대가 아닌 것은?
① 소방공무원
② 의무소방원
③ 의용소방대원
④ 자체소방대원

[11. 부산]

해설

03 화재를 예방·경계하거나 진압하고 화재, 재난·재해, 그 밖의 위급한 상황에서의 구조·구급 활동 등을 통하여 국민의 생명·신체 및 재산을 보호함으로써 공공의 안녕 및 질서 유지와 복리증진에 이바지함을 목적으로 한다(법 제1조).

04 ▶소방대(법 제2조 제5호)
  가. 「소방공무원법」에 따른 소방공무원
  나. 「의무소방대설치법」 제3조에 따라 임용된 의무소방원
  다. 「의용소방대 설치 및 운영에 관한 법률」에 따른 의용소방대원

정답 03.② 04.④

05 「소방기본법」에서 용어의 뜻으로 옳지 않은 것은?
  ① "관계인"이란 소방대상물의 소유자·관리자 또는 점유자를 말한다.
  ② "소방대"는 소방공무원만을 지칭한다.
  ③ "관계지역"이란 소방대상물이 있는 장소 및 그 이웃 지역으로서 화재의 예방·경계·진압, 구조·구급 등의 활동에 필요한 지역을 말한다.
  ④ "소방대장"이란 소방본부장 또는 소방서장 등 화재, 재난·재해, 그 밖의 위급한 상황이 발생한 현장에서 소방대를 지휘하는 사람을 말한다.

[11. 울산]
기본서 2권 p.16

06 다음 중 소방대상물에 해당되지 않는 것은?
  ① 산림
  ② 달리는 자동차
  ③ 항해 중인 선박
  ④ 철도차량

[11. 서울]
기본서 2권 p.15

해설

05 ② 소방대란 소방공무원, 의무소방원, 의용소방대원을 지칭한다(법 제2조 제5호).

06 ③ 항해 중인 선박은 해당되지 않는다(법 제2조 제1호).
"소방대상물"이란 건축물, 차량, 선박(항구에 매어둔 선박만 해당), 선박 건조 구조물, 산림, 그 밖의 인공 구조물 또는 물건을 말한다.

정답 05.② 06.③

07 다음 중 소방대상물이 아닌 것은?
① 건축물
② 항구에 매어진 선박
③ 운항 중인 항공기
④ 산림

[11. 중앙]
상 중 하
기본서 2권 p.15

08 다음 중 소방대를 구성하는 사람이 아닌 것은?
① 소방공무원　　　　② 의무소방원
③ 의용소방대원　　　④ 자위소방대원

[11. 통합]
상 중 하
기본서 2권 p.16

해설

07 ③ 운항 중인 항공기는 포함되지 않는다(법 제2조 제1호).
"소방대상물"이란 건축물, 차량, 선박(항구에 매어둔 선박만 해당), 선박 건조 구조물, 산림, 그 밖의 인공 구조물 또는 물건을 말한다.

08 ④ 소방대는 소방공무원, 의무소방원, 의용소방대원으로 구성된다(법 제2조 제5호).

정답 07.③ 08.④

09 다음 중 관계인의 정의로서 옳지 않은 것은?
① 소유자
② 관리자
③ 신고자
④ 점유자

[11. 전남]
기본서 2권 p.16

10 다음 중 「소방기본법」 용어의 뜻이 틀린 것은?
① 소방대상물이란 건축물, 차량, 선박(항구에 매어둔 선박), 선박 건조 구조물, 산림 그 밖의 인공 구조물 또는 물건을 말한다.
② 관계인이란 소유자·관리자 또는 점유자를 말한다.
③ 소방대장이란 소방본부장 또는 소방의용대장 등 화재, 재난·재해, 그 밖의 위급한 상황이 발생한 현장에서 소방대를 지휘하는 사람을 말한다.
④ 소방본부장이란 특별시·광역시·특별자치시·도 또는 특별자치도에서 화재의 예방·경계·진압·조사 및 구조·구급 등의 업무를 담당하는 부서의 장을 말한다.

[11. 서울]
기본서 2권 p.15~16

해설 09 ③ 관계인은 소유자·관리자 또는 점유자를 말한다(법 제2조 제3호).

10 ③ 소방대장이란 소방본부장 또는 소방서장 등 화재, 재난·재해 그 밖의 위급한 상황이 발생한 현장에서 소방대를 지휘하는 자를 말한다(법 제2조 제6호).

정답 09.③ 10.③

11 소방기본법에서 소방대상물로 옳은 것을 고르시오.

㉠ 인공 구조물	㉡ 건축물
㉢ 산림	㉣ 달리는 차량
㉤ 나는 항공기	㉥ 항해 중인 선박

① ㉠, ㉡, ㉢
② ㉠, ㉡, ㉢, ㉣
③ ㉠, ㉡, ㉢, ㉣, ㉤
④ ㉠, ㉡, ㉢, ㉣, ㉤, ㉥

[11. 서울]
기본서 2권 p.15

12 「소방기본법」상 용어의 정의 중 옳은 것은?
① "소방대장"이란 소방본부장 또는 소방서장, 방화서장 등 화재, 재난·재해, 그 밖의 위급한 상황이 발생한 현장에서 소방대를 지휘하는 사람을 말한다.
② "소방대상물"이란 건축물, 차량, 항해 중인 선박, 선박 건조 구조물, 산림, 그 밖의 인공 구조물 또는 물건을 말한다.
③ "관계지역"이란 소방대상물이 있는 장소 및 그 이웃 지역으로서 화재의 예방·경계·진압, 구조·구급 등의 활동에 필요한 지역을 말한다.
④ "소방대"란 화재를 진압하고 화재, 재난·재해, 그 밖의 위급한 상황에서 구조·구급 활동 등을 하기 위하여 소방공무원, 의무소방원, 자위소방대원으로 구성된 조직체를 말한다.

[13. 특채]
기본서 2권 p.15~16

해설

11 ㉤, ㉥은 소방대상물에 해당하지 않는다.

▶ 소방대상물(법 제2조 제1호)
"소방대상물"이란 건축물, 차량, 선박(항구에 매어둔 선박만 해당), 선박 건조 구조물, 산림, 그 밖의 인공 구조물 또는 물건을 말한다.

12 ③ 관계지역이란 소방대상물이 있는 장소 및 그 이웃 지역으로서 화재의 예방·경계·진압, 구조·구급 등의 활동에 필요한 지역을 말한다(법 제2조 제2호).
① 소방대장이란 소방본부장 또는 소방서장 등 화재, 재난·재해, 그 밖의 위급한 상황이 발생한 현장에서 소방대를 지휘하는 사람을 말한다(법 제2조 제6호).
② 소방대상물이란 건축물, 차량, 선박(항구에 매어둔 선박만 해당한다), 선박 건조 구조물, 산림, 그 밖의 인공 구조물 또는 물건을 말한다(법 제2조 제1호).
④ 소방대란 화재를 진압하고 화재, 재난·재해, 그 밖의 위급한 상황에서 구조·구급 활동 등을 하기 위하여 소방공무원, 의무소방원, 의용소방대원으로 구성된 조직체를 말한다(법 제2조 제5호).

정답 11.② 12.③

13 다음 중 소방대상물이 아닌 것은?
① 항해 중인 선박
② 항공기 격납고
③ 정박 중인 선박
④ 지정수량 미만인 차량

[13. 중앙]
기본서 2권 p.15

14 소방대상물이 있는 장소 및 그 이웃 지역으로서 화재의 예방·경계·진압, 구조·구급 등의 활동에 필요한 지역은 무엇인가?
① 위험대상지역 ② 소방활동지역
③ 관계지역 ④ 위험지역

[13. 전북특]
기본서 2권 p.16

해설 **13** ① 항해 중인 선박은 해당되지 않는다(법 제2조 제1호).
"소방대상물"이란 건축물, 차량, 선박(항구에 매어둔 선박만 해당), 선박 건조 구조물, 산림, 그 밖의 인공 구조물 또는 물건을 말한다.

14 ③ "관계지역"이란 소방대상물이 있는 장소 및 그 이웃 지역으로서 화재의 예방·경계·진압, 구조·구급 등의 활동에 필요한 지역을 말한다(법 제2조 제2호).

정답 13.① 14.③

15 다음 중 소방대상물에 해당되는 것은?
① 철도
② 나는 항공기
③ 지하매설물
④ 차량

16 소방대상물이 아닌 것은?
① 항해 중인 선박
② 산림
③ 달리는 차량
④ 건축물

해설
15 ④ 차량은 소방대상물이다(법 제2조 제1호).
"소방대상물"이란 건축물, 차량, 선박(항구에 매어둔 선박만 해당), 선박 건조 구조물, 산림, 그 밖의 인공 구조물 또는 물건을 말한다.
①②③은 소방대상물에 해당되지 않는다. 철도차량과 항공기는 소방대상물이다.

16 ① 항해 중인 선박은 해당되지 않는다(법 제2조 제1호).
"소방대상물"이란 건축물, 차량, 선박(항구에 매어둔 선박만 해당), 선박 건조 구조물, 산림, 그 밖의 인공 구조물 또는 물건을 말한다.

정답 15.④ 16.①

17 「소방기본법」상 용어의 정의에 대한 설명으로 옳지 않은 것은?

① "특정소방대상물"이란 건축물, 차량, 항구에 매어둔 선박, 선박 건조 구조물, 그 밖의 인공 구조물 또는 물건을 말한다.
② "관계인"이란 소방대상물의 소유자·관리자 또는 점유자를 말한다.
③ "소방본부장"이란 특별시·광역시·특별자치시·도 또는 특별자치도에서 화재의 예방·경계·진압·조사 및 구조·구급 등의 업무를 담당하는 부서의 장을 말한다.
④ "소방대장"이란 소방본부장 또는 소방서장 등 화재, 재난·재해, 그 밖의 위급한 상황이 발생한 현장에서 소방대를 지휘하는 사람을 말한다.

18 다음 〈보기〉에서 설명하는 것은 무엇인가?

> ( )이란 건축물, 차량, 선박(항구에 매어둔 선박만 해당한다), 선박 건조 구조물, 산림, 그 밖의 인공 구조물 또는 물건을 말한다.

① 소방대상물
② 소방안전관리대상물
③ 특정소방대상물
④ 건축허가동의대상물

해설

17 ① 특정소방대상물이 아니라 <u>소방대상물</u>이다(법 제2조 제1호).
→ "특정소방대상물"이란 소방시설을 설치하여야 하는 소방대상물로서 대통령령으로 정하는 것을 말한다(소방시설법 제2조 제3호).

18 ① 소방대상물에 대한 설명이다(법 제2조 제1호).

정답 17.① 18.①

19 다음 중 「소방기본법」상 용어에 대한 설명으로 가장 옳은 것은?
① "관계인"이란 소방대상물의 소유자·관리자 또는 점유자를 말한다.
② "관계지역"이란 소방대상물이 있는 장소만을 말한다.
③ "소방대상물"이란 건축물, 차량, 항해 중인 선박, 선박 건조 구조물, 산림, 그 밖의 인공 구조물 또는 물건을 말한다.
④ "소방대장"이란 소방본부장 또는 소방서장만을 말한다.

[18. 상반기]
기본서 2권 p.15~16

20 다음 「소방기본법」의 내용 중 옳지 않은 것은?
① 관할구역 안에서 소방업무를 수행하는 소방서장은 관할구역의 시·군·구청장의 지휘를 받는다.
② 소방대에는 의용소방대원을 포함한다.
③ 소방대장은 위급한 상황이 발생한 현장에서 필요한 때 그 현장에 있는 사람으로 하여금 사람을 구출하는 일을 하게 할 수 있다.
④ 소방대장은 불이 번질 우려가 있는 소방대상물 및 토지를 일시적으로 사용 또는 제한 등 소방활동에 필요한 처분을 할 수 있다.

[11. 중앙]
기본서 2권 p.16, p.18, p.85~86

해설

19 ② "관계지역"이란 소방대상물이 있는 장소 및 그 이웃 지역으로서 화재의 예방·경계·진압, 구조·구급 등의 활동에 필요한 지역을 말한다(법 제2조 제2호).
③ "소방대상물"이란 건축물, 차량, 선박(「선박법」에 따른 선박으로서 항구에 매어둔 선박만 해당한다), 선박 건조 구조물, 산림, 그 밖의 인공 구조물 또는 물건을 말한다(법 제2조 제1호).
④ "소방대장"(消防隊長)이란 소방본부장 또는 소방서장 등 화재, 재난·재해, 그 밖의 위급한 상황이 발생한 현장에서 소방대를 지휘하는 사람을 말한다(법 제2조 제6호).

20 ① 소방업무를 수행하는 소방본부장 또는 소방서장은 그 소재지를 관할하는 시·도지사의 지휘와 감독을 받는다(법 제3조 제2항).

정답 19.① 20.①

21 「소방기본법」상 규정하는 용어의 정의를 옳게 연결한 것은?

가. (㉠)이란 건축물, 차량, 선박(「선박법」 제1조의2 제1항에 따른 선박으로서 항구에 매어둔 선박만 해당한다), 선박 건조 구조물, 산림, 그 밖의 인공 구조물 또는 물건을 말한다.
나. (㉡)이란 소방대상물이 있는 장소 및 그 이웃 지역으로서 화재의 예방·경계·진압, 구조·구급 등의 활동에 필요한 지역을 말한다.
다. (㉢)이란 소방대상물의 소유자·관리자 또는 점유자를 말한다.
라. (㉣)이란 특별시·광역시·특별자치시·도 또는 특별자치도에서 화재의 예방·경계·진압·조사 및 구조·구급 등의 업무를 담당하는 부서의 장을 말한다.
마. (㉤)란 화재를 진압하고 화재, 재난·재해, 그 밖의 위급한 상황에서 구조·구급 활동 등을 하기 위하여 소방공무원, 의무소방원, 의용소방대원으로 구성된 조직체를 말한다.
바. (㉥)이란 소방본부장 또는 소방서장 등 화재, 재난·재해, 그 밖의 위급한 상황이 발생한 현장에서 소방대를 지휘하는 사람을 말한다.

	㉠	㉡	㉢	㉣	㉤	㉥
①	소방대상물	관계지역	관계인	소방본부장	소방대	소방조장
②	방호대상물	경계지역	입회인	소방서장	지역대	소방대장
③	방호대상물	경계지역	입회인	소방서장	지역대	소방조장
④	소방대상물	관계지역	관계인	소방본부장	소방대	소방대장

해설 21
▶ 정의(법 제2조)
이 법에서 사용하는 용어의 뜻은 다음과 같다.
1. "소방대상물"이란 건축물, 차량, 선박(「선박법」 제1조의2 제1항에 따른 선박으로서 항구에 매어둔 선박만 해당한다), 선박 건조 구조물, 산림, 그 밖의 인공 구조물 또는 물건을 말한다.
2. "관계지역"이란 소방대상물이 있는 장소 및 그 이웃 지역으로서 화재의 예방·경계·진압, 구조·구급 등의 활동에 필요한 지역을 말한다.
3. "관계인"이란 소방대상물의 소유자·관리자 또는 점유자를 말한다.
4. "소방본부장"이란 특별시·광역시·특별자치시·도 또는 특별자치도(이하 "시·도"라 한다)에서 화재의 예방·경계·진압·조사 및 구조·구급 등의 업무를 담당하는 부서의 장을 말한다.
5. "소방대"(消防隊)란 화재를 진압하고 화재, 재난·재해, 그 밖의 위급한 상황에서 구조·구급 활동 등을 하기 위하여 다음 각 목의 사람으로 구성된 조직체를 말한다.
　가. 「소방공무원법」에 따른 소방공무원
　나. 「의무소방대설치법」 제3조에 따라 임용된 의무소방원(義務消防員)
　다. 「의용소방대 설치 및 운영에 관한 법률」에 따른 의용소방대원(義勇消防隊員)
6. "소방대장"(消防隊長)이란 소방본부장 또는 소방서장 등 화재, 재난·재해, 그 밖의 위급한 상황이 발생한 현장에서 소방대를 지휘하는 사람을 말한다.

정답 21.④

22 「소방기본법」상 용어의 정의로 옳지 않은 것은?

① "소방대상물"이란 건축물, 차량, 선박(「선박법」 제1조의2 제1항에 따른 선박으로서 항구에 매어둔 선박만 해당한다), 선박 건조 구조물, 산림, 그 밖의 인공 구조물 또는 물건을 말한다.
② "관계지역"이란 소방대상물이 있는 장소 및 그 이웃 지역으로서 화재의 예방·경계·진압, 구조·구급 등의 활동에 필요한 지역을 말한다.
③ "소방본부장"이란 특별시·광역시·특별자치시·도 또는 특별자치도에서 화재의 예방·경계·진압·조사 및 구조·구급 등의 업무를 담당하는 부서의 장을 말한다.
④ "소방대"란 화재를 진압하고 화재, 재난·재해, 그 밖의 위급한 상황에서 구조·구급 활동 등을 하기 위하여 소방공무원, 의무소방원, 자위소방대원으로 구성된 조직체를 말한다.

[19. 상반기 경채]
기본서 2권 p.15~16

23 「소방기본법」상 소방대의 구성원으로 옳은 것은?

ㄱ. 소방안전관리자	ㄴ. 의무소방원
ㄷ. 자체소방대원	ㄹ. 의용소방대원
ㅁ. 자위소방대원	

① ㄱ, ㄷ
② ㄴ, ㄹ
③ ㄴ, ㅁ
④ ㄷ, ㅁ

[20. 공채]
기본서 2권 p.16

해설

22 ④ "소방대"란 화재를 진압하고 화재, 재난·재해, 그 밖의 위급한 상황에서 구조·구급 활동 등을 하기 위하여 소방공무원, 의무소방원, <u>의용소방대원</u>으로 구성된 조직체를 말한다(법 제2조 제5호).

23 ▶ 정의(법 제2조 제5호)
5. "소방대"(消防隊)란 화재를 진압하고 화재, 재난·재해, 그 밖의 위급한 상황에서 구조·구급 활동 등을 하기 위하여 다음 각 목의 사람으로 구성된 조직체를 말한다.
  가. 「소방공무원법」에 따른 <u>소방공무원</u>
  나. 「의무소방대설치법」 제3조에 따라 임용된 <u>의무소방원</u>(義務消防員)
  다. 「의용소방대 설치 및 운영에 관한 법률」에 따른 <u>의용소방대원</u>(義勇消防隊員)

정답 22.④ 23.②

24 「소방기본법」상 "소방대장"에 대한 용어의 뜻으로 옳은 것은?

① 소방대상물의 소유자·관리자 또는 점유자
② 소방본부장 또는 소방서장 등 화재, 재난·재해, 그 밖의 위급한 상황이 발생한 현장에서 소방대를 지휘하는 사람
③ 화재를 진압하고 화재, 재난·재해, 그 밖의 위급한 상황에서 구조·구급 활동 등을 하기 위하여 소방공무원, 의무소방원, 자위소방대원으로 구성된 조직체
④ 특별시·광역시·특별자치시·도 또는 특별자치도에서 화재의 예방·경계·진압·조사 및 구조·구급 등의 업무를 담당하는 부서의 장

[20. 경채]

상 **중** 하

기본서 2권 p.16

해설 24

① 관계인이란 소유자·관리자 또는 점유자
③ 소방대란 화재를 진압하고 화재, 재난·재해, 그 밖의 위급한 상황에서 구조·구급 활동 등을 하기 위하여 소방공무원, 의무소방원, 의용소방대원으로 구성된 조직체
④ 소방본부장이란 특별시·광역시·특별자치시·도 또는 특별자치도에서 화재의 예방·경계·진압·조사 및 구조·구급 등의 업무를 담당하는 부서의 장

▶ 정의(법 제2조)
이 법에서 사용하는 용어의 뜻은 다음과 같다.
1. "소방대상물"이란 건축물, 차량, 선박(「선박법」 제1조의2 제1항에 따른 선박으로서 항구에 매어둔 선박만 해당한다), 선박 건조 구조물, 산림, 그 밖의 인공 구조물 또는 물건을 말한다.
2. "관계지역"이란 소방대상물이 있는 장소 및 그 이웃 지역으로서 화재의 예방·경계·진압, 구조·구급 등의 활동에 필요한 지역을 말한다.
3. "관계인"이란 소방대상물의 소유자·관리자 또는 점유자를 말한다.
4. "소방본부장"이란 특별시·광역시·특별자치시·도 또는 특별자치도(이하 "시·도"라 한다)에서 화재의 예방·경계·진압·조사 및 구조·구급 등의 업무를 담당하는 부서의 장을 말한다.
5. "소방대"(消防隊)란 화재를 진압하고 화재, 재난·재해, 그 밖의 위급한 상황에서 구조·구급 활동 등을 하기 위하여 다음 각 목의 사람으로 구성된 조직체를 말한다.
   가. 「소방공무원법」에 따른 소방공무원
   나. 「의무소방대설치법」 제3조에 따라 임용된 의무소방원(義務消防員)
   다. 「의용소방대 설치 및 운영에 관한 법률」에 따른 의용소방대원(義勇消防隊員)
6. "소방대장"(消防隊長)이란 소방본부장 또는 소방서장 등 화재, 재난·재해, 그 밖의 위급한 상황이 발생한 현장에서 소방대를 지휘하는 사람을 말한다.

정답 24.②

25 「소방기본법」상 소방기관의 설치에 대한 내용으로 옳지 않은 것은?

① 시·도에서 소방업무를 수행하기 위하여 시·도지사 직속으로 소방본부를 둔다.
② 시·도의 소방업무를 수행하는 소방기관의 설치에 필요한 사항은 행정안전부령으로 정한다.
③ 소방업무를 수행하는 소방본부장 또는 소방서장은 그 소재지를 관할하는 시·도지사의 지휘와 감독을 받는다.
④ 소방청장은 화재 예방 및 대형 재난 등 필요한 경우 시·도 소방본부장 및 소방서장을 지휘·감독할 수 있다.

[21. 상반기 경채]
기본서 2권 p.18

해설 25 ② 시·도의 소방업무를 수행하는 소방기관의 설치에 필요한 사항은 ~~행정안전부령~~으로 정한다.
→ 대통령령

▶ 소방기관의 설치 등(법 제3조)
① 시·도의 화재 예방·경계·진압 및 조사, 소방안전교육·홍보와 화재, 재난·재해, 그 밖의 위급한 상황에서의 구조·구급 등의 업무(이하 "소방업무"라 한다)를 수행하는 소방기관의 설치에 필요한 사항은 대통령령으로 정한다.
② 소방업무를 수행하는 소방본부장 또는 소방서장은 그 소재지를 관할하는 특별시장·광역시장·특별자치시장·도지사 또는 특별자치도지사(이하 "시·도지사"라 한다)의 지휘와 감독을 받는다.
③ 제2항에도 불구하고 소방청장은 화재 예방 및 대형 재난 등 필요한 경우 시·도 소방본부장 및 소방서장을 지휘·감독할 수 있다.
④ 시·도에서 소방업무를 수행하기 위하여 시·도지사 직속으로 소방본부를 둔다.

정답 25.②

26 「소방기본법 시행규칙」상 상부에 지체없이 보고해야 할 종합상황실 보고사항이 아닌 것은?

① 재산피해액 10억원 이상 발생한 화재
② 사망 5인 이상, 사상자 10인 이상 발생한 화재
③ 정부미도정공장, 문화재, 화재경계지구에서 발생한 화재
④ 가스 및 화약류 폭발화재, 언론보도 및 통제단장 현장지휘가 필요한 재난상황

[11. 서울]

기본서 2권 p.20

해설 26 ① 재산피해액이 50억원 이상 발생한 화재

▶ 종합상황실의 실장의 업무 등(규칙 제3조 제2항)
② 종합상황실의 실장은 다음 각 호의 어느 하나에 해당하는 상황이 발생하는 때에는 그 사실을 지체없이 별지 제1호서식에 따라 서면·팩스 또는 컴퓨터통신 등으로 소방서의 종합상황실의 경우는 소방본부의 종합상황실에, 소방본부의 종합상황실의 경우는 소방청의 종합상황실에 각각 보고해야 한다.
  1. 다음 각목의 1에 해당하는 화재
    가. 사망자가 5인 이상 발생하거나 사상자가 10인 이상 발생한 화재
    나. 이재민이 100인 이상 발생한 화재
    다. 재산피해액이 50억원 이상 발생한 화재
    라. 관공서·학교·정부미도정공장·문화재·지하철 또는 지하구의 화재
    마. 관광호텔, 층수(「건축법 시행령」 제119조 제1항 제9호의 규정에 의하여 산정한 층수를 말한다. 이하 이 목에서 같다)가 11층 이상인 건축물, 지하상가, 시장, 백화점, 「위험물안전관리법」 제2조 제2항의 규정에 의한 지정수량의 3천배 이상의 위험물의 제조소·저장소·취급소, 층수가 5층 이상이거나 객실이 30실 이상인 숙박시설, 층수가 5층 이상이거나 병상이 30개 이상인 종합병원·정신병원·한방병원·요양소, 연면적 1만5천 제곱미터 이상인 공장 또는 소방기본법 시행령(이하 "영"이라 한다) 제4조 제1항 각 목에 따른 화재경계지구에서 발생한 화재
    바. 철도차량, 항구에 매어둔 총 톤수가 1천톤 이상인 선박, 항공기, 발전소 또는 변전소에서 발생한 화재
    사. 가스 및 화약류의 폭발에 의한 화재
    아. 「다중이용업소의 안전관리에 관한 특별법」 제2조에 따른 다중이용업소의 화재
  2. 「긴급구조대응활동 및 현장지휘에 관한 규칙」에 의한 통제단장의 현장지휘가 필요한 재난상황
  3. 언론에 보도된 재난상황
  4. 그 밖에 소방청장이 정하는 재난상황

정답 26. ①

27 「소방기본법 시행규칙」상 종합상황실 설치에 대하여 옳지 않은 것은?
 ① 소방청에 설치·운영하여야 한다.
 ② 소방서에 설치·운영하여야 한다.
 ③ 행정안전부에 설치·운영하여야 한다.
 ④ 소방본부에 설치·운영하여야 한다.

28 종합상황실에 지체없이 보고해야 할 사항으로 옳지 않은 것은?
 ① 사상자가 10인 이상 발생한 화재
 ② 사망 5인 이상 발생한 화재
 ③ 재산피해액 50억 이상 발생한 화재
 ④ 이재민 50인 이상 발생한 화재

해설

27 ③ 행정안전부에 설치·운영하지 않는다(규칙 제2조 제1항).
  → 종합상황실은 소방청과 시·도의 소방본부 및 소방서에 각각 설치·운영하여야 한다.

28 ④ 이재민 100인 이상 발생한 화재(규칙 제3조 제2항)

정답 27.③ 28.④

29 다음 중 119종합상황실에 지체없이 보고해야 할 사항이 아닌 것은?

① 사망 5명 이상인 화재
② 재산피해액 50억 이상의 화재
③ 이재민 50명 이상인 화재
④ 연면적 1만5천m² 이상인 공장에서 발생한 화재

[17. 중앙]

30 「소방기본법 시행규칙」상 종합상황실의 실장이 상급기관에 보고하여야 하는 사유로 옳지 않은 것은?

① 사망자가 5인 이상 발생한 화재
② 사상자가 10인 이상 발생한 화재
③ 재산피해액이 10억원 이상 발생한 화재
④ 이재민이 100인 이상 발생한 화재

[17. 하반기]

해설 29 ③ 이재민 <u>100명 이상</u>에 해당된다(규칙 제3조 제2항).

30 종합상황실의 실장은 다음 각 호의 어느 하나에 해당하는 상황이 발생하는 때에는 그 사실을 지체없이 별지 제1호서식에 따라 서면·팩스 또는 컴퓨터통신 등으로 소방서의 종합상황실의 경우는 소방본부의 종합상황실에, 소방본부의 종합상황실의 경우는 소방청의 종합상황실에 각각 보고해야 한다(규칙 제3조 제2항 제1호).
  1. 다음 각목의 1에 해당하는 화재
    가. 사망자가 5인 이상 발생하거나 사상자가 10인 이상 발생한 화재
    나. 이재민이 100인 이상 발생한 화재
    다. <u>재산피해액이 50억원 이상 발생한 화재</u>

정답 29.③ 30.③

31 다음 중 「소방기본법」상 119종합상황실의 설치권자로 옳은 것은?

① 시・도지사
② 119구조본부장
③ 소방본부장
④ 119종합상황실장

[18. 경채]
상 중 하
기본서 2권 p.19

32 「소방기본법」상 119종합상황실의 설치 및 운영목적에 대한 내용으로 옳지 않은 것은?

① 상황관리
② 대응계획 실행 및 평가
③ 현장 지휘 및 조정・통제
④ 정보의 수집・분석과 판단・전파

[21. 상반기 공채]
상 중 하
기본서 2권 p.19

해설 31 ▶ 119종합상황실의 설치와 운영(법 제4조 제1항)
① 소방청장, 소방본부장 및 소방서장은 화재, 재난・재해, 그 밖에 구조・구급이 필요한 상황이 발생하였을 때에 신속한 소방활동(소방업무를 위한 모든 활동을 말한다. 이하 같다)을 위한 정보의 수집・분석과 판단・전파, 상황관리, 현장 지휘 및 조정・통제 등의 업무를 수행하기 위하여 119종합상황실을 설치・운영하여야 한다.

32 ▶ 119종합상황실의 설치와 운영(법 제4조 제1항)
① 소방청장, 소방본부장 및 소방서장은 화재, 재난・재해, 그 밖에 구조・구급이 필요한 상황이 발생하였을 때에 신속한 소방활동(소방업무를 위한 모든 활동을 말한다. 이하 같다)을 위한 정보의 수집・분석과 판단・전파, 상황관리, 현장 지휘 및 조정・통제 등의 업무를 수행하기 위하여 119종합상황실을 설치・운영하여야 한다.

정답 31.③ 32.②

33 다음 중 소방본부장 또는 소방서장의 권한이 아닌 것은?
① 소방특별조사 조치명령
② 화재의 예방조치
③ 소방박물관 설립·운영
④ 소방업무의 응원요청
⑤ 소방활동 및 소방·교육훈련

34 다음의 빈칸에 들어갈 말로 적절한 것은?

> 소방의 역사와 안전문화를 발전시키고 국민의 안전의식을 높이기 위하여 소방청장은 (　　)을, 시·도지사는 (　　)을 설립하여 운영할 수 있다.

① 소방체험관, 소방박물관
② 소방박물관, 소방체험관
③ 한국소방안전원, 소방체험관
④ 소방박물관, 한국소방안전원

해설

33 ③ 소방의 역사와 안전문화를 발전시키고 국민의 안전의식을 높이기 위해 소방박물관을 설립, 운영을 할 수 있는 것은 소방청장의 권한에 해당한다(법 제5조 제1항).

34 소방의 역사와 안전문화를 발전시키고 국민의 안전의식을 높이기 위하여 소방청장은 (소방박물관)을, 시·도지사는 (소방체험관)을 설립하여 운영할 수 있다(법 제5조 제1항).

정답 33.③ 34.②

35 소방박물관 등의 설립과 운영에 관하여 알맞은 것은?

> 소방의 역사와 안전문화를 발전시키고 국민의 안전의식을 높이기 위하여 (　)은 (　)을, (　)는 (　)을 설립하여 운영할 수 있다.

① 소방청장 – 소방박물관, 시·도지사 – 소방체험관
② 시·도지사 – 소방박물관, 소방청장 – 소방체험관
③ 소방본부장 – 소방박물관, 시·도지사 – 소방체험관
④ 시·도지사 – 소방박물관, 소방본부장 – 소방체험관

[12. 전북]

36 소방활동 관련 화재현장에서의 피난 등을 체험할 수 있는 소방체험관을 설립하여 운영할 수 있는 하는 사람은?

① 소방청장　　　　　② 소방본부장
③ 시·도지사　　　　④ 소방서장

[12. 중앙]

해설

35 소방의 역사와 안전문화를 발전시키고 국민의 안전의식을 높이기 위하여 (소방청장)은 (소방박물관)을, (시·도지사)는 (소방체험관)을 설립하여 운영할 수 있다(법 제5조 제1항).

36 ▶ 소방박물관 등의 설립과 운영(법 제5조 제1항)
① 소방의 역사와 안전문화를 발전시키고 국민의 안전의식을 높이기 위하여 소방청장은 소방박물관을, 시·도지사는 소방체험관(화재 현장에서의 피난 등을 체험할 수 있는 체험관을 말한다. 이하 이 조에서 같다)을 설립하여 운영할 수 있다.

정답 35.① 36.③

37 다음 중 「소방기본법」에 관한 설명으로 틀린 것은?

① 소방기관이 소방업무를 수행하는 데에 필요한 인력과 장비 등에 관한 기준은 행정안전부령으로 정하고, 소방자동차 등 소방장비의 분류·표준화와 그 관리 등에 필요한 사항은 따로 법률에서 정한다.
② 한국소방산업기술원에서 소방기술의 연구·개발 사업을 수행하게 할 수 있다.
③ 소방기관의 설치에 관하여 필요한 사항은 대통령령으로 한다.
④ 소방박물관은 소방청장이, 소방체험관은 소방본부장이 설립·운영한다.

38 다음 ( ) 안에 들어갈 말로 옳은 것은?

> 소방의 역사와 안전문화를 발전시키고 국민의 안전의식을 높이기 위하여 ( )은/는 ( )을, ( )은/는 ( )을 설립하여 운영할 수 있다.

① 소방청장 – 소방박물관, 시·도지사 – 소방체험관
② 시·도지사 – 소방박물관, 소방청장 – 소방체험관
③ 소방본부장 – 소방박물관, 시·도지사 – 소방체험관
④ 시·도지사 – 소방박물관, 소방본부장 – 소방체험관

해설

37 ④ 소방박물관은 소방청장이, 소방체험관은 <u>시·도지사</u>가 설립·운영할 수 있다(법 제5조 제1항).
① 법 제8조 제1항·제3항
② 법 제39조의6 제1항 제7호
③ 법 제3조 제1항

38 소방의 역사와 안전문화를 발전시키고 국민의 안전의식을 높이기 위하여 (소방청장)은 (소방박물관)을, (시·도지사)는 (소방체험관)을 설립하여 운영할 수 있다(법 제5조 제1항).

정답 37.④ 38.①

39 다음 중 소방박물관과 소방체험관의 설립·운영자로 옳은 것은?

① 소방청장, 시·도지사
② 문화재청장, 소방박물관장
③ 시·도지사, 소방청장
④ 문화재청장, 소방청장

[17. 경채]

40 「소방기본법」상 소방박물관 등의 설립과 운영에 관한 설명이다. ( ) 안의 내용으로 옳은 것은?

> 소방의 역사와 안전문화를 발전시키고 국민의 안전 의식을 높이기 위하여 (가)은/는 소방박물관을, (나)은/는 소방체험관(화재 현장에서의 피난 등을 체험할 수 있는 체험관을 말한다)을 설립하여 운영할 수 있다.

	(가)	(나)
①	소방청장	시·도지사
②	소방청장	소방본부장
③	시·도지사	소방본부장
④	시·도지사	소방청장

[19. 상반기 경채]

해설

39 ▶ 소방박물관 등의 설립과 운영(법 제5조 제1항)
소방의 역사와 안전문화를 발전시키고 국민의 안전의식을 높이기 위하여 소방청장은 소방박물관을, 시·도지사는 소방체험관(화재 현장에서의 피난 등을 체험할 수 있는 체험관을 말한다. 이하 이 조에서 같다)을 설립하여 운영할 수 있다.

40 ▶ 소방박물관 등의 설립과 운영(법 제5조 제1항)
① 소방의 역사와 안전문화를 발전시키고 국민의 안전의식을 높이기 위하여 소방청장은 소방박물관을, 시·도지사는 소방체험관(화재 현장에서의 피난 등을 체험할 수 있는 체험관을 말한다. 이하 이 조에서 같다)을 설립하여 운영할 수 있다.

정답 39.① 40.①

41 「소방기본법」상 소방 관련 시설 등의 설립 또는 설치에 관한 법적 근거로 옳은 것은?

① 소방체험관 : 대통령령
② 119종합상황실 : 대통령령
③ 소방박물관 : 행정안전부령
④ 비상소화장치 : 시·도 조례

[21. 상반기 경채]
상 **중** 하
기본서 2권 p.19, p.23~24, p.40

42 다음 중 소방청장이 소방업무에 관한 종합계획을 시행하는 기간으로 맞는 것은?

① 1년   ② 3년
③ 5년   ④ 10년

[11. 서울]
상 중 **하**
기본서 2권 p.28

해설

41 ① 소방체험관 : ~~대통령령~~
→ 행정안전부령으로 정하는 기준에 따라 시·도의 조례로 정한다.
② 119종합상황실 : ~~대통령령~~
→ 행정안전부령
④ 비상소화장치 : ~~시·도 조례~~
→ 행정안전부령

▶ 소방박물관 등의 설립과 운영(법 제5조 제2항)
② 제1항에 따른 소방박물관의 설립과 운영에 필요한 사항은 행정안전부령으로 정하고, 소방체험관의 설립과 운영에 필요한 사항은 행정안전부령으로 정하는 기준에 따라 시·도의 조례로 정한다.

▶ 119종합상황실의 설치와 운영(법 제4조 제2항)
② 제1항에 따른 119종합상황실의 설치·운영에 필요한 사항은 행정안전부령으로 정한다.

▶ 소방용수시설의 설치 및 관리 등(법 제10조 제3항)
③ 제1항에 따른 소방용수시설과 제2항에 따른 비상소화장치의 설치기준은 행정안전부령으로 정한다.

42 ③ 소방청장은 화재, 재난·재해, 그 밖의 위급한 상황으로부터 국민의 생명·신체 및 재산을 보호하기 위하여 소방업무에 관한 종합계획을 <u>5년</u>마다 수립·시행하여야 하고, 이에 필요한 재원을 확보하도록 노력하여야 한다(법 제6조 제1항).

정답 41. ③ 42. ③

43 소방청장은 화재, 재난 그 밖의 위급한 상황으로부터 국민의 생명·신체 및 재산을 보호하기 위하여 소방업무에 관한 종합계획을 몇 년마다 수립·시행하여야 하는가?

① 1년　　　　　　　　② 3년
③ 5년　　　　　　　　④ 10년

[12. 전북]
기본서 2권 p.28

44 소방업무에 관한 종합계획 및 세부계획의 수립·시행에 대하여 옳지 않은 것은?

① 소방청장은 소방업무에 관한 종합계획을 관계 중앙행정기관의 장과의 협의를 거쳐 계획 시행 전년도 10월 31일까지 수립하여야 한다.
② 재난·재해 환경 변화에 따른 소방업무에 필요한 대응 체계를 마련한다.
③ 장애인, 노인, 임산부, 영유아 및 어린이 등 이동이 어려운 사람을 대상으로 한 소방활동에 필요한 조치를 한다.
④ 시·도지사와 시·군·구청장은 종합계획의 시행에 필요한 세부계획을 수립하여 소방청장에게 제출하여야 한다.

[17. 경채]
기본서 2권 p.28

해설

43 ③ 소방청장은 화재, 재난·재해, 그 밖의 위급한 상황으로부터 국민의 생명·신체 및 재산을 보호하기 위하여 소방업무에 관한 종합계획을 <u>5년</u>마다 수립·시행하여야 하고, 이에 필요한 재원을 확보하도록 노력하여야 한다(법 제6조 제1항).

44 ④ <u>시·도지사</u>는 종합계획의 시행에 필요한 세부계획을 수립하여 소방청장에게 제출하여야 한다.

▶ 소방업무에 관한 종합계획 및 세부계획의 수립·시행(영 제1조의2)
① 소방청장은 「소방기본법」(이하 "법"이라 한다) 제6조 제1항에 따른 소방업무에 관한 종합계획을 관계 중앙행정기관의 장과의 협의를 거쳐 계획 시행 전년도 10월 31일까지 수립하여야 한다.
② 법 제6조 제2항 제7호에서 "대통령령으로 정하는 사항"이란 다음 각 호의 사항을 말한다.
　1. 재난·재해 환경 변화에 따른 소방업무에 필요한 대응 체계 마련
　2. 장애인, 노인, 임산부, 영유아 및 어린이 등 이동이 어려운 사람을 대상으로 한 소방활동에 필요한 조치
③ 특별시장·광역시장·특별자치시장·도지사 또는 특별자치도지사(이하 "시·도지사"라 한다)는 법 제6조 제4항에 따른 <u>종합계획의 시행에 필요한 세부계획을 계획 시행 전년도 12월 31일까지 수립하여 소방청장에게 제출하여야 한다.</u>

정답 43.③　44.④

45 다음 중 「소방기본법 시행령」상 소방업무에 관한 종합계획의 수립 기한으로 옳은 것은?

① 계획 시행 연도 10월 31일까지 수립하여야 한다.
② 계획 시행 전년도 10월 31일까지 수립하여야 한다.
③ 계획 시행 연도 12월 31일까지 수립하여야 한다.
④ 계획 시행 전년도 12월 31일까지 수립하여야 한다.

[18. 경채]
기본서 2권 p.29

46 「소방기본법」상 소방업무에 관한 종합계획의 수립·시행 등에 대한 설명이다. ( ) 안에 들어갈 내용으로 옳은 것은?

> (가)은 화재, 재난·재해, 그 밖의 위급한 상황으로부터 국민의 생명·신체 및 재산을 보호하기 위하여 소방업무에 관한 종합계획을 (나)마다 수립·시행하여야 하고, 이에 필요한 재원을 확보하도록 노력하여야 한다.

	(가)	(나)
①	소방청장	3년
②	소방청장	5년
③	행정안전부장관	3년
④	행정안전부장관	5년

[20. 공채]
기본서 2권 p.28

해설

45 ▶ 소방업무에 관한 종합계획 및 세부계획의 수립·시행(영 제1조의2 제1항)
① 소방청장은 「소방기본법」(이하 "법"이라 한다) 제6조 제1항에 따른 소방업무에 관한 종합계획을 관계 중앙행정기관의 장과의 협의를 거쳐 계획 시행 전년도 10월 31일까지 수립하여야 한다.

46 ▶ 소방업무에 관한 종합계획의 수립·시행 등(법 제6조 제1항)
① 소방청장은 화재, 재난·재해, 그 밖의 위급한 상황으로부터 국민의 생명·신체 및 재산을 보호하기 위하여 소방업무에 관한 종합계획(이하 이 조에서 "종합계획"이라 한다)을 5년마다 수립·시행하여야 하고, 이에 필요한 재원을 확보하도록 노력하여야 한다.

정답 45.② 46.②

제2장   소방장비 및 소방용수시설 등

47 다음 중 바르게 설명한 것을 모두 고르시오.

> ㉠ 소방자동차 등 소방장비의 분류·표준화와 그 관리 등 필요한 사항은 따로 법률에 정한다.
> ㉡ 일부 국고보조 대상사업의 범위와 기준보조율은 대통령령으로 정한다.
> ㉢ 소방기관이 소방업무를 수행하는 데에 필요한 인력과 장비 등에 관한 기준은 시·도의 조례로 정한다.

① ㉠
② ㉠, ㉡
③ ㉡, ㉢
④ ㉠, ㉡, ㉢

[12. 전북]

48 다음 중 법률적 성격이 다른 하나는?
① 신속한 소방활동을 위한 정보를 수집·전파하기 위하여 119종합상황실의 설치·운영에 관한 기준
② 국고보조 대상사업의 범위와 기준보조율
③ 소방의 역사와 안전문화를 발전시키고 국민의 안전의식을 높이기 위하여 소방청장의 소방박물관의 설립·운영에 관한 기준
④ 소방기관이 소방업무를 수행하는 데에 필요한 인력과 장비 등에 관한 기준

[13. 특채]

해설

47 ㉢ 소방기관이 소방업무를 수행하는 데에 필요한 인력과 장비 등에 관한 기준은 행정안전부령으로 정한다(법 제8조 제1항).
㉠ 소방자동차 등 소방장비의 분류·표준화와 그 관리 등에 필요한 사항은 따로 법률에서 정한다(법 제8조 제3항).
㉡ 일부 국고보조 대상사업의 범위와 기준보조율은 대통령령으로 정한다(법 제9조 제2항).

48 ②는 대통령령이고(법 제9조 제2항), 나머지 ①③④는 행정안전부령으로 정한다(법 제4조 제2항, 제5조 제2항, 제8조 제1항).

정답 47.②   48.②

49 「소방기본법」상 시·도지사가 소방활동에 필요하여 설치하고 유지·관리하는 소방용수시설로 옳지 않은 것은?

① 소화전
② 저수조
③ 급수탑
④ 상수도소화용수설비

50 지하에 설치하는 소화전 또는 저수조의 경우 소방용수표지의 맨홀뚜껑은 지름 몇 mm 이상의 것으로 해야 하는가? (다만, 승하강식 소화전의 경우에는 이를 적용하지 아니한다)

① 65mm
② 100mm
③ 140mm
④ 648mm

해설

49 ▶ 소방용수시설의 설치 및 관리 등(법 제10조 제1항)
① 시·도지사는 소방활동에 필요한 소화전(消火栓)·급수탑(給水塔)·저수조(貯水槽)(이하 "소방용수시설"이라 한다)를 설치하고 유지·관리하여야 한다. 다만, 「수도법」 제45조에 따라 소화전을 설치하는 일반수도사업자는 관할 소방서장과 사전협의를 거친 후 소화전을 설치하여야 하며, 설치 사실을 관할 소방서장에게 통지하고, 그 소화전을 유지·관리하여야 한다.

50 ④ 맨홀뚜껑은 지름 648mm 이상의 것으로 할 것

▶ 소방용수표지(규칙 별표 2)
1. 지하에 설치하는 소화전 또는 저수조의 경우 소방용수표지는 다음 각 목의 기준에 따라 설치한다.
    가. 맨홀 뚜껑은 지름 648밀리미터 이상의 것으로 할 것. 다만, 승하강식 소화전의 경우에는 이를 적용하지 않는다.
    나. 맨홀 뚜껑에는 "소화전·주정차금지" 또는 "저수조·주정차금지"의 표시를 할 것
    다. 맨홀뚜껑 부근에는 노란색 반사도료로 폭 15센티미터의 선을 그 둘레를 따라 칠할 것

정답 49.④ 50.④

51 「소방기본법 시행규칙」상 지상에 설치하는 소화전, 저수조 및 급수탑의 소방용수표지 기준으로 옳은 것은?

	안쪽 문자	안쪽 바탕	바깥쪽 바탕
①	흰색	붉은색	파란색
②	붉은색	흰색	파란색
③	파란색	흰색	파란색
④	흰색	파란색	붉은색

52 다음 중 저수조의 설치기준으로 옳지 않은 것은?
① 지면으로부터 낙차가 4.5m 이상일 것
② 흡수관 투입구가 사각형인 경우 한 변의 길이가 60cm 이상, 원형인 경우 지름이 60cm 이상일 것
③ 저수조에 물을 공급하는 방법은 상수도에 연결하여 자동으로 급수되는 구조일 것
④ 흡수에 지장이 없도록 토사와 쓰레기 등을 제거할 수 있는 설비를 갖출 것
⑤ 흡수부분의 수심이 0.5m 이상일 것

해설 51 안쪽 문자는 흰색, 바깥쪽 문자는 노란색, 안쪽 바탕은 붉은색, 바깥쪽 바탕은 파란색으로 하고, 반사재료를 사용해야 한다(규칙 별표 2).

52 ① 지면으로부터 낙차가 4.5m 이하에 해당한다.

▶ 저수조의 설치기준(규칙 별표 3)
1) 지면으로부터의 낙차가 4.5미터 이하일 것
2) 흡수부분의 수심이 0.5미터 이상일 것
3) 소방펌프자동차가 쉽게 접근할 수 있도록 할 것
4) 흡수에 지장이 없도록 토사 및 쓰레기 등을 제거할 수 있는 설비를 갖출 것
5) 흡수관의 투입구가 사각형의 경우에는 한 변의 길이가 60센티미터 이상, 원형의 경우에는 지름이 60센티미터 이상일 것
6) 저수조에 물을 공급하는 방법은 상수도에 연결하여 자동으로 급수되는 구조일 것

정답 51.① 52.①

53 소방용수시설 중 소화전, 급수탑, 저수조 설치기준이 아닌 것은?
① 저수조는 지면으로부터 낙차가 4.5m 이상이다.
② 급수탑 개폐밸브의 높이는 1.5m 이상 1.7m 이하이다.
③ 소화전 연결금속구의 구경은 65mm로 한다.
④ 급수탑에서 급수배관의 구경은 100mm 이상으로 한다.

[11. 서울]

54 다음 중 소방용수시설의 설치기준으로 틀린 것은?
① 급수탑 개폐밸브는 1.5m 이상 1.7m 이하에 설치한다.
② 소화전의 연결금속구의 구경은 65mm로 할 것
③ 저수조 설치기준은 흡수관 투입구가 원형의 경우 지름이 60cm 이상일 것
④ 저수조 설치기준은 지면으로부터 낙차가 4.5m 이상일 것

[13. 경기]

해설 53 ▶ 소방용수시설의 설치기준(규칙 별표 3)
1. 소화전 설치기준 : 상수도와 연결하여 지하식 또는 지상식 구조로 하고, 소방용 호스와 연결하는 소화전의 연결금속구의 구경은 65mm로 할 것
2. 급수탑 설치기준
   ① 급수배관구경은 100mm 이상으로 한다.
   ② 개폐밸브는 지상에서 1.5m 이상 ~ 1.7m 이하에 설치한다.
3. 저수조 설치기준
   ① 지면으로부터 낙차가 4.5m 이하일 것
   ② 흡수부분의 수심이 0.5m 이상일 것
   ③ 소방펌프자동차가 쉽게 접근할 수 있도록 할 것
   ④ 흡수에 지장이 없도록 토사 및 쓰레기 등을 제거할 수 있는 설비를 갖출 것
   ⑤ 흡수관 투입구가 사각 혹은 원형의 경우 한 변의 길이 및 지름이 60cm 이상일 것
   ⑥ 저수조에 물을 공급하는 방법은 상수도에 연결하여 자동으로 급수되는 구조일 것

54 ④ 낙차가 4.5m 이하일 것(규칙 별표 3)

정답 53.① 54.④

55 「소방기본법 시행규칙」상 저수조의 설치기준으로 옳지 않은 것은?

① 지면으로부터의 낙차가 10미터 이하일 것
② 흡수부분의 수심이 0.5미터 이상일 것
③ 흡수관의 투입구가 사각형의 경우에는 한 변의 길이가 60센티미터 이상, 원형의 경우에는 지름이 60센티미터 이상일 것
④ 저수조에 물을 공급하는 방법은 상수도에 연결하여 자동으로 급수되는 구조일 것

[18. 하반기 공채]

기본서 2권 p.42

해설 55 ① 지면으로부터의 낙차가 <u>4.5미터</u> 이하일 것

▶ 저수조의 설치기준(규칙 별표 3)
1) 지면으로부터의 낙차가 4.5미터 이하일 것
2) 흡수부분의 수심이 0.5미터 이상일 것
3) 소방펌프자동차가 쉽게 접근할 수 있도록 할 것
4) 흡수에 지장이 없도록 토사 및 쓰레기 등을 제거할 수 있는 설비를 갖출 것
5) 흡수관의 투입구가 사각형의 경우에는 한 변의 길이가 60센티미터 이상, 원형의 경우에는 지름이 60센티미터 이상일 것
6) 저수조에 물을 공급하는 방법은 상수도에 연결하여 자동으로 급수되는 구조일 것

정답 55.①

56 「소방기본법」 및 같은 법 시행규칙상 소방용수시설 설치기준 등에 대한 설명으로 옳지 않은 것은?

① 시·도지사는 소방활동에 필요한 소방용수시설을 설치하고 유지·관리하여야 하고, 「수도법」 제45조에 따라 소화전을 설치하는 일반수도사업자는 관할 소방서장과 사전협의를 거친 후 소화전을 설치하여야 하며, 설치 사실을 관할 소방서장에게 통지하고, 그 소화전은 소방서장이 유지·관리하여야 한다.

② 정당한 사유 없이 소방용수시설 또는 비상소화장치를 사용하거나 소방용수시설 또는 비상소화장치의 효용을 해치거나 그 정당한 사용을 방해한 사람에 대해서는 5년 이하의 징역 또는 5천만원 이하의 벌금에 처한다.

③ 소방본부장 또는 소방서장은 원활한 소방활동을 위하여 소방용수시설에 대한 조사, 소방대상물에 인접한 도로의 폭·교통상황, 도로주변의 토지의 고저·건축물의 개황 그 밖의 소방활동에 필요한 지리에 대한 조사를 월 1회 이상 실시하여야 하며, 조사결과는 2년간 보관하여야 한다.

④ 소화전은 상수도와 연결하여 지하식 또는 지상식의 구조로 하고 소방용호스와 연결하는 소화전의 연결금속구의 구경은 65밀리미터로 하여야 하며, 급수탑은 급수배관의 구경을 100밀리미터 이상으로 하고 개폐 밸브는 지상에서 1.5미터 이상 1.7미터 이하의 높이에 설치할 수 있다.

[19. 상반기 공채]

기본서 2권 p.40~43, p.118

해설 56

① <u>시·도지사는</u> 소방활동에 필요한 소방용수시설을 설치하고 유지·관리하여야 하고, 「수도법」 제45조에 따라 소화전을 설치하는 일반수도사업자는 관할 소방서장과 사전협의를 거친 후 소화전을 설치하여야 하며, 설치 사실을 관할 소방서장에게 통지하고, ~~그 소화전은 소방서장이 유지·관리하여야 한다~~(법 제10조 제1항).
→ 그 소화전을 유지·관리하여야 한다.

④ 소화전은 상수도와 연결하여 지하식 또는 지상식의 구조로 하고 소방용호스와 연결하는 소화전의 연결금속구의 구경은 65밀리미터로 하여야 하며, 급수탑은 급수배관의 구경을 100밀리미터 이상으로 하고 개폐 밸브는 지상에서 1.5미터 이상 1.7미터 이하의 <u>위치에 설치하여야 한다</u>(규칙 별표 3).

정답 56. ①, ④ (복수정답)

57 「소방기본법 시행규칙」상 소방용수시설의 설치기준으로 옳은 것은?
① 소방용호스와 연결하는 소화전의 연결금속구의 구경은 40밀리미터로 할 것
② 공업지역인 경우 소방대상물과 수평거리를 100미터 이하가 되도록 할 것
③ 저수조에 물을 공급하는 방법은 상수도에 연결하여 수동으로 급수되는 구조일 것
④ 급수탑의 개폐밸브는 지상에서 0.8미터 이상 1.5미터 이하의 위치에 설치하도록 할 것

[21. 상반기 공채]
기본서 2권 p.42

58 다음 중 대통령령으로 정하는 일부 국고보조대상이 아닌 것은?
① 소방자동차
② 소방관서용 청사의 건축
③ 소방박물관
④ 소방전용통신설비 및 전산설비

[11. 부산]
기본서 2권 p.37

해설 57 ① 소방용호스와 연결하는 소화전의 연결금속구의 구경은 ~~40밀리미터~~로 할 것
 → 65밀리미터
③ 저수조에 물을 공급하는 방법은 상수도에 연결하여 ~~수동~~으로 급수되는 구조일 것
 → 자동
④ 급수탑의 개폐밸브는 지상에서 ~~0.8미터 이상 1.5미터 이하~~의 위치에 설치하도록 할 것
 → 1.5미터 이상 1.7미터 이하

58 방화복, 전산설비, 소방전용통신설비, 소방정, 소방장비, 소방자동차, 소방헬리콥터, 소방관서용 청사의 건축이 국고보조대상이다(영 제2조 제1항).

정답 57. ② 58. ③

59 다음 중 일부 국고보조대상 사업범위에 해당되지 않는 것은?
① 방화복
② 소방용수시설
③ 소방전용통신설비
④ 소방정

[11. 울산]
기본서 2권 p.37

60 다음 중 일부 국고보조대상이 아닌 것은?
① 소방관서용 청사의 건축
② 소방헬리콥터 및 소방정
③ 소방통신설비 및 전산설비
④ 방화복 등 소방활동에 필요한 소방장비

[11. 서울]
기본서 2권 p.37

해설 **59** 방화복, 전산설비, 소방전용통신설비, 소방정, 소방장비, 소방자동차, 소방헬리콥터, 소방관서용 청사의 건축이 국고보조대상이다(영 제2조 제1항).

60 ③ 소방전용통신설비이다.
방화복, 전산설비, 소방전용통신설비, 소방정, 소방장비, 소방자동차, 소방헬리콥터, 소방관서용 청사의 건축이 국고보조대상이다(영 제2조 제1항).

정답 59.② 60.③

61 다음 중 일부 국고보조대상 사업범위에 해당되지 않는 것은?
① 방화복
② 소방용수시설
③ 소방전용통신설비
④ 소방자동차

[13. 전북특]

62 국고보조대상이 아닌 것은?
① 소방관서용 청사의 건축
② 소화전
③ 소방자동차
④ 소방헬기와 소방정

[14. 중앙특]

해설

61 ② 소방용수시설은 국고보조대상 사업범위에 해당되지 않는다.
방화복, 전산설비, 소방전용통신설비, 소방정, 소방장비, 소방자동차, 소방헬리콥터, 소방관서용 청사의 건축이 국고보조대상이다(영 제2조 제1항).

62 ② 소화전은 국고보조대상이 아니다.
방화복, 전산설비, 소방전용통신설비, 소방정, 소방장비, 소방자동차, 소방헬리콥터, 소방관서용 청사의 건축이 국고보조대상이다(영 제2조 제1항).

정답 61.② 62.②

63 「소방기본법」상 소방력의 기준 등에 관한 설명으로 옳은 것은?

① 소방업무를 수행하는 데에 필요한 소방력에 관한 기준은 대통령령으로 정한다.
② 소방청장은 소방력의 기준에 따라 관할구역의 소방력을 확충하기 위하여 필요한 계획을 수립하여 시행하여야 한다.
③ 소방자동차 등 소방장비의 분류·표준화와 그 관리 등에 필요한 사항은 따로 법률에서 정한다.
④ 국가는 소방장비의 구입 등 시·도의 소방업무에 필요한 경비의 일부를 보조하고, 보조 대상사업의 범위와 기준보조율은 행정안전부령으로 정한다.

[19. 상반기 경채]

기본서 2권 p.36~37

해설 63 ① 소방업무를 수행하는 데에 필요한 소방력에 관한 기준은 행정안전부령으로 정한다(법 제8조 제1항).
② 시·도지사는 소방력의 기준에 따라 관할구역의 소방력을 확충하기 위하여 필요한 계획을 수립하여 시행하여야 한다(법 제8조 제2항).
④ 국가는 소방장비의 구입 등 시·도의 소방업무에 필요한 경비의 일부를 보조하고, 보조 대상사업의 범위와 기준보조율은 대통령령으로 정한다(법 제9조).

정답 63.③

64 소방력의 기준 및 소방장비의 국고보조에 대한 설명 중 가장 옳은 것은?

① 소방장비의 분류, 표준화와 그 관리 등에 필요한 사항은 대통령령으로 정한다.
② 시·도지사는 관할구역의 소방력을 확충하기 위하여 필요한 계획을 수립하여 시행하여야 한다.
③ 국고보조 대상사업과 기준보조율은 행정안전부령으로 정한다.
④ 소방활동장비 및 설비의 종류와 규격은 대통령령으로 정한다.

[17. 경채]
기본서 2권 p.36~38

해설 64

▶ 소방력의 기준 등(법 제8조)
① 소방기관이 소방업무를 수행하는 데에 필요한 인력과 장비 등[이하 "소방력"(消防力)이라 한다]에 관한 기준은 행정안전부령으로 정한다.
② 시·도지사는 제1항에 따른 소방력의 기준에 따라 관할구역의 소방력을 확충하기 위하여 필요한 계획을 수립하여 시행하여야 한다.
③ 소방자동차 등 소방장비의 분류·표준화와 그 관리 등에 필요한 사항은 <u>따로 법률</u>에서 정한다.

▶ 소방장비 등에 대한 국고보조(법 제9조)
① 국가는 소방장비의 구입 등 시·도의 소방업무에 필요한 경비의 일부를 보조한다.
② 제1항에 따른 보조 대상사업의 범위와 <u>기준보조율은 대통령령</u>으로 정한다.

▶ 국고보조 대상사업의 범위와 기준보조율(영 제2조)
① 법 제9조 제2항에 따른 국고보조 대상사업의 범위는 다음 각 호와 같다.
　1. 다음 각 목의 소방활동장비와 설비의 구입 및 설치
　　가. 소방자동차
　　나. 소방헬리콥터 및 소방정
　　다. 소방전용통신설비 및 전산설비
　　라. 그 밖에 방화복 등 소방활동에 필요한 소방장비
　2. 소방관서용 청사의 건축(「건축법」 제2조 제1항 제8호에 따른 건축을 말한다)
② 제1항 제1호에 따른 소방활동장비 및 설비의 종류와 규격은 <u>행정안전부령</u>으로 정한다.
③ 제1항에 따른 국고보조 대상사업의 기준보조율은 「보조금 관리에 관한 법률 시행령」에서 정하는 바에 따른다.

정답 64.②

65 다음 중 국고보조 대상사업의 범위로 옳지 않은 것은?

① 소방관서용 청사의 건축
② 소방헬리콥터 및 소방정
③ 소방전용통신설비 및 전산설비
④ 특정소방대상물의 소방시설

[17. 경채]
기본서 2권 p.37

66 다음 중 「소방기본법 시행령」상 국고보조 대상사업 범위에 해당하지 않는 것은?

① 소방자동차
② 소방헬리콥터 및 소방정
③ 소방전용통신설비 및 전산설비 구입 및 설치
④ 소방 전기·기계설비 구입 및 설치

[18. 경채]
기본서 2권 p.37

해설

65 ▶ 국고보조 대상사업의 범위와 기준보조율(영 제2조 제1항)
① 법 제9조 제2항에 따른 국고보조 대상사업의 범위는 다음 각 호와 같다.
  1. 다음 각 목의 소방활동장비와 설비의 구입 및 설치
    가. 소방자동차
    나. 소방헬리콥터 및 소방정
    다. 소방전용통신설비 및 전산설비
    라. 그 밖에 방화복 등 소방활동에 필요한 소방장비
  2. 소방관서용 청사의 건축(「건축법」 제2조 제1항 제8호에 따른 건축을 말한다)

66 ▶ 국고보조 대상사업의 범위와 기준보조율(영 제2조 제1항)
① 법 제9조 제2항에 따른 국고보조 대상사업의 범위는 다음 각 호와 같다.
  1. 다음 각 목의 소방활동장비와 설비의 구입 및 설치
    가. 소방자동차
    나. 소방헬리콥터 및 소방정
    다. 소방전용통신설비 및 전산설비
    라. 그 밖에 방화복 등 소방활동에 필요한 소방장비
  2. 소방관서용 청사의 건축(「건축법」 제2조 제1항 제8호에 따른 건축을 말한다)

정답 65.④ 66.④

67 「소방기본법 시행령」상 소방장비 등 국고보조 대상사업의 범위에 해당하지 않는 것은?

① 소방자동차 구입
② 소방용수시설 설치
③ 소방헬리콥터 및 소방정 구입
④ 소방전용통신설비 및 전산설비 설치

68 「소방기본법」 및 같은 법 시행령상 소방장비 등에 대한 국고보조의 내용으로 옳지 않은 것은?

① 보조 대상사업의 범위와 기준보조율은 대통령령으로 정한다.
② 소방활동장비 및 설비의 종류와 규격은 행정안전부령으로 정한다.
③ 국가는 소방장비의 구입 등 시·도의 소방업무에 필요한 경비의 전부를 보조한다.
④ 국고보조 대상사업에 해당하는 소방활동장비로는 소방자동차, 소방헬리콥터 및 소방정 등이 있다.

해설

67 ▶국고보조 대상사업의 범위와 기준보조율(영 제2조 제1항)
① 법 제9조 제2항에 따른 국고보조 대상사업의 범위는 다음 각 호와 같다.
  1. 다음 각 목의 소방활동장비와 설비의 구입 및 설치
    가. 소방자동차
    나. 소방헬리콥터 및 소방정
    다. 소방전용통신설비 및 전산설비
    라. 그 밖에 방화복 등 소방활동에 필요한 소방장비
  2. 소방관서용 청사의 건축(「건축법」 제2조 제1항 제8호에 따른 건축을 말한다)

68 ③ 국가는 소방장비의 구입 등 시·도의 소방업무에 필요한 경비의 전부를 보조한다.
   → 일부

▶소방장비 등에 대한 국고보조(법 제9조)
① 국가는 소방장비의 구입 등 시·도의 소방업무에 필요한 경비의 일부를 보조한다.
② 제1항에 따른 보조 대상사업의 범위와 기준보조율은 대통령령으로 정한다.

▶국고보조 대상사업의 범위와 기준보조율(영 제2조)
① 법 제9조 제2항에 따른 국고보조 대상사업의 범위는 다음 각 호와 같다.
  1. 다음 각 목의 소방활동장비와 설비의 구입 및 설치
    가. 소방자동차
    나. 소방헬리콥터 및 소방정
    다. 소방전용통신설비 및 전산설비
    라. 그 밖에 방화복 등 소방활동에 필요한 소방장비
  2. 소방관서용 청사의 건축(「건축법」 제2조 제1항 제8호에 따른 건축을 말한다)
② 제1항 제1호에 따른 소방활동장비 및 설비의 종류와 규격은 행정안전부령으로 정한다.
③ 제1항에 따른 국고보조 대상사업의 기준보조율은 「보조금 관리에 관한 법률 시행령」에서 정하는 바에 따른다.

정답 67.② 68.③

69 소방활동에 필요한 소화전, 급수탑, 저수조를 설치·유지 및 관리하는 사람은?
① 소방서장
② 소방청장
③ 시·도지사
④ 소방본부장

[11. 중앙]
기본서 2권 p.40

70 다음 중 「소방기본법 시행규칙」의 지리조사 대상이 아닌 것은?
① 건축물의 개황
② 도로의 폭
③ 소방용수조사
④ 교통상황

[13. 전북]
기본서 2권 p.43

해설

69 시·도지사는 소방활동에 필요한 소화전·급수탑·저수조를 설치하고 유지·관리하여야 한다(법 제10조 제1항).

70 ③ 소방용수조사는 지리조사 대상이 아니다.
소방대상물에 인접한 도로의 폭·교통상황, 도로주변의 토지의 고저·건축물의 개황 그 밖의 소방활동에 필요한 지리에 대한 조사(규칙 제7조 제1항 제2호)

정답 69.③ 70.③

71 다음 중 소방업무의 상호응원 협정사항으로 옳지 않은 것은?
① 소방업무의 응원을 위하여 파견된 소방대원은 응원을 지원해준 소방본부장 또는 소방서장의 지휘에 따라야 한다.
② 소방본부장 또는 소방서장은 소방활동을 할 때에 긴급한 경우에는 이웃한 소방본부장 또는 소방서장에게 소방업무의 응원을 요청할 수 있다.
③ 시·도지사는 미리 규약으로 정하는 협의사항 범위에 출동 대상지역 및 규모와 필요한 경비의 부담을 포함한다.
④ 응원요청을 받은 소방본부장 또는 소방서장은 정당한 사유 없이 그 요청을 거절하여서는 안 된다.

[11. 중앙]
상 **중** 하
기본서 2권 p.44

72 다음 중 소방본부장 또는 소방서장의 업무가 아닌 것은?
① 소방응원규약
② 화재조사
③ 화재의 예방조치
④ 화재에 관한 위험경보

[13. 특채]
상 **중** 하
기본서 2권 p.44, p.50, p.54, p.96

해설

71 ① 파견된 소방대원은 응원을 요청한 소방본부장, 소방서장의 지휘를 따른다(법 제11조 제3항).

72 ① 응원규약은 시·도지사의 업무이다(법 제11조 제4항).
② 소방청장, 소방본부장 또는 소방서장은 화재가 발생하였을 때에는 화재의 원인 및 피해 등에 대한 조사를 하여야 한다(법 제29조 제1항).
③ 소방본부장이나 소방서장은 화재의 예방상 위험하다고 인정되는 행위를 하는 사람이나 소화(消火) 활동에 지장이 있다고 인정되는 물건의 소유자·관리자 또는 점유자에게 다음 각 호의 명령을 할 수 있다(법 제12조 제1항).
④ 소방본부장이나 소방서장은 「기상법」 제13조 제1항에 따른 이상기상(異常氣象)의 예보 또는 특보가 있을 때에는 화재에 관한 경보를 발령하고 그에 따른 조치를 할 수 있다(법 제14조).

정답 71.① 72.①

73 다음 중 소방업무에 대한 내용으로 옳지 않은 것은?

① 소방활동에 종사한 사람은 시·도지사로부터 소방활동의 비용을 지급받을 수 있다.
② 시·도지사는 응원을 요청하는 경우 출동 대상지역 및 규모와 필요한 경비의 부담 등을 화재가 끝난 이후 이웃하는 시·도지사와 협의하여 정하여야 한다.
③ 소방본부장 또는 소방서장은 소방활동을 할 때에 긴급한 경우에는 이웃한 소방본부장 또는 소방서장에게 소방업무의 응원을 요청할 수 있다.
④ 시·도지사는 관할 지역의 특성을 고려하여 종합계획의 시행에 필요한 세부계획을 매년 수립하여 소방청장에게 제출하여야 하며, 세부계획에 따른 소방업무를 성실히 수행하여야 한다.

74 다음 중 소방업무의 응원에 대한 설명으로 틀린 것은?

① 소방업무의 응원을 위하여 파견된 소방대원은 응원 요청을 받은 소방본부장, 소방서장의 지휘를 따른다.
② 소방본부장, 소방서장은 소방활동을 할 때에 긴급한 경우에는 이웃한 소방본부장 또는 소방서장에게 소방업무의 응원을 요청할 수 있다.
③ 시·도지사는 소방업무의 응원을 요청하는 경우를 대비하여 출동 대상지역 및 규모와 필요한 경비의 부담 등에 관하여 필요한 사항을 행정안전부령으로 정하는 바에 따라 이웃하는 시·도지사와 협의하여 미리 규약으로 정하여야 한다.
④ 소방업무의 응원 요청을 받은 소방본부장 또는 소방서장은 정당한 사유 없이 그 요청을 거절하여서는 아니 된다.

해설

73 ② 시·도지사는 소방업무의 응원을 요청하는 경우를 대비하여 출동 대상지역 및 규모와 필요한 경비의 부담 등에 관하여 필요한 사항을 행정안전부령으로 정하는 바에 따라 이웃하는 시·도지사와 협의하여 미리 규약으로 정하여야 한다(법 제11조 제4항).

74 ① 응원을 요청한 소방본부장 또는 소방서장의 지휘에 따라야 한다(법 제11조 제3항).

정답 73.② 74.①

75 「소방기본법」상 소방업무의 응원협정에 대한 설명으로 옳지 않은 것은?

① 소방본부장이나 소방서장은 소방활동을 할 때에 긴급한 경우에는 이웃한 소방본부장 또는 소방서장에게 소방업무의 응원(應援)을 요청할 수 있다.
② 소방업무의 응원 요청을 받은 소방본부장 또는 소방서장은 정당한 사유 없이 그 요청을 거절하여서는 아니 된다.
③ 소방업무의 응원을 위하여 파견된 소방대원은 응원을 요청받은 소방본부장 또는 소방서장의 지휘에 따라야 한다.
④ 시·도지사는 ①에 따라 소방업무의 응원을 요청하는 경우를 대비하여 출동 대상지역 및 규모와 필요한 경비의 부담 등에 관하여 필요한 사항을 행정안전부령으로 정하는 바에 따라 이웃하는 시·도지사와 협의하여 미리 규약(規約)으로 정하여야 한다.

[17. 하반기]
기본서 2권 p.44

76 다음 중 「소방기본법」상 응원협정에 대한 설명으로 옳지 않은 것은?

① 소방본부장이나 소방서장은 소방활동을 할 때에 긴급한 경우에는 이웃한 소방본부장 또는 소방서장에게 소방업무의 응원을 요청할 수 있다.
② 소방업무의 응원 요청을 받은 소방본부장 또는 소방서장은 정당한 사유 없이 그 요청을 거절하여서는 아니 된다.
③ 소방업무의 응원을 위하여 파견된 소방대원은 응원을 요청한 소방본부장 또는 소방서장의 지휘에 따라야 한다.
④ 시·도지사는 소방업무의 응원을 요청하는 경우를 대비하여 출동 대상지역 및 규모와 필요한 경비의 부담 등에 관하여 필요한 사항을 시·도조례로 정하는 바에 따라 이웃하는 시·도지사와 협의하여 미리 규약으로 정하여야 한다.

[18. 경채]
기본서 2권 p.44

해설

75 ③ 소방업무의 응원을 위하여 파견된 소방대원은 응원을 요청한 소방본부장 또는 소방서장의 지휘에 따라야 한다(법 제11조 제3항).

76 ▶ 소방업무의 응원(법 제11조)
① 소방본부장이나 소방서장은 소방활동을 할 때에 긴급한 경우에는 이웃한 소방본부장 또는 소방서장에게 소방업무의 응원(應援)을 요청할 수 있다.
② 제1항에 따라 소방업무의 응원 요청을 받은 소방본부장 또는 소방서장은 정당한 사유 없이 그 요청을 거절하여서는 아니 된다.
③ 제1항에 따라 소방업무의 응원을 위하여 파견된 소방대원은 응원을 요청한 소방본부장 또는 소방서장의 지휘에 따라야 한다.
④ 시·도지사는 제1항에 따라 소방업무의 응원을 요청하는 경우를 대비하여 출동 대상지역 및 규모와 필요한 경비의 부담 등에 관하여 필요한 사항을 행정안전부령으로 정하는 바에 따라 이웃하는 시·도지사와 협의하여 미리 규약(規約)으로 정하여야 한다.

정답 75.③ 76.④

77 「소방기본법」상 소방업무의 응원에 대한 내용으로 옳지 않은 것은?

① 소방업무의 응원을 위하여 파견된 소방대원은 응원을 요청한 소방본부장 또는 소방서장의 지휘에 따라야 한다.
② 소방업무의 응원 요청을 받은 소방본부장 또는 소방서장은 정당한 사유 없이 그 요청을 거절하여서는 아니 된다.
③ 소방본부장이나 소방서장은 소방활동을 할 때에 긴급한 경우에는 이웃한 소방본부장 또는 소방서장에게 소방업무의 응원(應援)을 요청할 수 있다.
④ 소방청장은 소방업무의 응원을 요청하는 경우를 대비하여 출동 대상지역 및 규모와 필요한 경비의 부담 등에 관하여 필요한 사항을 행정안전부령으로 정하는 바에 따라 시·도지사와 협의하여 미리 규약(規約)으로 정하여야 한다.

[21. 상반기 경채]
기본서 2권 p.44

해설 77 ④ ~~소방청장은~~ 소방업무의 응원을 요청하는 경우를 대비하여 출동 대상지역 및 규모와 필요한 경비의 부담 등에 관하여 필요한 사항을 행정안전부령으로 정하는 바에 따라 ~~시·도지사와~~ 협의하여 미리 규약(規約)으로 정하여야 한다.
→ 시·도지사는, 이웃하는 시·도지사와

▶ 소방업무의 응원(법 제11조)
① 소방본부장이나 소방서장은 소방활동을 할 때에 긴급한 경우에는 이웃한 소방본부장 또는 소방서장에게 소방업무의 응원(應援)을 요청할 수 있다.
② 제1항에 따라 소방업무의 응원 요청을 받은 소방본부장 또는 소방서장은 정당한 사유 없이 그 요청을 거절하여서는 아니 된다.
③ 제1항에 따라 소방업무의 응원을 위하여 파견된 소방대원은 응원을 요청한 소방본부장 또는 소방서장의 지휘에 따라야 한다.
④ 시·도지사는 제1항에 따라 소방업무의 응원을 요청하는 경우를 대비하여 출동 대상지역 및 규모와 필요한 경비의 부담 등에 관하여 필요한 사항을 행정안전부령으로 정하는 바에 따라 이웃하는 시·도지사와 협의하여 미리 규약(規約)으로 정하여야 한다.

정답 77.④

78. 「소방기본법」상 소방력의 동원에 대한 설명이다. ( ) 안에 들어갈 용어로 옳은 것은?

> (가)은/는 해당 시·도의 소방력만으로는 소방활동을 효율적으로 수행하기 어려운 화재, 재난·재해, 그 밖의 구조·구급이 필요한 상황이 발생하거나 특별히 국가적 차원에서 소방활동을 수행할 필요가 인정될 때에는 각 (나)에게 행정안전부령으로 정하는 바에 따라 소방력을 동원할 것을 요청할 수 있다.

	(가)	(나)
①	소방청장	시·도지사
②	소방청장	소방본부장
③	시·도지사	시·도지사
④	시·도지사	소방본부장

해설 78 ▶ 소방력의 동원(법 제11조의2 제1항)
① 소방청장은 해당 시·도의 소방력만으로는 소방활동을 효율적으로 수행하기 어려운 화재, 재난·재해, 그 밖의 구조·구급이 필요한 상황이 발생하거나 특별히 국가적 차원에서 소방활동을 수행할 필요가 인정될 때에는 각 시·도지사에게 행정안전부령으로 정하는 바에 따라 소방력을 동원할 것을 요청할 수 있다.

정답 78. ①

제3장 화재의 예방과 경계

79 「소방기본법」 및 같은 법 시행령상 기준과 관련하여 그 내용이 가장 옳은 것은?

① 소방본부장 또는 소방서장은 소유자가 없는 위험물을 14일 동안 보관한 후 종료일부터 7일 이내 매각 혹은 폐기할 수 있다.
② 소방본부장이나 소방서장은 소방활동을 할 때에 긴급한 경우에는 이웃한 소방본부장 또는 소방서장에게 소방업무의 응원을 협정할 수 있다.
③ 소방본부장, 소방서장의 피난명령을 듣지 않으면 100만원 이하의 벌금을 부과한다.
④ 소방본부장 또는 소방서장은 공공의 안녕질서 유지 또는 복리증진을 위하여 필요한 경우 소방활동 외에 소방지원활동을 하게 할 수 있다.
⑤ 소방본부장 또는 소방서장은 화재경계지구 안의 관계인에 대하여 소방상 필요한 훈련 및 교육을 연 1회 이상 실시할 수 있다.

[11. 간부]

기본서 2권 p.44, p.50, p.53, p.65, p.88

해설 79
⑤ 소방본부장 또는 소방서장은 화재경계지구 안의 관계인에 대하여 소방상 필요한 훈련 및 교육을 연 1회 이상 실시할 수 있다(영 제4조 제3항).
① 소유자가 없는 위험물을 보관하는 경우에는 그 날부터 14일 동안 소방서의 게시판에 그 사실을 공고하고, 보관기간은 게시판에 공고하는 기간의 종료일 다음 날부터 7일로 하고, 보관기간이 종료되는 때에는 매각 혹은 폐기할 수 있다(법 제12조 제4항, 영 제3조 제1항·제2항).
② 소방활동을 할 때에 긴급한 경우에는 이웃한 소방본부장 또는 소방서장에게 소방업무의 응원을 요청할 수 있다(법 제11조 제1항).
③ 소방본부장, 소방서장, 소방대장의 피난명령을 듣지 않으면 100만원 이하의 벌금을 부과한다(법 제54조 제3호).
④ 소방청장·소방본부장 또는 소방서장은 공공의 안녕질서 유지 또는 복리증진을 위하여 필요한 경우 소방활동 외에 소방지원활동을 하게 할 수 있다(법 제16조의2 제1항).

정답 79.⑤

80 화재의 예방조치 등에 대한 설명으로 옳지 않은 것은?

① 소방본부장이나 소방서장은 화재예방상 위험하다고 인정되는 위험물 또는 물건을 보관하는 경우에는 그 날부터 14일 동안 소방본부 또는 소방서의 게시판에 그 사실을 공고하여야 한다.
② 소방본부장 또는 소방서장은 보관기간이 종료되는 때에는 보관하고 있는 위험물 또는 물건을 매각하여야 한다.
③ 소방본부장 또는 소방서장은 보관하던 위험물 또는 물건을 매각한 경우에는 그날부터 7일 이내에 국가재정법에 의하여 세입조치를 하여야 한다.
④ 소방본부장 또는 소방서장은 매각되거나 폐기된 위험물 또는 물건의 소유자가 보상을 요구하는 경우에는 보상금액에 대하여 소유자와 협의를 거쳐 이를 보상하여야 한다.

81 「소방기본법」상 화재의 예방조치 등에 대한 설명이다. ( ) 안의 내용으로 옳은 것은?

> 소방본부장이나 소방서장은 함부로 버려두거나 그냥 둔 위험물 또는 불에 탈 수 있는 물건을 보관하는 경우에는 그 날부터 ( )일 동안 소방본부 또는 소방서의 게시판에 그 사실을 공고하여야 한다.

① 7 ② 10
③ 12 ④ 14

해설

80 ③ 소방본부장 또는 소방서장은 보관하던 위험물 또는 물건을 매각한 경우에는 <u>지체없이</u> 국가재정법에 의하여 세입조치를 하여야 한다(영 제3조 제3항).

81 ④ 소방본부장이나 소방서장은 제3항에 따라 위험물 또는 물건을 보관하는 경우에는 그 날부터 <u>14</u>일 동안 소방본부 또는 소방서의 게시판에 그 사실을 공고하여야 한다(법 제12조 제4항).

정답 80.③ 81.④

82 다음 중 화재 예방조치의 내용 중 옳지 않은 것은?

① 소방본부장이나 소방서장은 화재의 예방상 위험하다고 인정되는 행위를 하는 사람이나 소화 활동에 지장이 있다고 인정되는 물건의 소유자·관리자 또는 점유자에게 명령을 할 수 있다.
② 소방본부장이나 소방서장은 함부로 버려두거나 그냥 둔 위험물, 그 밖에 불에 탈 수 있는 물건을 옮기거나 치우게 하는 등의 조치에 해당하는 경우로서 그 위험물 또는 물건의 소유자·관리자 또는 점유자의 주소와 성명을 알 수 없어서 필요한 명령을 할 수 없을 때에는 소속 공무원으로 하여금 그 위험물 또는 물건을 옮기거나 치우게 할 수 있다.
③ 소방본부장이나 소방서장은 옮기거나 치운 위험물 또는 물건을 보관하여야 한다.
④ 소방본부장이나 소방서장은 위험물 또는 물건을 보관하는 경우에는 그 날부터 7일 동안 소방본부 또는 소방서의 게시판에 그 사실을 공고할 수 있다.

[17. 중앙]

기본서 2권 p.50~51

해설 82
▶ 화재의 예방조치 등(법 제12조)
① 소방본부장이나 소방서장은 화재의 예방상 위험하다고 인정되는 행위를 하는 사람이나 소화(消火) 활동에 지장이 있다고 인정되는 물건의 소유자·관리자 또는 점유자에게 다음 각 호의 명령을 할 수 있다.
  1. 불장난, 모닥불, 흡연, 화기(火氣) 취급, 풍등 등 소형 열기구 날리기, 그 밖에 화재예방상 위험하다고 인정되는 행위의 금지 또는 제한
  2. 타고 남은 불 또는 화기가 있을 우려가 있는 재의 처리
  3. 함부로 버려두거나 그냥 둔 위험물, 그 밖에 불에 탈 수 있는 물건을 옮기거나 치우게 하는 등의 조치
② 소방본부장이나 소방서장은 제1항 제3호에 해당하는 경우로서 그 위험물 또는 물건의 소유자·관리자 또는 점유자의 주소와 성명을 알 수 없어서 필요한 명령을 할 수 없을 때에는 소속 공무원으로 하여금 그 위험물 또는 물건을 옮기거나 치우게 할 수 있다.
③ 소방본부장이나 소방서장은 제2항에 따라 옮기거나 치운 위험물 또는 물건을 보관하여야 한다.
④ 소방본부장이나 소방서장은 제3항에 따라 위험물 또는 물건을 보관하는 경우에는 그 날부터 <u>14일</u> 동안 소방본부 또는 소방서의 게시판에 그 사실을 <u>공고하여야 한다</u>.
⑤ 제3항에 따라 소방본부장이나 소방서장이 보관하는 위험물 또는 물건의 보관기간 및 보관기간 경과 후 처리 등에 대하여는 대통령령으로 정한다.

정답 82.④

83 「소방기본법」 및 같은 법 시행령상 화재의 예방조치 등으로 옳지 않은 것은?

① 소방본부장 또는 소방서장은 보관기간이 종료되는 때에는 보관하고 있는 위험물 또는 물건을 매각하여야 한다.
② 위험물 또는 물건의 보관기간은 소방본부 또는 소방서의 게시판에 공고하는 기간의 종료일 다음 날부터 7일로 한다.
③ 위험물 또는 물건을 보관하는 경우에는 그 날부터 14일 동안 소방본부 또는 소방서의 게시판에 그 사실을 공고하여야 한다.
④ 시·도지사는 폐기된 위험물의 소유자가 보상을 요구하는 경우에는 보상금액에 대하여 소유자와 협의를 거쳐 이를 보상하여야 한다.

[21. 상반기 공채]

기본서 2권 p.50~51

해설 83 ④ ~~시·도지사는~~ 폐기된 위험물의 소유자가 보상을 요구하는 경우에는 보상금액에 대하여 소유자와 협의를 거쳐 이를 보상하여야 한다.
→ 소방본부장 또는 소방서장

정답 83.④

84 다음 중 화재경계지구 지정 대상지역이 아닌 것은?
① 문화재가 밀집한 지역
② 석유화학제품을 생산하는 공장이 있는 지역
③ 공장·창고 등이 밀집한 지역
④ 위험물저장 및 처리시설이 밀집한 지역

[11. 부산]
기본서 2권 p.52

85 다음 중 화재경계지구 지정 대상지역이 아닌 것은?
① 공장이 밀집한 지역
② 목조건물이 밀집한 지역
③ 고층건축물이 밀집한 지역
④ 소방출동로가 없는 지역

[11. 서울]
기본서 2권 p.52

해설 84 ① 문화재가 밀집한 지역은 대상지역이 아니다.

▶ 화재경계지구 지정 대상지역(법 제13조 제1항)
1. 시장지역
2. 공장·창고가 밀집한 지역
3. 목조건물이 밀집한 지역
4. 위험물의 저장 및 처리 시설이 밀집한 지역
5. 석유화학제품을 생산하는 공장이 있는 지역
6. 「산업입지 및 개발에 관한 법률」 제2조 제8호에 따른 산업단지
7. 소방시설·소방용수시설 또는 소방출동로가 없는 지역
8. 그 밖에 제1호부터 제7호까지에 준하는 지역으로서 소방청장·소방본부장 또는 소방서장이 화재경계지구로 지정할 필요가 있다고 인정하는 지역

85 ③ 고층건축물이 밀집한 지역은 화재경계지구에 포함되지 않는다.

▶ 화재경계지구 지정 대상지역(법 제13조 제1항)
1. 시장지역
2. 공장·창고가 밀집한 지역
3. 목조건물이 밀집한 지역
4. 위험물의 저장 및 처리 시설이 밀집한 지역
5. 석유화학제품을 생산하는 공장이 있는 지역
6. 「산업입지 및 개발에 관한 법률」 제2조 제8호에 따른 산업단지
7. 소방시설·소방용수시설 또는 소방출동로가 없는 지역
8. 그 밖에 제1호부터 제7호까지에 준하는 지역으로서 소방청장·소방본부장 또는 소방서장이 화재경계지구로 지정할 필요가 있다고 인정하는 지역

정답 84.① 85.③

86 다음 중 화재경계지구 지정 대상지역으로 옳지 않은 것은?

① 상가지역
② 공장·창고가 밀집한 지역
③ 위험물의 저장 및 처리 시설이 밀집한 지역
④ 소방시설·소방용수시설 또는 소방출동로가 없는 지역

[16. 통합]
기본서 2권 p.52

87 「소방기본법」상 화재경계지구의 지정에 대한 내용으로 옳지 않은 것은?

① 소방본부장 또는 소방서장은 화재가 발생하는 경우 그로 인하여 피해가 클 것으로 예상되는 지역을 화재경계지구로 지정할 수 있다.
② 석유화학제품을 생산하는 공장이 있는 지역을 화재경계지구로 지정할 수 있다.
③ 위험물의 저장 및 처리시설이 밀집한 지역을 화재경계지구로 지정할 수 있다.
④ 공장·창고가 밀집한 지역을 화재경계지구로 지정할 수 있다.

[18. 하반기 공채]
기본서 2권 p.52

해설 86 ▶ 화재경계지구 지정 대상지역(법 제13조 제1항)
1. 시장지역
2. 공장·창고가 밀집한 지역
3. 목조건물이 밀집한 지역
4. 위험물의 저장 및 처리 시설이 밀집한 지역
5. 석유화학제품을 생산하는 공장이 있는 지역
6. 「산업입지 및 개발에 관한 법률」 제2조 제8호에 따른 산업단지
7. 소방시설·소방용수시설 또는 소방출동로가 없는 지역
8. 그 밖에 제1호부터 제7호까지에 준하는 지역으로서 소방청장·소방본부장 또는 소방서장이 화재경계지구로 지정할 필요가 있다고 인정하는 지역

87 ① 시·도지사는 화재가 발생하는 경우 그로 인하여 피해가 클 것으로 예상되는 지역을 화재경계지구로 지정할 수 있다 (법 제13조 제1항).

정답 86.① 87.①

88 「소방기본법 시행령」상 화재경계지구에 관한 설명으로 옳은 것은?

① 소방청장, 소방본부장 또는 소방서장은 화재경계지구 안의 소방대상물의 위치·구조 및 설비 등에 대한 소방특별조사를 연 1회 이상 실시하여야 한다.
② 소방본부장 또는 소방서장은 화재경계지구 안의 관계인에 대하여 소방상 필요한 훈련 및 교육을 연 1회 이상 실시할 수 있다.
③ 소방본부장 또는 소방서장은 소방상 필요한 훈련 및 교육을 실시하고자 하는 때에 화재경계지구 안의 관계인에게 훈련 또는 교육 30일 전까지 그 사실을 통보하여야 한다.
④ 소방청장은 화재경계지구의 지정 현황 등을 화재경계지구 관리대장에 작성하고 관리하여야 한다.

〔19. 상반기 경채〕

기본서 2권 p.52~53

89 「소방기본법 시행령」상 노·화덕 설비의 설치기준으로 옳지 않은 것은?

① 시간당 열량이 30만킬로칼로리 이상인 노를 설치하는 경우에는 주요구조부는 난연재료로 한다.
② 시간당 열량이 30만킬로칼로리 이상인 노를 설치하는 경우에는 노 주위에는 1미터 이상 공간을 확보한다.
③ 노 또는 화덕의 주위에는 녹는 물질이 확산되지 아니하도록 높이 0.1미터 이상의 턱을 설치하여야 한다.
④ 실내에 설치하는 경우에는 흙바닥 또는 금속 외의 불연재료로 된 바닥이나 흙바닥에 설치하여야 한다.

〔17. 하반기〕

기본서 2권 p.58

해설 **88** ① 소방본부장 또는 소방서장은 화재경계지구안의 소방대상물의 위치·구조 및 설비 등에 대한 소방특별조사를 연 1회 이상 실시하여야 한다(영 제4조 제2항).
③ 소방본부장 또는 소방서장은 소방상 필요한 훈련 및 교육을 실시하고자 하는 때에 화재경계지구 안의 관계인에게 훈련 또는 교육 10일 전까지 그 사실을 통보 하여야 한다(영 제4조 제4항).
④ 시·도지사는 화재경계지구의 지정 현황 등을 화재경계지구 관리대장에 작성하고 관리하여야 한다(영 제4조 제5항).

89 ① 시간당 열량이 30만킬로칼로리 이상인 노를 설치하는 경우에는 주요구조부는 불연재료로 한다(영 별표 1 참조).

정답 88.② 89.①

90 「소방기본법」상 화재경계지구로 지정할 수 있는 대상을 모두 고른 것은?

> ㄱ. 시장지역
> ㄴ. 목조건물이 밀집한 지역
> ㄷ. 위험물의 저장 및 처리 시설이 밀집한 지역
> ㄹ. 석유화학제품을 생산하는 공장이 있는 지역

① ㄱ, ㄴ
② ㄷ, ㄹ
③ ㄱ, ㄷ, ㄹ
④ ㄱ, ㄴ, ㄷ, ㄹ

[20. 경채]

기본서 2권 p.52

해설 90 모두 옳은 지문

▶ 화재경계지구의 지정 등(법 제13조 제1항)
① 시·도지사는 다음 각 호의 어느 하나에 해당하는 지역 중 화재가 발생할 우려가 높거나 화재가 발생하는 경우 그로 인하여 피해가 클 것으로 예상되는 지역을 화재경계지구(火災警戒地區)로 지정할 수 있다.
  1. 시장지역
  2. 공장·창고가 밀집한 지역
  3. 목조건물이 밀집한 지역
  4. 위험물의 저장 및 처리 시설이 밀집한 지역
  5. 석유화학제품을 생산하는 공장이 있는 지역
  6. 「산업입지 및 개발에 관한 법률」 제2조 제8호에 따른 산업단지
  7. 소방시설·소방용수시설 또는 소방출동로가 없는 지역
  8. 그 밖에 제1호부터 제7호까지에 준하는 지역으로서 소방청장·소방본부장 또는 소방서장이 화재경계지구로 지정할 필요가 있다고 인정하는 지역

정답 90.④

91 「소방기본법 시행령」상 화재경계지구에 대한 내용으로 옳지 않은 것은?

① 시·도지사는 소방특별조사의 결과 등을 대통령령으로 정하는 화재경계지구 관리대장에 작성하고 관리하여야 한다.
② 소방본부장 또는 소방서장은 화재경계지구 안의 관계인에 대하여 소방상 필요한 훈련 및 교육을 연 1회 이상 실시할 수 있다.
③ 소방본부장 또는 소방서장은 화재경계지구 안의 소방대상물의 위치·구조 및 설비 등에 대한 소방특별조사를 연 1회 이상 실시하여야 한다.
④ 소방본부장 또는 소방서장은 소방상 필요한 훈련 및 교육을 실시하고자 하는 때에는 화재경계지구 안의 관계인에게 훈련 또는 교육 10일 전까지 그 사실을 통보하여야 한다.

[21. 상반기 경채]

기본서 2권 p.52~53

해설 91

① 시·도지사는 소방특별조사의 결과 등을 ~~대통령령~~으로 정하는 화재경계지구 관리대장에 작성하고 관리하여야 한다.
→ 행정안전부령

▶ 화재경계지구의 관리(영 제4조)
① 삭제
② 소방본부장 또는 소방서장은 법 제13조 제3항에 따라 화재경계지구 안의 소방대상물의 위치·구조 및 설비 등에 대한 소방특별조사를 연 1회 이상 실시하여야 한다.
③ 소방본부장 또는 소방서장은 법 제13조 제5항에 따라 화재경계지구 안의 관계인에 대하여 소방상 필요한 훈련 및 교육을 연 1회 이상 실시할 수 있다.
④ 소방본부장 또는 소방서장은 제3항의 규정에 의한 소방상 필요한 훈련 및 교육을 실시하고자 하는 때에는 화재경계지구 안의 관계인에게 훈련 또는 교육 10일 전까지 그 사실을 통보하여야 한다.
⑤ 시·도지사는 법 제13조 제6항에 따라 다음 각 호의 사항을 행정안전부령으로 정하는 화재경계지구 관리대장에 작성하고 관리하여야 한다.
 1. 화재경계지구의 지정 현황
 2. 소방특별조사의 결과
 3. 소방설비의 설치 명령 현황
 4. 소방교육의 실시 현황
 5. 소방훈련의 실시 현황
 6. 그 밖에 화재예방 및 경계에 필요한 사항

정답 91.①

92 「소방기본법 시행령」상 수소가스를 넣는 기구에 대한 설명으로 옳지 않은 것은?

① 바람이 초속 6미터 부는 때에는 띄워서는 아니된다.
② 경마장에서 수소가스를 넣는 기구를 운반하거나 취급하여서는 아니된다.
③ 수소가스는 용량의 90퍼센트 이상을 유지하여야 한다.
④ 띄우는 각도는 지표면에 대하여 45도 이하로 유지한다.

[18. 상반기]
기본서 2권 p.58

해설 92	영 별표 1	
	수소가스를 넣는 기구	1. 연통 그 밖의 화기를 사용하는 시설의 부근에서 띄우거나 머물게 하여서는 아니된다. 2. 건축물의 지붕에서 띄워서는 아니된다. 다만, 지붕이 불연재료로 된 평지붕으로서 그 넓이가 기구 지름의 2배 이상인 경우에는 그러지 아니하다. 3. 다음 각목의 장소에서 운반하거나 취급하여서는 아니된다. 　가. 공연장 : 극장·영화관·연예장·음악당·서커스장 그 밖의 이와 비슷한 것 　나. 집회장 : 회의장·공회장·예식장 그 밖의 이와 비슷한 것 　다. 관람장 : 운동경기관람장(운동시설에 해당하는 것을 제외한다)·<u>경마장</u>·자동차경주장 그 밖의 이와 비슷한 것 　라. 전시장 : 박물관·미술관·과학관·기념관·산업전시장·박람회장 그 밖의 이와 비슷한 것 4. 수소가스를 넣거나 빼는 때에는 다음 각목의 사항을 지켜야 한다. 　가. 통풍이 잘 되는 옥외의 장소에서 할 것 　나. 조작자 외의 사람이 접근하지 아니하도록 할 것 　다. 전기시설이 부착된 경우에는 전원을 차단하고 할 것 　라. 마찰 또는 충격을 주는 행위를 하지 말 것 　마. 수소가스를 넣을 때에는 기구 안에 수소가스 또는 공기를 제거한 후 감압기를 사용할 것 5. <u>수소가스는 용량의 90퍼센트 이상을 유지하여야 한다.</u> 6. 띄우거나 머물게 하는 때에는 감시인을 두어야 한다. 다만, 건축물 옥상에서 띄우거나 머물게 하는 경우에는 그러하지 아니하다. 7. <u>띄우는 각도는 지표면에 대하여 45도 이하로 유지하고 바람이 초속 7미터 이상 부는 때에는 띄워서는 아니된다.</u>

정답 92.①

93 화재경계지구 지정 대상지역에 관한 내용으로 틀린 것은?
① 시장지역, 공장·창고가 밀집한 지역
② 석유화학제품을 생산하는 공장이 있는 지역
③ 위험물의 저장 및 처리 시설이 밀집한 지역, 고층건축물 밀집지역
④ 소방시설·소방용수시설 또는 소방출동로가 없는 지역

94 「소방기본법」상 시·도지사가 화재경계지구로 지정할 필요가 있는 지역을 화재경계지구로 지정하지 아니하는 경우 해당 시·도지사에게 해당 지역의 화재경계지구 지정을 요청할 수 있는 사람은 누구인가?
① 행정안전부장관　　② 소방본부장
③ 소방서장　　　　　④ 소방청장

해설 93 ③ 고층건축물 밀집지역은 해당되지 않는다.

▶ 화재경계지구 지정 대상지역(법 제13조 제1항)
1. 시장지역
2. 공장·창고가 밀집한 지역
3. 목조건물이 밀집한 지역
4. 위험물의 저장 및 처리 시설이 밀집한 지역
5. 석유화학제품을 생산하는 공장이 있는 지역
6. 「산업입지 및 개발에 관한 법률」 제2조 제8호에 따른 산업단지
7. 소방시설·소방용수시설 또는 소방출동로가 없는 지역
8. 그 밖에 제1호부터 제7호까지에 준하는 지역으로서 소방청장·소방본부장 또는 소방서장이 화재 경계지구로 지정할 필요가 있다고 인정하는 지역

94 ▶ 화재경계지구의 지정 등(법 제13조 제2항)
② 제1항에도 불구하고 시·도지사가 화재경계지구로 지정할 필요가 있는 지역을 화재경계지구로 지정하지 아니하는 경우 소방청장은 해당 시·도지사에게 해당 지역의 화재경계지구 지정을 요청할 수 있다.

정답 93.③ 94.④

95 다음 중 화재경계지구 지정에 대한 설명으로 옳지 않은 것은?
① 시·도지사가 화재경계지구를 지정하지 않으면 소방청장이 지정할 수 있다.
② 소방본부장이나 소방서장은 화재경계지구 안의 소방대상물의 위치, 구조, 설비 등에 대하여 소방특별조사를 하여야 한다.
③ 소방본부장이나 소방서장은 화재경계지구 안의 관계인에 대하여 대통령령으로 정하는 바에 따라 훈련 및 교육을 실시할 수 있다.
④ 시·도지사는 화재경계지구 지정 현황, 소방특별조사의 결과 등 화재경계지구에서의 화재예방 및 경계에 필요한 자료를 매년 작성·관리하여야 한다.

[17. 경채]

기본서 2권 p.52~53

해설 95 ▶화재경계지구의 지정 등(법 제13조)
① 시·도지사는 다음 각 호의 어느 하나에 해당하는 지역 중 화재가 발생할 우려가 높거나 화재가 발생하는 경우 그로 인하여 피해가 클 것으로 예상되는 지역을 화재경계지구(火災警戒地區)로 지정할 수 있다.
  1. 시장지역
  2. 공장·창고가 밀집한 지역
  3. 목조건물이 밀집한 지역
  4. 위험물의 저장 및 처리 시설이 밀집한 지역
  5. 석유화학제품을 생산하는 공장이 있는 지역
  6. 「산업입지 및 개발에 관한 법률」 제2조 제8호에 따른 산업단지
  7. 소방시설·소방용수시설 또는 소방출동로가 없는 지역
  8. 그 밖에 제1호부터 제7호까지에 준하는 지역으로서 소방청장·소방본부장 또는 소방서장이 화재경계지구로 지정할 필요가 있다고 인정하는 지역
② 제1항에도 불구하고 시·도지사가 화재경계지구로 지정할 필요가 있는 지역을 화재경계지구로 지정하지 아니하는 경우 소방청장은 해당 시·도지사에게 해당 지역의 화재경계지구 지정을 요청할 수 있다.
③ 소방본부장이나 소방서장은 대통령령으로 정하는 바에 따라 제1항에 따른 화재경계지구 안의 소방대상물의 위치·구조 및 설비 등에 대하여 「소방시설 설치·유지 및 안전관리에 관한 법률」 제4조에 따른 소방특별조사를 하여야 한다.
④ 소방본부장이나 소방서장은 제3항에 따른 소방특별조사를 한 결과 화재의 예방과 경계를 위하여 필요하다고 인정할 때에는 관계인에게 소방용수시설, 소화기구, 그 밖에 소방에 필요한 설비의 설치를 명할 수 있다.
⑤ 소방본부장이나 소방서장은 화재경계지구 안의 관계인에 대하여 대통령령으로 정하는 바에 따라 소방에 필요한 훈련 및 교육을 실시할 수 있다.
⑥ 시·도지사는 대통령령으로 정하는 바에 따라 제1항에 따른 화재경계지구의 지정 현황, 제3항에 따른 소방특별조사의 결과, 제4항에 따른 소방설비 설치 명령 현황, 제5항에 따른 소방교육의 현황 등이 포함된 화재경계지구에서의 화재예방 및 경계에 필요한 자료를 매년 작성·관리하여야 한다.

정답 95.①

96 다음 중 소방본부장·소방서장·소방대장이 할 수 있는 권한으로 옳지 않은 것은?

① 강제처분 등
② 피난명령
③ 소방활동 종사명령
④ 화재에 관한 위험 경보

[18. 경채]
기본서 2권 p.54, p.85~86, p.88

97 보일러에 기체연료를 사용하는 경우에 지켜야 하는 사항으로 바르지 않은 것은?

① 보일러를 설치하는 장소에는 환기구를 설치하는 등 가연성가스가 머무르지 아니하도록 한다.
② 화재 등 긴급 시 연료를 차단할 수 있는 개폐밸브를 연료용기 등으로부터 0.5m 이내에 설치한다.
③ 보일러가 설치된 장소에는 가스누설경보기를 설치한다.
④ 연료를 공급하는 배관의 재질은 금속관 또는 플라스틱 합성관으로 한다.

[12. 전북]
기본서 2권 p.57

해설 96 ▶화재에 관한 위험경보(법 제14조)
소방본부장이나 소방서장은 「기상법」 제13조 제1항에 따른 이상기상(異常氣象)의 예보 또는 특보가 있을 때에는 화재에 관한 경보를 발령하고 그에 따른 조치를 할 수 있다.

97 ④ 연료공급관의 재질은 금속관으로 한다(영 별표 1).

정답 96.④ 97.④

98 「소방기본법 시행령」상 불을 사용하는 설비에 관하여 틀린 것은?
① 보일러와 벽·천장 사이 거리는 0.6m 이상으로 한다.
② 이동식 난로는 학원, 독서실, 박물관 및 미술관 등의 장소에서 사용하여서는 안 된다.
③ 열 발생 조리기구는 반자 또는 선반으로부터 0.6m 이상 떨어지게 한다.
④ 액체연료를 사용하는 보일러를 사용하는 장소에는 환기구를 설치한다.

99 보일러, 난로, 건조설비, 가스·전기시설, 그 밖에 화재 발생 우려가 있는 설비 또는 기구 등의 위치·구조 및 관리와 화재 예방을 위하여 불을 사용할 때 지켜야 하는 사항은 무엇으로 정하는가?
① 대통령령
② 행정안전부령
③ 시·도 조례
④ 시·도 규칙

해설
98 ④ 기체연료를 사용하는 보일러를 사용하는 장소에는 환기구를 설치한다(영 별표 1).

99 보일러, 난로, 건조설비, 가스·전기시설, 그 밖에 화재 발생 우려가 있는 설비 또는 기구 등의 위치·구조 및 관리와 화재 예방을 위하여 불을 사용할 때 지켜야 하는 사항은 대통령령으로 정한다(법 제15조 제1항).

정답 98.④ 99.①

100 다음 중 보일러 등의 위치·구조 및 관리와 불의 사용에 있어서 지켜야 하는 사항으로 틀린 것은?

① 난로의 연통은 천장으로부터 1m 이상 떨어지고, 건물 밖으로 1m 이상 나오게 설치하여야 한다.
② 수소가스는 용량의 90% 이상을 유지하여야 한다.
③ 보일러를 실내에 설치하는 경우에는 콘크리트바닥 또는 금속 외의 불연재료로 된 바닥 위에 설치하여야 한다.
④ 건조설비와 벽·천장 사이의 거리는 0.5m 이상 되도록 하여야 한다.

[13. 전북특]
기본서 2권 p.57~58

101 불의 사용에 있어 지켜야 할 사항 중 틀린 것은?

① 액체연료를 사용하는 보일러의 연료탱크는 보일러 본체로부터 수평거리 1m 이상의 간격을 유지할 것
② 건조설비와 벽·천장 사이의 거리는 0.6m 이상 유지할 것
③ 열 발생 조리기구는 반자 또는 선반으로부터 0.6m 이상 유지할 것
④ 시간당 열량이 30만kcal 이상인 노를 설치하는 경우 노 주위에는 1m 이상의 공간을 보유할 것

[11. 통합]
기본서 2권 p.57~58

해설 100 ① 연통은 천장으로부터 0.6m 이상, 건물 밖으로부터 0.6m 이상 나오도록 설치하여야 한다(영 별표 1).

101 ② 건조설비와 벽·천장 사이의 거리는 0.5m 이상 유지할 것(영 별표 1)

정답 100.① 101.②

102 「소방기본법 시행령」상 보일러 등의 위치·구조 및 관리와 화재예방을 위하여 불의 사용에 있어서 지켜야 하는 사항 중 '난로'에 대한 설명이다. ( ) 안의 내용으로 옳게 연결된 것은?

> 연통은 천장으로부터 (㉠)m 이상 떨어지고, 건물 밖으로 (㉡)m 이상 나오게 설치하여야 한다.

	㉠	㉡		㉠	㉡
①	0.5	0.6	②	0.6	0.6
③	0.5	0.5	④	0.6	0.5

103 「소방기본법 시행령」상 보일러 등의 위치·구조 및 관리와 화재예방을 위하여 불의 사용에 있어서 지켜야 하는 사항으로 옳지 않은 것은?

① '보일러'와 벽·천장 사이의 거리는 0.6미터 이상 되도록 하여야 한다.
② '난로' 연통은 천장으로부터 0.6미터 이상 떨어지고, 건물 밖으로 0.6미터 이상 나오게 설치하여야 한다.
③ '건조설비'와 벽·천장 사이의 거리는 0.5미터 이상 되도록 하여야 한다.
④ '불꽃을 사용하는 용접·용단기구' 작업장에서는 용접 또는 용단 작업자로부터 반경 10미터 이내에 소화기를 갖추어야 한다.

해설

102 연통은 천장으로부터 <u>0.6미터 이상</u> 떨어지고, 건물 밖으로 <u>0.6미터 이상</u> 나오게 설치하여야 한다(영 별표 1).

103 ▶ 불꽃을 사용하는 용접·용단기구(영 별표 1)
용접 또는 용단 작업장에서는 다음 각 호의 사항을 지켜야 한다. 다만, 「산업안전보건법」 제38조의 적용을 받는 사업장의 경우에는 적용하지 아니한다.
1. 용접 또는 용단 작업자로부터 <u>반경 5m 이내에 소화기를</u> 갖추어 둘 것
2. 용접 또는 용단 작업장 주변 반경 10m 이내에는 가연물을 쌓아두거나 놓아두지 말 것. 다만, 가연물의 제거가 곤란하여 방지포 등으로 방호조치를 한 경우는 제외한다.

정답 102.② 103.④

104 「소방기본법 시행령」상 불을 사용하는 설비의 관리기준 등에 대한 설명이다. ( ) 안에 들어갈 숫자로 옳은 것은?

- 보일러 : 보일러와 벽·천장 사이의 거리는 (가)미터 이상 되도록 하여야 한다.
- 난로 : 연통은 천장으로부터 (나)미터 이상 떨어지고, 건물 밖으로 0.6미터 이상 나오게 설치하여야 한다.
- 건조설비 : 건조설비와 벽·천장 사이의 거리는 (다)미터 이상 되도록 하여야 한다.
- 음식조리를 위하여 설치하는 설비 : 열을 발생하는 조리기구는 반자 또는 선반으로부터 (라)미터 이상 떨어지게 해야 한다.

	(가)	(나)	(다)	(라)		(가)	(나)	(다)	(라)
①	0.5	0.6	0.6	0.6	②	0.6	0.6	0.5	0.6
③	0.6	0.5	0.6	0.6	④	0.6	0.6	0.5	0.5

[19. 상반기 공채]

기본서 2권 p.57~58

105 「소방기본법 시행령」상 일반음식점에서 조리를 위하여 불을 사용하는 설비를 설치할 때 지켜야 할 사항으로 옳지 않은 것은?

① 주방시설에는 동물 또는 식물의 기름을 제거할 수 있는 필터 등을 설치할 것
② 열을 발생하는 조리기구는 반자 또는 선반으로부터 0.5미터 이상 떨어지게 할 것
③ 주방설비에 부속된 배출덕트(공기 배출통로)는 0.5밀리미터 이상의 아연도금강판 또는 이와 동등 이상의 내식성 불연재료로 설치할 것
④ 열을 발생하는 조리기구로부터 0.15미터 이내의 거리에 있는 가연성 주요 구조부는 단열성이 있는 불연재료로 덮어 씌울 것

[20. 경채]

기본서 2권 p.58

해설

104
- 보일러
  보일러와 벽·천장 사이의 거리는 (0.6)미터 이상 되도록 하여야 한다.
- 난로
  연통은 천장으로부터 (0.6)미터 이상 떨어지고, 건물 밖으로 0.6미터 이상 나오게 설치하여야 한다.
- 건조설비
  건조설비와 벽·천장 사이의 거리는 (0.5)미터 이상 되도록 하여야 한다.
- 음식조리를 위하여 설치하는 설비
  열을 발생하는 조리기구는 반자 또는 선반으로부터 (0.6)미터 이상 떨어지게 해야 한다.

105 ② 열을 발생하는 조리기구는 반자 또는 선반으로부터 ~~0.5미터~~ 이상 떨어지게 할 것 → 0.6미터

▶ 음식조리를 위하여 설치하는 설비(영 별표 1)
일반음식점에서 조리를 위하여 불을 사용하는 설비를 설치하는 경우에는 다음 각목의 사항을 지켜야 한다.
가. 주방설비에 부속된 배출덕트(공기 배출통로)는 0.5밀리미터 이상의 아연도금강판 또는 이와 동등 이상의 내식성 불연재료로 설치할 것
나. 주방시설에는 동물 또는 식물의 기름을 제거할 수 있는 필터 등을 설치할 것
다. 열을 발생하는 조리기구는 반자 또는 선반으로부터 0.6미터 이상 떨어지게 할 것
라. 열을 발생하는 조리기구로부터 0.15미터 이내의 거리에 있는 가연성 주요구조부는 석면판 또는 단열성이 있는 불연재료로 덮어 씌울 것

정답 104.② 105.②

106 「소방기본법 시행령」상 보일러 등의 위치·구조 및 관리와 화재예방을 위하여 불의 사용에 있어서 지켜야 하는 사항으로, 다음은 용접 또는 용단 작업장에서 지켜야 할 사항이다. ( ) 안에 들어갈 내용으로 옳은 것은? (단, 「산업안전보건법」 제38조의 적용을 받는 사업장의 경우에는 적용하지 아니한다.)

- 용접 또는 용단 작업자로부터 (가) 이내에 소화기를 갖추어 둘 것
- 용접 또는 용단 작업장 주변 (나) 이내에는 가연물을 쌓아두거나 놓아두지 말 것. 다만, 가연물의 제거가 곤란하여 방지포 등으로 방호조치를 한 경우는 제외한다.

	(가)	(나)		(가)	(나)
①	반경 5m	반경 10m	②	반경 6m	반경 12m
③	직경 5m	직경 10m	④	직경 6m	직경 12m

[20. 공채]

107 「소방기본법 시행령」상 보일러 등의 위치·구조 및 관리와 화재예방을 위하여 불의 사용에 있어서 지켜야 하는 사항으로 옳은 것은?

① 전기시설에서 전류가 통하는 전선에는 누전차단기를 설치하여야 한다.
② 「공연법」 제2조 제4호의 규정에 의한 공연장에서 이동식난로는 절대 사용하여서는 아니 된다.
③ 보일러를 실내에 설치하는 경우에는 콘크리트바닥 또는 금속 외의 난연재료로 된 바닥 위에 설치하여야 한다.
④ 수소가스를 넣는 기구에서 수소가스를 넣을 때에는 기구 안에 수소가스 또는 공기를 제거한 후 감압기를 사용하여야 한다.

[21. 상반기 경채]

해설

106 불꽃을 사용하는 용접·용단기구(영 별표 1)
- 용접 또는 용단 작업자로부터 (반경 5m) 이내에 소화기를 갖추어 둘 것
- 용접 또는 용단 작업장 주변 (반경 10m) 이내에는 가연물을 쌓아두거나 놓아두지 말 것. 다만, 가연물의 제거가 곤란하여 방지포 등으로 방호조치를 한 경우는 제외한다.

107 ① 전기시설에서 전류가 통하는 전선에는 **누전차단기**를 설치하여야 한다.
  → 과전류차단기
② 「공연법」 제2조 제4호의 규정에 의한 공연장에서 이동식난로는 **절대** 사용하여서는 아니 된다.
  → 난로가 쓰러지지 아니하도록 받침대를 두어 고정시키거나 쓰러지는 경우 즉시 소화되고 연료의 누출을 차단할 수 있는 장치가 부착된 경우에는 그러하지 아니하다.
③ 보일러를 실내에 설치하는 경우에는 콘크리트바닥 또는 금속 외의 **난연재료**로 된 바닥 위에 설치하여야 한다.
  → 불연재료

정답 106.① 107.④

108 특수가연물의 저장 및 취급 기준으로 옳지 않은 것은?
① 품명별로 구분하여 쌓을 것이며 바닥면적 사이는 1m 이상이 되도록 할 것
② 높이는 10m 이하가 되도록 한다.
③ 석탄, 목탄의 바닥면적은 50m² 이하가 되도록 할 것
④ 품명, 최대수량, "화기취급금지"를 기재한 표지를 설치할 것

[11. 울산]

109 다음 중 특수가연물의 저장 및 취급기준이 아닌 것은?
① 석탄·목탄류를 발전용으로 저장하는 경우에는 바닥면적 200m² 이하가 되도록 할 것
② 특수가연물을 저장 또는 취급하는 장소에는 품명, 최대수량 및 "화기취급금지"를 기재한 표지를 설치할 것
③ 쌓는 부분의 바닥면적 사이는 1m 이상이 되도록 할 것
④ 품명별로 구분하여 쌓아 저장할 것

[11. 중앙]

해설 108 ③ 쌓는 부분의 바닥면적은 50제곱미터(석탄·목탄류의 경우에는 200제곱미터) 이하가 되도록 할 것

▶ **특수가연물의 저장 및 취급의 기준(영 제7조)**
1. 특수가연물을 저장 또는 취급하는 장소에는 품명·최대수량 및 화기취급의 금지표지를 설치할 것
2. 다음에 따라 쌓아 저장할 것. 다만, 석탄·목탄류를 발전용으로 저장하는 경우에는 그러하지 아니하다.
   가. 품명별로 구분하여 쌓을 것
   나. 쌓는 높이는 10미터 이하가 되도록 하고, 쌓는 부분의 바닥면적은 50제곱미터(석탄·목탄류 200제곱미터) 이하가 되도록 할 것. 다만, 살수설비를 설치하거나, 방사능력 범위에 해당 특수가연물이 포함되도록 대형수동식소화기를 설치하는 경우에는 쌓는 높이를 15미터 이하, 쌓는 부분의 바닥면적을 200제곱미터(석탄·목탄류 300제곱미터) 이하로 할 수 있다.
   다. 쌓는 부분의 바닥면적 사이는 1미터 이상이 되도록 할 것

109 ① 발전용으로 저장하는 경우는 제외한다.

▶ **특수가연물의 저장 및 취급의 기준(영 제7조)**
1. 특수가연물을 저장 또는 취급하는 장소에는 품명·최대수량 및 화기취급의 금지표지를 설치할 것
2. 다음에 따라 쌓아 저장할 것. 다만, 석탄·목탄류를 발전용으로 저장하는 경우에는 그러하지 아니하다.
   가. 품명별로 구분하여 쌓을 것
   나. 쌓는 높이는 10미터 이하가 되도록 하고, 쌓는 부분의 바닥면적은 50제곱미터(석탄·목탄류 200제곱미터) 이하가 되도록 할 것. 다만, 살수설비를 설치하거나, 방사능력 범위에 해당 특수가연물이 포함되도록 대형수동식소화기를 설치하는 경우에는 쌓는 높이를 15미터 이하, 쌓는 부분의 바닥면적을 200제곱미터(석탄·목탄류 300제곱미터) 이하로 할 수 있다.
   다. 쌓는 부분의 바닥면적 사이는 1미터 이상이 되도록 할 것

정답 108.③ 109.①

110 특수가연물의 저장 및 취급기준에 대한 설명으로 옳지 않은 것은?
① 반드시 품명별로 구분하여 쌓을 것
② 바닥면적 사이는 1m 이상이 되도록 할 것
③ 가연성 고체류의 수량은 $2m^3$ 이상이다.
④ 특수가연물의 저장 및 취급기준은 대통령령으로 정한다.
⑤ 합성수지류로서 발포되지 아니한 것의 수량은 3,000kg 이상이다.

[11. 간부]
기본서 2권 p.59~60

111 다음은 특수가연물의 저장 및 취급기준에 대한 설명이다. 옳지 않은 것은?
① 품명별로 구분하여 쌓을 것이며 바닥면적 사이는 1m 이상이 되도록 할 것
② 높이는 10m 이하가 되도록 한다.
③ 발전용 석탄, 목탄의 바닥면적은 $200m^2$ 이하가 되도록 할 것
④ 특수가연물을 저장 또는 취급하는 장소에는 품명·최대수량 및 화기취급의 금지표지를 설치할 것

[11. 통합]
기본서 2권 p.60

해설 **110** ③ 가연성 고체류는 3,000kg 이상 수량이다. 수량 $2m^3$는 가연성 액체류이다(영 제7조 및 별표 2).

▶ 특수가연물(영 별표 2)

품명		수량
면화류		200kg 이상
나무껍질, 대팻밥		400kg 이상
넝마, 볏짚류, 종이부스러기, 사류(실과 누에고치)		1,000kg 이상
가연성고체류		3,000kg 이상
석탄·목탄류		10,000kg 이상
가연성액체류		$2m^3$ 이상
목재가공품, 나무부스러기		$10m^3$ 이상
합성수지류	발포된 것	$20m^3$ 이상
	그 밖의 것	3,000kg 이상

111 ③ 발전용으로 저장하는 경우는 제외한다.

▶ 특수가연물의 저장 및 취급의 기준(영 제7조)
1. 특수가연물을 저장 또는 취급하는 장소에는 품명·최대수량 및 화기취급의 금지표지를 설치할 것
2. 다음에 따라 쌓아 저장할 것. 다만, 석탄·목탄류를 발전용으로 저장하는 경우에는 그러하지 아니하다.
   가. 품명별로 구분하여 쌓을 것
   나. 쌓는 높이는 10미터 이하가 되도록 하고, 쌓는 부분의 바닥면적은 50제곱미터(석탄·목탄류 200제곱미터) 이하가 되도록 할 것. 다만, 살수설비를 설치하거나, 방사능력 범위에 해당 특수가연물이 포함되도록 대형수동식소화기를 설치하는 경우에는 쌓는 높이를 15미터 이하, 쌓는 부분의 바닥면적을 200제곱미터(석탄·목탄류 300제곱미터) 이하로 할 수 있다.
   다. 쌓는 부분의 바닥면적 사이는 1미터 이상이 되도록 할 것

정답 110.③ 111.③

112 다음 중 특수가연물의 저장 및 취급에 관한 기준으로 틀린 것은?

① 특수가연물을 저장 또는 취급하는 장소에는 품명·최대수량 및 안전관리자의 성명을 기재하여 설치한다.
② 특수가연물을 품명별로 구분하여 쌓는다.
③ 방사능력 범위에 해당 특수가연물이 포함되도록 대형수동식소화기를 설치하는 경우에는 쌓는 높이를 15m 이하로 할 수 있다.
④ 쌓는 부분의 바닥면적 사이는 1m 이상이 되도록 한다.

[12. 전북]

기본서 2권 p.60

113 「소방기본법 시행령」상 특수가연물의 저장 및 취급기준에 대한 설명 중 옳은 것은?

① 발전용 석탄·목탄류는 품명별로 쌓는다.
② 쌓는 부분의 바닥면적 사이는 1m 이하가 되도록 한다.
③ 쌓는 부분 바닥면적은 50m² 이하 석탄·목탄류는 200m² 이하로 한다.
④ 발전용 석탄·목탄류에 살수설비를 설치하였을 경우에 쌓는 높이를 20m 이하로 한다.

[12. 중앙]

기본서 2권 p.60

해설

112 ① 안전관리자 성명은 기재하지 않고 품명·최대수량 및 <u>화기취급의 금지표지</u>를 설치할 것

▶ **특수가연물의 저장 및 취급의 기준(영 제7조)**
1. 특수가연물을 저장 또는 취급하는 장소에는 품명·최대수량 및 화기취급의 금지표지를 설치할 것
2. 다음에 따라 쌓아 저장할 것. 다만, 석탄·목탄류를 발전용으로 저장하는 경우에는 그러하지 아니하다.
   가. 품명별로 구분하여 쌓을 것
   나. 쌓는 높이는 10미터 이하가 되도록 하고, 쌓는 부분의 바닥면적은 50제곱미터(석탄·목탄류 200제곱미터) 이하가 되도록 할 것. 다만, 살수설비를 설치하거나, 방사능력 범위에 해당 특수가연물이 포함되도록 대형수동식소화기를 설치하는 경우에는 쌓는 높이를 15미터 이하, 쌓는 부분의 바닥면적을 200제곱미터(석탄·목탄류 300제곱미터) 이하로 할 수 있다.
   다. 쌓는 부분의 바닥면적 사이는 1미터 이상이 되도록 할 것

113 ③ 쌓는 부분 바닥면적은 50m² 이하 석탄·목탄류는 200m² 이하로 한다(영 제7조).
① 품명별로 구분하여 쌓는다(<u>발전용 제외</u>).
② 쌓는 부분의 바닥면적 사이는 <u>1m 이상</u>이 되도록 한다.
④ 살수설비를 설치하는 경우에는 쌓는 높이를 15m 이하로 한다(<u>발전용은 제외</u>).

정답 112.① 113.③

114 다음 중 특수가연물의 저장 및 취급기준에 대한 설명으로 틀린 것은?
  ① 특수가연물을 쌓는 높이는 10m 이하가 되도록 한다.
  ② 특수가연물을 쌓는 부분의 바닥면적 사이는 1.5m 이상이 되도록 할 것
  ③ 특수가연물을 저장 또는 취급하는 장소에는 품명·최대수량 및 화기취급 금지의 글씨를 기재한 표지를 설치할 것
  ④ 대형수동식소화기를 설치하는 경우에는 쌓는 부분의 바닥면적을 200m² 이하로 할 수 있다.

[13. 경기]
기본서 2권 p.60

115 특수가연물의 저장 및 취급기준으로 옳은 것은?
  ① 면화류 150kg을 저장한다.
  ② 특수가연물을 저장 또는 취급하는 장소에는 화기취급의 금지표지만 한다.
  ③ 발전용 석탄, 목탄을 제외한 나머지 물품들은 쌓는 부분의 바닥면적 사이는 1m 이상이 되도록 한다.
  ④ 쌓는 높이는 무조건 15m 이하로 하여야 한다.

[14. 중앙특]
기본서 2권 p.59~60

해설

114 ② 바닥면적 사이는 <u>1m 이상</u>이 되도록 할 것

▶ **특수가연물의 저장 및 취급의 기준(영 제7조)**
1. 특수가연물을 저장 또는 취급하는 장소에는 품명·최대수량 및 화기취급의 금지표지를 설치할 것
2. 다음에 따라 쌓아 저장할 것. 다만, 석탄·목탄류를 발전용으로 저장하는 경우에는 그러하지 아니하다.
   가. 품명별로 구분하여 쌓을 것
   나. 쌓는 높이는 10미터 이하가 되도록 하고, 쌓는 부분의 바닥면적은 50제곱미터(석탄·목탄류 200제곱미터) 이하가 되도록 할 것. 다만, 살수설비를 설치하거나, 방사능력 범위에 해당 특수가연물이 포함되도록 대형수동식소화기를 설치하는 경우에는 쌓는 높이를 15미터 이하, 쌓는 부분의 바닥면적을 200제곱미터(석탄·목탄류 300제곱미터) 이하로 할 수 있다.
   다. 쌓는 부분의 바닥면적 사이는 1미터 이상이 되도록 할 것

115 ③ 쌓는 부분의 바닥면적 사이는 1미터 이상이 되도록 할 것(발전용 석탄·목탄류 제외) (영 제7조)
  ① 면화류는 <u>200kg</u> 이상(영 별표 2)
  ② 특수가연물을 저장 또는 취급하는 장소에는 <u>품명·최대수량 및 화기취급의 금지표지</u>를 설치한다(영 제7조 제1호).
  ④ 쌓는 높이는 10미터 이하(살수설비를 설치하거나, 대형수동식소화기를 설치하는 경우에는 쌓는 높이를 15미터 이하) (영 제7조 제2호 나목)

정답 114.② 115.③

116 특수가연물의 저장 및 취급기준에 대한 설명으로 옳지 않은 것은?

① 특수가연물을 저장·취급하는 장소에는 품명·최대수량 및 화기취급의 금지표지를 설치할 것
② 특수가연물을 쌓아 저장할 경우 품명별로 구분하여 쌓을 것
③ 쌓는 높이는 10미터 이하가 되도록 하고, 쌓는 부분의 바닥면적은 50m²(석탄·목탄의 경우 200m²) 이하가 되도록 할 것
④ 쌓는 부분의 바닥면적 사이는 1m 이하가 되도록 할 것

[15. 통합]
상 **중** 하
기본서 2권 p.60

117 「소방기본법 시행령」상 특수가연물의 품명과 수량으로 옳지 않은 것은?

① 200kg인 면화류
② 1,200kg인 볏짚류
③ 350kg인 나무껍질
④ 1,000kg인 사류

[18. 상반기]
상 **중** 하
기본서 2권 p.59

해설

116 ④ 쌓는 부분의 바닥면적 사이는 <u>1m 이상</u>이 되도록 할 것(영 제7조)

117 ③ 나무껍질의 수량은 <u>400kg 이상</u>이다(영 별표 2).

품명		수량
면화류		200kg 이상
나무껍질, 대팻밥		400kg 이상
넝마, 볏짚류, 종이부스러기, 사류(실과 누에고치)		1,000kg 이상
가연성고체류		3,000kg 이상
석탄·목탄류		10,000kg 이상
가연성액체류		2m³ 이상
목재가공품, 나무부스러기		10m³ 이상
합성수지류	발포된 것	20m³ 이상
	그 밖의 것	3,000kg 이상

정답 116.④ 117.③

118 다음 중 「소방기본법 시행령」상 특수가연물의 저장 및 취급의 기준에 대한 설명으로 옳지 않은 것은?

① 특수가연물을 저장 또는 취급하는 장소에서는 품명·최대수량 및 화기취급의 금지표지를 설치할 것
② 쌓는 높이는 10미터 이하가 되도록 하고, 쌓는 부분의 바닥면적은 200제곱미터 이하가 되도록 할 것
③ 석탄·목탄류를 발전용으로 저장하는 경우에는 제외할 것
④ 쌓는 부분의 바닥면적 사이는 1미터 이상이 되도록 할 것

[18. 경채]
기본서 2권 p.60

119 「소방기본법 시행령」상 규정하고 있는 특수가연물의 품명과 기준수량의 연결이 옳지 않은 것은?

① 면화류 : 1,000kg 이상
② 사류 : 1,000kg 이상
③ 볏짚류 : 1,000kg 이상
④ 넝마 및 종이부스러기 : 1,000kg 이상

[18. 하반기 경채]
기본서 2권 p.59

해설 118 ② 쌓는 부분의 바닥면적은 50제곱미터 이하가 되도록 할 것

▶ 특수가연물의 저장 및 취급의 기준(영 제7조)
법 제15조 제2항에 따른 특수가연물의 저장 및 취급의 기준은 다음 각 호와 같다.
1. 특수가연물을 저장 또는 취급하는 장소에는 품명·최대수량 및 화기취급의 금지표지를 설치할 것
2. 다음 각 목의 기준에 따라 쌓아 저장할 것. 다만, 석탄·목탄류를 발전(發電)용으로 저장하는 경우에는 그러하지 아니하다.
   가. 품명별로 구분하여 쌓을 것
   나. 쌓는 높이는 10미터 이하가 되도록 하고, 쌓는 부분의 바닥면적은 50제곱미터(석탄·목탄류의 경우에는 200제곱미터) 이하가 되도록 할 것. 다만, 살수설비를 설치하거나, 방사능력 범위에 해당 특수가연물이 포함되도록 대형수동식소화기를 설치하는 경우에는 쌓는 높이를 15미터 이하, 쌓는 부분의 바닥면적을 200제곱미터(석탄·목탄류의 경우에는 300제곱미터) 이하로 할 수 있다.
   다. 쌓는 부분의 바닥면적 사이는 1미터 이상이 되도록 할 것

119 ① 면화류 : 200kg 이상(영 별표 2)

정답 118.② 119.①

120 「소방기본법 시행령」상 특수가연물의 품명과 수량으로 옳지 않은 것은?

① 넝마 및 종이부스러기 : 400킬로그램 이상
② 가연성고체류 : 3,000킬로그램 이상
③ 석탄・목탄류 : 10,000킬로그램 이상
④ 가연성액체류 : 2세제곱미터 이상

[21. 상반기 경채]
상 중 **하**
기본서 2권 p.59

121 「소방기본법 시행령」상 화재가 발생하는 경우 불길이 빠르게 번지는 고무류・면화류 등 대통령령으로 정하는 특수가연물의 저장 및 취급기준 중 다음 ( ) 안에 들어갈 숫자로 옳은 것은? (단, 석탄・목탄류의 경우는 제외한다.)

> 살수설비를 설치하거나, 방사능력 범위에 해당 특수 가연물이 포함되도록 대형수동식소화기를 설치하는 경우에는 쌓는 높이를 (가)미터 이하, 쌓는 부분의 바닥면적을 (나)제곱미터 이하로 할 수 있다.

	(가)	(나)
①	10	200
②	10	300
③	15	200
④	15	300

[20. 경채]
상 **중** 하
기본서 2권 p.60

해설 120 ① 넝마 및 종이부스러기 : ~~400킬로그램~~ 이상
→ 1,000킬로그램

121 ▶ 특수가연물의 저장 및 취급의 기준(영 제7조)
살수설비를 설치하거나, 방사능력 범위에 해당 특수 가연물이 포함되도록 대형수동식소화기를 설치하는 경우에는 쌓는 높이를 (15)미터 이하, 쌓는 부분의 바닥면적을 (200)제곱미터 이하로 할 수 있다.

정답 120.① 121.③

제4장 소방활동 등

122 다음 중 소방지원활동의 내용 중 틀린 것은?
① 소방지원활동은 소방활동 수행에 지장을 주지 아니하는 범위에서 할 수 있다.
② 소방청장, 소방본부장 또는 소방서장은 공공의 안녕질서 유지 또는 복리증진을 위하여 필요한 경우 소방활동 외에 소방지원활동을 하게 할 수 있다.
③ 유관기관·단체 등의 요청에 따른 소방지원활동에 드는 모든 비용은 지원요청을 한 유관기관·단체 등이 무료로 분담한다.
④ 산불에 대한 예방·진압 등 지원활동을 포함한다.

[12. 전북]
기본서 2권 p.65

123 다음 중 소방지원활동의 내용으로 옳지 않은 것은?
① 자연재해에 따른 급수·배수 및 제설 등 지원활동
② 집회·공연 등 각종 행사 시 사고에 대비한 근접대기 등 지원활동
③ 화재, 재난·재해로 인한 피해복구 지원활동
④ 화재, 재난·재해 그 밖의 위급한 상황에서의 구조·구급 지원활동

[15. 통합]
기본서 2권 p.65

해설

122 ③ 유관기관·단체 등의 요청에 따른 소방지원활동에 드는 비용은 지원요청을 한 유관기관·단체 등에게 부담하게 할 수 있다. 다만, 부담금액 및 부담방법에 관하여는 지원요청을 한 유관기관·단체 등과 협의하여 결정한다(법 제16조의2 제3항).

123 ▶ 소방지원활동의 내용(법 제16조의2 제1항)
1. 산불에 대한 예방·진압 등 지원활동
2. 자연재해에 따른 급수·배수 및 제설 등 지원활동
3. 집회·공연 등 각종 행사 시 사고에 대비한 근접대기 등 지원활동
4. 화재, 재난·재해로 인한 피해복구 지원활동
5. 그 밖에 행정안전부령으로 정하는 활동

정답 122.③ 123.④

124 소방지원활동 등에 대한 설명으로 옳지 않은 것은?
① 화재, 재난·재해로 인한 피해복구 소방지원활동을 할 수 있다.
② 소방지원활동에는 단전사고 시 비상전원 또는 조명의 공급이 있다.
③ 소방지원활동은 소방활동 수행에 지장을 주지 아니하는 범위에서 할 수 있다.
④ 유관기관·단체 등의 요청에 따른 소방지원활동에 드는 비용은 지원요청을 한 유관기관·단체 등에게 부담하게 할 수 있다.

[17. 중앙]
상 **중** 하
기본서 2권 p.65~66

125 다음 중 소방지원활동 내용으로 옳지 않은 것은?
① 단전사고 시 비상전원 조명의 공급 지원활동
② 산불에 대한 예방·진압 등 지원활동
③ 자연재해에 따른 급수·배수 및 제설 등 지원활동
④ 화재, 재난·재해로 인한 피해복구 지원활동

[17. 경채]
상 **중** 하
기본서 2권 p.65~66

해설

124 ② 단전사고 시 비상전원 조명의 공급활동은 생활안전활동에 해당된다.

▸ **소방지원활동(법 제16조의2 제1항)**
① 소방청장·소방본부장 또는 소방서장은 공공의 안녕질서 유지 또는 복리증진을 위하여 필요한 경우 소방활동 외에 다음 각 호의 활동(이하 "소방지원활동"이라 한다)을 하게 할 수 있다.
  1. 산불에 대한 예방·진압 등 지원활동
  2. 자연재해에 따른 급수·배수 및 제설 등 지원활동
  3. 집회·공연 등 각종 행사 시 사고에 대비한 근접대기 등 지원활동
  4. 화재, 재난·재해로 인한 피해복구 지원활동
  5. 삭제〈2015. 7. 24.〉
  6. 그 밖에 행정안전부령으로 정하는 활동

125 ① 단전사고 시 비상전원 조명의 공급활동은 생활안전활동에 해당된다.

▸ **소방지원활동(법 제16조의2 제1항)**
① 소방청장·소방본부장 또는 소방서장은 공공의 안녕질서 유지 또는 복리증진을 위하여 필요한 경우 소방활동 외에 다음 각 호의 활동(이하 "소방지원활동"이라 한다)을 하게 할 수 있다.
  1. 산불에 대한 예방·진압 등 지원활동
  2. 자연재해에 따른 급수·배수 및 제설 등 지원활동
  3. 집회·공연 등 각종 행사 시 사고에 대비한 근접대기 등 지원활동
  4. 화재, 재난·재해로 인한 피해복구 지원활동
  5. 삭제〈2015. 7. 24.〉
  6. 그 밖에 행정안전부령으로 정하는 활동

정답 124.② 125.①

126 「소방기본법」 및 같은 법 시행규칙상 소방지원활동으로 옳지 않은 것은?
① 집회·공연 등 각종 행사 시 사고에 대비한 근접대기 등 지원활동
② 소방시설 오작동 신고에 따른 조치활동
③ 방송제작 또는 촬영 관련 지원활동
④ 위해동물, 벌 등의 포획 및 퇴치활동

[18. 하반기 공채]
기본서 2권 p.65~66

127 「소방기본법」상 소방지원활동으로 옳지 않은 것은?
① 붕괴, 낙하 등이 우려되는 고드름 등의 제거활동
② 화재, 재난·재해로 인한 피해복구 지원활동
③ 자연재해에 따른 급수·배수 및 제설 등 지원활동
④ 집회·공연 등 각종 행사 시 사고에 대비한 근접대기 등 지원활동

[20. 경채]
기본서 2권 p.65~66

해설

126 ④ 위해동물, 벌 등의 포획 및 퇴치활동은 <u>생활안전활동에 해당</u>한다.

▶ 소방지원활동(법 제16조의2 제1항)
① 소방청장·소방본부장 또는 소방서장은 공공의 안녕질서 유지 또는 복리증진을 위하여 필요한 경우 소방활동 외에 다음 각 호의 활동(이하 "소방지원활동"이라 한다)을 하게 할 수 있다.
  1. 산불에 대한 예방·진압 등 지원활동
  2. 자연재해에 따른 급수·배수 및 제설 등 지원활동
  3. 집회·공연 등 각종 행사 시 사고에 대비한 근접대기 등 지원활동
  4. 화재, 재난·재해로 인한 피해복구 지원활동
  5. 삭제 〈2015. 7. 24.〉
  6. 그 밖에 행정안전부령으로 정하는 활동

▶ 소방지원활동(규칙 제8조의4)
법 제16조의2 제1항 제6호에서 "그 밖에 행정안전부령으로 정하는 활동"이란 다음 각 호의 어느 하나에 해당하는 활동을 말한다.
  1. 군·경찰 등 유관기관에서 실시하는 훈련지원 활동
  2. 소방시설 오작동 신고에 따른 조치활동
  3. 방송제작 또는 촬영 관련 지원활동

127 ① 붕괴, 낙하 등이 우려되는 고드름 등의 제거활동은 <u>생활안전활동에 해당</u>한다(법 제16조의3 제1항 제1호).

정답 126.④ 127.①

128 다음 중 「소방기본법」상 생활안전활동 사항으로 옳지 않은 것은?

① 끼임, 고립 등에 따른 위험제거 및 구출 활동
② 위해동물, 벌 등의 포획 및 퇴치 활동
③ 자연재해에 따른 급수·배수 및 제설 활동
④ 단전사고 시 비상전원 또는 조명의 공급

[18. 경채]

기본서 2권 p.65~66

해설 128 ③은 소방지원활동에 해당한다.

▶ 생활안전활동(법 제16조의3 제1항)
① 소방청장·소방본부장 또는 소방서장은 신고가 접수된 생활안전 및 위험제거 활동(화재, 재난·재해, 그 밖의 위급한 상황에 해당하는 것은 제외한다)에 대응하기 위하여 소방대를 출동시켜 다음 각 호의 활동(이하 "생활안전활동"이라 한다)을 하게 하여야 한다.
 1. 붕괴, 낙하 등이 우려되는 고드름, 나무, 위험 구조물 등의 제거활동
 2. 위해동물, 벌 등의 포획 및 퇴치 활동
 3. 끼임, 고립 등에 따른 위험제거 및 구출 활동
 4. 단전사고 시 비상전원 또는 조명의 공급
 5. 그 밖에 방치하면 급박해질 우려가 있는 위험을 예방하기 위한 활동

정답 128. ③

129. 「소방기본법」상 규정하는 소방지원활동과 생활안전활동을 옳게 연결한 것은?

가. 산불에 대한 예방·진압 등 지원활동
나. 자연재해에 따른 급수·배수 및 제설 등 지원활동
다. 집회·공연 등 각종 행사 시 사고에 대비한 근접대기 등 지원활동
라. 화재, 재난·재해로 인한 피해복구 지원활동
마. 붕괴, 낙하 등이 우려되는 고드름, 나무, 위험 구조물 등의 제거활동
바. 위해동물, 벌 등의 포획 및 퇴치 활동
사. 끼임, 고립 등에 따른 위험제거 및 구출 활동
아. 단전사고 시 비상전원 또는 조명의 공급

	소방지원활동	생활안전활동
①	가 – 나 – 다 – 라	마 – 바 – 사 – 아
②	가 – 라 – 마 – 사	나 – 다 – 바 – 아
③	마 – 바 – 사 – 아	가 – 나 – 다 – 라
④	나 – 다 – 바 – 아	가 – 라 – 마 – 사

[18. 하반기 경채]

해설 129

▶ 소방지원활동(법 제16조의2 제1항)
1. 산불에 대한 예방·진압 등 지원활동
2. 자연재해에 따른 급수·배수 및 제설 등 지원활동
3. 집회·공연 등 각종 행사 시 사고에 대비한 근접대기 등 지원활동
4. 화재, 재난·재해로 인한 피해복구 지원활동
5. 그 밖에 행정안전부령으로 정하는 활동

▶ 생활안전활동(법 제16조의3 제1항)
1. 붕괴, 낙하 등이 우려되는 고드름, 나무, 위험 구조물 등의 제거활동
2. 위해동물, 벌 등의 포획 및 퇴치 활동
3. 끼임, 고립 등에 따른 위험제거 및 구출 활동
4. 단전사고 시 비상전원 또는 조명의 공급
5. 그 밖에 방치하면 급박해질 우려가 있는 위험을 예방하기 위한 활동

정답 129. ①

130 「소방기본법」상 소방대의 생활안전활동으로 옳지 않은 것은?
① 단전사고 시 비상전원 또는 조명 공급
② 소방시설 오작동 신고에 따른 조치 활동
③ 위해동물, 벌 등의 포획 및 퇴치 활동
④ 끼임, 고립 등에 따른 위험제거 및 구출 활동

[20. 공채]
상 **중** 하
기본서 2권 p.65~66

131 소방기본법에서의 소방교육·훈련의 종류가 아닌 것은?
① 인명대피훈련　　② 응급처치훈련
③ 화재진압훈련　　④ 수습복구훈련

[11. 부산]
상 중 **하**
기본서 2권 p.67

해설 130 ② 소방시설 오작동 신고에 따른 조치 활동 - 소방지원활동

▶ 생활안전활동(법 제16조의3 제1항)
① 소방청장·소방본부장 또는 소방서장은 신고가 접수된 생활안전 및 위험제거 활동(화재, 재난·재해, 그 밖의 위급한 상황에 해당하는 것은 제외한다)에 대응하기 위하여 소방대를 출동시켜 다음 각 호의 활동(이하 "생활안전활동"이라 한다)을 하게 하여야 한다.
　1. 붕괴, 낙하 등이 우려되는 고드름, 나무, 위험 구조물 등의 제거활동
　2. 위해동물, 벌 등의 포획 및 퇴치 활동
　3. 끼임, 고립 등에 따른 위험제거 및 구출 활동
　4. 단전사고 시 비상전원 또는 조명의 공급
　5. 그 밖에 방치하면 급박해질 우려가 있는 위험을 예방하기 위한 활동

131 ①②③ 외에 현장지휘훈련, 인명구조훈련이 있다(규칙 별표 3의2).

정답 130.② 131.④

132 소방청장, 소방본부장 또는 소방서장은 소방업무를 전문적이고 효율적으로 수행하기 위하여 소방대원에게 필요한 교육·훈련을 실시하여야 한다. 다음 중 소방대원에게 실시하는 소방교육·훈련 중 현장지휘훈련을 받는 사람은?
① 소방위
② 소방사
③ 소방장
④ 소방준감

133 다음 중 소방안전교육사의 수행업무가 아닌 것은?
① 기획
② 진행
③ 분석
④ 평가
⑤ 홍보

해설

132 ① 현장지휘훈련은 소방위, 소방경, 소방령, 소방정이 받는다(규칙 별표 3의2).
법제처 : 현장지휘훈련은 지방소방위, 지방소방경, 지방소방령, 지방소방정이 받는다.

133 소방안전교육사는 소방안전교육의 기획·진행·분석·평가 및 교수업무를 수행한다(법 제17조의2 제2항).

정답 132.① 133.⑤

134 다음 중 소방안전교육사에 관한 내용으로 틀린 것은?

① 소방청장은 소방안전교육사시험을 시행하려는 때에는 응시자격·시험과목·일시·장소 및 응시절차 등에 관하여 필요한 사항을 모든 응시 희망자가 알 수 있도록 소방안전교육사시험의 시행일 90일 전까지 소방청의 인터넷 홈페이지 등에 공고해야 한다.
② 소방청장은 소방안전교육사시험 응시자격심사, 출제 및 채점을 위하여 소방경 이상의 소방공무원을 응시자격심사위원 및 시험위원으로 임명 또는 위촉해야 한다.
③ 소방청장은 소방안전교육사시험에서 부정한 행위를 한 자에 대하여는 그 시험을 정지시키거나 무효로 하고, 그 처분이 있은 날부터 2년간 소방안전교육사시험의 응시자격을 정지한다.
④ 시험위원 중 출제위원은 시험과목별 3명, 채점위원은 5명으로 한다.

[13. 특채]

기본서 2권 p.71~73

135 다음 중 소방안전교육사의 응시자격 기준으로 틀린 것은?

① 「학점인정 등에 관한 법률」에 따라 학습과정의 평가인정을 받은 교육훈련기관에서 소방안전교육 관련 교과목(응급구조학과, 교육학과 또는 소방청장이 정하여 고시하는 소방 관련 학과에 개설된 전공과목을 말한다)을 총 6학점 이상 이수한 사람
② 소방공무원으로 5년 이상 근무한 경력이 있는 사람
③ 「유아교육법」에 따라 교원의 자격을 취득한 사람
④ 소방공무원으로서 중앙소방학교 또는 지방소방학교에서 2주 이상의 소방안전교육사 관련 전문교육과정을 이수한 사람

[13. 전북특]

기본서 2권 p.71

해설 **134** ② 소방청장은 소방안전교육사시험 응시자격심사, 출제 및 채점을 위하여 <u>소방위 이상</u>의 소방공무원을 응시자격심사위원 및 시험위원으로 임명 <u>또는</u> 위촉해야 한다(영 제7조의5 제1항).

135 ② 소방공무원으로 <u>3년</u> 이상 근무한 경력이 있는 사람(영 별표 2의2)

정답 134.② 135.②

136 다음 중 소방안전교육사의 결격사유의 기준으로 가장 옳지 않은 것은?

① 금고 이상의 실형을 선고받고 그 집행이 면제된 날부터 5년이 지나지 아니한 사람
② 금고 이상의 형의 집행유예를 선고받고 그 유예기간 중에 있는 사람
③ 법원의 판결 또는 다른 법률에 따라 자격이 정지되거나 상실된 사람
④ 피성년후견인

137 다음 중 소방안전교육사의 배치기준으로 옳은 것은?

① 소방청 1명 이상
② 소방서 3명 이상
③ 한국소방안전원 지부 3명 이상
④ 한국소방산업기술원 2명 이상

해설

136 ① 금고 이상의 실형을 선고받고 그 집행이 끝나거나 집행이 면제된 날부터 <u>2년</u>이 지나지 아니한 사람이 결격사유이다.

▶ 결격사유(법 제17조의3)
1. 피성년후견인
2. 금고 이상의 실형을 선고받고 그 집행이 끝나거나(집행이 끝난 것으로 보는 경우를 포함한다) 집행이 면제된 날부터 2년이 지나지 아니한 사람
3. 금고 이상의 형의 집행유예를 선고받고 그 유예기간 중에 있는 사람
4. 법원의 판결 또는 다른 법률에 따라 자격이 정지되거나 상실된 사람

137 ▶ 소방안전교육사의 배치대상별 배치기준(영 별표 2의3)

배치대상	배치기준(단위 : 명)
① 소방청, 소방본부, 한국소방산업기술원	2 이상
② 소방서	1 이상
③ 한국소방안전원	본회 : 2 이상 시·도지부 : 1 이상

정답 136.① 137.④

138 다음은 소방안전교육사의 배치기준으로 옳지 않은 것은?

① 소방서 – 2명 이상
② 소방청 – 2명 이상
③ 한국소방안전원 본회 – 2명 이상
④ 한국소방산업기술원 – 2명 이상

[11. 통합]

기본서 2권 p.70

139 다음 중 소방안전교육사의 배치대상별 배치기준으로 맞는 것은?

① 소방청 : 2명 이상, 소방본부 : 1명 이상
② 소방청 : 2명 이상, 한국소방산업기술원 : 2명 이상
③ 소방청 : 2명 이상, 소방서 : 2명 이상
④ 소방청 : 2명 이상, 한국소방안전원 본회 : 1명 이상

[12. 전북]

기본서 2권 p.70

해설 138 ▶ 소방안전교육사의 배치대상별 배치기준(영 별표 2의3)

배치대상	배치기준(단위 : 명)
① 소방청, 소방본부, 한국소방산업기술원	2 이상
② 소방서	1 이상
③ 한국소방안전원	본회 : 2 이상 시 · 도지부 : 1 이상

139 ▶ 소방안전교육사의 배치대상별 배치기준(영 별표 2의3)

배치대상	배치기준(단위 : 명)
① 소방청, 소방본부, 한국소방산업기술원	2 이상
② 소방서	1 이상
③ 한국소방안전원	본회 : 2 이상 시 · 도지부 : 1 이상

정답 138.① 139.②

140 「소방기본법 시행령」상 소방안전교육사의 배치대상별 배치기준에 관한 설명이다. ( ) 안의 내용으로 옳은 것은?

> 소방안전교육사의 배치대상별 배치기준에 따르면 소방청 (가)명 이상, 소방본부 (나)명 이상, 소방서 (다)명 이상이다.

	(가)	(나)	(다)		(가)	(나)	(다)
①	1	1	1	②	1	2	2
③	2	1	2	④	2	2	1

[19. 상반기 경채]
기본서 2권 p.70

141 다음 중 소방안전교육사에 대한 설명으로 옳지 않은 것은?
① 소방안전교육사는 소방안전교육의 기획·진행·분석·평가 및 교수업무를 수행한다.
② 금고 이상의 실형을 선고받고 그 집행이 끝나거나(집행이 끝난 것으로 보는 경우를 포함한다) 집행이 면제된 날부터 2년이 지나지 아니한 사람은 결격사유에 해당한다.
③ 2급 응급구조사 자격을 취득한 후 응급의료 업무 분야에 2년 이상 종사한 사람은 응시 자격이 있다.
④ 제1차 시험과목은 소방학개론, 구급·응급처치론, 재난관리론 및 교육학개론 중 응시자가 선택하는 3과목, 제2차 시험과목은 국민안전교육 실무이다.

[18. 경채]
기본서 2권 p.70~72

해설

140 소방안전교육사의 배치대상별 배치기준에 따르면 소방청 (2)명 이상, 소방본부 (2)명 이상, 소방서 (1)명 이상이다.

▶ 소방안전교육사의 배치대상별 배치기준(영 별표 2의3)
소방청 : 2명 이상
소방본부 : 2명 이상
소방서 : 1명 이상
한국소방안전원 : 본회 2명 이상, 시·도지부 1명 이상
한국소방산업기술원 : 2명 이상

141 ③ 2급 응급구조사 자격을 취득한 후 응급의료 업무 분야에 <u>3년 이상</u> 종사한 사람은 응시 자격이 있다(영 별표 2의2).

정답 140.④ 141.③

142 「소방기본법 시행령」상 소방안전교육사시험 응시자격에 대한 설명으로 옳은 것은?

> ㉠ 「영유아보육법」 제21조에 따라 보육교사 자격을 취득한 후 2년 이상의 보육업무 경력이 있는 사람
> ㉡ 「국가기술자격법」 제2조 제3호에 따른 국가기술자격의 직무분야 중 안전관리 분야의 산업기사 자격을 취득한 후 안전관리 분야에 3년 이상 종사한 사람
> ㉢ 「의료법」 제7조에 따라 간호조무사 자격을 취득한 후 간호업무 분야에 2년 이상 종사한 사람
> ㉣ 「응급의료에 관한 법률」 제36조 제3항에 따라 2급 응급구조사 자격을 취득한 후 응급의료 업무 분야에 3년 이상 종사한 사람
> ㉤ 「소방공무원법」 제2조에 따른 소방공무원으로 2년 이상 근무한 경력이 있는 사람
> ㉥ 「의용소방대 설치 및 운영에 관한 법률」 제3조에 따라 의용소방대원으로 임명된 후 5년 이상 의용소방대 활동을 한 경력이 있는 사람

① ㉠, ㉢, ㉤
② ㉡, ㉣, ㉥
③ ㉢, ㉣, ㉤
④ ㉣, ㉤, ㉥

[19. 상반기 공채]
기본서 2권 p.71

143 「소방기본법」 및 같은 법 시행령상 소방안전교육사와 관련된 규정의 내용으로 옳지 않은 것은?

① 소방안전교육사는 소방안전교육의 기획·진행·분석·평가 및 교수업무를 수행한다.
② 금고 이상의 형의 집행유예를 선고받고 그 유예기간 중에 있는 사람은 소방안전교육사가 될 수 없다.
③ 초등학교 등 교육기관에는 소방안전교육사를 1명 이상 배치하여야 한다.
④ 「유아교육법」에 따라 교원의 자격을 취득한 사람은 소방안전교육사 시험에 응시할 수 있다.

[20. 경채]
기본서 2권 p.70~71

해설

142 ㉠ 「영유아보육법」 제21조에 따라 보육교사 자격을 취득한 후 <u>3년 이상</u>의 보육업무 경력이 있는 사람
㉢ 「의료법」 제7조에 따라 <u>간호사 면허</u>를 취득한 후 간호업무 분야에 1년 이상 종사한 사람
㉤ 「소방공무원법」 제2조에 따른 소방공무원으로 <u>3년 이상</u> 근무한 경력이 있는 사람

143 ③ 소방서, 한국소방안전원 시·도지부의 소방안전교육사 배치인원은 1명 이상이다.

▶ 소방안전교육사의 배치대상별 배치기준(영 별표 2의3)

배치대상	배치기준(단위 : 명)
① 소방청, 소방본부, 한국소방산업기술원	2 이상
② 소방서	1 이상
③ 한국소방안전원	본회 : 2 이상 / 시·도지부 : 1 이상

정답 142.② 143.③

144 다음 소방신호 중 틀린 것은?
① 발화신호 - 화재 발생 시
② 경보신호 - 화재 예방상 필요 시
③ 훈련신호 - 훈련상 필요하다고 인정될 때
④ 해제신호 - 소화 활동상 필요 없을 시

[13. 경기]
기본서 2권 p.76

145 다음 중 소방신호의 종류 및 방법에 대한 설명으로 옳지 않은 것은?
① 경계신호 : 1타와 연2타를 반복
② 발화신호 : 난타
③ 해제신호 : 상당한 간격을 두고 1타씩 반복
④ 소방대의 비상소집을 할 경우에는 훈련신호를 사용할 수 없다.

[15. 통합]
기본서 2권 p.76

해설

144 ② 화재 예방상 필요 시에는 <u>경계신호</u>를 발령한다(규칙 제10조 제1항).

145 ④ 소방대의 비상소집을 하는 경우에는 훈련신호를 <u>사용할 수 있다</u>.

▶ 소방신호의 방법(규칙 별표 4)

신호 종별	타종신호	사이렌신호	그 밖의 신호
경계신호	1타와 연2타를 반복	5초 간격 30초씩 3회	'통풍대' '게시판' '기'
발화신호	난타	5초 간격 5초씩 3회	적색 / 백색 / 화재경보발령중 / 적색 / 백색
해제신호	상당한 간격, 1타씩 반복	1분간 1회	
훈련신호	연3타 반복	10초 간격 1분씩 3회	

비고
1. 소방신호의 방법은 그 전부 또는 일부를 함께 사용할 수 있다.
2. 게시판을 철거하거나 통풍대 또는 기를 내리는 것으로 소방활동이 해제되었음을 알린다.
3. 소방대의 비상소집을 하는 경우에는 훈련신호를 사용할 수 있다.

정답 144.② 145.④

146 다음 소방신호 중 사이렌신호 방법에 대한 설명으로 옳지 않은 것은?
① 경계신호 – 5초 간격 30초씩 3회
② 발화신호 – 5초 간격 5초씩 3회
③ 해제신호 – 1분간 1회
④ 훈련신호 – 5초 간격 1분씩 3회

[16. 통합]

기본서 2권 p.76

147 「소방기본법 시행규칙」상 소방신호에 대한 설명으로 옳은 것은?

종류	타종신호	사이렌신호
① 경계신호	1타와 연2타를 반복	5초 간격을 두고 30초씩 3회
② 발화신호	연3타를 반복 후 난타	5초 간격을 두고 5초씩 3회
③ 해제신호	연2타를 반복	1분간 1회
④ 훈련신호	연3타 반복	5초 간격을 두고 1분씩 3회

[18. 상반기]

기본서 2권 p.76

해설 **146** ④ 훈련신호 – 10초 간격 1분씩 3회(규칙 별표 4)

신호방법 종별	타종신호	사이렌신호
경계신호	1타와 연2타를 반복	5초 간격을 두고 30초씩 3회
발화신호	난타	5초 간격을 두고 5초씩 3회
해제신호	상당한 간격을 두고 1타씩 반복	1분간 1회
훈련신호	연3타 반복	10초 간격을 두고 1분씩 3회

147 ▶ 소방신호의 방법(규칙 별표 4)

신호방법 종별	타종신호	사이렌신호
경계신호	1타와 연2타를 반복	5초 간격을 두고 30초씩 3회
발화신호	난타	5초 간격을 두고 5초씩 3회
해제신호	상당한 간격을 두고 1타씩 반복	1분간 1회
훈련신호	연3타 반복	10초 간격을 두고 1분씩 3회

정답 146.④ 147.①

148 연막소독을 하려는 자가 시·도의 조례로 정하는 바에 따라 관할 소방본부장 또는 소방서장에게 신고하지 않아도 되는 지역은?

① 공장·창고가 밀집한 지역
② 아파트
③ 위험물의 저장 및 처리시설이 밀집한 지역
④ 목조건물이 밀집한 지역

[12. 전북]

149 연막소독을 하려는 자가 시·도의 조례로 정하는 바에 따라 관할 소방본부장 또는 소방서장에게 신고하지 않아도 되는 지역은?

① 석유화학제품을 생산하는 공장이 밀집한 지역
② 소방시설, 소방용수시설 또는 소방출동로가 없는 지역
③ 위험물의 저장 및 처리 시설이 밀집한 지역
④ 목조건물이 밀집한 지역 및 공장, 창고가 밀집한 지역

[14. 중앙특]

해설

148 ② 아파트는 연막소독 시 신고하지 않아도 되는 곳이다.

▶ 연막소독 시 신고지역(법 제19조 제2항)
1. 시장지역
2. 공장·창고가 밀집한 지역
3. 목조건물이 밀집한 지역
4. 위험물의 저장 및 처리시설이 밀집한 지역
5. 석유화학제품을 생산하는 공장이 있는 지역
6. 그 밖에 시·도의 조례로 정하는 지역 또는 장소

149 ② 소방시설, 소방용수시설 또는 소방출동로가 없는 지역은 화재경계지구 지정 대상지역에 해당한다.

▶ 연막소독 시 신고지역(법 제19조 제2항)
1. 시장지역
2. 공장·창고가 밀집한 지역
3. 목조건물이 밀집한 지역
4. 위험물의 저장 및 처리시설이 밀집한 지역
5. 석유화학제품을 생산하는 공장이 있는 지역
6. 그 밖에 시·도의 조례로 정하는 지역 또는 장소

정답 148.② 149.②

150 다음 중 「소방기본법」상 화재로 오인할 만한 우려가 있는 불을 피우거나 연막소독을 하려는 자가 시·도조례로 정하는 바에 따라 소방본부장 또는 소방서장에게 신고하지 않아도 되는 지역은?

① 소방시설, 소방용수시설 또는 소방출동로가 없는 지역
② 목조건축물이 밀집한 지역
③ 석유화학제품을 생산하는 공장이 있는 지역
④ 시장지역

[18. 경채]

151 소방자동차의 우선 통행에 대한 설명으로 옳지 않은 것은?

① 소방자동차의 우선 통행은 도로교통법에 따른다.
② 모든 차와 사람은 소방자동차가 화재진압 및 구조·구급활동을 위하여 출동할 때에는 이를 방해하여서는 아니 된다.
③ 모든 차와 사람은 소방자동차가 화재진압 및 구조·구급활동을 위하여 사이렌을 사용하여 출동하는 경우 소방자동차에 진로를 양보하지 아니하는 행위를 하여서는 아니 된다.
④ 사이렌은 구조·구급 활동을 위하여 출동하는 경우만 사용한다.

[14. 중앙특]

해설

150 ①은 화재경계지구의 지정 대상지역이다.

▶ 화재 등의 통지(법 제19조)
① 화재 현장 또는 구조·구급이 필요한 사고 현장을 발견한 사람은 그 현장의 상황을 소방본부, 소방서 또는 관계 행정기관에 지체 없이 알려야 한다.
② 다음 각 호의 어느 하나에 해당하는 지역 또는 장소에서 화재로 오인할 만한 우려가 있는 불을 피우거나 연막(煙幕)소독을 하려는 자는 시·도의 조례로 정하는 바에 따라 관할 소방본부장 또는 소방서장에게 신고하여야 한다.
  1. 시장지역
  2. 공장·창고가 밀집한 지역
  3. 목조건물이 밀집한 지역
  4. 위험물의 저장 및 처리시설이 밀집한 지역
  5. 석유화학제품을 생산하는 공장이 있는 지역
  6. 그 밖에 시·도의 조례로 정하는 지역 또는 장소

151 ④ 소방자동차가 화재진압 및 구조·구급 활동을 위하여 출동하거나 훈련을 위하여 필요할 때에는 사이렌을 사용할 수 있다(법 제21조 제2항).

정답 150.① 151.④

152 「소방기본법」상 규정하고 있는 소방자동차의 우선 통행 등에 대한 설명으로 옳지 않은 것은?

① 모든 차와 사람은 소방자동차가 화재진압 및 구조・구급 활동을 위하여 출동을 할 때에는 이를 방해하여서는 아니 된다.
② 소방자동차의 우선 통행에 관하여 「자동차 관리법」에서 정하는 바에 따른다.
③ 소방자동차는 화재진압 및 구조・구급 활동을 위하여 출동하거나 훈련을 위하여 필요할 때에는 사이렌을 사용할 수 있다.
④ 소방자동차의 화재진압 출동을 방해한 자는 5년 이하의 징역 또는 5천만원 이하의 벌금에 처한다.

[18. 하반기 경채]

기본서 2권 p.81

해설 152 ② 소방자동차의 우선 통행에 관하여는 「도로교통법」에서 정하는 바에 따른다.

▶ 소방자동차의 우선 통행 등(법 제21조)
① 모든 차와 사람은 소방자동차(지휘를 위한 자동차와 구조・구급차를 포함한다. 이하 같다)가 화재진압 및 구조・구급 활동을 위하여 출동을 할 때에는 이를 방해하여서는 아니 된다.
② 소방자동차가 화재진압 및 구조・구급 활동을 위하여 출동하거나 훈련을 위하여 필요할 때에는 사이렌을 사용할 수 있다.
③ 모든 차와 사람은 소방자동차가 화재진압 및 구조・구급 활동을 위하여 제2항에 따라 사이렌을 사용하여 출동하는 경우에는 다음 각 호의 행위를 하여서는 아니 된다.
  1. 소방자동차에 진로를 양보하지 아니하는 행위
  2. 소방자동차 앞에 끼어들거나 소방자동차를 가로막는 행위
  3. 그 밖에 소방자동차의 출동에 지장을 주는 행위
④ 제3항의 경우를 제외하고 소방자동차의 우선 통행에 관하여는 「도로교통법」에서 정하는 바에 따른다.

정답 152.②

153 「소방기본법」상 소방자동차가 화재진압을 위하여 출동하는 경우 소방자동차의 우선 통행에 관한 내용으로 옳지 않은 것은?

① 모든 차와 사람은 소방자동차가 화재진압을 위하여 출동을 할 때에는 이를 방해하여서는 아니 된다.
② 소방자동차가 화재진압을 위하여 출동하거나 훈련을 위하여 필요할 때에는 사이렌을 사용할 수 있다.
③ 모든 차와 사람은 소방자동차가 화재진압을 위하여 사이렌을 사용하여 출동하는 경우에는 소방자동차에 진로를 양보하지 아니하는 행위를 하여서는 아니 된다.
④ 모든 차와 사람은 소방자동차가 화재진압을 위하여 사이렌을 사용하여 출동하는 경우 소방자동차의 우선 통행에 관하여는 「교통안전법」에서 정하는 바에 따른다.

[20. 경채]

해설 153 ④ 모든 차와 사람은 소방자동차가 화재진압을 위하여 사이렌을 사용하여 출동하는 경우 소방자동차의 우선 통행에 관하여는 「교통안전법」에서 정하는 바에 따른다(법 제21조 제4항). → 「도로교통법」

▶ 소방자동차의 우선 통행 등(법 제21조)
① 모든 차와 사람은 소방자동차(지휘를 위한 자동차와 구조·구급차를 포함한다. 이하 같다)가 화재진압 및 구조·구급 활동을 위하여 출동을 할 때에는 이를 방해하여서는 아니 된다.
② 소방자동차가 화재진압 및 구조·구급 활동을 위하여 출동하거나 훈련을 위하여 필요할 때에는 사이렌을 사용할 수 있다.
③ 모든 차와 사람은 소방자동차가 화재진압 및 구조·구급 활동을 위하여 제2항에 따라 사이렌을 사용하여 출동하는 경우에는 다음 각 호의 행위를 하여서는 아니 된다.
  1. 소방자동차에 진로를 양보하지 아니하는 행위
  2. 소방자동차 앞에 끼어들거나 소방자동차를 가로막는 행위
  3. 그 밖에 소방자동차의 출동에 지장을 주는 행위
④ 제3항의 경우를 제외하고 소방자동차의 우선 통행에 관하여는 「도로교통법」에서 정하는 바에 따른다.

정답 153.④

154 다음 중 소방대의 긴급통행으로 옳은 것은?

① 소방대는 화재, 재난·재해, 그 밖의 위급한 상황이 발생한 현장에 신속하게 출동하기 위하여 긴급할 때에는 일반적인 통행에 쓰이지 아니하는 도로·빈터 또는 물 위로 통행할 수 있다.
② 모든 차와 사람은 소방자동차(지휘를 위한 자동차와 구조·구급차 포함)가 화재진압 및 구조·구급 활동을 위하여 출동을 할 때에는 이를 방해하여서는 아니된다.
③ 소방자동차의 우선 통행에 관하여는 「도로교통법」에서 정하는 바에 따른다.
④ 소방자동차가 화재진압 및 구조·구급 활동을 위하여 출동하거나 훈련시에는 사이렌을 사용할 수 있다.

[12. 중앙]
상 **중** 하
기본서 2권 p.81, p.83

155 「소방기본법 시행령」상 규정하는 소방자동차 전용구역 방해행위 기준으로 옳지 않은 것은?

① 전용구역에 물건 등을 쌓거나 주차하는 행위
② 「주차장법」 제19조에 따른 부설주차장의 주차구획 내에 주차하는 행위
③ 전용구역 진입로에 물건 등을 쌓거나 주차하여 전용구역으로의 진입을 가로막는 행위
④ 전용구역 노면표지를 지우거나 훼손하는 행위

[18. 하반기 경채]
상 **중** 하
기본서 2권 p.82

해설

154 ① 소방대는 화재, 재난, 재해 그 밖의 위급한 상황이 발생한 현장에 신속하게 출동하기 위하여 긴급할 때에는 일반적인 통행에 쓰이지 아니하는 도로·빈터 또는 물 위로 통행할 수 있다(소방대의 긴급통행)(법 제22조).
②③④는 소방자동차의 우선 통행에 대한 설명이다(법 제21조).

155 ② 「주차장법」 제19조에 따른 부설주차장의 주차구획 내에 주차하는 경우는 <u>제외</u>한다.

▶ 소방자동차 전용구역 등(법 제21조의2)
① 「건축법」 제2조 제2항 제2호에 따른 공동주택 중 대통령령으로 정하는 공동주택의 건축주는 제16조 제1항에 따른 소방활동의 원활한 수행을 위하여 공동주택에 소방자동차 전용구역(이하 "전용구역"이라 한다)을 설치하여야 한다.
② 누구든지 전용구역에 차를 주차하거나 전용구역에의 진입을 가로막는 등의 방해행위를 하여서는 아니 된다.
③ 전용구역의 설치 기준·방법, 제2항에 따른 방해행위의 기준, 그 밖의 필요한 사항은 대통령령으로 정한다.

▶ 전용구역 방해행위의 기준(영 제7조의14)
법 제21조의2 제2항에 따른 방해행위의 기준은 다음 각 호와 같다.
1. 전용구역에 물건 등을 쌓거나 주차하는 행위
2. 전용구역의 앞면, 뒷면 또는 양 측면에 물건 등을 쌓거나 주차하는 행위. 다만, 「주차장법」 제19조에 따른 부설주차장의 주차구획 내에 주차하는 경우는 제외한다.
3. 전용구역 진입로에 물건 등을 쌓거나 주차하여 전용구역으로의 진입을 가로막는 행위
4. 전용구역 노면표지를 지우거나 훼손하는 행위
5. 그 밖의 방법으로 소방자동차가 전용구역에 주차하는 것을 방해하거나 전용구역으로 진입하는 것을 방해하는 행위

정답 154.① 155.②

156 「소방기본법」및 같은 법 시행령상 소방자동차 전용구역의 설치 등에 관한 설명으로 옳지 않은 것은?

① 세대수가 100세대 이상인 아파트에는 소방자동차 전용구역을 설치하여야 한다.
② 소방본부장 또는 소방서장은 소방자동차가 접근하기 쉽고 소방활동이 원활하게 수행될 수 있도록 공동주택의 각 동별 전면 또는 후면에 소방자동차 전용구역을 1개소 이상 설치하여야 한다.
③ 전용구역 노면표지 도료의 색채는 황색을 기본으로 하되, 문자(P, 소방차 전용)는 백색으로 표시한다.
④ 소방자동차 전용구역에 차를 주차하거나 전용구역에의 진입을 가로막는 등의 방해행위를 한 자에게는 100만원 이하의 과태료를 부과한다.

[19. 상반기 경채]

기본서 2권 p.82~83

해설 156 ② 공동주택의 건축주는 소방자동차가 접근하기 쉽고 소방활동이 원활하게 수행될 수 있도록 공동주택의 각 동별 전면 또는 후면에 소방자동차 전용구역을 1개소 이상 설치하여야 한다.

▶ 소방자동차 전용구역 설치 대상(영 제7조의12)
법 제21조의2 제1항에서 "대통령령으로 정하는 공동주택"이란 다음 각 호의 주택을 말한다. 다만, 하나의 대지에 하나의 동(棟)으로 구성되고 「도로교통법」제32조 또는 제33조에 따라 정차 또는 주차가 금지된 편도 2차선 이상의 도로에 직접 접하여 소방자동차가 도로에서 직접 소방활동이 가능한 공동주택은 제외한다.
1. 「건축법 시행령」별표 1 제2호 가목의 아파트 중 세대수가 100세대 이상인 아파트
2. 「건축법 시행령」별표 1 제2호 라목의 기숙사 중 3층 이상의 기숙사

▶ 소방자동차 전용구역의 설치 기준·방법(영 제7조의13 제1항)
① 제7조의12 각 호 외의 부분 본문에 따른 공동주택의 건축주는 소방자동차가 접근하기 쉽고 소방활동이 원활하게 수행될 수 있도록 각 동별 전면 또는 후면에 소방자동차 전용구역(이하 "전용구역"이라 한다)을 1개소 이상 설치해야 한다. 다만, 하나의 전용구역에서 여러 동에 접근하여 소방활동이 가능한 경우로서 소방청장이 정하는 경우에는 각 동별로 설치하지 아니할 수 있다.

▶ 전용구역의 설치 방법(영 별표 2의5)
비고
1. 전용구역 노면표지의 외곽선은 빗금무늬로 표시하되, 빗금은 두께를 30센티미터로 하여 50센티미터 간격으로 표시한다.
2. 전용구역 노면표지 도료의 색채는 황색을 기본으로 하되, 문자(P, 소방차 전용)는 백색으로 표시한다.

▶ 과태료(법 제56조 제3항)
③ 제21조의2 제2항을 위반하여 전용구역에 차를 주차하거나 전용구역에의 진입을 가로막는 등의 방해행위를 한 자에게는 100만원 이하의 과태료를 부과한다.

정답 156.②

157 「소방기본법 시행령」상 소방자동차 전용구역에 대한 내용으로 옳은 것은?

① 「건축법 시행령」상의 모든 아파트는 소방자동차 전용구역 설치 대상이다.
② 「주차장법」 제19조에 따른 부설주차장의 주차구획 내에 주차하는 것은 전용구역 방해행위에 해당한다.
③ 전용구역 노면표지 도료의 색채는 황색을 기본으로 하되, 문자(P, 소방차 전용)는 백색으로 표시한다.
④ 소방자동차 전용구역 설치 대상인 공동주택의 건축주는 각 동별 전면과 후면에 소방자동차 전용구역을 각 1개소 이상 예외 없이 설치하여야 한다.

[21. 상반기 경채]
상 **중** 하
기본서 2권 p.82~83

해설 157
① 「건축법 시행령」상의 ~~모든 아파트~~는 소방자동차 전용구역 설치 대상이다.
　→ 100세대 이상인 아파트
② 「주차장법」 제19조에 따른 부설주차장의 주차구획 내에 주차하는 것은 전용구역 방해행위에 ~~해당한다~~.
　→ 제외
④ 소방자동차 전용구역 설치 대상인 공동주택의 건축주는 각 동별 전면과 후면에 소방자동차 전용구역을 각 1개소 이상 ~~예외 없이~~ 설치하여야 한다.
　→ 하나의 전용구역에서 여러 동에 접근하여 소방활동이 가능한 경우로서 소방청장이 정하는 경우에는 각 동별로 설치하지 아니할 수 있다.

▶ 소방자동차 전용구역 설치 대상(영 제7조의12)
법 제21조의2 제1항에서 "대통령령으로 정하는 공동주택"이란 다음 각 호의 주택을 말한다. 다만, 하나의 대지에 하나의 동(棟)으로 구성되고 「도로교통법」 제32조 또는 제33조에 따라 정차 또는 주차가 금지된 편도 2차선 이상의 도로에 직접 접하여 소방자동차가 도로에서 직접 소방활동이 가능한 공동주택은 제외한다.
1. 「건축법 시행령」 별표 1 제2호 가목의 아파트 중 세대수가 100세대 이상인 아파트
2. 「건축법 시행령」 별표 1 제2호 라목의 기숙사 중 3층 이상의 기숙사

▶ 소방자동차 전용구역의 설치 기준 · 방법(영 제7조의13)
① 제7조의12 각 호 외의 부분 본문에 따른 공동주택의 건축주는 소방자동차가 접근하기 쉽고 소방활동이 원활하게 수행될 수 있도록 각 동별 전면 또는 후면에 소방자동차 전용구역(이하 "전용구역"이라 한다)을 1개소 이상 설치해야 한다. 다만, 하나의 전용구역에서 여러 동에 접근하여 소방활동이 가능한 경우로서 소방청장이 정하는 경우에는 각 동별로 설치하지 않을 수 있다.
② 전용구역의 설치 방법은 별표 2의5와 같다.

▶ 전용구역 방해행위의 기준(영 제7조의14)
법 제21조의2 제2항에 따른 방해행위의 기준은 다음 각 호와 같다.
1. 전용구역에 물건 등을 쌓거나 주차하는 행위
2. 전용구역의 앞면, 뒷면 또는 양 측면에 물건 등을 쌓거나 주차하는 행위. 다만, 「주차장법」 제19조에 따른 부설주차장의 주차구획 내에 주차하는 경우는 제외한다.
3. 전용구역 진입로에 물건 등을 쌓거나 주차하여 전용구역으로의 진입을 가로막는 행위
4. 전용구역 노면표지를 지우거나 훼손하는 행위
5. 그 밖의 방법으로 소방자동차가 전용구역에 주차하는 것을 방해하거나 전용구역으로 진입하는 것을 방해하는 행위

▶ 전용구역 설치 방법(영 별표 2의5 비고)
1. 전용구역 노면표지의 외곽선은 빗금무늬로 표시하되, 빗금은 두께를 30센티미터로 하여 50센티미터 간격으로 표시한다.
2. 전용구역 노면표지 도료의 색채는 황색을 기본으로 하되, 문자(P, 소방차 전용)는 백색으로 표시한다.

정답 157.③

158 다음 중 소방활동구역에 출입할 수 없는 사람은?
① 전기, 가스, 수도, 교통, 기계 등의 업무에 종사하며 원활한 소방활동을 위하여 필요한 사람
② 소방활동구역 안의 관계인
③ 취재인력 등 보도업무에 종사하는 사람
④ 소방대장이 소방활동을 위하여 출입을 허가한 사람

[11. 전남]
상 중 하
기본서 2권 p.84

159 다음 중 소방활동구역에 출입할 수 없는 사람은?
① 취재인력 등 보도업무에 종사하는 사람
② 경찰서장이 소방활동을 위하여 출입을 허가한 사람
③ 통신·교통의 업무에 종사하는 자로서 원활한 소방활동을 위하여 필요한 사람
④ 구조·구급업무에 종사하는 사람

[12. 전북]
상 중 하
기본서 2권 p.84

해설

158 ① 기계의 업무에 종사하는 사람은 출입할 수 없다.

▶ 소방활동구역의 출입자(영 제8조)
1. 소방활동구역 안에 있는 소방대상물의 소유자·관리자 또는 점유자
2. 전기·가스·수도·통신·교통의 업무에 종사하는 사람으로서 원활한 소방활동을 위하여 필요한 사람
3. 의사·간호사 그 밖의 구조·구급업무에 종사하는 사람
4. 취재인력 등 보도업무에 종사하는 사람
5. 수사업무에 종사하는 사람
6. 그 밖에 소방대장이 소방활동을 위하여 출입을 허가한 사람

159 ② 경찰서장이 아니라 소방대장이 출입을 허가한 자여야 한다.

▶ 소방활동구역의 출입자(영 제8조)
1. 소방활동구역 안에 있는 소방대상물의 소유자·관리자 또는 점유자
2. 전기·가스·수도·통신·교통의 업무에 종사하는 사람으로서 원활한 소방활동을 위하여 필요한 사람
3. 의사·간호사 그 밖의 구조·구급업무에 종사하는 사람
4. 취재인력 등 보도업무에 종사하는 사람
5. 수사업무에 종사하는 사람
6. 그 밖에 소방대장이 소방활동을 위하여 출입을 허가한 사람

정답 158.① 159.②

160 다음 중 소방활동구역을 출입할 수 없는 사람은?
① 소방활동구역 내 소방대상물의 소유자·관리자·점유자
② 전기·통신·가스·교통 업무에 종사한 자로서 원활한 소방활동을 위하여 필요한 사람
③ 구조·구급 업무에 종사하는 사람
④ 의용소방대장이 정하는 사람

[12. 중앙]
기본서 2권 p.84

161 다음 중 「소방기본법 시행령」상 소방활동구역에 출입할 수 없는 사람은?
① 취재인력 등 보도업무에 종사하는 사람
② 수사업무에 종사하는 사람
③ 전기·가스·수도·통신·교통의 업무에 종사하는 사람으로 원활한 소방활동을 위하여 필요한 사람
④ 소방대상물과 가까운 소방대상물의 관계인

[18. 경채]
기본서 2권 p.84

해설

160 ④ 의용소방대장이 아닌 <u>소방대장</u>이다.

▶ 소방활동구역의 출입자(영 제8조)
1. 소방활동구역 안에 있는 소방대상물의 소유자·관리자 또는 점유자
2. 전기·가스·수도·통신·교통의 업무에 종사하는 사람으로서 원활한 소방활동을 위하여 필요한 사람
3. 의사·간호사 그 밖의 구조·구급업무에 종사하는 사람
4. 취재인력 등 보도업무에 종사하는 사람
5. 수사업무에 종사하는 사람
6. 그 밖에 소방대장이 소방활동을 위하여 출입을 허가한 사람

161 ④ <u>소방활동구역 안에 있는</u> 소방대상물의 관계인이다(영 제8조).

정답 160.④ 161.④

162 「소방기본법 시행령」상 소방활동구역의 출입자로 옳지 않은 것은?

① 소방활동구역 안에 있는 소방대상물의 관계인
② 구조·구급업무에 종사하는 사람
③ 수사업무에 종사하는 사람
④ 시·도지사가 출입을 허가한 사람

[19. 상반기 경채]

기본서 2권 p.84

해설 162 ④ 소방대장이 출입을 허가한 사람

▶ 소방활동구역의 출입자(영 제8조)
법 제23조 제1항에서 "대통령령으로 정하는 사람"이란 다음 각 호의 사람을 말한다.
1. 소방활동구역 안에 있는 소방대상물의 소유자·관리자 또는 점유자
2. 전기·가스·수도·통신·교통의 업무에 종사하는 사람으로서 원활한 소방활동을 위하여 필요한 사람
3. 의사·간호사 그 밖의 구조·구급업무에 종사하는 사람
4. 취재인력 등 보도업무에 종사하는 사람
5. 수사업무에 종사하는 사람
6. 그 밖에 소방대장이 소방활동을 위하여 출입을 허가한 사람

정답 162.④

163 다음 중 소방활동 업무 등에 대한 설명으로 옳지 않은 것은?

① 소방활동 업무를 돕다가 사망하거나 부상을 입은 경우에는 소방청장 또는 시·도지사가 보상한다.
② 소방활동에 종사한 관계인은 시·도지사로부터 비용을 지급받을 수 있다.
③ 소방서장은 인근 사람에게 인명구출, 화재진압을 명할 수 있다.
④ 소방활동시 방해하면 5년 이하의 징역 또는 5천만원 이하의 벌금에 해당된다.

[17. 중앙]

기본서 2권 p.85, p.113

해설 **163**
▶ **소방활동 종사 명령(법 제24조)**
① 소방본부장, 소방서장 또는 소방대장은 화재, 재난·재해, 그 밖의 위급한 상황이 발생한 현장에서 소방활동을 위하여 필요할 때에는 그 관할구역에 사는 사람 또는 그 현장에 있는 사람으로 하여금 사람을 구출하는 일 또는 불을 끄거나 불이 번지지 아니하도록 하는 일을 하게 할 수 있다. 이 경우 소방본부장, 소방서장 또는 소방대장은 소방활동에 필요한 보호장구를 지급하는 등 안전을 위한 조치를 하여야 한다.
② 삭제 〈2017.12.26.〉
③ 제1항에 따른 명령에 따라 소방활동에 종사한 사람은 시·도지사로부터 소방활동의 비용을 지급받을 수 있다. 다만, 다음 각 호의 어느 하나에 해당하는 사람의 경우에는 그러하지 아니하다.
  1. 소방대상물에 화재, 재난·재해, 그 밖의 위급한 상황이 발생한 경우 그 관계인
  2. 고의 또는 과실로 화재 또는 구조·구급 활동이 필요한 상황을 발생시킨 사람
  3. 화재 또는 구조·구급 현장에서 물건을 가져간 사람

▶ **손실보상(법 제49조의2 제1항)**
① 소방청장 또는 시·도지사는 다음 각 호의 어느 하나에 해당하는 자에게 제3항의 손실보상심의위원회의 심사·의결에 따라 정당한 보상을 하여야 한다.
  1. 제16조의3 제1항에 따른 조치로 인하여 손실을 입은 자
  2. 제24조 제1항 전단에 따른 소방활동 종사로 인하여 사망하거나 부상을 입은 자
  3. 제25조 제2항 또는 제3항에 따른 처분으로 인하여 손실을 입은 자. 다만, 같은 조 제3항에 해당하는 경우로서 법령을 위반하여 소방자동차의 통행과 소방활동에 방해가 된 경우는 제외한다.
  4. 제27조 제1항 또는 제2항에 따른 조치로 인하여 손실을 입은 자
  5. 그 밖에 소방기관 또는 소방대의 적법한 소방업무 또는 소방활동으로 인하여 손실을 입은 자

정답 163.②

164 「소방기본법」상 소방활동 종사 명령에 대한 설명으로 옳지 않은 것은?

① 소방본부장 또는 소방서장은 화재 현장에서 소방활동 종사 명령을 할 수 있다.
② 소방활동 종사 명령은 관할구역에 사는 사람 또는 그 현장에 있는 사람을 대상으로 할 수 있다.
③ 소방활동에 종사한 사람은 소방본부장 또는 소방서장으로부터 소방활동의 비용을 지급받을 수 있다.
④ 소방본부장 또는 소방서장은 소방활동에 필요한 보호장구를 지급하는 등 안전을 위한 조치를 하여야 한다.

[21. 상반기 공채]
상 중 하
기본서 2권 p.85

165 「소방기본법」상 소방활동 종사 명령에 따라 소방활동에 종사한 사람은 시·도지사로부터 소방활동 비용을 지급받을 수 있다. 소방활동 비용을 지급받을 수 있는 사람으로 옳은 것은?

① 과실로 화재를 발생시킨 사람
② 화재 현장에서 물건을 가져간 사람
③ 소방대상물에 화재가 발생한 경우 그 관계인
④ 화재 현장에서 불이 번지지 아니하도록 하는 일을 명령 받은 사람

[21. 상반기 경채]
상 중 하
기본서 2권 p.85

해설

164 ③ 소방활동에 종사한 사람은 ~~소방본부장 또는 소방서장~~으로부터 소방활동의 비용을 지급받을 수 있다.
→ 시·도지사

165 ▶소방활동 종사 명령(법 제24조 제3항)
③ 제1항에 따른 명령에 따라 소방활동에 종사한 사람은 시·도지사로부터 소방활동의 비용을 지급받을 수 있다. 다만, 다음 각 호의 어느 하나에 해당하는 사람의 경우에는 그러하지 아니하다.
  1. 소방대상물에 화재, 재난·재해, 그 밖의 위급한 상황이 발생한 경우 그 관계인
  2. 고의 또는 과실로 화재 또는 구조·구급 활동이 필요한 상황을 발생시킨 사람
  3. 화재 또는 구조·구급 현장에서 물건을 가져간 사람

정답 164.③ 165.④

166 다음 중 강제처분에 대한 설명으로 옳은 것은?

① 화재로 오인할 만한 우려가 있는 불을 피우거나 연막소독을 하려는 자는 시·도의 조례로 정하는 바에 따라 관할 소방본부장 또는 소방서장에게 신고하여야 한다.
② 화재가 발생하거나 불이 번질 우려가 있는 소방대상물 및 토지를 일시적으로 사용하거나 그 사용의 제한 또는 소방활동에 필요한 처분을 할 수 있다.
③ 화재, 재난·재해, 그 밖의 위급한 상황이 발생하여 사람의 생명을 위험하게 할 것으로 인정할 때에는 일정한 구역을 지정하여 그 구역에 있는 사람에게 그 구역 밖으로 피난할 것을 명할 수 있다.
④ 소방본부장, 소방서장 또는 소방대장은 화재 진압 등 소방활동을 위하여 필요할 때에는 소방용수 외에 댐·저수지 또는 수영장의 물을 사용하거나 수도개폐장치 등을 조작할 수 있다.

[13. 전북특]
기본서 2권 p.77, p.86, p.88~89

167 강제처분할 수 있는 사람이 아닌 것은?
① 소방본부장
② 소방서장
③ 소방대장
④ 시·도지사

[14. 중앙특]
기본서 2권 p.86

해설

166 ② 화재가 발생하거나 불이 번질 우려가 있는 소방대상물 및 토지를 일시적으로 사용하거나 그 사용의 제한 또는 소방활동에 필요한 처분을 할 수 있다(법 제25조 제1항).
① 화재 등의 통지(연막소독 등)에 대한 설명이다(법 제19조 제2항).
③ 피난 명령에 대한 설명이다(법 제26조 제1항).
④ 위험시설 등에 대한 긴급조치에 대한 설명이다(법 제27조 제1항).

167 ④ 시·도지사는 강제처분권자가 아니다.
소방본부장, 소방서장 또는 소방대장은 사람을 구출하거나 불이 번지는 것을 막기 위하여 필요할 때에는 화재가 발생하거나 불이 번질 우려가 있는 소방대상물 및 토지를 일시적으로 사용하거나 그 사용의 제한 또는 소방활동에 필요한 처분을 할 수 있다(법 제25조 제1항).

정답 166.② 167.④

168 다음 중 강제처분에 대한 설명으로 옳은 것은?

① 소방본부장, 소방서장, 소방대장은 사람을 구출하거나 불이 번지는 것을 막기 위하여 필요할 때에는 불이 번질 우려가 있는 토지를 일시적으로 사용할 수 없다.
② 시·도지사는 법령을 위반하여 소방자동차의 통행과 소방활동에 방해가 된 경우도 보상하여야 한다.
③ 시·도지사는 강제처분으로 인하여 손실을 입은 자가 있는 경우에는 그 손실을 보상하여야 한다.
④ 소방본부장, 소방서장 또는 소방대장은 사람을 구출하거나 불이 번지는 것을 막기 위하여 긴급하다고 인정할 때에는 화재가 발생하거나 불이 번질 우려가 있는 토지 외의 토지에 대하여 처분을 할 수 없다.

[17. 경채]
기본서 2권 p.86, p.113

169 「소방기본법」상 사람을 구출하거나 불이 번지는 것을 막기 위하여 필요한 때에는 강제처분 등을 할 수 있다. 이와 같은 권한을 가진 자로 옳지 않은 것은?

① 행정안전부장관
② 소방본부장
③ 소방서장
④ 소방대장

[18. 하반기 경채]
기본서 2권 p.86

해설

168 ① 소방본부장, 소방서장 또는 소방대장은 사람을 구출하거나 불이 번지는 것을 막기 위하여 필요할 때에는 화재가 발생하거나 불이 번질 우려가 있는 <u>소방대상물 및 토지를 일시적으로 사용하거나 그 사용의 제한 또는 소방활동에 필요한 처분을 할 수 있다</u>(법 제25조 제1항).
② 법령을 위반하여 소방자동차의 통행과 소방활동에 방해가 된 경우는 <u>제외한다</u>(법 제49조의2 제1항 제3호).
④ 소방본부장, 소방서장 또는 소방대장은 사람을 구출하거나 불이 번지는 것을 막기 위하여 긴급하다고 인정할 때에는 제1항에 따른 소방대상물 또는 <u>토지 외의 소방대상물과 토지에 대하여 제1항에 따른 처분을 할 수 있다</u>(법 제25조 제2항).

169 ▶ 강제처분 등(법 제25조 제1항)
① <u>소방본부장, 소방서장 또는 소방대장</u>은 사람을 구출하거나 불이 번지는 것을 막기 위하여 필요할 때에는 화재가 발생하거나 불이 번질 우려가 있는 소방대상물 및 토지를 일시적으로 사용하거나 그 사용의 제한 또는 소방활동에 필요한 처분을 할 수 있다.

정답 168.③ 169.①

170 「소방기본법」상 소방활동에 필요한 처분(강제처분 등)을 할 수 있는 처분권자로 옳은 것은?

㉠ 소방서장	㉡ 소방본부장
㉢ 소방대장	㉣ 소방청장
㉤ 시·도지사	

① ㉠, ㉡, ㉢
② ㉠, ㉡, ㉣
③ ㉠, ㉢, ㉤
④ ㉠, ㉣, ㉤

[19. 상반기 공채]
상 중 **하**
기본서 2권 p.86

171 「소방기본법」상 강제처분과 위험시설 등에 대한 긴급조치에 관한 내용으로 옳지 않은 것은?

① 소방본부장, 소방서장 또는 소방대장은 사람을 구출하거나 불이 번지는 것을 막기 위하여 필요할 때에는 화재가 발생하거나 불이 번질 우려가 있는 소방대상물 및 토지를 일시적으로 사용하거나 그 사용의 제한 또는 소방활동에 필요한 처분을 할 수 있다.

② 소방본부장, 소방서장 또는 소방대장은 화재 진압 등 소방활동을 위하여 필요할 때에는 소방용수 외에 댐·저수지 또는 수영장 등의 물을 사용하거나 수도(水道)의 개폐장치 등을 조작할 수 있다.

③ 시·도지사는 소방활동에 방해가 되는 주차 또는 정차된 차량의 제거나 이동을 위하여 견인차량과 인력 등을 지원한 자에게 시·도의 조례로 정하는 바에 따라 비용을 지급할 수 있다.

④ 시·도지사는 화재 발생을 막거나 폭발 등으로 화재가 확대되는 것을 막기 위하여 가스·전기 또는 유류 등의 시설에 대하여 위험물질의 공급을 차단하는 등 필요한 조치를 할 수 있다.

[20. 경채]
상 **중** 하
기본서 2권 p.86~87, p.89

해설

170 ▶ 강제처분 등(법 제25조 제1항)
① 소방본부장, 소방서장 또는 소방대장은 사람을 구출하거나 불이 번지는 것을 막기 위하여 필요할 때에는 화재가 발생하거나 불이 번질 우려가 있는 소방대상물 및 토지를 일시적으로 사용하거나 그 사용의 제한 또는 소방활동에 필요한 처분을 할 수 있다.

171 ④ ~~시·도지사~~는 화재 발생을 막거나 폭발 등으로 화재가 확대되는 것을 막기 위하여 가스·전기 또는 유류 등의 시설에 대하여 위험물질의 공급을 차단하는 등 필요한 조치를 할 수 있다.
→ 소방본부장, 소방서장 또는 소방대장

▶ 위험시설 등에 대한 긴급조치(법 제27조)
① 소방본부장, 소방서장 또는 소방대장은 화재 진압 등 소방활동을 위하여 필요할 때에는 소방용수 외에 댐·저수지 또는 수영장 등의 물을 사용하거나 수도(水道)의 개폐장치 등을 조작할 수 있다.
② 소방본부장, 소방서장 또는 소방대장은 화재 발생을 막거나 폭발 등으로 화재가 확대되는 것을 막기 위하여 가스·전기 또는 유류 등의 시설에 대하여 위험물질의 공급을 차단하는 등 필요한 조치를 할 수 있다.

정답 170.① 171.④

172 소방대장이 할 수 있는 위험시설 등에 대한 긴급조치에 관한 설명으로 맞는 것은?

① 화재, 재난·재해, 그 밖의 위급한 상황이 발생하여 사람의 생명을 위험하게 할 것으로 인정할 때에는 일정한 구역을 지정하여 그 구역에 있는 사람에게 그 구역 밖으로 피난할 것을 명할 수 있다.
② 강제처분 등으로 인하여 손실을 입은 자가 있는 경우에는 소방본부장이 그 손실을 보상한다.
③ 화재 발생을 막거나 폭발 등으로 화재가 확대되는 것을 막기 위하여 가스, 전기 또는 유류 등의 시설에 대하여 위험물질의 공급을 차단하는 등 필요한 조치를 할 수 있다.
④ 소방본부장, 소방서장 또는 소방대장은 소방활동에 방해가 되는 주차 또는 정차된 차량의 제거나 이동을 위하여 관할 지방자치단체 등 관련 기관에 견인차량과 인력 등에 대한 지원을 요청할 수 있고, 요청을 받은 관련 기관의 장은 정당한 사유가 없으면 이에 협조하여야 한다.

[12. 전북]

기본서 2권 p.86~89, p.113

해설 172 ③ 화재발생을 막거나 폭발 등으로 화재가 확대되는 것을 막기 위하여 가스, 전기 또는 유류 등의 시설에 대하여 위험물질의 공급을 차단하는 등 필요한 조치를 할 수 있다(법 제27조 제2항).
① 피난명령이다(법 제26조 제1항).
② 강제처분으로 손실을 입은 자가 있는 경우에는 소방청장 또는 시·도지사가 그 손실을 보상하여야 한다(법 제49조의2).
④ 강제처분이다(법 제25조 제4항).

정답 172. ③

제5장 화재조사

173 화재의 원인조사 중 발화원인 조사의 범위로 옳은 것은?
① 화재의 발견·통보 및 초기 소화 등 일련의 과정
② 화재의 연소경로 및 확대원인 등의 상황
③ 피난경로, 피난상의 장애요인 등의 상황
④ 화재발생의 과정·지점 및 불이 붙기 시작한 물질
⑤ 소방시설의 사용 또는 작동 등의 상황

[11. 간부]

174 다음 중 화재조사에 관한 내용으로 틀린 것은?
① 재산피해조사는 화재의 연소경로 및 연소확대물, 연소확대사유 등에 해당한다.
② 소방청, 시·도의 소방본부와 소방서에 화재조사를 전담하는 부서를 설치·운영한다.
③ 화재조사의 방법 및 전담조사반의 운영과 화재조사자의 자격 등 화재조사에 필요한 사항은 행정안전부령으로 정한다.
④ 소방청장, 소방본부장 또는 소방서장은 화재의 원인 및 피해 등에 대한 조사를 하여야 한다.

[13. 특채]

해설 173 ④ 화재발생의 과정·지점 및 불이 붙기 시작한 물질은 발화원인 조사에 해당한다.

▶ 화재원인조사(규칙 별표 5)

종 류	조사범위
가. 발화원인 조사	화재가 발생한 과정, 화재가 발생한 지점 및 불이 붙기 시작한 물질
나. 발견·통보 및 초기 소화상황 조사	화재의 발견·통보 및 초기소화 등 일련의 과정
다. 연소상황 조사	화재의 연소경로 및 확대원인 등의 상황
라. 피난상황 조사	피난경로, 피난상의 장애요인 등의 상황
마. 소방시설 등 조사	소방시설의 사용 또는 작동 등의 상황

174 ① 재산피해조사가 아니라 화재원인조사 중 연소상황조사의 내용이다(규칙 별표 5).

정답 173.④ 174.①

175 화재조사에 대한 설명이 아닌 것은?
① 화재조사자의 수사기관에 체포된 사람과 압수증거물에 대한 조사권이 있다.
② 화재조사자의 의무는 경찰공무원 및 관계보험회사와 협력의무가 있다.
③ 화재조사자의 권리는 출입조사 및 검사권, 질문권, 자료제출 명령권이 있다.
④ 화재조사는 화재소화가 끝난 이후 즉시 실시한다.

176 「소방기본법 시행규칙」상 화재조사를 실시하는 시기로 옳은 것은?
① 조사요원이 현장에 도착한 후
② 소화활동을 종료한 후에
③ 화재사실을 인지하는 즉시
④ 소방서장이 현장에 도착한 후에

해설

175 ④ 화재조사는 관계공무원이 화재사실을 인지하는 즉시 장비를 활용하여 실시되어야 한다(규칙 제11조 제1항).

176 ③ 화재조사는 관계공무원이 화재사실을 인지하는 즉시 장비를 활용하여 실시되어야 한다(규칙 제11조 제1항).

정답 175.④ 176.③

177 화재조사에 대한 설명으로 가장 옳지 않은 것은?

① 화재의 원인과 피해 조사를 위하여 소방청, 시·도의 소방본부와 소방서에 화재조사를 전담하는 부서를 설치·운영한다.
② 화재조사전담부서의 장은 소방청장이 실시하는 화재조사에 관한 시험에 합격한 자로 하여금 화재조사를 실시하도록 하여야 한다.
③ 시·도지사는 화재조사에 관한 시험에 합격한 자에게 2년마다 전문보수교육을 실시하여야 한다.
④ 전문보수교육을 받지 아니한 자에 대하여는 전문보수교육을 이수하는 때까지 화재조사를 실시하게 하여서는 아니 된다.

[16. 통합]

기본서 2권 p.96~98

해설 177 ③ <u>소방청장</u>은 화재조사에 관한 시험에 합격한 자에게 2년마다 전문보수교육을 실시하여야 한다(규칙 제13조 제2항).

▶ 화재조사전담부서의 설치·운영 등(규칙 제12조)
① <u>법 제29조 제2항의 규정에 의하여 화재의 원인과 피해 조사를 위하여 소방청, 시·도의 소방본부와 소방서에 화재조사를 전담하는 부서를 설치·운영한다.</u>
③ <u>화재조사전담부서의 장은 소속 소방공무원 가운데 다음 각 호의 어느 하나에 해당하는 자로서 소방청장이 실시하는 화재조사에 관한 시험에 합격한 자로 하여금 화재조사를 실시하도록 하여야 한다.</u> 다만, 화재조사에 관한 시험에 합격한 자가 없는 경우에는 소방공무원 중 「국가기술자격법」에 따른 건축·위험물·전기·안전관리(가스·소방·소방설비·전기안전·화재감식평가 종목에 한한다) 분야 산업기사 이상의 자격을 취득한 자 또는 소방공무원으로서 화재조사분야에서 1년 이상 근무한 자로 하여금 화재조사를 실시하도록 할 수 있다.
  1. 소방교육기관(중앙·지방소방학교 및 시·도에서 설치·운영하는 소방교육대를 말한다. 이하 같다)에서 8주 이상 화재조사에 관한 전문교육을 이수한 자
  2. 국립과학수사연구원 또는 외국의 화재조사관련 기관에서 8주 이상 화재조사에 관한 전문교육을 이수한 자
④ 화재조사전담부서에는 별표 6의 기준에 의한 장비 및 시설을 갖추어야 한다.
⑤ 소방청장·소방본부장 또는 소방서장은 화재조사전담부서에서 근무하는 자의 업무능력 향상을 위하여 국내·외의 소방 또는 안전에 관련된 전문기관에 위탁교육을 실시할 수 있다.
⑥ 제2항에 따른 화재전담부서의 운영 및 제3항에 따른 화재조사에 관한 시험의 응시자격, 시험방법, 시험과목, 그 밖에 시험의 시행에 필요한 사항은 소방청장이 정한다.

▶ 화재조사에 관한 전문교육 등(규칙 제13조)
① 제12조 제3항 제1호에 따른 전문교육과정의 교육과목은 별표 7과 같으며, 교육과목별 교육시간과 실습교육의 방법은 전문교육과정을 운영하는 소방교육기관에서 정한다.
② <u>소방청장은 화재조사에 관한 시험에 합격한 자에게 2년마다 전문보수교육을 실시하여야 한다.</u>
③ <u>소방청장은 제2항에 따른 전문보수교육을 소방본부장 또는 소방교육기관에 위탁하여 실시할 수 있다.</u>
④ <u>제2항의 규정에 의한 전문보수교육을 받지 아니한 자에 대하여는 전문보수교육을 이수하는 때까지 화재조사를 실시하게 하여서는 아니 된다.</u>

정답 177.③

178 화재조사에 대한 설명으로 옳지 않은 것은?

① 화재조사에 관한 시험에 합격한 자가 없는 경우에는 소방공무원 중 「국가기술자격법」에 따른 기계분야 산업기사 이상의 자격을 취득한 자로 하여금 화재조사를 실시하도록 할 수 있다.
② 화재조사에 관한 시험에 합격한 자가 없는 경우에는 소방공무원 중 소방·건축·가스·전기·위험물분야 산업기사 이상의 자격을 취득한 자로 하여금 화재조사를 실시하도록 할 수 있다.
③ 소방청장은 화재조사에 관한 시험에 합격한 자에게 2년마다 전문보수교육을 실시하여야 한다.
④ 소방청장·소방본부장 또는 소방서장은 화재조사전담부서에서 근무하는 자의 업무능력 향상을 위하여 국내·외의 소방 또는 안전에 관련된 전문기관에 위탁교육을 실시할 수 있다.

[17. 중앙]
상 **중** 하
기본서 2권 p.97~98

해설 178
▶ 화재조사전담부서의 설치·운영 등(규칙 제12조)
① 법 제29조 제2항의 규정에 의하여 화재의 원인과 피해 조사를 위하여 소방청, 시·도의 소방본부와 소방서에 화재조사를 전담하는 부서를 설치·운영한다.
② 화재조사전담부서의 장은 다음 각호의 업무를 관장한다.
  1. 화재조사의 총괄·조정
  2. 화재조사의 실시
  3. 화재조사의 발전과 조사요원의 능력향상에 관한 사항
  4. 화재조사를 위한 장비의 관리운영에 관한 사항
  5. 그 밖의 화재조사에 관한 사항
③ 화재조사전담부서의 장은 소속 소방공무원 가운데 다음 각 호의 어느 하나에 해당하는 자로서 소방청장이 실시하는 화재조사에 관한 시험에 합격한 자로 하여금 화재조사를 실시하도록 하여야 한다. 다만, <u>화재조사에 관한 시험에 합격한 자가 없는 경우에는 소방공무원 중 「국가기술자격법」에 따른 건축·위험물·전기·안전관리(가스·소방·소방설비·전기안전·화재감식평가 종목에 한한다) 분야 산업기사 이상의 자격을 취득한 자 또는 소방공무원으로서 화재조사분야에서 1년 이상 근무한 자로 하여금 화재조사를 실시하도록 할 수 있다.</u>
  1. 소방교육기관(중앙·지방소방학교 및 시·도에서 설치·운영하는 소방교육대를 말한다. 이하 같다)에서 8주 이상 화재조사에 관한 전문교육을 이수한 자
  2. 국립과학수사연구원 또는 외국의 화재조사관련 기관에서 8주 이상 화재조사에 관한 전문교육을 이수한 자
④ 화재조사전담부서에는 별표 6의 기준에 의한 장비 및 시설을 갖추어야 한다.
⑤ 소방청장·소방본부장 또는 소방서장은 화재조사전담부서에서 근무하는 자의 업무능력 향상을 위하여 국내·외의 소방 또는 안전에 관련된 전문기관에 위탁교육을 실시할 수 있다.
⑥ 제2항에 따른 화재전담부서의 운영 및 제3항에 따른 화재조사에 관한 시험의 응시자격, 시험방법, 시험과목, 그 밖에 시험의 시행에 필요한 사항은 소방청장이 정한다.

▶ 화재조사에 관한 전문교육 등(규칙 제13조)
① 제12조 제3항 제1호에 따른 전문교육과정의 교육과목은 별표 7과 같으며, 교육과목별 교육시간과 실습교육의 방법은 전문교육과정을 운영하는 소방교육기관에서 정한다.
② 소방청장은 화재조사에 관한 시험에 합격한 자에게 2년마다 전문보수교육을 실시하여야 한다.
③ 소방청장은 제2항에 따른 전문보수교육을 소방본부장 또는 소방교육기관에 위탁하여 실시할 수 있다.
④ 제2항의 규정에 의한 전문보수교육을 받지 아니한 자에 대하여는 전문보수교육을 이수하는 때까지 화재조사를 실시하게 하여서는 아니된다.

정답 178.①

179 다음의 「소방기본법」 중 출입·조사 등의 관한 내용이 아닌 것은?
① 관계인에 대한 질문
② 관계인에 대한 자료제출명령
③ 관계인에 대한 보고 요구
④ 관계인에 대한 압수 수사

180 다음 중 화재조사시 요구할 수 없는 것은?
① 압수·수사권
② 관계인에게 자료제출명령권
③ 관계장소에 대한 출입·조사권
④ 관계인에게 보고 또는 질문권

해설
179 ④ 수사는 경찰공무원의 업무권한이다(법 제30조).

180 ① 압수·수사권은 경찰공무원에게 있다(법 제30조).

정답 179.④ 180.①

181 「소방기본법」상 화재조사를 할 수 있는 권한을 가진 자로 옳은 것은?

① 행정안전부장관, 소방청장, 소방본부장
② 행정안전부장관, 소방본부장, 소방서장
③ 소방청장, 소방본부장, 소방서장
④ 소방청장, 경찰청장, 소방서장

[18. 하반기 경채]
상 중 하
기본서 2권 p.96

해설 181
▶ 화재의 원인 및 피해 조사(법 제29조 제1항)
① 소방청장, 소방본부장 또는 소방서장은 화재가 발생하였을 때에는 화재의 원인 및 피해 등에 대한 조사(이하 "화재조사"라 한다)를 하여야 한다.

정답 181. ③

제6장 구조 및 구급

제7장 의용소방대

제8장 소방산업의 육성·진흥 및 지원 등

182 소방산업과 관련된 기술의 개발 등에 대한 지원과 소방기술 및 소방산업의 국제경쟁력과 국제적 통용성을 높이는 데 필요한 기반조성을 촉진하기 위한 시책의 마련은 누가 하는가?
① 국가
② 국무총리
③ 소방청장
④ 시·도지사

[13. 특채]
상 중 **하**
기본서 2권 p.102

183 다음 중 소방산업의 육성·진흥 및 지원 등에 대한 설명으로 옳지 않은 것은?
① 국가는 소방산업의 육성·진흥을 위하여 필요한 계획의 수립 등 행정상·재정상의 지원시책을 마련하여야 한다.
② 국가는 소방산업과 관련된 기술의 개발을 촉진하기 위하여 기술개발을 실시하는 자에게 그 기술개발에 드는 자금의 일부만 출연하거나 보조할 수 있다.
③ 국가는 소방기술 및 소방산업의 국제경쟁력과 국제적 통용성을 높이는 데에 필요한 기반 조성을 촉진하기 위한 시책을 마련하여야 한다.
④ 국가는 국민의 생명과 재산을 보호하기 위하여 기관이나 단체로 하여금 소방기술의 연구·개발사업을 수행하게 할 수 있다.

[17. 경채]
상 **중** 하
기본서 2권 p.102~103

해설 **182** ▶ 소방산업과 관련된 기술개발 등의 지원(법 제39조의5 제1항)
① 국가는 소방산업과 관련된 기술(이하 "소방기술"이라 한다)의 개발을 촉진하기 위하여 기술개발을 실시하는 자에게 그 기술개발에 드는 자금의 전부나 일부를 출연하거나 보조할 수 있다.

▶ 소방기술 및 소방산업의 국제화사업(법 제39조의7 제1항)
① 국가는 소방기술 및 소방산업의 국제경쟁력과 국제적 통용성을 높이는 데에 필요한 기반 조성을 촉진하기 위한 시책을 마련하여야 한다.

183 ▶ 소방산업과 관련된 기술개발 등의 지원(법 제39조의5 제1항)
① 국가는 소방산업과 관련된 기술(이하 "소방기술"이라 한다)의 개발을 촉진하기 위하여 기술개발을 실시하는 자에게 그 기술개발에 드는 자금의 전부나 일부를 출연하거나 보조할 수 있다.

정답 182.① 183.②

제9장 한국소방안전원

184 한국소방안전원의 업무에 관한 내용으로 옳지 않은 것은?
① 소방기술과 안전관리에 관한 각종 간행물 발간
② 소방기술과 안전관리에 관한 교육 및 조사·연구
③ 소방업무에 관하여 소방시설과 행정기관이 위탁하는 업무
④ 화재 예방과 안전관리의식의 고취를 위한 대국민 홍보

[13. 특채]
기본서 2권 p.107

185 한국소방안전원의 정관에 기재해야 하는 내용으로 옳지 않은 것은?
① 명칭
② 대표자의 성명 및 주소
③ 회원과 임원 및 직원에 관한 사항
④ 사업에 관한 사항

[16. 통합]
기본서 2권 p.108

해설

184 ③ 소방업무에 관하여 <u>행정기관이 위탁</u>하는 업무

▶ 안전원의 업무(법 제41조)
1. 소방기술과 안전관리에 관한 교육 및 조사·연구
2. 소방기술과 안전관리에 관한 각종 간행물 발간
3. 화재 예방과 안전관리의식 고취를 위한 대국민 홍보
4. 소방업무에 관하여 <u>행정기관이 위탁</u>하는 업무
5. 소방안전에 관한 국제협력
6. 그 밖에 회원에 대한 기술지원 등 정관으로 정하는 사항

185 ▶ 안전원의 정관(법 제43조 제1항)
① 안전원의 정관에는 다음 각 호의 사항이 포함되어야 한다.
1. 목적
2. 명칭
3. 주된 사무소의 소재지
4. 사업에 관한 사항
5. 이사회에 관한 사항
6. 회원과 임원 및 직원에 관한 사항
7. 재정 및 회계에 관한 사항
8. 정관의 변경에 관한 사항

정답 184.③ 185.②

186 안전원에서 하는 업무로 옳은 것은?
① 소방기술 및 소방산업의 국외시장 개척
② 대국민 홍보
③ 소방기술 및 소방산업에 관한 국제전시회, 국제학술회의 개최 등 국제교류
④ 소방기술 및 소방산업의 국제협력을 위한 조사·연구

[14. 중앙특]
기본서 2권 p.103, p.107

해설 186 ①③④는 소방기술 및 소방산업의 국제화사업에 해당한다(법 제39조의7 제2항).

▶ 안전원의 업무(법 제41조)
안전원은 다음 각 호의 업무를 수행한다.
1. 소방기술과 안전관리에 관한 교육 및 조사·연구
2. 소방기술과 안전관리에 관한 각종 간행물 발간
3. 화재 예방과 안전관리의식 고취를 위한 대국민 홍보
4. 소방업무에 관하여 행정기관이 위탁하는 업무
5. 소방안전에 관한 국제협력
6. 그 밖에 회원에 대한 기술지원 등 정관으로 정하는 사항

▶ 소방기술 및 소방산업의 국제화사업(법 제39조의7 제2항)
② 소방청장은 소방기술 및 소방산업의 국제경쟁력과 국제적 통용성을 높이기 위하여 다음 각 호의 사업을 추진하여야 한다.
1. 소방기술 및 소방산업의 국제 협력을 위한 조사·연구
2. 소방기술 및 소방산업에 관한 국제 전시회, 국제 학술회의 개최 등 국제 교류
3. 소방기술 및 소방산업의 국외시장 개척
4. 그 밖에 소방기술 및 소방산업의 국제경쟁력과 국제적 통용성을 높이기 위하여 필요하다고 인정하는 사업

정답 186.②

187 한국소방안전원에 대한 설명 중 가장 옳지 않은 것은?

① 안전원은 법인으로 한다.
② 소방안전관리자 또는 소방기술자로 선임된 사람도 회원이 될 수 있다.
③ 안전원의 운영경비는 국가 보조금으로 충당한다.
④ 안전원이 정관을 변경하려면 소방청장의 인가를 받아야 한다.

[17. 경채]
상 중 하
기본서 2권 p.106~108

해설 187

▶ 한국소방안전원의 설립 등(법 제40조)
① 소방기술과 안전관리기술의 향상 및 홍보, 그 밖의 교육·훈련 등 행정기관이 위탁하는 업무의 수행과 소방 관계 종사자의 기술 향상을 위하여 한국소방안전원(이하 "안전원"이라 한다)을 소방청장의 인가를 받아 설립한다.
② 제1항에 따라 설립되는 안전원은 법인으로 한다.
③ 안전원에 관하여 이 법에 규정된 것을 제외하고는 「민법」 중 재단법인에 관한 규정을 준용한다.

▶ 안전원의 업무(법 제41조)
안전원은 다음 각 호의 업무를 수행한다.
1. 소방기술과 안전관리에 관한 교육 및 조사·연구
2. 소방기술과 안전관리에 관한 각종 간행물 발간
3. 화재 예방과 안전관리의식 고취를 위한 대국민 홍보
4. 소방업무에 관하여 행정기관이 위탁하는 업무
5. 소방안전에 관한 국제협력
6. 그 밖에 회원에 대한 기술지원 등 정관으로 정하는 사항

▶ 회원의 관리(법 제42조)
안전원은 소방기술과 안전관리 역량의 향상을 위하여 다음 각 호의 사람을 회원으로 관리할 수 있다.
1. 「화재예방, 소방시설 설치·유지 및 안전관리에 관한 법률」, 「소방시설공사업법」 또는 「위험물안전관리법」에 따라 등록을 하거나 허가를 받은 사람으로서 회원이 되려는 사람
2. 「화재예방, 소방시설 설치·유지 및 안전관리에 관한 법률」, 「소방시설공사업법」 또는 「위험물안전관리법」에 따라 소방안전관리자, 소방기술자 또는 위험물안전관리자로 선임되거나 채용된 사람으로서 회원이 되려는 사람
3. 그 밖에 소방 분야에 관심이 있거나 학식과 경험이 풍부한 사람으로서 회원이 되려는 사람

▶ 안전원의 정관(법 제43조)
① 안전원의 정관에는 다음 각 호의 사항이 포함되어야 한다.
  1. 목적
  2. 명칭
  3. 주된 사무소의 소재지
  4. 사업에 관한 사항
  5. 이사회에 관한 사항
  6. 회원과 임원 및 직원에 관한 사항
  7. 재정 및 회계에 관한 사항
  8. 정관의 변경에 관한 사항
② 안전원은 정관을 변경하려면 소방청장의 인가를 받아야 한다.

▶ 안전원의 운영 경비(법 제44조)
안전원의 운영 및 사업에 소요되는 경비는 다음 각 호의 재원으로 충당한다.
1. 제41조 제1호 및 제4호의 업무 수행에 따른 수입금
2. 제42조에 따른 회원의 회비
3. 자산운영수익금
4. 그 밖의 부대수입

정답 187.③

188 「소방기본법」상 한국소방안전원이 수행하는 업무에 대한 내용으로 옳지 않은 것은?

① 소방기술과 안전관리에 관한 인허가 업무
② 소방기술과 안전관리에 관한 각종 간행물 발간
③ 소방기술과 안전관리에 관한 교육 및 조사·연구
④ 화재 예방과 안전관리의식 고취를 위한 대국민 홍보

[21. 상반기 공채]

기본서 2권 p.107

해설 188 ▶ 안전원의 업무(법 제41조)
안전원은 다음 각 호의 업무를 수행한다.
1. 소방기술과 안전관리에 관한 교육 및 조사·연구
2. 소방기술과 안전관리에 관한 각종 간행물 발간
3. 화재 예방과 안전관리의식 고취를 위한 대국민 홍보
4. 소방업무에 관하여 행정기관이 위탁하는 업무
5. 소방안전에 관한 국제협력
6. 그 밖에 회원에 대한 기술지원 등 정관으로 정하는 사항

정답 188.①

제10장 보칙

189 「소방기본법 시행령」상 규정하고 있는 설명으로 ( ) 안에 들어갈 숫자를 옳게 연결한 것은?

[18. 하반기 경채]

상 중 하

기본서 2권 p.52, p. 60, p.113~114

> 가. 화재경계지구에서 소방본부장 또는 소방서장은 소방상 필요한 훈련 및 교육을 실시하고자 하는 때에는 화재경계지구 안의 관계인에게 훈련 또는 교육 (㉠)일 전까지 그 사실을 통보하여야 한다.
> 나. 특수가연물의 쌓는 높이는 (㉡)미터 이하가 되도록 하고, 쌓는 부분의 바닥면적은 50제곱미터(석탄·목탄류의 경우에는 200제곱미터) 이하가 되도록 할 것. 다만, 살수설비를 설치하거나, 방사능력 범위에 해당 특수가연물이 포함되도록 대형수동식소화기를 설치하는 경우에는 쌓는 높이를 (㉢)미터 이하, 쌓는 부분의 바닥면적을 200제곱미터(석탄·목탄류의 경우에는 300제곱미터) 이하로 할 수 있다.
> 다. 소방청장 등은 손실보상심의위원회의 심사·의결을 거쳐 특별한 사유가 없으면 보상금 지급 청구서를 받은 날부터 (㉣)일 이내에 보상금 지급 여부 및 보상금액을 결정하여야 한다.
> 라. 소방청장 등은 보상금 지급여부 및 보상금액 결정일부터 (㉤)일 이내에 행정안전부령으로 정하는 바에 따라 결정 내용을 청구인에게 통지하고, 보상금을 지급하기로 결정한 경우에는 특별한 사유가 없으면 통지한 날부터 (㉥)일 이내에 보상금을 지급하여야 한다.

	㉠	㉡	㉢	㉣	㉤	㉥
①	7	7	14	40	15	30
②	7	10	15	60	15	20
③	10	7	14	40	10	20
④	10	10	15	60	10	30

해설 189 가. 화재경계지구에서 소방본부장 또는 소방서장은 소방상 필요한 훈련 및 교육을 실시하고자 하는 때에는 화재경계지구 안의 관계인에게 훈련 또는 교육 (10)일 전까지 그 사실을 통보하여야 한다(영 제4조 제4항).
나. 특수가연물의 쌓는 높이는 (10)미터 이하가 되도록 하고, 쌓는 부분의 바닥면적은 50제곱미터(석탄·목탄류의 경우에는 200제곱미터) 이하가 되도록 할 것. 다만, 살수설비를 설치하거나, 방사능력 범위에 해당 특수가연물이 포함되도록 대형수동식소화기를 설치하는 경우에는 쌓는 높이를 (15)미터 이하, 쌓는 부분의 바닥면적을 200제곱미터(석탄·목탄류의 경우에는 300제곱미터) 이하로 할 수 있다(영 제7조 제2호 나목).
다. 소방청장 등은 손실보상심의위원회의 심사·의결을 거쳐 특별한 사유가 없으면 보상금 지급 청구서를 받은 날부터 (60)일 이내에 보상금 지급 여부 및 보상금액을 결정하여야 한다(영 제12조 제2항).
라. 소방청장 등은 보상금 지급여부 및 보상금액 결정일부터 (10)일 이내에 행정안전부령으로 정하는 바에 따라 결정 내용을 청구인에게 통지하고, 보상금을 지급하기로 결정한 경우에는 특별한 사유가 없으면 통지한 날부터 (30)일 이내에 보상금을 지급하여야 한다(영 제12조 제4항).

정답 189.④

190 「소방기본법」상 소방청장 또는 시·도지사가 손실보상심의위원회의 심사·의결에 따라 정당한 손실보상을 하여야 하는 대상으로 옳지 않은 것은?

① 생활안전활동에 따른 조치로 인하여 손실을 입은 자
② 화재가 확대되는 것을 막기 위하여 가스·전기 또는 유류 등의 시설에 대하여 위험물질의 공급을 차단하는 등의 조치로 인하여 손실을 입은 자
③ 소방활동 종사명령으로 인하여 사망하거나 부상을 입은 자
④ 소방활동에 방해가 되는 불법 주차 차량을 제거하거나 이동시키는 처분으로 인하여 손실을 입은 자

[18. 하반기 공채]
상 중 하
기본서 2권 p.113

191 「소방기본법」 및 같은 법 시행령상 손실보상에 관한 내용 중 소방청장 또는 시·도지사가 '손실보상심의위원회'의 심사·의결에 따라 정당한 보상을 하여야 하는 대상으로 옳지 않은 것은?

① 생활안전활동에 따른 조치로 인하여 손실을 입은 자
② 소방활동 종사명령에 따른 소방활동 종사로 인하여 사망하거나 부상을 입은 자
③ 위험물 또는 물건의 보관기간 경과 후 매각이나 폐기로 손실을 입은 자
④ 소방기관 또는 소방대의 적법한 소방업무 또는 소방활동으로 인하여 손실을 입은 자

[19. 상반기 경채]
상 중 하
기본서 2권 p.113

해설 **190** ▶손실보상(법 제49조의2 제1항)
① 소방청장 또는 시·도지사는 다음 각호의 어느 하나에 해당하는 자에게 제3항의 손실보상심의위원회의 심사·의결에 따라 정당한 보상을 하여야 한다.
   1. 제16조의3(생활안전활동) 제1항에 따른 조치로 인하여 손실을 입은 자
   2. 제24조(종사 명령) 제1항 전단에 따른 소방활동 종사로 인하여 사망하거나 부상을 입은 자
   3. 제25조(강제처분) 제2항 또는 제3항에 따른 처분으로 인하여 손실을 입은 자. 다만, 같은 조 제3항(긴급하게 출동할 때에는 소방자동차의 통행과 소방활동에 방해가 되는 주차 또는 정차된 차량 및 물건 등을 제거하거나 이동)에 해당하는 경우로서 법령을 위반하여 소방자동차의 통행과 소방활동에 방해가 된 경우는 제외한다.
   4. 제27조(위험시설 등에 따른 긴급조치) 제1항 또는 제2항에 따른 조치로 인하여 손실을 입은 자
   5. 그 밖에 소방기관 또는 소방대의 적법한 소방업무 또는 소방활동으로 인하여 손실을 입은 자

191 ▶손실보상(법 제49조의2 제1항)
① 소방청장 또는 시·도지사는 다음 각 호의 어느 하나에 해당하는 자에게 제3항의 손실보상심의위원회의 심사·의결에 따라 정당한 보상을 하여야 한다.
   1. 제16조의3 제1항에 따른 조치로 인하여 손실을 입은 자
   2. 제24조 제1항 전단에 따른 소방활동 종사로 인하여 사망하거나 부상을 입은 자
   3. 제25조 제2항 또는 제3항에 따른 처분으로 인하여 손실을 입은 자. 다만, 같은 조 제3항에 해당하는 경우로서 법령을 위반하여 소방자동차의 통행과 소방활동에 방해가 된 경우는 제외한다.
   4. 제27조 제1항 또는 제2항에 따른 조치로 인하여 손실을 입은 자
   5. 그 밖에 소방기관 또는 소방대의 적법한 소방업무 또는 소방활동으로 인하여 손실을 입은 자

정답 190.④ 191.③

192 「소방기본법」 및 같은 법 시행령상 손실보상에 관한 설명 중 ( ) 안에 들어갈 숫자로 옳은 것은?

> - 손실보상을 청구할 수 있는 권리는 손실이 있음을 안 날부터 (가)년, 손실이 발생한 날부터 (나)년간 행사하지 아니하면 시효의 완성으로 소멸한다.
> - 소방청장등은 손실보상심의위원회의 심사·의결을 거쳐 특별한 사유가 없으면 보상금 지급 청구서를 받은 날부터 (다)일 이내에 보상금 지급 여부 및 보상금액을 결정하여야 한다.
> - 소방청장등은 결정일부터 (라)일 이내에 행정안전부령으로 정하는 바에 따라 결정 내용을 청구인에게 통지하고, 보상금을 지급하기로 결정한 경우에는 특별한 사유가 없으면 통지한 날부터 (마)일 이내에 보상금을 지급하여야 한다.

	(가)	(나)	(다)	(라)	(마)
①	3	5	60	10	30
②	5	3	60	12	20
③	3	5	50	12	30
④	5	3	50	10	20

[19. 상반기 공채]

기본서 2권 p.113~114

해설 192
- 손실보상을 청구할 수 있는 권리는 손실이 있음을 안 날부터 (3)년, 손실이 발생한 날부터 (5)년간 행사하지 아니하면 시효의 완성으로 소멸한다(법 제49조의2 제2항).
- 소방청장등은 손실보상심의위원회의 심사·의결을 거쳐 특별한 사유가 없으면 보상금 지급 청구서를 받은 날부터 (60)일 이내에 보상금 지급 여부 및 보상금액을 결정하여야 한다(영 제12조 제2항).
- 소방청장등은 결정일부터 (10)일 이내에 행정안전부령으로 정하는 바에 따라 결정 내용을 청구인에게 통지하고, 보상금을 지급하기로 결정한 경우에는 특별한 사유가 없으면 통지한 날부터 (30)일 이내에 보상금을 지급하여야 한다(영 제12조 제4항).

정답 192.①

193 「소방기본법 시행령」상 손실보상에 대한 내용으로 옳지 않은 것은?

① 손실보상심의위원회 위원의 임기는 2년으로 하며, 한 차례만 연임할 수 있다.
② 손실보상심의위원회는 위원장 1명을 포함하여 7명 이상 9명 이하의 위원으로 구성한다.
③ 소방청장등은 보상금을 지급하기로 결정한 경우에는 특별한 사유가 없으면 통지한 날부터 30일 이내에 보상금을 지급하여야 한다.
④ 소방청장등은 손실보상심의위원회의 심사·의결을 거쳐 특별한 사유가 없으면 보상금 지급 청구서를 받은 날부터 60일 이내에 보상금 지급 여부 및 보상금액을 결정하여야 한다.

[21. 상반기 경채]
기본서 2권 p.113~115

해설 193
② 손실보상심의위원회는 위원장 1명을 포함하여 ~~7명 이상 9명 이하~~의 위원으로 구성한다.
→ 5명 이상 7명 이하

▶ 손실보상심의위원회의 설치 및 구성(영 제13조)
① 소방청장등은 법 제49조의2 제3항에 따라 손실보상청구 사건을 심사·의결하기 위하여 각각 손실보상심의위원회(이하 "보상위원회"라 한다)를 둔다.
② 보상위원회는 위원장 1명을 포함하여 5명 이상 7명 이하의 위원으로 구성한다.
③ 보상위원회의 위원은 다음 각 호의 어느 하나에 해당하는 사람 중에서 소방청장등이 위촉하거나 임명한다. 이 경우 위원의 과반수는 성별을 고려하여 소방공무원이 아닌 사람으로 하여야 한다.
  1. 소속 소방공무원
  2. 판사·검사 또는 변호사로 5년 이상 근무한 사람
  3. 「고등교육법」제2조에 따른 학교에서 법학 또는 행정학을 가르치는 부교수 이상으로 5년 이상 재직한 사람
  4. 「보험업법」제186조에 따른 손해사정사
  5. 소방안전 또는 의학 분야에 관한 학식과 경험이 풍부한 사람
④ 제3항에 따라 위촉되는 위원의 임기는 2년으로 하며, 한 차례만 연임할 수 있다.
⑤ 보상위원회의 사무를 처리하기 위하여 보상위원회에 간사 1명을 두되, 간사는 소속 소방공무원 중에서 소방청장등이 지명한다.

정답 193.②

제11장 벌칙

194 다음 중 200만원 이하의 벌금에 해당하는 것은?
① 화재의 예방조치 명령에 따르지 아니하거나 방해한 자
② 불의 사용 시 지켜야 할 사항을 위반한 자
③ 특수가연물의 저장 및 취급 기준을 위반한 자
④ 화재조사에 따른 명령을 위반하여 자료제출의 의무를 하지 아니한 자
⑤ 소방활동구역의 출입을 위반한 자

[11. 간부]
기본서 2권 p.118~119

195 화재 또는 구조·구급의 상황을 거짓으로 알린 자의 벌칙에 해당하는 것은?
① 100만원 이하 과태료
② 200만원 이하 벌금
③ 500만원 이하 과태료
④ 300만원 이하 과태료

[11. 부산]
기본서 2권 p.119

해설

194 ① 화재의 예방조치명령에 따르지 아니하거나 방해한 자 또는 화재조사시 관계 공무원의 출입·조사를 거부·방해·기피한 자는 200만원 이하의 벌금에 해당한다(법 제53조).
②~⑤까지는 200만원 이하 과태료에 해당한다(법 제56조).

195 ③ 화재 또는 구조·구급의 상황을 거짓으로 알린 자는 500만원 이하의 과태료를 부과한다(법 제56조 제1항).

정답 194.① 195.③

196 5년 이하의 징역 또는 5,000만원 이하의 벌금에 해당하지 않는 것은?
① 소방자동차의 출동을 방해한 사람
② 사람 구출 또는 불을 끄는 소화활동을 방해한 사람
③ 영업정지기간 중에 관리업의 업무를 한 사람
④ 정당한 사유없이 소방용수시설을 사용하거나 효용을 해하거나 사용을 방해한 사람

[11. 전남]

197 다음 설명 중 가장 옳지 않은 것은?
① 종합정밀점검과 작동기능점검은 일반적으로 각각 연 1회 이상 하여야 한다.
② 소방자동차 출동을 방해한 자는 5년 이하의 징역 또는 5천만원 이하의 과태료에 처한다.
③ 소방대가 도착할 때까지 관계인은 사람구출, 소화활동을 하여야 하며 가스, 전기, 유류시설등의 차단과 같은 조치를 정당한 사유없이 사용·방해하여서는 아니 된다.
④ 정당한 사유없이 화재의 예방조치 명령에 따르지 아니하거나 방해한 자는 200만원 이하의 벌금형에 처한다.

[11. 통합]

해설

196 ③ 1년 이하의 징역 또는 1천만원 이하의 벌금에 해당한다(화재예방, 소방시설 설치·유지 및 안전관리에 관한 법률 제49조).
①②④는 5년 이하의 징역 또는 5,000만원 이하의 벌금에 해당한다(법 제50조).

197 ② 소방자동차 출동을 방해한 자는 5년 이하의 징역 또는 5천만원 이하의 벌금에 처한다(법 제50조).

정답 196.③ 197.②

198 「소방기본법」상 위력(威力)을 사용하여 출동한 소방대의 화재진압·인명구조 또는 구급활동을 방해하는 행위를 한 경우 벌칙 규정은?

① 5년 이하의 징역 또는 5천만원 이하의 벌금
② 5년 이하의 징역 또는 3천만원 이하의 벌금
③ 3년 이하의 징역 또는 3천만원 이하의 벌금
④ 3년 이하의 징역 또는 1,500만원 이하의 벌금

199 다음 중 100만원 이하의 벌금으로 해당되지 않은 것은?
① 화재조사를 위한 관계 공무원의 출입 또는 조사를 거부·방해 또는 기피한 자
② 정당한 사유 없이 소방대가 현장에 도착할 때까지 사람을 구출하는 조치 또는 불을 끄거나 불이 번지지 아니하도록 하는 조치를 하지 아니한 사람
③ 화재경계지구 안의 소방대상물에 대한 소방특별조사를 거부·방해 또는 기피한 자
④ 정당한 사유 없이 물의 사용이나 수도의 개폐장치의 사용 또는 조작을 하지 못하게 하거나 방해한 자

해설

198 ① 위력(威力)을 사용하여 출동한 소방대의 화재진압·인명구조 또는 구급활동을 방해하는 행위를 한 사람은 5년 이하의 징역 또는 5천만원 이하의 벌금에 처한다(법 제50조).

199 ① 200만원 이하 벌금에 해당한다(법 제53조).
②③④는 100만원 이하 벌금에 해당한다(법 제54조).

정답 198.① 199.①

200 처벌에 관하여 성격이 다른 하나는?
① 화재 또는 구조·구급의 필요상황을 거짓으로 알린 사람
② 화재경계지구 안의 소방특별조사를 거부·방해·기피한 사람
③ 소방대가 도착할 때까지 사람구출, 소화활동을 하지 아니한 관계인
④ 피난명령을 위반한 사람

[14. 중앙특]
상 **중** 하
기본서 2권 p.118~119

201 다음 중 5년 이하의 징역 또는 5,000만원 이하의 벌금에 해당하지 않는 것은?
① 정당한 사유 없이 소방대가 현장에 도착할 때까지 사람을 구출하는 조치 또는 불을 끄거나 불이 번지지 아니하도록 하는 조치를 하지 아니한 사람
② 위력을 사용하여 출동한 소방대의 화재진압·인명구조 또는 구급활동을 방해하는 행위를 한 사람
③ 사람을 구출하는 일 또는 불을 끄거나 불이 번지지 아니하도록 하는 일을 방해한 사람
④ 출동한 소방대원에게 폭행 또는 협박을 행사하여 화재진압·인명구조 또는 구급활동을 방해하는 행위를 한 사람

[17. 경채]
상 **중** 하
기본서 2권 p.118

해설
200 ① 500만원 이하의 과태료(법 제56조 제1항)
②③④ 100만원 이하의 벌금(법 제54조)

201 ① 100만원 이하의 벌금에 해당한다(법 제54조).

정답 200.① 201.①

202. 「소방기본법」상 과태료 부과대상으로 옳은 것은?

① 화재 또는 구조·구급이 필요한 상황을 거짓으로 알린 사람
② 화재경계지구 안의 소방대상물에 대한 소방특별조사를 거부·방해 또는 기피한 자
③ 소방자동차가 화재진압 및 구조활동을 위하여 출동할 때, 소방자동차의 출동을 방해한 사람
④ 소방활동 종사 명령에 따라 사람을 구출하는 일 또는 불을 끄거나 불이 번지지 아니하도록 하는 일을 방해한 사람

[19. 상반기 경채]
상 **중** 하
기본서 2권 p.118~119

해설 202
① 화재 또는 구조·구급이 필요한 상황을 거짓으로 알린 사람 - 500만원 이하의 과태료(법 제56조 제1항)
② 화재경계지구 안의 소방대상물에 대한 소방특별조사를 거부·방해 또는 기피한 자 -100만원 이하의 벌금(법 제54조)
③ 소방자동차가 화재진압 및 구조 활동을 위하여 출동할 때, 소방자동차의 출동을 방해한 사람 - 5년 이하의 징역 또는 5천만원 이하의 벌금(법 제50조)
④ 소방활동 종사 명령에 따라 사람을 구출하는 일 또는 불을 끄거나 불이 번지지 아니하도록 하는 일을 방해한 사람 - 5년 이하의 징역 또는 5천만원 이하의 벌금(법 제50조)

정답 202.①

02 소방시설법

Chapter 01 총 칙
Chapter 02 소방특별조사 등
Chapter 03 소방시설의 설치 및 유지·관리 등
Chapter 04 소방대상물의 안전관리
Chapter 05 소방시설관리사 및 소방시설관리업
Chapter 06 소방용품의 품질관리
Chapter 07 보 칙
Chapter 08 벌 칙

PART 02 | 소방시설법

제1장 총칙

01 다음 중 무창층이 되기 위한 개구부 요건으로 틀린 것은?
① 개구부 크기는 지름 50cm 이상의 원이 내접할 수 있는 크기일 것
② 내부 또는 외부에서 쉽게 부수거나 열 수 있을 것
③ 개구부는 도로 또는 차량이 진입할 수 있는 빈터를 향할 것
④ 해당 층의 바닥면으로부터 개구부 밑부분까지의 높이가 1.5m 이내일 것

[11. 전남]

02 다음 중 무창층의 개구부에 대하여 적합하지 않은 것은?
① 내부 또는 외부에서 쉽게 부수거나 열 수 있을 것
② 개구부는 도로 또는 차량이 진입할 수 있는 빈터를 향할 것
③ 개구부의 크기는 지름 50cm 이상의 원이 내접할 수 있는 크기일 것
④ 바닥면으로부터 개구부 상층까지 높이가 1.2m 이상일 것

[12. 중앙]

해설 01 ④ 바닥면으로부터 개구부 밑부분까지 높이가 <u>1.2m 이내</u>일 것

▶ 개구부(영 제2조 제1호)
1. 지름 50cm 이상의 원이 내접할 수 있는 크기일 것
2. 바닥면으로부터 개구부 밑부분까지 높이가 1.2m 이내일 것
3. 도로 또는 차량이 진입할 수 있는 빈터를 향할 것
4. 창살이나 장애물이 설치되지 아니할 것
5. 내부 또는 외부에서 쉽게 부수거나 열 수 있을 것

02 ④ 바닥면으로부터 개구부 <u>밑부분까지</u> 높이가 1.2m 이내일 것

▶ 개구부(영 제2조 제1호)
1. 지름 50cm 이상의 원이 내접할 수 있는 크기일 것
2. 바닥면으로부터 개구부 밑부분까지 높이가 1.2m 이내일 것
3. 도로 또는 차량이 진입할 수 있는 빈터를 향할 것
4. 창살이나 장애물이 설치되지 아니할 것
5. 내부 또는 외부에서 쉽게 부수거나 열 수 있을 것

정답 01.④ 02.④

03 「화재예방, 소방시설 설치·유지 및 안전관리에 관한 법률 시행령」상 무창층이 되기 위한 개구부의 요건 중 일부를 나타낸 것이다. ( ) 안의 내용으로 옳은 것은?

- 크기는 지름 (가)센티미터 이상의 원이 (나)할 수 있는 크기일 것
- 해당 층의 바닥면으로부터 개구부 (다)까지의 높이가 (라)미터 이내일 것

	(가)	(나)	(다)	(라)
①	50	내접	윗부분	1.2
②	50	내접	밑부분	1.2
③	50	외접	밑부분	1.5
④	60	내접	밑부분	1.2

04 다음 중 피난층의 정의로 가장 올바른 것은?
① 곧바로 지상으로 갈 수 있는 피난층이 있는 층
② 곧바로 지상으로 갈 수 있는 1층이 있는 층
③ 곧바로 지상으로 갈 수 있는 출입구가 있는 층
④ 곧바로 지상으로 갈 수 있는 비상구가 있는 층

해설

03 ▶ 정의(영 제2조 제1호 가목·나목)
- 크기는 지름 (50)센티미터 이상의 원이 (내접)할 수 있는 크기일 것
- 해당 층의 바닥면으로부터 개구부 (밑부분)까지의 높이가 (1.2)미터 이내일 것

04 ③ "피난층"이란 곧바로 지상으로 갈 수 있는 출입구가 있는 층을 말한다(영 제2조 제2호).

정답 03.② 04.③

05 다음 중 무창층에 대한 설명으로 옳지 않은 것은?
① 개구부는 도로 또는 차량이 진입할 수 있는 빈터를 향할 것
② 해당 층의 바닥면으로부터 개구부 밑부분까지의 높이가 1.2m 이내일 것
③ 무창층의 크기는 지름 40cm의 원이 내접할 수 있는 크기일 것
④ 무창층이란 지상층 중 개구부(건축물에서 채광·환기·통풍 또는 출입 등을 위하여 만든 창·출입구, 그 밖에 이와 비슷한 것을 말한다)의 면적의 합계가 해당 층의 바닥면적의 1/30 이하가 되는 층을 말한다.

[13. 전북특]
기본서 2권 p.170

06 다음 중 소화설비에 해당되지 않는 것은?
① 고체에어로졸자동소화장치
② 캐비닛형 자동소화장치
③ 분말소화설비
④ 연소방지설비

[15. 통합]
기본서 2권 p.157~158

해설 05 ③ 지름 50cm 이상의 원이 내접할 수 있는 크기에 해당한다(영 제2조 제1호 가목).

06 ④ 연소방지설비는 소화활동설비에 해당한다(영 별표 1).

정답 05.③ 06.④

07 「화재예방, 소방시설 설치·유지 및 안전관리에 관한 법률」의 용어의 정의 중 맞는 것은?

① 소방시설이란 소화설비, 경보설비, 피난구조설비, 소화용수설비, 그 밖에 소화활동설비로서 행정안전부령으로 정하는 것을 말한다.
② 소방시설등이란 소방시설과 비상구, 그 밖에 소방 관련 시설로서 행정안전부령으로 정하는 것을 말한다.
③ 특정소방대상물이란 소방시설을 설치하여야 하는 소방대상물로서 행정안전부령으로 정하는 것을 말한다.
④ 소방용품이란 소방시설등을 구성하거나 소방용으로 사용되는 제품 또는 기기로서 대통령령으로 정하는 것을 말한다.

[13. 중앙특]
기본서 2권 p.157, p.160, p.169

08 「화재예방, 소방시설 설치·유지 및 안전관리에 관한 법률 시행령」상 규정하는 소화활동설비가 아닌 것은?

① 무선통신보조설비
② 제연설비
③ 연소방지설비
④ 비상콘센트설비
⑤ 비상경보설비

[11. 간부]
기본서 2권 p.157~158

해설

07 ④ 소방용품이란 소방시설등을 구성하거나 소방용으로 사용되는 제품 또는 기기로서 대통령령으로 정하는 것을 말한다(법 제2조 제4호).
① "소방시설"이란 소화설비, 경보설비, 피난구조설비, 소화용수설비, 그 밖에 소화활동설비로서 대통령령으로 정하는 것을 말한다(법 제2조 제1호).
② "소방시설등"이란 소방시설과 비상구(非常口), 그 밖에 소방 관련 시설로서 대통령령으로 정하는 것을 말한다(법 제2조 제2호).
③ "특정소방대상물"이란 소방시설을 설치하여야 하는 소방대상물로서 대통령령으로 정하는 것을 말한다(법 제2조 제3호).

08 ⑤ 비상경보설비는 경보설비에 해당한다(영 별표 1).
소화활동설비는 무선통신보조설비, 비상콘센트설비, 연결살수설비, 연결송수관설비, 연소방지설비, 제연설비가 있다.

정답 07.④ 08.⑤

09 다음 중 소방시설의 분류에 대한 설명으로 옳지 않은 것은?
① 경보설비는 화재발생 사실을 통보하는 기계·기구 또는 설비를 말한다.
② 소화설비는 물 또는 그 밖의 소화약제를 사용하여 소화하는 기계·기구 또는 방화설비를 말한다.
③ 소화용수설비는 화재를 진압하는 데 필요한 물을 공급하거나 저장하는 설비를 말한다.
④ 소화활동설비는 화재를 진압하거나 인명구조활동을 위하여 사용하는 설비를 말한다.

[11. 울산]

10 다음 소방시설의 분류 중 소화활동설비인 것은?
① 옥내소화전설비　　② 누전경보기
③ 연소방지설비　　　④ 자동화재탐지설비

[11. 서울]

해설
09 ② 소화설비는 물 또는 그 밖의 소화약제를 사용하여 소화하는 <u>기계·기구 또는 설비</u>를 말한다(영 별표 1).

10 ③ 연소방지설비는 소화활동설비이다.
① 소화설비, ②④ 경보설비이다(영 별표 1).

정답 09.② 10.③

11 다음 중 「화재예방, 소방시설 설치·유지 및 안전관리에 관한 법률 시행령」상 소방시설에 해당되지 않는 것은?

① 누전차단기
② 캐비닛형 자동소화장치
③ 연소방지설비
④ 통합감시시설

[11. 중앙]
상 중 하
기본서 2권 p.157~158

12 소방시설의 분류 중 그 설비의 종류와 품명이 옳지 않은 것은?

① 소화설비 - 소화기구
② 경보설비 - 시각경보기
③ 피난구조설비 - 제연설비
④ 소화활동설비 - 무선통신보조설비

[11. 통합]
상 중 하
기본서 2권 p.157~158

해설
11 ① 누전차단기는 해당되지 않지만 누전경보기는 경보설비에 포함된다(영 별표 1).
    ② 소화설비, ③ 소화활동설비, ④ 경보설비

12 ③ 제연설비는 소화활동설비에 해당한다(영 별표 1).

정답 11.① 12.③

13 「화재예방, 소방시설 설치·유지 및 안전관리에 관한 법률 시행령」상 물분무등소화설비가 아닌 것은?

① 이산화탄소소화설비
② 미분무소화설비
③ 간이스프링클러설비
④ 할론소화설비

[11. 통합]
기본서 2권 p.157

14 다음 소방시설 중 소화설비가 아닌 것은?

① 옥내소화전설비
② 옥외소화전설비
③ 미분무소화설비
④ 상수도소화용수설비

[11. 전남]
기본서 2권 p.157~158

해설 **13** ③ 간이스프링클러설비는 물분무등소화설비에 해당하지 않는다(영 별표 1).
물분무등소화설비는 물분무소화설비·미분무소화설비·포소화설비·이산화탄소소화설비·할론소화설비·할로겐화합물 및 불활성기체소화설비·분말소화설비·강화액소화설비·고체에어로졸소화설비를 말한다.

14 ④ 상수도소화용수설비는 소화용수설비에 해당한다(영 별표 1).

정답 13.③ 14.④

15 다음 중 소화활동설비가 아닌 것은?
① 무선통신보조설비
② 제연설비
③ 비상콘센트설비
④ 통합감시시설

[11. 서울]
기본서 2권 p.157~158

16 다음 중 화재를 진압하거나 인명구조활동을 위하여 사용하는 설비의 종류로 알맞은 것은?
① 제연설비
② 옥내소화전설비
③ 통합감시시설
④ 인명구조기구

[12. 전북특]
기본서 2권 p.157~158

해설

15 ④ 통합감시시설은 경보설비이다(영 별표 1).
    소화활동설비는 연결송수관설비, 연소방지설비, 연결살수설비, 비상콘센트설비, 무선통신보조설비, 제연설비가 있다.

16 ① 화재를 진압하거나 인명구조활동을 위하여 사용하는 설비는 소화활동설비로 제연설비가 해당된다(영 별표 1).
    ② 소화설비
    ③ 경보설비
    ④ 피난구조설비

정답 15.④ 16.①

17 다음 소방시설 중 피난구조설비의 종류가 아닌 것은?
① 연소방지설비
② 방열복
③ 휴대용비상조명등
④ 공기안전매트

[12. 중앙]
기본서 2권 p.158

18 다음 중 소화기구에 해당하는 것이 아닌 것은?
① 소화기
② 자동확산소화기
③ 액체에어로졸자동소화장치
④ 간이소화용구

[13. 전북]
기본서 2권 p.157

해설 **17** ① 연소방지설비는 소화활동설비에 해당한다(영 별표 1).

18 소화기구에는 소화기, 간이소화용구, 자동확산소화기가 있고, 자동소화장치에는 액체에어로졸자동소화장치가 아닌 고체에어로졸소화장치가 있다(영 별표 1).

정답 17.① 18.③

19 소방설비 중 화재를 진압하거나 인명구조활동을 위하여 사용하는 설비로서 옳지 않은 것은?

① 비상콘센트설비
② 상수도소화용수설비
③ 연결살수설비
④ 무선통신보조설비

20 다음 중 피난구조설비에 해당하는 것은?

① 공기호흡기
② 통합감시시설
③ 무선통신보조설비
④ 연결살수설비

해설

19 ② 상수도소화용수설비는 소화용수설비이다.
화재를 진압하거나 인명구조활동을 위하여 사용하는 설비는 소화활동설비로 ①③④ 외에 제연설비, 연결송수관설비, 연소방지설비가 있다(영 별표 1).

20 ① 공기호흡기 – 피난구조설비
② 통합감시시설 – 경보설비
③ 무선통신보조설비 – 소화활동설비
④ 연결살수설비 – 소화활동설비

정답 19.② 20.①

21 「화재예방, 소방시설 설치·유지 및 안전관리에 관한 법률 시행령」상 피난구조설비 중 인명구조기구로 옳지 않은 것은?

① 구조대
② 방열복
③ 공기호흡기
④ 인공소생기

[18. 하반기 경채]

22 「화재예방, 소방시설 설치·유지 및 안전관리에 관한 법률 시행령」상 피난구조설비로 옳지 않은 것은?

① 구조대
② 방열복
③ 시각경보기
④ 비상조명등

[20. 공채]

해설 21 ① 구조대는 피난기구에 해당한다.

▶ 피난구조설비(영 별표 1)
1. 피난기구 : 피난사다리, 구조대, 완강기
2. 인명구조기구 : 방열복, 방화복(안전모, 보호장갑 및 안전화를 포함한다), 공기호흡기, 인공소생기
3. 유도등 : 피난유도선, 피난구유도등, 통로유도등, 객석유도등, 유도표지
4. 비상조명등 및 휴대용비상조명등

22 ③ 시각경보기는 경보설비에 해당한다(영 별표 1).

정답 21.① 22.③

23 소방시설을 설치해야 하는 특정소방대상물에 해당되지 않는 것은?
① 근린생활시설　　② 복합건축물
③ 지하가　　　　　④ 단독주택
⑤ 지하구

24 다음 중 특정소방대상물의 분류에 대하여 옳은 것은?
① 항공기 및 자동차 관련 시설 – 항공기 격납고, 폐차장, 자동차 검사장
② 의료시설 – 치과병원, 유스호스텔, 종합병원, 요양병원, 마약진료소
③ 관광 휴게시설 – 관망탑, 촬영소, 유원지 또는 관광지에 부수되는 건축물
④ 묘지 관련 시설 – 화장시설, 봉안당(종교집회장 안에 설치된 봉안당은 포함)

해설

23 ④ 소방시설을 설치하여야 하는 특정소방대상물에 공동주택은 해당하나 단독주택은 해당하지 않는다(영 별표 2).

24 ① 항공기 및 자동차관련시설 – 항공기격납고, 폐차장, 자동차 검사장
② 유스호스텔은 수련시설
③ 촬영소는 방송통신시설
④ 종교집회장 안에 설치된 봉안당은 제외한다(영 별표 2).

정답 23.④　24.①

25 「화재예방, 소방시설 설치·유지 및 안전관리에 관한 법률 시행령」상 지하구 중 전력 또는 통신사업용 지하 인공구조물로서 전력구 또는 통신구 방식으로 설치된 것 외의 지하 인공구조물로서 전력 또는 통신용인 것은 길이가 몇 m 이상이어야 하는가?

① 50m
② 500m
③ 1,000m
④ 1,500m

26 다음 중 특정소방대상물의 동·식물 관련시설은 모두 몇 개인가?

㉠ 동물원	㉡ 도계장
㉢ 식물원	㉣ 도축장
㉤ 수족관	㉥ 경마장

① 2개
② 3개
③ 4개
④ 5개

해설

25 ▶ 지하구(영 별표 2)
가. 전력·통신용의 전선이나 가스·냉난방용의 배관 또는 이와 비슷한 것을 집합수용하기 위하여 설치한 지하 인공구조물로서 사람이 점검 또는 보수를 하기 위하여 출입이 가능한 것 중 다음의 어느 하나에 해당하는 것
  1) 전력 또는 통신사업용 지하 인공구조물로서 전력구(케이블 접속부가 없는 경우에는 제외한다) 또는 통신구 방식으로 설치된 것
  2) 1)외의 지하 인공구조물로서 폭이 1.8미터 이상이고 높이가 2미터 이상이며 길이가 50미터 이상인 것
나. 「국토의 계획 및 이용에 관한 법률」 제2조 제9호에 따른 공동구

26 ㉡ 도계장, ㉣ 도축장이다.
㉠, ㉢, ㉤, ㉥은 문화 및 집회시설이다(영 별표 2).

정답 25.① 26.①

27 「화재예방, 소방시설 설치·유지 및 안전관리에 관한 법률 시행령」상 특정소방대상물 중 지하구에 관한 설명이다. (   ) 안의 내용으로 옳은 것은?

> • 전력·통신용의 전선이나 가스·냉난방용의 배관 또는 이와 비슷한 것을 집합수용하기 위하여 설치한 지하 인공구조물로서 사람이 점검 또는 보수를 하기 위하여 출입이 가능한 것 중 다음의 어느 하나에 해당하는 것
>   1) 전력 또는 통신사업용 지하 인공구조물로서 전력구(케이블 접속부가 없는 경우에는 제외한다) 또는 통신구 방식으로 설치된 것
>   2) 1)외의 지하 인공구조물로서 폭이 (가)미터 이상이고 높이가 (나)미터 이상이며 길이가 (다)미터 이상인 것
> • 「국토의 계획 및 이용에 관한 법률」제2조 제9호에 따른 (라)

	(가)	(나)	(다)	(라)
①	1.5	2	50	공동구
②	1.5	1.8	30	지하가
③	1.8	2	50	공동구
④	1.8	1.8	50	지하가

28 다음 중 특정소방대상물의 분류가 잘못 연결된 것은?
① 항공관제탑 – 운수시설
② 동·식물원 – 동·식물 관련 시설
③ 유스호스텔 – 수련시설
④ 오피스텔 – 업무시설

해설

27 ▸ 지하구(영 별표 2)
• 전력·통신용의 전선이나 가스·냉난방용의 배관 또는 이와 비슷한 것을 집합수용하기 위하여 설치한 지하 인공구조물로서 사람이 점검 또는 보수를 하기 위하여 출입이 가능한 것 중 다음의 어느 하나에 해당하는 것
  1) 전력 또는 통신사업용 지하 인공구조물로서 전력구(케이블 접속부가 없는 경우에는 제외한다) 또는 통신구 방식으로 설치된 것
  2) 1)외의 지하 인공구조물로서 폭이 (1.8)미터 이상이고 높이가 (2)미터 이상이며 길이가 (50)미터 이상인 것
• 「국토의 계획 및 이용에 관한 법률」제2조 제9호에 따른 (공동구)

28 ② 동·식물원은 문화 및 집회시설에 해당한다(영 별표 2).

정답 27.③ 28.②

29 다음 중 근린생활시설이 아닌 것은?

㉠ 슈퍼마켓	㉡ 휴게음식점
㉢ 의원	㉣ 사진관
㉤ 박물관	㉥ 도서관

① 1개 ② 2개
③ 3개 ④ 4개

[13. 전북]
기본서 2권 p.161~163

30 다음 중 특정소방대상물의 종류로 알맞게 짝지어진 것은?
① 교육연구시설 : 도서관, 직업훈련소
② 의료시설 : 치과의원, 격리병원
③ 운수시설 : 자동차검사장, 여객자동차터미널
④ 묘지 관련 시설 : 장례식장, 봉안당

[17. 경채]
기본서 2권 p.161~167

해설 29 ② ㉤ 박물관은 문화 및 집회시설, ㉥ 도서관은 교육연구시설이다(영 별표 2).

30 ▶ 특정소방대상물(영 별표 2)
② 치과의원 : 근린생활시설
③ 자동차검사장 : 항공기 및 자동차 관련시설
④ 장례식장 : 장례시설

정답 29.② 30.①

31 특정소방대상물의 구분으로 옳은 것은?

① 운동시설 – 관람석의 바닥면적의 합계가 1,000제곱미터 이상인 체육관
② 관광 휴게시설 – 어린이회관
③ 교육연구시설 – 자동차운전학원
④ 동물 및 식물 관련시설 – 식물원

32 「화재예방, 소방시설 설치·유지 및 안전관리에 관한 법률 시행령」상 특정소방대상물의 분류로 옳지 않은 것은?

① 근린생활시설 – 한의원, 치과의원
② 문화 및 집회시설 – 동물원, 식물원
③ 항공기 및 자동차 관련시설 – 항공기격납고
④ 숙박시설 – 「청소년활동 진흥법」에 따른 유스호스텔

해설 31
① 문화 및 집회시설 – 관람석의 바닥면적의 합계가 1,000제곱미터 이상인 체육관
③ 항공기 및 자동차 관련 시설 – 자동차운전학원
④ 문화 및 집회시설 – 식물원

32 ④ 수련시설 – 「청소년활동 진흥법」에 따른 유스호스텔

▶ 특정소방대상물(영 별표 2)
13. 숙박시설
　가. 일반형 숙박시설: 「공중위생관리법 시행령」 제4조 제1호 가목에 따른 숙박업의 시설
　나. 생활형 숙박시설: 「공중위생관리법 시행령」 제4조 제1호 나목에 따른 숙박업의 시설
　다. 고시원(근린생활시설에 해당하지 않는 것을 말한다)
　라. 그 밖에 가목부터 다목까지의 시설과 비슷한 것

정답 31.② 32.④

33 「화재예방, 소방시설 설치·유지 및 안전관리에 관한 법률 시행령」상 의료시설에 해당되는 특정소방대상물을 모두 고른 것은?

| ㄱ. 노인의료복지시설 | ㄴ. 정신의료기관 |
| ㄷ. 마약진료소 | ㄹ. 한방의원 |

① ㄱ, ㄷ
② ㄱ, ㄹ
③ ㄴ, ㄷ
④ ㄷ, ㄹ

[20. 공채]

34 둘 이상의 특정소방대상물이 복도 또는 통로로 연결된 경우 하나의 소방대상물로 보지 않는 것은?

① 내화구조 10m 이하의 벽이 없는 연결통로
② 내화구조가 아닌 연결통로로 연결된 경우
③ 지하구로 연결된 경우
④ 지하가, 지하상가로 연결된 경우

[14. 중앙특]

해설

33 ▶ 특정소방대상물(영 별표 2)
　7. 의료시설
　　가. 병원 : 종합병원, 병원, 치과병원, 한방병원, 요양병원
　　나. 격리병원 : 전염병원, 마약진료소, 그 밖에 이와 비슷한 것
　　다. 정신의료기관
　　라. 「장애인복지법」 제58조 제1항 제4호에 따른 장애인 의료재활시설

34 ① 내화구조 6m 이하의 벽이 없는 연결통로

▶ 특정소방대상물(영 별표 2)
비고
둘 이상의 특정소방대상물이 다음 각 목의 어느 하나에 해당되는 구조의 복도 또는 통로(이하 이 표에서 "연결통로"라 한다)로 연결된 경우에는 이를 하나의 소방대상물로 본다.
1. 내화구조로 된 연결통로가 다음의 어느 하나에 해당되는 경우
　1) 벽이 없는 구조로서 그 길이가 6m 이하인 경우
　2) 벽이 있는 구조로서 그 길이가 10m 이하인 경우
　　(단, 벽 높이가 바닥에서 천장까지의 높이의 1/2 이상인 경우에는 벽이 있는 구조로 보고, 벽 높이가 바닥에서 천장까지의 높이의 1/2 미만인 경우에는 벽이 없는 구조로 본다)
2. 내화구조가 아닌 연결통로로 연결된 경우
3. 컨베이어로 연결되어 플랜트설비의 배관 등으로 연결되어 있는 경우
4. 지하보도, 지하상가, 지하가로 연결된 경우
5. 방화셔터 또는 갑종 방화문이 설치되지 아니한 피트로 연결된 경우
6. 지하구로 연결된 경우

정답 33.③ 34.①

35 둘 이상의 특정소방대상물이 복도 또는 통로로 연결된 경우 하나의 소방대상물로 보지 않는 것은?

① 방화셔터 또는 갑종 방화문이 설치되지 않은 피트로 연결된 경우
② 연결통로 또는 지하구와 소방대상물의 양쪽에 화재 시 자동으로 방수되는 방식의 드렌처 설비 또는 개방형 스프링클러 헤드가 설치된 경우
③ 컨베이어로 연결되거나 플랜트설비의 배관 등으로 연결되어 있는 경우
④ 지하보도, 지하상가, 지하가로 연결된 경우

[15. 통합]

기본서 2권 p.168

해설 35 ②의 경우는 각각 별개의 소방대상물로 본다.

▶ **특정소방대상물**(영 별표 2)
비고
둘 이상의 특정소방대상물이 다음 각 목의 어느 하나에 해당되는 구조의 복도 또는 통로(이하 이 표에서 "연결통로"라 한다)로 연결된 경우에는 이를 하나의 소방대상물로 본다.
가. 내화구조로 된 연결통로가 다음의 어느 하나에 해당되는 경우
　1) 벽이 없는 구조로서 그 길이가 6m 이하인 경우
　2) 벽이 있는 구조로서 그 길이가 10m 이하인 경우. 다만, 벽 높이가 바닥에서 천장까지의 높이의 2분의 1 이상인 경우에는 벽이 있는 구조로 보고, 벽 높이가 바닥에서 천장까지의 높이의 2분의 1 미만인 경우에는 벽이 없는 구조로 본다.
나. 내화구조가 아닌 연결통로로 연결된 경우
다. 컨베이어로 연결되거나 플랜트설비의 배관 등으로 연결되어 있는 경우
라. 지하보도, 지하상가, 지하가로 연결된 경우
마. 방화셔터 또는 갑종 방화문이 설치되지 않은 피트로 연결된 경우
바. 지하구로 연결된 경우

정답 35.②

36 다음 중 「화재예방, 소방시설 설치·유지 및 안전관리에 관한 법률 시행령」상 둘 이상의 특정소방대상물이 구조의 복도 또는 통로로 연결된 경우에 이를 하나의 소방대상물로 보지 않는 것은?

① 내화구조가 아닌 연결통로로 연결된 경우
② 컨베이어로 연결되거나 플랜트설비의 배관 등으로 연결되어 있는 경우
③ 방화셔터 또는 갑종 방화문이 설치되지 않은 피트로 연결된 경우
④ 벽이 없는 구조로서 그 길이가 10m 이하인 경우

[18. 경채]

기본서 2권 p.168

해설 36 ④ 벽이 있는 구조로서 그 길이가 10m 이하인 경우이다.

▶ 특정소방대상물(영 별표 2)
비고
둘 이상의 특정소방대상물이 다음 각 목의 어느 하나에 해당되는 구조의 복도 또는 통로(이하 이 표에서 "연결통로"라 한다)로 연결된 경우에는 이를 하나의 소방대상물로 본다.
가. 내화구조로 된 연결통로가 다음의 어느 하나에 해당되는 경우
  1) 벽이 없는 구조로서 그 길이가 6m 이하인 경우
  2) 벽이 있는 구조로서 그 길이가 10m 이하인 경우. 다만, 벽 높이가 바닥에서 천장까지의 높이의 2분의 1 이상인 경우에는 벽이 있는 구조로 보고, 벽 높이가 바닥에서 천장까지의 높이의 2분의 1 미만인 경우에는 벽이 없는 구조로 본다.
나. 내화구조가 아닌 연결통로로 연결된 경우
다. 컨베이어로 연결되거나 플랜트설비의 배관 등으로 연결되어 있는 경우
라. 지하보도, 지하상가, 지하가로 연결된 경우
마. 방화셔터 또는 갑종 방화문이 설치되지 않은 피트로 연결된 경우
바. 지하구로 연결된 경우

정답 36.④

37 「화재예방, 소방시설 설치·유지 및 안전관리에 관한 법률 시행령」상 특정소방대상물 중 근린생활시설로 옳지 않은 것은?

① 같은 건축물에 금융업소로 쓰는 바닥면적의 합계가 200제곱미터인 것
② 같은 건축물에 단란주점으로 쓰는 바닥면적의 합계가 300제곱미터인 것
③ 같은 건축물에 골프연습장으로 쓰는 바닥면적의 합계가 450제곱미터인 것
④ 같은 건축물에 미용원으로 쓰는 바닥면적의 합계가 800제곱미터인 것

38 「화재예방, 소방시설 설치·유지 및 안전관리에 관한 법률 시행령」상 〈보기〉는 둘 이상의 특정소방대상물이 내화구조로 된 연결통로로 연결된 경우 이를 하나의 소방대상물로 보는 기준에 대한 설명이다. ( ) 안에 들어갈 내용으로 옳은 것은?

- 벽이 없는 구조로서 그 길이가 (가) 이하인 경우
- 벽이 있는 구조로서 그 길이가 (나) 이하인 경우. 다만, 벽 높이가 바닥에서 천장까지의 높이의 (다) 이상인 경우에는 벽이 있는 구조로 보고, 벽 높이가 바닥에서 천장까지의 높이의 (다) 미만인 경우에는 벽이 없는 구조로 본다.

	(가)	(나)	(다)
①	6m	10m	2분의 1
②	7m	12m	3분의 1
③	8m	10m	2분의 1
④	9m	12m	3분의 1

해설

37 ② 같은 건축물에 단란주점으로 쓰는 바닥면적의 합계가 ~~300제곱미터~~인 것
→ 단란주점은 같은 건축물에 해당 용도로 쓰는 바닥면적의 합계가 150m² 미만인 것만 해당

38 ▶ 영 별표 2 비고
- 벽이 없는 구조로서 그 길이가 (6m) 이하인 경우
- 벽이 있는 구조로서 그 길이가 (10m) 이하인 경우. 다만, 벽 높이가 바닥에서 천장까지의 높이의 (2분의 1) 이상인 경우에는 벽이 있는 구조로 보고, 벽 높이가 바닥에서 천장까지의 높이의 (2분의 1) 미만인 경우에는 벽이 없는 구조로 본다.

정답 37.② 38.①

39 「화재예방, 소방시설 설치·유지 및 안전관리에 관한 법률」 및 같은 법 시행령상 특정소방대상물에 관한 내용으로 옳은 것은?

① "특정소방대상물"이란 소방시설을 설치하여야 하는 소방대상물로서 행정안전부령으로 정하는 것을 말한다.
② 전력용의 전선배관을 집합수용하기 위하여 설치한 지하 인공구조물로서 사람이 점검 또는 보수를 하기 위하여 폭 1.5m, 높이 1.8m, 길이 300m인 것은 지하구에 해당한다.
③ 하나의 건축물이 근린생활시설, 판매시설, 업무시설, 숙박시설 또는 위락시설의 용도와 주택의 용도로 함께 사용되는 것은 복합건축물에 해당한다.
④ 다중이용업 중 고시원업의 시설로서 독립된 주거의 형태를 갖추지 않은 것으로서 같은 건축물에 해당 용도로 쓰는 바닥면적의 합계가 450m²인 고시원은 숙박시설에 해당한다.

[20. 경채]

기본서 2권 p.160~161, p.167

40 다음 중 소방용품에 해당되지 않는 것은?

① 가스누설경보기
② 방염제
③ 관창
④ 완강기(간이완강기 제외)

[11. 중앙]

기본서 2권 p.169

해설

39 ① "특정소방대상물"이란 소방시설을 설치하여야 하는 소방대상물로서 대통령령으로 정하는 것을 말한다(법 제2조 제1항).
② 전력용의 전선배관을 집합수용하기 위하여 설치한 지하 인공구조물로서 사람이 점검 또는 보수를 하기 위하여 폭 1.8m, 높이 2m, 길이 50m인 것은 지하구에 해당한다(영 별표 2).
④ 다중이용업 중 고시원업의 시설로서 독립된 주거의 형태를 갖추지 않은 것으로서 같은 건축물에 해당 용도로 쓰는 바닥면적의 합계가 500m²인 고시원은 숙박시설에 해당한다(영 별표 2).

40 ④ 간이완강기도 포함한다(영 별표 3).

정답 39.③ 40.④

41 다음 중 소방용품에 해당하지 않는 것은?
① 누전경보기
② 소화약제 외의 것을 이용한 간이소화용구
③ 공기호흡기
④ 가스누설경보기

[11. 부산]

42 다음 중 「화재예방, 소방시설 설치·유지 및 안전관리에 관한 법률 시행령」상 소방용품으로 옳지 않은 것은?
① 소화설비 중 자동소화장치
② 경보설비 중 가스누설경보기 및 누전경보기
③ 피난구조설비 중 피난유도선
④ 방염도료

[18. 경채]

해설

41 ▶ 소방용품(영 별표 3)
1. 소화설비를 구성하는 제품 또는 기기
   가. 별표 1 제1호 가목의 소화기구(소화약제 외의 것을 이용한 간이소화용구는 제외한다)
   나. 별표 1 제1호 나목의 자동소화장치
   다. 소화설비를 구성하는 소화전, 관창(菅槍), 소방호스, 스프링클러헤드, 기동용 수압개폐장치, 유수제어밸브 및 가스관선택밸브
2. 경보설비를 구성하는 제품 또는 기기
   가. 누전경보기 및 가스누설경보기
   나. 경보설비를 구성하는 발신기, 수신기, 중계기, 감지기 및 음향장치(경종만 해당한다)
3. 피난구조설비를 구성하는 제품 또는 기기
   가. 피난사다리, 구조대, 완강기(간이완강기 및 지지대를 포함한다)
   나. 공기호흡기(충전기를 포함한다)
   다. 피난구유도등, 통로유도등, 객석유도등 및 예비 전원이 내장된 비상조명등
4. 소화용으로 사용하는 제품 또는 기기
   가. 소화약제(별표 1 제1호 나목 2)와 3)의 자동소화장치와 같은 호 마목 3)부터 8)까지의 소화설비용만 해당한다)
   나. 방염제(방염액·방염도료 및 방염성물질을 말한다)
5. 그 밖에 행정안전부령으로 정하는 소방 관련 제품 또는 기기

42 ▶ 소방용품(영 별표 3)
3. 피난구조설비를 구성하는 제품 또는 기기
   가. 피난사다리, 구조대, 완강기(간이완강기 및 지지대를 포함한다)
   나. 공기호흡기(충전기를 포함한다)
   다. 피난구유도등, 통로유도등, 객석유도등 및 예비 전원이 내장된 비상조명등

정답 41.② 42.③

43 「화재예방, 소방시설 설치·유지 및 안전관리에 관한 법률 시행령」상 소방용품 중 경보설비를 구성하는 제품 또는 기기로 옳지 않은 것은?

① 수신기
② 감지기
③ 누전차단기
④ 가스누설경보기

44 소방용품 중에서 소방청장의 형식승인대상 등으로 옳지 않은 것은?

① 소화기구 중 소화약제 외의 것을 이용한 간이소화용구는 소방청장의 형식승인을 받아야 한다.
② 소화약제의 형식승인을 받으려는 자는 행정안전부령으로 정하는 기준에 따라 형식승인을 위한 시험시설을 갖추고 소방청장의 심사를 받아야 한다.
③ 소화전 형식승인을 받은 자는 그 소방용품에 대하여 소방청장이 실시하는 제품검사를 받아야 한다.
④ 자동소화장치의 형상, 구조, 재질, 성분, 성능 등의 형식승인 및 제품검사의 기술기준 등에 관한 사항은 소방청장이 정하여 고시한다.

해설

43 ③ 누전차단기
→ 누전경보기

▶ 소방용품(영 별표 3)
- 경보설비를 구성하는 제품 또는 기기
  가. 누전경보기 및 가스누설경보기
  나. 경보설비를 구성하는 발신기, 수신기, 중계기, 감지기, 음향장치(경종만 해당)

44 ① 소화기구 중 소화약제 외의 것을 이용한 간이소화용구는 소방청장의 형식승인에서 제외된다(영 별표 3).

정답 43.③ 44.①

45 다음 중 소방청장의 형식승인을 받아야 하는 소방용품이 아닌 것은?
① 자동소화장치
② 가스누설경보기 및 누전경보기
③ 음향장치(경종 제외)
④ 공기호흡기(충전기 포함)

[11. 서울]

46 다음 중 소방청장의 형식승인을 받지 않아도 되는 소방시설은?
① 유도등
② 방염제
③ 소화약제 외의 것을 이용한 간이소화용구
④ 공기호흡기

[13. 전북]

해설 45 ③ 음향장치(경종만 해당한다)

▶ 소방용품(영 별표 3)
1. 소화설비를 구성하는 제품 또는 기기
   가. 별표 1 제1호 가목의 소화기구(소화약제 외의 것을 이용한 간이소화용구는 제외한다)
   나. 별표 1 제1호 나목의 자동소화장치
   다. 소화설비를 구성하는 소화전, 관창(菅槍), 소방호스, 스프링클러헤드, 기동용 수압개폐장치, 유수제어밸브 및 가스관선택밸브
2. 경보설비를 구성하는 제품 또는 기기
   가. 누전경보기 및 가스누설경보기
   나. 경보설비를 구성하는 발신기, 수신기, 중계기, 감지기 및 음향장치(경종만 해당한다)
3. 피난구조설비를 구성하는 제품 또는 기기
   가. 피난사다리, 구조대, 완강기(간이완강기 및 지지대를 포함한다)
   나. 공기호흡기(충전기를 포함한다)
   다. 피난구유도등, 통로유도등, 객석유도등 및 예비 전원이 내장된 비상조명등
4. 소화용으로 사용하는 제품 또는 기기
   가. 소화약제(별표 1 제1호 나목 2)와 3)의 자동소화장치와 같은 호 마목 3)부터 8)까지의 소화설비용만 해당한다)
   나. 방염제(방염액·방염도료 및 방염성물질을 말한다)
5. 그 밖에 행정안전부령으로 정하는 소방 관련 제품 또는 기기

46 ③ 소방용품에서 제외하므로 소방청장의 형식승인을 받지 않아도 된다(영 별표 3).

정답 45.③ 46.③

47 「화재예방, 소방시설 설치·유지 및 안전관리에 관한 법률」 및 같은 법 시행령상 화재안전정책기본계획 등의 수립·시행등에 대한 설명 중 옳지 않은 것은?

① 국가는 화재안전 기반 확충을 위하여 화재안전정책에 관한 기본계획을 5년마다 수립·시행하여야 한다.
② 소방청장은 화재안전정책에 관한 기본계획을 계획 시행 전년도 8월 31일까지 관계 중앙행정기관의 장과 협의를 마친 후 계획 시행 전년도 9월 30일까지 수립하여야 한다.
③ 기본계획에는 화재안전분야 전문인력의 육성·지원 및 관리에 관한 사항이 포함된다.
④ 기본계획, 시행계획 및 세부시행계획 등의 수립·시행에 관하여 필요한 사항은 행정안전부령으로 정한다.

[17. 하반기]
기본서 2권 p.172~173

48 「화재예방, 소방시설 설치·유지 및 안전관리에 관한 법률」상 화재안전정책기본계획 등의 수립 및 시행에 관한 내용으로 옳은 것은?

① 기본계획에는 화재안전분야 국제경쟁력 향상에 관한 사항이 포함되어야 한다.
② 소방본부장은 기본계획을 시행하기 위하여 5년마다 시행계획을 수립·시행하여야 한다.
③ 기본계획은 행정안전부령으로 정하는 바에 따라 소방본부장이 관계 중앙행정기관의 장과 협의하여 수립한다.
④ 국가는 화재안전 기반 확충을 위하여 화재안전정책에 관한 기본계획을 10년마다 수립·시행하여야 한다.

[19. 상반기 공채]
기본서 2권 p.172~173

해설 47 ④ 기본계획, 시행계획 및 세부시행계획 등의 수립·시행에 관하여 필요한 사항은 <u>대통령령으로 정한다</u>(법 제2조의3 제8항).

48 ② <u>소방청장은</u> 기본계획을 시행하기 위하여 <u>매년</u> 시행계획을 수립·시행하여야 한다(법 제2조의3 제4항).
③ 기본계획은 <u>대통령령으로</u> 정하는 바에 따라 <u>소방청장이</u> 관계 중앙행정기관의 장과 협의하여 수립한다(법 제2조의3 제2항).
④ <u>국가는</u> 화재안전 기반 확충을 위하여 화재안전정책에 관한 기본계획을 <u>5년마다</u> 수립·시행하여야 한다(법 제2조의3 제1항).

정답 47.④ 48.①

제2장 소방특별조사 등

49 다음 중 소방특별조사에 대하여 옳지 않은 것은?
① 소방특별조사는 소방시설등, 방화·피난시설 등에 대한 자체점검 등이 불성실·불완전하다고 인정되는 경우에 실시한다.
② 관할구역의 소방대상물이나 관계지역에 대하여 시간에 구애 없이 소방특별조사를 할 수 있다.
③ 통보 예외사항은 화재, 재난·재해 발생 우려가 뚜렷하여 긴급하게 조사할 필요가 있는 경우나 소방특별조사의 실시를 사전에 통지하면 조사목적을 달성할 수 없을 경우이다.
④ 소방청장, 소방본부장 또는 소방서장은 필요한 때 소방대상물이나 관계지역, 관계인에 대하여 관계공무원으로 하여금 소방특별조사를 하게 할 수 있다.

[11. 울산]
기본서 2권 p.176~177, p.180

50 다음 중 소방대상물이나 관계지역 등에 대하여 소방특별조사자로서 맞는 것은?
① 대통령
② 국무총리
③ 소방본부장
④ 시장, 군수, 구청장

[11. 전남]
기본서 2권 p.176

해설 49 ② 소방특별조사는 관계인의 승낙 없이 해가 뜨기 전이나 해가 진 뒤에 할 수 없다. 단, 화재, 재난·재해가 발생할 우려가 뚜렷하여 긴급하게 조사할 필요가 있는 경우와 소방특별조사의 실시를 사전에 통지하면 조사목적을 달성할 수 없다고 인정되는 경우에는 그러하지 아니하다(법 제4조의3 제2항).

50 ③ 소방청장·소방본부장·소방서장은 필요한 때 소방대상물이나 관계지역, 관계인에 대하여 관계공무원으로 하여금 "소방특별조사"를 하게 할 수 있다(법 제4조 제1항).

정답 49.② 50.③

51 다음 중 소방특별조사에 대한 설명으로 옳지 않은 것은?

① 시·도지사는 객관적이고 공정한 기준에 따라 소방특별조사의 대상을 선정할 수 있다.
② 소방본부장은 소방특별조사의 대상을 객관적이고 공정하게 선정하기 위하여 필요하면 소방특별조사위원회를 구성하여 소방특별조사의 대상을 선정할 수 있다.
③ 소방특별조사위원회는 위원장 1명을 포함하여 7명 이내의 위원으로 성별을 고려하여 구성하고, 위원장은 소방본부장이 된다.
④ 소방청장, 소방본부장 또는 소방서장은 필요하면 소방기술사, 소방시설관리사 그 밖에 소방·방재분야에 관한 전문지식을 갖춘 사람을 소방특별조사에 참여하게 할 수 있다.

52 소방특별조사는 다음 어느 하나에 해당하는 경우에 실시한다. 옳지 않은 것은?

① 국가적 행사 등 주요 행사가 개최되는 장소 및 그 주변의 관계 지역에 대하여 소방안전관리 실태를 점검할 필요가 없는 경우
② 관계인이 실시하는 소방시설등, 방화시설, 피난시설 등에 대한 자체점검 등이 불성실하거나 불완전하다고 인정되는 경우
③ 재난예측정보, 기상예보 등을 분석한 결과 소방대상물에 화재, 재난·재해의 발생 위험이 높다고 판단되는 경우
④ 화재경계지구에 대한 소방특별조사 등 다른 법률에서 소방특별조사를 실시하도록 한 경우

해설 51 ① 소방청장, 소방본부장 또는 소방서장은 객관적이고 공정한 기준에 따라 소방특별조사의 대상을 선정하여야 하며, 소방본부장은 소방특별조사의 대상을 객관적이고 공정하게 선정하기 위하여 필요하면 소방특별조사위원회를 구성하여 소방특별조사의 대상을 선정할 수 있다(법 제4조 제3항).

52 ① 점검할 필요가 있는 경우에 해당한다(법 제4조 제2항).

정답 51.① 52.①

53 다음 중 소방특별조사에 대한 설명으로 옳은 것은?

① 소방청장, 소방본부장, 소방서장은 필요하면 소방기술사, 소방시설관리사 그 밖에 소방·방재 분야에 관한 전문지식을 갖춘 사람을 소방특별조사에 참여하게 할 수 있다.
② 소방청장, 소방본부장, 소방서장은 소방특별조사의 대상을 객관적이고 공정하게 선정하기 위하여 필요하면 소방특별조사위원회를 구성할 수 있다.
③ 소방청장, 소방본부장, 소방서장은 관할구역에 있는 특정소방대상물, 관계지역 또는 관계인에 대하여 관계공무원으로 하여금 소방특별조사를 하게 할 수 있다.
④ 소방청장, 소방본부장, 소방서장은 소방특별조사를 하려면 14일 전에 관계인에게 조사대상, 조사사유 및 조사기간 등을 서면으로 알려야 한다.

[13. 경기]
기본서 2권 p.176, p.178, p.180

54 다음 중 소방특별조사에 관하여 해당 사항이 아닌 것은?

① 소방특별조사를 위하여 소방본부장 또는 소방서장은 소방특별조사위원회를 구성할 수 있으며 인원은 위원장 포함 5명 이내이다.
② 소방특별조사는 7일 전에 관계인에게 서면으로 알려야 한다.
③ 화재경계지구 내의 소방특별조사는 연 1회 이상 실시하여야 한다.
④ 소방청장, 소방본부장 또는 소방서장은 객관적이고 공정한 기준에 따라 소방특별조사의 대상을 선정하여야 한다.

[12. 중앙]
기본서 2권 p.52, p.178~180

해설 53
① 소방청장, 소방본부장, 소방서장은 필요하면 소방기술사, 소방시설관리사 그 밖에 소방·방재 분야에 관한 전문지식을 갖춘 사람을 소방특별조사에 참여하게 할 수 있다(법 제4조의2 제1항).
② 소방본부장이 구성할 수 있다(법 제4조 제3항).
③ 소방대상물이 대상이다(법 제4조 제1항).
④ 7일 전에 해야 한다(법 제4조의3 제1항).

54
① 소방본부장이 구성할 수 있고(법 제4조 제3항), 소방특별조사위원회는 위원장 1명을 포함하여 7명 이내의 위원으로 성별을 고려하여 구성하고, 위원장은 소방본부장이 된다(영 제7조의2 제1항).

정답 53.① 54.①

55 다음 중 소방특별조사에 대한 설명으로 옳지 않은 것은?

① 소방특별조사에 소방기술사, 소방시설관리사, 전문지식을 갖춘 사람을 소방특별조사에 참여하게 할 수 있다.
② 소방청장, 소방본부장, 소방서장은 7일 전까지 조사사유, 조사대상, 조사기간을 관계인에게 서면으로 알려야 한다.
③ 소방특별조사의 연기를 신청하려는 자는 소방특별조사 시작 5일 전까지 소방청장, 소방본부장, 소방서장에게 연기 신청을 할 수 있다.
④ 관계인이 질병, 장기출장 등으로 소방특별조사를 참여할 수 없는 경우 소방청장, 소방본부장, 소방서장에게 연기 신청을 할 수 있다.

[17. 중앙]
기본서 2권 p.176~182

56 소방특별조사위원회의 위원장은 누구인가?

① 국무총리 ② 소방청장
③ 소방본부장 ④ 소방서장

[13. 중앙특]
기본서 2권 p.178~179

해설 55
▶ 소방특별조사의 연기신청 등(규칙 제1조의2 제1항)
「화재예방, 소방시설 설치·유지 및 안전관리에 관한 법률」(이하 "법"이라 한다) 제4조의3 제3항 및 「화재예방, 소방시설 설치·유지 및 안전관리에 관한 법률 시행령」(이하 "영"이라 한다) 제8조 제2항에 따라 소방특별조사의 연기를 신청하려는 자는 소방특별조사 시작 3일 전까지 별지 제1호서식의 소방특별조사 연기신청서(전자문서로 된 신청서를 포함한다)에 소방특별조사를 받기가 곤란함을 증명할 수 있는 서류(전자문서로 된 서류를 포함한다)를 첨부하여 소방청장, 소방본부장 또는 소방서장에게 제출하여야 한다.

56
③ 소방특별조사위원회는 위원장 1명을 포함한 7명 이내의 위원으로 성별을 고려하여 구성하고, 위원장은 소방본부장이 된다(영 제7조의2 제1항).

정답 55.③ 56.③

57 소방특별조사 관계인 통보에 대한 내용으로 옳지 않은 것은?
① 소방특별조사를 실시 7일 전에 알려야 한다.
② 관계인이 질병, 장기출장 등으로 소방특별조사에 참여할 수 없는 경우 소방특별조사를 연기하여 줄 것을 신청할 수 있다.
③ 소방특별조사의 연기를 승인한 경우라도 연기기간이 끝나기 전에 연기사유가 없어지면 관계인에게 통보하고 소방특별조사를 할 수 있다.
④ 소방특별조사 후 관계인에게 구두 또는 서면으로 알린다.

[14. 중앙특]
상 **중** 하
기본서 2권 p.180~181

58 다음 중 소방특별조사에 대한 설명으로 옳지 않은 것은?
① 소방청장, 소방본부장 또는 소방서장은 소방특별조사를 하려면 5일 전에 관계인에게 조사대상, 조사기간 및 조사사유 등을 서면으로 알려야 한다.
② 관계인이 이 법 또는 다른 법령에 따라 실시하는 소방시설 등, 방화시설, 피난시설 등에 대한 자체점검 등이 불성실하거나 불완전하다고 인정되는 경우 실시한다.
③ 소방본부장은 소방특별조사의 대상을 객관적이고 공정하게 선정하기 위하여 필요하면 소방특별조사위원회를 구성하여 소방특별조사의 대상을 선정할 수 있다.
④ 개인의 주거에 관하여는 관계인의 승낙이 있거나 화재발생의 우려가 뚜렷하여 긴급한 필요가 있는 때에 한정한다.

[17. 경채]
상 **중** 하
기본서 2권 p.176~180

해설

57 ④ 소방청장, 소방본부장 또는 소방서장은 소방특별조사를 마친 때에는 그 조사결과를 관계인에게 서면으로 통지하여야 한다(법 제4조의3 제5항).

58 ① 소방청장, 소방본부장 또는 소방서장은 소방특별조사를 하려면 <u>7일 전</u>에 관계인에게 조사대상, 조사기간 및 조사사유 등을 서면으로 알려야 한다(법 제4조의3 제1항).

정답 57.④ 58.①

59 「화재예방, 소방시설 설치·유지 및 안전관리에 관한 법률」 및 같은 법 시행령상 소방특별조사에 관한 설명으로 옳지 않은 것은?

① 개인의 주거에 대한 소방특별조사는 관계인의 승낙이 있거나 화재발생의 우려가 뚜렷하여 긴급한 필요가 있는 때에 한정한다.
② 소방청장, 소방본부장 또는 소방서장은 소방특별조사를 하려면 7일 전에 관계인에게 조사대상, 조사기간 및 조사사유 등을 서면으로 알려야 한다.
③ 소방청장, 소방본부장 또는 소방서장은 소방특별조사의 대상을 객관적이고 공정하게 선정하기 위하여 필요하면 소방특별조사위원회를 구성하여 소방특별조사 대상을 선정할 수 있다.
④ 소방특별조사위원회는 위원장 1명을 포함한 7명 이내의 위원으로 성별을 고려하여 구성한다.

[18. 하반기 경채]
기본서 2권 p.176~180

60 소방특별조사에 관한 설명으로 옳지 않은 것은?

① 소방특별조사를 실시하는 경우에는 원칙적으로 7일 전에 관계인에게 서면으로 통지하여야 한다.
② 소방특별조사는 원칙적으로 관계인의 승낙 없이 해가 뜨기 전이나 해가 진 뒤에 할 수 없다.
③ 소방특별조사 결과에 따른 조치명령으로 인한 손실을 보상하는 경우에는 시가(時價)로 보상하여야 한다.
④ 소방특별조사 업무를 수행하면서 알게 된 비밀을 목적 외의 용도로 사용한 자는 300만원 이하의 벌금에 처한다.

[18. 하반기 공채]
기본서 2권 p.180~182, p.185

해설 59 ③ 소방본부장은 소방특별조사의 대상을 객관적이고 공정하게 선정하기 위하여 필요하면 소방특별조사위원회를 구성하여 소방특별조사 대상을 선정할 수 있다.

▶ 소방특별조사(법 제4조 제3항)
③ 소방청장, 소방본부장 또는 소방서장은 객관적이고 공정한 기준에 따라 소방특별조사의 대상을 선정하여야 하며, 소방본부장은 소방특별조사의 대상을 객관적이고 공정하게 선정하기 위하여 필요하면 소방특별조사위원회를 구성하여 소방특별조사의 대상을 선정할 수 있다.

60 ④ 소방특별조사 업무를 수행하면서 알게 된 비밀을 목적 외의 용도로 사용한 자는 1년 이하의 징역 또는 1천만원 이하의 벌금에 처한다.

▶ 벌칙(법 제49조)
다음 각 호의 어느 하나에 해당하는 자는 1년 이하의 징역 또는 1천만원 이하의 벌금에 처한다.
1. 제4조의4 제2항 또는 제46조 제3항을 위반하여 관계인의 정당한 업무를 방해한 자, 조사·검사 업무를 수행하면서 알게 된 비밀을 제공 또는 누설하거나 목적 외의 용도로 사용한 자

▶ 증표의 제시 및 비밀유지 의무 등(법 제4조의4 제2항)
② 소방특별조사 업무를 수행하는 관계 공무원 및 관계 전문가는 관계인의 정당한 업무를 방해하여서는 아니되며, 조사 업무를 수행하면서 취득한 자료나 알게 된 비밀을 다른 자에게 제공 또는 누설하거나 목적 외의 용도로 사용하여서는 아니 된다.

정답 59.③ 60.④

61 「화재예방, 소방시설 설치·유지 및 안전관리에 관한 법률」및 같은 법 시행령상 소방특별조사에 관한 설명으로 옳지 않은 것은?

① 소방청장, 소방본부장 또는 소방서장은 관할구역에 있는 소방대상물, 관계지역 또는 관계인에 대하여 소방시설 등이 이 법 또는 소방 관계 법령에 적합하게 설치·유지·관리되고 있는지, 소방대상물에 화재, 재난·재해 등의 발생 위험이 있는지 등을 확인하기 위하여 관계 공무원으로 하여금 소방특별조사를 하게 할 수 있다.
② 개인의 주거에 대하여는 관계인의 승낙이 있거나 화재발생의 우려가 뚜렷하여 긴급한 필요가 있는 때에 한정하여 소방특별조사를 실시할 수 있다.
③ 국가적 행사 등 주요 행사가 개최되는 장소 및 그 주변의 관계 지역에 대하여 소방안전관리 실태를 점검할 필요가 있는 경우 소방특별조사를 실시할 수 있다.
④ 소방특별조사위원회는 위원장 1명을 제외한 7명 이내의 위원으로 성별을 고려하여 구성한다.

[19. 상반기 경채]
기본서 2권 p.176~179

62 소방대상물에 대한 소방특별조사의 결과 그 위치, 구조, 설비 또는 관리의 상황에 관하여 화재예방을 위해 필요한 경우 등에 있어서 소방특별조치명령 권한을 가진 자는?
① 국무총리
② 대통령
③ 시·도지사
④ 소방본부장

[11. 중앙]
기본서 2권 p.183

해설

61 ▶소방특별조사위원회의 구성 등(영 제7조의2 제1항)
① 법 제4조 제3항에 따른 소방특별조사위원회(이하 이 조 및 제7조의3부터 제7조의5까지에서 "위원회"라 한다)는 위원장 1명을 <u>포함한</u> 7명 이내의 위원으로 성별을 고려하여 구성하고, 위원장은 소방본부장이 된다.

62 ④ <u>소방청장, 소방본부장 또는 소방서장</u>은 소방특별조사 결과 소방대상물의 위치·구조·설비 또는 관리의 상황이 화재나 재난·재해 예방을 위하여 보완될 필요가 있거나 화재가 발생하면 인명 또는 재산의 피해가 클 것으로 예상되는 때에는 행정안전부령으로 정하는 바에 따라 관계인에게 그 소방대상물의 개수(改修)·이전·제거, 사용의 금지 또는 제한, 사용폐쇄, 공사의 정지 또는 중지, 그 밖의 필요한 조치를 명할 수 있다(법 제5조 제1항).

정답 61.④ 62.④

63 다음 중 소방대상물의 소방특별조치명령에 대한 내용으로 가장 옳지 않은 것은?

① 소방본부장 또는 소방서장은 관계인에게 소방특별조치명령을 할 수 있다.
② 소방특별조치명령의 대상범위는 위험물 저장 및 처리시설, 지하가, 지하구, 업무시설, 다중이용업의 영업장에 해당한다.
③ 소방특별조치명령상 필요조치로서 개수, 이전, 제거, 사용금지 또는 제한, 사용폐쇄, 공사의 정지, 중지 등을 명할 수 있다.
④ 시·도지사는 소방특별조치명령으로 인하여 손실을 받은 자가 있는 경우에는 이를 보상하여야 한다.
⑤ 소방특별조치명령으로 인한 손실이라도 법령을 위반하여 건축 또는 설비된 소방대상물에 대하여는 보상하지 않는다.

[11. 간부]
기본서 2권 p.183~185

64 다음 중 소방특별조치명령의 손실보상은 누가 하는가?
① 대통령
② 국무총리
③ 소방청장
④ 소방본부장 또는 소방서장

[13. 전북특]
기본서 2권 p.185

해설

63 ② 소방특별조치명령의 대상범위에 관한 구체적 명시는 없다(법 제5~6조).

64 ③ 소방청장, 시·도지사가 보상하여야 한다(법 제6조).

▶ 손실 보상(법 제6조)
소방청장, 특별시장·광역시장·특별자치시장·도지사 또는 특별자치도지사(이하 "시·도지사"라 한다)는 제5조 제1항에 따른 명령으로 인하여 손실을 입은 자가 있는 경우에는 대통령령으로 정하는 바에 따라 보상하여야 한다.

정답 63.② 64.③

65 「화재예방, 소방시설 설치·유지 및 안전관리에 관한 법률」 및 같은 법 시행령상 소방특별조사 결과에 따른 조치명령과 손실보상에 관한 설명으로 옳지 않은 것은?

① 시·도지사가 손실을 보상하는 경우에는 원가로 보상하여야 한다.
② 손실보상에 관하여는 시·도지사와 손실을 입은 자가 협의하여야 한다.
③ 보상금액에 관한 협의가 성립되지 아니한 경우에는 시·도지사는 그 보상금액을 지급하거나 공탁하고 이를 상대방에게 알려야 한다.
④ 보상금의 지급 또는 공탁의 통지에 불복하는 자는 지급 또는 공탁의 통지를 받은 날부터 30일 이내에 관할 토지수용위원회에 재결을 신청할 수 있다.

[19. 상반기 경채]
상 **중** 하
기본서 2권 p.185

해설 65
▶ 손실 보상(영 제11조)
① 법 제6조에 따라 시·도지사가 손실을 보상하는 경우에는 <u>시가(時價)</u>로 보상하여야 한다.
② 제1항에 따른 손실 보상에 관하여는 시·도지사와 손실을 입은 자가 협의하여야 한다.
③ 제2항에 따른 보상금액에 관한 협의가 성립되지 아니한 경우에는 시·도지사는 그 보상금액을 지급하거나 공탁하고 이를 상대방에게 알려야 한다.
④ 제3항에 따른 보상금의 지급 또는 공탁의 통지에 불복하는 자는 지급 또는 공탁의 통지를 받은 날부터 30일 이내에 관할 토지수용위원회에 재결(裁決)을 신청할 수 있다.

정답 65.①

제3장 소방시설의 설치 및 유지·관리 등

66 「화재예방, 소방시설 설치·유지 및 안전관리에 관한 법률」 및 같은 법 시행령상 건축허가등의 동의 등에 대한 설명으로 옳지 않은 것은?

① 건축허가등의 권한이 있는 행정기관은 건축허가등을 할 때 미리 그 건축물 등의 시공지 또는 소재지를 관할하는 소방본부장이나 소방서장의 동의를 받아야 한다.
② 건축허가등을 할 때에 소방본부장이나 소방서장의 동의를 받아야 하는 건축물 등의 범위는 행정안전부령으로 정한다.
③ 성능위주설계를 한 특정소방대상물은 소방본부장 또는 소방서장의 건축허가등의 동의대상에서 제외된다.
④ 관할 소방본부장이나 소방서장에게 건축허가등을 하거나 신고를 수리할 때 건축물의 내부구조를 알 수 있는 설계 도면을 제출하여야 한다.

[20. 경채]

67 다음 특정소방대상물 중 연면적에 상관없이 반드시 건축허가등의 동의를 받아야 하는 시설은?

① 오피스텔
② 항공기격납고
③ 정신의료기관
④ 학교시설
⑤ 노유자시설

[11. 간부]

해설

66 ② 건축허가등을 할 때에 소방본부장이나 소방서장의 동의를 받아야 하는 건축물 등의 범위는 <u>대통령령</u>으로 정한다(법 제7조 제6항).

67 ② 연면적에 상관없이 반드시 건축허가등의 동의를 받아야 하는 시설은 항공기격납고에 해당한다. 그 외에 면적에 상관없이 동의를 받아야 하는 시설은 층수가 6층 이상인 건축물, 관망탑, 항공관제탑, 방송용 송수신탑, 조산원, 산후조리원, 위험물 저장 및 처리 시설, 발전시설 중 전기저장시설, 지하구가 있다(영 제12조).
① 400m² 이상, ③ 300m² 이상, ④ 100m² 이상, ⑤ 200m² 이상

정답 66.② 67.②

68 다음 중 건축허가등의 동의대상이 아닌 것은?

① 승강기 등 기계장치에 의한 주차시설로서 자동차 10대 이상 주차시설
② 연면적 400m² 이상(학교시설은 100m² 이상, 노유자시설은 200m² 이상)
③ 지하층 또는 무창층 건물로서 바닥면적 150m² 이상(공연장 100m² 이상)
④ 항공기격납고, 항공관제탑, 관망탑, 방송용 송·수신탑

[11. 서울]
기본서 2권 p.189~190

69 다음 중 건축허가등의 동의대상물의 범위가 아닌 것은?

① 항공기격납고
② 차고, 주차장 바닥면적 150m² 이상인 층이 있는 건축물이나 주차시설
③ 노유자시설 연면적 200m² 이상
④ 지하층이 있고 바닥면적 150m² 이상인 층이 있는 경우

[12. 중앙]
기본서 2권 p.189~190

해설

68 ① 승강기 등 기계장치에 의한 주차시설로서 자동차 20대 이상 주차시설에 해당한다(영 제12조 제1항 제2호 나목).

69 ② 차고, 주차장 바닥면적 200m² 이상인 층이 있는 건축물이나 주차시설(영 제12조 제1항 제2호 가목)

정답 68.① 69.②

70 다음 중 건축허가등의 동의대상물로서 틀린 것은?
① 특정소방대상물 중 위험물저장 및 처리시설, 지하구를 포함한다.
② 정신의료기관(입원실이 없는 정신건강의학과 의원은 제외)은 연면적 300m² 이상이다.
③ 연면적이 400m² 이상인 건축물이다.
④ 지하층 또는 무창층이 있는 건축물은 바닥면적 100m² 이상이다.

[13. 경기]

71 다음 중 건축허가의 동의 범위로 옳은 것은?
① 노유자시설 및 수련시설의 경우에는 연면적 100m² 이상인 건축물
② 차고·주차장으로 사용되는 층 중 바닥면적이 150m² 이상인 층이 있는 건축물이나 주차시설
③ 지하층 또는 무창층이 있는 건물로서 바닥면적이 150m² 이상인 층이 있는 것
④ 승강기 등 기계장치에 의한 주차시설로서 자동차 10대 이상 주차할 수 있는 시설

[14. 중앙특]

해설

70 ④ 지하층, 무창층이 있는 건축물은 바닥면적 150m² 이상이다(영 제12조 제1항 제4호).

71 ③ 지하층 또는 무창층이 있는 건축물로서 바닥면적이 150m² 이상인 층이 있는 것(영 제12조 제1항 제4호)
① 노유자시설 및 수련시설의 경우에는 연면적 200m² 이상인 건축물(영 제12조 제1항 제1호 나목)
② 차고·주차장으로 사용되는 바닥면적 200m² 이상인 층이 있는 건축물이나 주차시설(영 제12조 제1항 제2호 가목)
④ 승강기 등 기계장치에 의한 주차시설로서 자동차 20대 이상 주차할 수 있는 시설(영 제12조 제1항 제2호 나목)

정답 70.④ 71.③

72 다음 중 「화재예방, 소방시설 설치·유지 및 안전관리에 관한 법률 시행령」상 화재안전기준을 적용하기 어려운 정수장, 수영장 등 이와 비슷한 용도로 사용되는 특정소방대상물에 대하여 소방시설을 설치하지 아니할 수 있는 소방시설로 옳은 것은?

① 옥내소화전설비
② 비상방송설비
③ 연결살수설비
④ 연결송수관설비

[18. 경채]
기본서 2권 p.216

해설 72

▶ 소방시설을 설치하지 아니할 수 있는 특정소방대상물 및 소방시설의 범위(제18조 관련) [영 별표 7]

구분	특정소방대상물	소방시설
1. 화재 위험도가 낮은 특정소방대상물	석재, 불연성금속, 불연성 건축재료 등의 가공공장·기계조립공장·주물공장 또는 불연성 물품을 저장하는 창고	옥외소화전 및 연결살수설비
	「소방기본법」 제2조 제5호에 따른 소방대(消防隊)가 조직되어 24시간 근무하고 있는 청사 및 차고	옥내소화전설비, 스프링클러설비, 물분무등소화설비, 비상방송설비, 피난기구, 소화용수설비, 연결송수관설비, 연결살수설비
2. 화재안전기준을 적용하기 어려운 특정소방대상물	펄프공장의 작업장, 음료수 공장의 세정 또는 충전을 하는 작업장, 그 밖에 이와 비슷한 용도로 사용하는 것	스프링클러설비, 상수도소화용수설비 및 연결살수설비
	정수장, 수영장, 목욕장, 농예·축산·어류양식용 시설, 그 밖에 이와 비슷한 용도로 사용되는 것	자동화재탐지설비, 상수도소화용수설비 및 연결살수설비
3. 화재안전기준을 달리 적용하여야 하는 특수한 용도 또는 구조를 가진 특정소방대상물	원자력발전소, 핵폐기물처리시설	연결송수관설비 및 연결살수설비
4. 「위험물 안전관리법」 제19조에 따른 자체소방대가 설치된 특정소방대상물	자체소방대가 설치된 위험물 제조소등에 부속된 사무실	옥내소화전설비, 소화용수설비, 연결살수설비 및 연결송수관설비

정답 72.③

73 「화재예방, 소방시설 설치·유지 및 안전관리에 관한 법률 시행령」상 소방시설을 설치하지 아니할 수 있는 특정소방대상물 및 소방시설의 범위로 옳지 않은 것은?

① 불연성 물품을 저장하는 창고 – 화재 위험도가 낮은 특정소방대상물
② 농예·축산·어류양식용 시설 – 화재안전기준을 적용하기 어려운 특정소방대상물
③ 원자력 발전소 – 화재안전기준을 달리 적용하여야 하는 특수한 용도 또는 구조를 가진 특정소방대상물
④ 펄프공장의 작업장 – 화재 위험도가 낮은 특정소방대상물

[17. 하반기]

74 소방시설을 설치하지 아니할 수 있는 특정소방대상물이 아닌 것은?

① 화재연소 위험이 다소 적은 특정소방대상물
② 화재안전기준을 적용하기 어려운 특정소방대상물
③ 자체소방대가 설치된 특정소방대상물
④ 화재안전기준을 달리 적용하여야 하는 특수한 용도 또는 구조를 가진 특정소방대상물

[11. 부산]

해설

73 ④ 펄프공장의 작업장은 화재안전기준을 적용하기 어려운 특정소방대상물에 해당한다(영 별표 7 참조).

74 ① 화재위험도가 낮은 특정소방대상물이다(영 별표 7).

정답 73.④ 74.①

75 다음 중 건축허가등의 동의 대상기준으로 옳은 것은?
① 차고·주차장은 바닥면적 250m² 이상
② 노유자·수련시설은 연면적 200m² 이상
③ 지하층·무창층 건물은 바닥면적 100m² 이상(단, 공연장은 150m² 이상)
④ 정신의료기관(입원실 없는 정신건강의학과 의원 제외) 연면적 200m² 이상

[17. 중앙]

76 다음 중 건축허가 동의 대상물 범위에서 연면적 200m² 이상인 노유자시설에 해당하지 않는 노유자시설로 옳은 것은?
① 공동주택에 설치된 결핵환자나 한센인이 24시간 생활하는 노유자시설
② 공동주택에 설치된 아동복지시설
③ 단독주택에 설치된 정신질환자 관련 시설
④ 단독주택에 설치된 노인주거복지시설

[18. 경채]

해설 75
① 차고·주차장으로 사용되는 바닥면적이 200제곱미터 이상인 층이 있는 건축물이나 주차시설(영 제12조 제1항 제2호 가목)
③ 지하층 또는 무창층이 있는 건축물로서 바닥면적이 150제곱미터(공연장의 경우에는 100제곱미터) 이상인 층이 있는 것(영 제12조 제1항 제4호)
④ 정신의료기관(입원실이 없는 정신건강의학과 의원은 제외) 연면적 300제곱미터 이상(영 제12조 제1항 제1호 다목)

76
④ 노인 관련 시설 중 노인주거복지시설, 노인의료복지시설, 재가노인복지시설을 뺀 나머지는 단독주택 또는 공동주택에 설치되는 시설은 제외이다.

▶ 건축허가등의 동의대상물의 범위 등(영 제12조 제1항 제6호)
연면적 200제곱미터 이상에 해당하지 않는 노유자시설 중 다음 각 목의 어느 하나에 해당하는 시설. 다만, 가목 2) 및 나목부터 바목까지의 시설 중 「건축법 시행령」 별표 1의 단독주택 또는 공동주택에 설치되는 시설은 제외한다.
가. 별표 2 제9호 가목에 따른 노인 관련 시설 중 다음의 어느 하나에 해당하는 시설
  1) 「노인복지법」 제31조 제1호·제2호 및 제4호에 따른 노인주거복지시설·노인의료복지시설 및 재가노인복지시설
  2) 「노인복지법」 제31조 제7호에 따른 학대피해노인 전용쉼터
나. 「아동복지법」 제52조에 따른 아동복지시설(아동상담소, 아동전용시설 및 지역아동센터는 제외한다)
다. 「장애인복지법」 제58조 제1항 제1호에 따른 장애인 거주시설
라. 정신질환자 관련 시설(「정신건강증진 및 정신질환자 복지서비스 지원에 관한 법률」 제27조 제1항 제2호에 따른 공동생활가정을 제외한 재활훈련시설과 같은 법 시행령 제16조 제3호에 따른 종합시설 중 24시간 주거를 제공하지 아니하는 시설은 제외한다)
마. 별표 2 제9호 마목에 따른 노숙인 관련 시설 중 노숙인자활시설, 노숙인재활시설 및 노숙인요양시설
바. 결핵환자나 한센인이 24시간 생활하는 노유자시설

정답 75.② 76.④

77 「화재예방, 소방시설 설치·유지 및 안전관리에 관한 법률 시행령」상 건축허가등을 할 때 미리 소방본부장 또는 소방서장의 동의를 받아야 하는 건축물 등의 범위로 옳지 않은 것은?

① 연면적이 100제곱미터 이상인 노유자시설 및 수련시설
② 지하층 또는 무창층이 있는 건축물로서 바닥면적이 150제곱미터(공연장의 경우에는 100제곱미터) 이상인 층이 있는 것
③ 차고·주차장으로 사용되는 바닥면적이 200제곱미터 이상인 층이 있는 건축물이나 주차시설
④ 결핵환자나 한센인이 24시간 생활하는 노유자시설(단독주택 또는 공동주택에 설치되는 시설은 제외)

[18. 하반기 공채]
기본서 2권 p.189~190

78 「화재예방, 소방시설 설치·유지 및 안전관리에 관한 법률 시행령」상 건축허가등의 동의대상물의 범위에 해당되는 것으로 옳은 것은?

㉠ 항공기격납고, 관망탑, 방송용 송수신탑
㉡ 「학교시설사업 촉진법」 제5조의2 제1항에 따라 건축등을 하려는 학교시설은 연면적 100제곱미터 이상인 건축물
㉢ 차고·주차장으로 사용되는 바닥면적이 150제곱미터 이상인 층이 있는 건축물이나 주차시설
㉣ 노유자시설 및 수련시설은 연면적 200제곱미터 이상인 건축물

① ㉠, ㉡, ㉢
② ㉠, ㉡, ㉣
③ ㉠, ㉢, ㉣
④ ㉡, ㉢, ㉣

[19. 상반기 경채]
기본서 2권 p.189~190

해설

77 ① 연면적이 200제곱미터 이상인 노유자시설 및 수련시설(영 제12조 제1항 제1호 나목)

78 ㉢ 차고·주차장으로 사용되는 바닥면적이 200제곱미터 이상인 층이 있는 건축물이나 주차시설(영 제12조 제1항 제2호 가목)

정답 77.① 78.②

79 다음 중 건축허가등의 동의 요구 시 첨부서류가 아닌 것은?
① 소방시설 설치계획표
② 기술인력자의 기술자격증 사본
③ 소방시설공사업등록증 사본
④ 소방시설의 층별 평면도

[11. 부산]
상 중 하
기본서 2권 p.189

80 건축허가등의 동의요구 시 첨부해야 할 서류 중 설계도서에 해당하는 서류가 아닌 것은?
① 건축물의 단면도 및 주단면 상세도(내장재료를 명시한 것에 한한다)
② 소방시설의 층별 평면도 및 층별 계통도(시설별 계산서를 포함한다)
③ 소방시설 설치계획표
④ 창호도

[13. 전북]
상 중 하
기본서 2권 p.189

해설

79 ③ 건축허가등의 동의 요구 시 첨부서류는 소방시설설계업 등록증이며 소방시설공사업 등록증 사본은 소방시설 공사 착공신고서에 필요한 첨부서류이다.

▶ 건축허가등의 동의 요구 시 첨부서류(규칙 제4조 제2항)
1. 건축허가신청서 및 건축허가서 또는 건축·대수선·용도변경신고서 등 건축허가등을 확인할 수 있는 서류의 사본. 이 경우 동의 요구를 받은 담당공무원은 특별한 사정이 없는 한「전자정부법」제36조 제1항에 따른 행정정보의 공동이용을 통하여 건축허가서를 확인함으로써 첨부서류의 제출에 갈음하여야 한다.
2. 다음 각 목의 설계도서. 다만, 가목 및 다목의 설계도서는「소방시설공사업법 시행령」제4조에 따른 소방시설공사 착공신고 대상에 해당되는 경우에 한한다.
　가. 건축물의 단면도 및 주단면 상세도(내장재료를 명시한 것에 한한다)
　나. <u>소방시설(기계·전기분야의 시설을 말한다)의 층별 평면도 및 층별 계통도(시설별 계산서를 포함한다)</u>
　다. 창호도
3. <u>소방시설 설치계획표</u>
4. 임시소방시설 설치계획서(설치 시기·위치·종류·방법 등 임시소방시설의 설치와 관련한 세부사항을 포함한다)
5. 소방시설설계업등록증과 소방시설을 설계한 <u>기술인력자의 기술자격증 사본</u>
6. 「소방시설공사업법」제21조의3 제2항에 따라 체결한 소방시설설계 계약서 사본 1부

80 ③ 첨부서류는 맞지만 설계도서에 해당하는 서류는 아니다(규칙 제4조 제2항 제2호).

다음 각 목의 설계도서. 다만, 가목 및 다목의 설계도서는「소방시설공사업법 시행령」제4조에 따른 소방시설공사 착공신고대상에 해당되는 경우에 한한다.
　가. 건축물의 단면도 및 주단면 상세도(내장재료를 명시한 것에 한한다)
　나. 소방시설(기계·전기분야의 시설을 말한다)의 층별 평면도 및 층별 계통도(시설별 계산서를 포함한다)
　다. 창호도

정답 79.③　80.③

81 「화재예방, 소방시설 설치·유지 및 안전관리에 관한 법률」 및 같은 법 시행령상 다음에서 설명하는 '대통령령으로 정하는 소방시설'로 옳은 것은?

> 제8조(주택에 설치하는 소방시설) 다음 각 호의 주택의 소유자는 대통령령으로 정하는 소방시설을 설치하여야 한다.
> 1. 「건축법」 제2조 제2항 제1호의 단독주택
> 2. 「건축법」 제2조 제2항 제2호의 공동주택(아파트 및 기숙사는 제외한다)

① 소화기 및 시각경보기
② 소화기 및 간이소화용구
③ 소화기 및 자동확산소화기
④ 소화기 및 단독경보형감지기

[18. 하반기 경채]
상 중 **하**
기본서 2권 p.194

82 「화재예방, 소방시설 설치·유지 및 안전관리에 관한 법률」 및 같은 법 시행령상 단독주택이나 공동주택(아파트 및 기숙사는 제외한다)의 소유자가 의무적으로 설치하여야 하는 소방시설로 옳은 것을 〈보기〉에서 있는 대로 고른 것은?

> ㉠ 소화기
> ㉡ 주거용 주방자동소화장치
> ㉢ 가스자동소화장치
> ㉣ 단독경보형감지기
> ㉤ 가스누설경보기

① ㉠, ㉣
② ㉡, ㉤
③ ㉠, ㉡, ㉣
④ ㉡, ㉢, ㉤

[18. 하반기 공채]
상 중 **하**
기본서 2권 p.194

해설

81 ▶ 주택용 소방시설(영 제13조)
법 제8조 제1항 각 호 외의 부분에서 "대통령령으로 정하는 소방시설"이란 <u>소화기 및 단독경보형감지기를 말한다.</u>

82 ▶ 주택용 소방시설(영 제13조)
법 제8조 제1항 각 호 외의 부분에서 "대통령령으로 정하는 소방시설"이란 <u>소화기 및 단독경보형감지기를 말한다.</u>

정답 81.④ 82.①

83 다음은 옥외소화전 설치사항 중 연소우려가 있는 건축물 구조이다. 빈칸에 들어갈 내용은?

> 동일구내에 둘 이상의 특정소방대상물이 다음의 조건에 해당된 때에는 이를 하나의 특정소방대상물로 본다.
> 1. 건축물대장의 건축물현황도에 표시된 대지경계선 안에 둘 이상의 건축물이 있는 경우
> 2. 각각의 건축물이 다른 건축물의 외벽으로부터 ( )거리가 1층 ( ) 이하, 2층 ( ) 이하
> 3. 개구부가 다른 건축물을 향하여 설치된 구조

① 수평, 3m, 6m
② 수평, 3m, 10m
③ 수평, 6m, 10m
④ 수평, 6m, 12m

[11. 통합]
기본서 2권 p.205

84 다음 중 빈칸에 알맞은 단어를 고르시오.

> 특정소방대상물의 ( )은/는 대통령령으로 정하는 바에 따라 소방시설을 소방청장이 정하여 고시하는 ( )에 따라 설치 또는 유지·관리하여야 한다.

① 관계인 – 화재안전기준
② 관계인 – 소방시설업
③ 소방안전관리자 – 화재안전기준
④ 소방안전관리자 – 소방시설업

[11. 서울]
기본서 2권 p.195

해설

83 동일구내에 둘 이상의 특정소방대상물이 다음의 조건에 해당된 때에는 이를 하나의 특정소방대상물로 본다.
1. 건축물대장의 건축물현황도에 표시된 대지경계선 안에 둘 이상의 건축물이 있는 경우
2. 각각의 건축물이 다른 건축물의 외벽으로부터 (수평)거리가 1층 (6m) 이하, 2층 (10m) 이하
3. 개구부가 다른 건축물을 향하여 설치된 구조(규칙 제7조)

84 특정소방대상물의 (관계인)은 대통령령으로 정하는 바에 따라 소방시설을 소방청장이 정하여 고시하는 (화재안전기준)에 따라 설치 또는 유지·관리하여야 한다(법 제9조 제1항).

정답 83.③ 84.①

85 「화재예방, 소방시설 설치·유지 및 안전관리에 관한 법률」상 특정소방대상물별로 설치하여야 하는 소방시설의 정비 등에 대한 설명이다. ( ) 안에 들어갈 내용으로 옳은 것은?

> - 제9조 제1항에 따라 대통령령으로 소방시설을 정할 때에는 특정소방대상물의 (가) 등을 고려하여야 한다.
> - 소방청장은 건축 환경 및 화재위험특성 변화사항을 효과적으로 반영할 수 있도록 소방시설 규정을 (나) 이상 정비하여야 한다.

	(가)	(나)
①	규모·용도 및 수용인원	3년에 1회
②	위치·구조 및 수용인원	4년에 1회
③	규모·용도 및 가연물의 종류 및 양	5년에 1회
④	위치·구조 및 가연물의 종류 및 양	10년에 1회

[21. 상반기 경채]
기본서 2권 p.195

86 다음 중 성능위주설계를 해야 하는 특정소방대상물의 범위가 아닌 것은?
① 연면적 20만m²인 특정소방대상물 신축
② 영화상영관 10개 이상인 특정소방대상물 신축(비상설상영장 제외)
③ 연면적 2만5천m²인 철도 및 도시철도 시설 및 공항시설 신축
④ 건축물의 높이가 120m 이상인 특정소방대상물 신축

[11. 서울]
기본서 2권 p.208

해설 **85** ▶ 특정소방대상물별로 설치하여야 하는 소방시설의 정비 등(법 제9조의4)
① 제9조 제1항에 따라 대통령령으로 소방시설을 정할 때에는 특정소방대상물의 <u>규모·용도 및 수용인원</u> 등을 고려하여야 한다.
② 소방청장은 건축 환경 및 화재위험특성 변화사항을 효과적으로 반영할 수 있도록 제1항에 따른 소방시설 규정을 <u>3년에 1회 이상</u> 정비하여야 한다.

86 ③ 연면적 3만 제곱미터 이상 철도 및 도시철도 시설·공항시설

▶ 성능위주의 설계(신축만 해당) (영 제15조의3)
1. 연면적 20만 제곱미터 이상 특정소방대상물(아파트등 제외)
2. 50층 이상(지하층은 제외한다)이거나 지상으로부터 높이가 200미터 이상인 아파트등
3. 30층 이상(지하층을 포함한다)이거나 지상으로부터 높이가 120미터 이상인 특정소방대상물(아파트등 제외)
4. 연면적 3만 제곱미터 이상인 철도 및 도시철도 시설·공항시설
5. 영화상영관이 10개 이상 특정소방대상물
6. 지하연계 복합건축물에 해당하는 특정소방대상물

정답 85.① 86.③

87 성능위주의 설계를 해야 하는 특정소방대상물의 범위 중 옳지 않은 것은?
① 연면적 20만 제곱미터 이상인 특정소방대상물, 다만 아파트등은 제외
② 건축물의 높이가 100미터 이상이거나 지하층을 제외한 층수가 20층 이상인 특정소방대상물(아파트등 제외)
③ 연면적 3만 제곱미터 이상인 철도 및 도시철도 시설
④ 하나의 건축물에 영화상영관이 10개 이상인 특정소방대상물

88 「화재예방, 소방시설 설치·유지 및 안전관리에 관한 법률 시행령」상 성능위주설계를 해야 하는 특정소방대상물의 범위로 가장 옳은 것은?
① 연면적 10만 제곱미터인 특정소방대상물(아파트등 제외)
② 지하층을 포함한 층수가 20인 특정소방대상물(아파트등 제외)
③ 연면적 3만 제곱미터인 철도 및 도시철도 시설
④ 건축물의 높이가 120미터 이상인 아파트

해설 87 ② 건축물의 높이가 <u>120미터 이상</u>이거나 층수가 <u>30층 이상</u>인 <u>(지하층 포함)</u> 특정소방대상물(영 제15조의3 제2호 나목)

88 ① 연면적 <u>20만 제곱미터 이상</u>인 특정소방대상물(아파트등 제외)
② <u>지하층을 포함한 층수가 30층 이상</u>인 특정소방대상물(아파트등 제외)
④ 건축물의 높이가 <u>200미터 이상</u>인 아파트

정답 87.② 88.③

89 다음 중 「화재예방, 소방시설 설치·유지 및 안전관리에 관한 법률 시행령」상 성능위주설계를 해야 하는 특정소방대상물의 범위로 옳은 것은?

① 높이가 100미터 이상의 아파트
② 지하층이 5층이고 지상층이 25층인 관광호텔
③ 영화상영관이 9개인 특정소방대상물
④ 연면적 2만 제곱미터 이상인 철도

[18. 경채]
상 중 하
기본서 2권 p.208

90 「화재예방, 소방시설 설치·유지 및 안전관리에 관한 법률 시행령」상 신축건축물로서 성능위주설계를 해야 할 특정소방대상물의 범위로 옳은 것은?

① 연면적 10만 제곱미터 이상인 특정소방대상물로서 기숙사
② 건축물의 높이가 100미터 이상인 특정소방대상물로서 아파트
③ 지하층을 포함한 층수가 20층 이상인 근린생활시설
④ 연면적 3만 제곱미터 이상인 특정소방대상물로서 공항시설

[19. 상반기 경채]
상 중 하
기본서 2권 p.208

해설

89
① 높이가 200미터 이상의 아파트
③ 영화상영관이 10개 이상인 특정소방대상물에 해당한다.
④ 연면적 3만 제곱미터 이상인 철도에 해당한다.

90
① 연면적 20만 제곱미터 이상인 특정소방대상물로서 기숙사
② 건축물의 높이가 200미터 이상인 특정소방대상물로서 아파트
③ 지하층을 포함한 층수가 30층 이상인 근린생활시설

▶ 성능위주의 설계(신축만 해당) (영 제15조의3)
1. 연면적 20만 제곱미터 이상 특정소방대상물(아파트등 제외)
2. 50층 이상(지하층은 제외한다)이거나 지상으로부터 높이가 200미터 이상인 아파트등
3. 30층 이상(지하층을 포함한다)이거나 지상으로부터 높이가 120미터 이상인 특정소방대상물(아파트등 제외)
4. 연면적 3만 제곱미터 이상인 철도 및 도시철도 시설·공항시설
5. 영화상영관이 10개 이상 특정소방대상물
6. 지하연계 복합건축물에 해당하는 특정소방대상물

정답 89.② 90.④

91 「화재예방, 소방시설 설치·유지 및 안전관리에 관한 법률 시행령」상 성능위주설계를 해야 하는 특정소방대상물의 범위에 해당되는 것은? (단, 신축하는 것만 해당한다.)

① 연면적 30만 제곱미터의 아파트
② 연면적 2만5천 제곱미터의 철도시설
③ 지하층을 포함한 층수가 30층인 복합건축물
④ 연면적 3만 제곱미터, 높이 90미터, 지하층 포함 25층인 종합병원

[20. 경채]
상 중 하
기본서 2권 p.208

해설 91
① 연면적 30만 제곱미터의 특정소방대상물(아파트등 제외)
② 연면적 3만 제곱미터 이상인 철도시설
④ 높이 120미터 이상 또는 지하층 포함 30층 이상인 종합병원

▶ 성능위주설계를 해야 하는 특정소방대상물의 범위(영 제15조의3)
법 제9조의3 제1항에서 "대통령령으로 정하는 특정소방대상물"이란 다음 각 호의 어느 하나에 해당하는 특정소방대상물(신축하는 것만 해당한다)을 말한다.
1. 연면적 20만 제곱미터 이상인 특정소방대상물. 다만, 별표 2 제1호에 따른 공동주택 중 주택으로 쓰이는 층수가 5층 이상인 주택(이하 이 조에서 "아파트등"이라 한다)은 제외한다.
2. 다음 각 목의 특정소방대상물
   가. 50층 이상(지하층은 제외한다)이거나 지상으로부터 높이가 200미터 이상인 아파트등
   나. 30층 이상(지하층을 포함한다)이거나 지상으로부터 높이가 120미터 이상인 특정소방대상물(아파트등은 제외한다)
3. 연면적 3만 제곱미터 이상인 특정소방대상물로서 다음 각 목의 어느 하나에 해당하는 특정소방대상물
   가. 별표 2 제6호 나목의 철도 및 도시철도 시설
   나. 별표 2 제6호 다목의 공항시설
4. 하나의 건축물에 「영화 및 비디오물의 진흥에 관한 법률」 제2조 제10호에 따른 영화상영관이 10개 이상인 특정소방대상물
5. 「초고층 및 지하연계 복합건축물 재난관리에 관한 특별법」 제2조 제2호에 따른 지하연계 복합건축물에 해당하는 특정소방대상물

▶ 초고층 및 지하연계 복합건축물 재난관리에 관한 특별법(제2조 제2호)
2. "지하연계 복합건축물"이란 다음 각 목의 요건을 모두 갖춘 것을 말한다.
   가. 층수가 11층 이상이거나 1일 수용인원이 5천명 이상인 건축물로서 지하부분이 지하역사 또는 지하도상가와 연결된 건축물
   나. 건축물 안에 「건축법」 제2조 제2항 제5호에 따른 문화 및 집회시설, 같은 항 제7호에 따른 판매시설, 같은 항 제8호에 따른 운수시설, 같은 항 제14호에 따른 업무시설, 같은 항 제15호에 따른 숙박시설, 같은 항 제16호에 따른 위락(慰樂)시설 중 유원시설업(遊園施設業)의 시설 또는 대통령령으로 정하는 용도의 시설이 하나 이상 있는 건축물

정답 91.③

92 「화재예방, 소방시설 설치·유지 및 안전관리에 관한 법률 시행령」상 성능위주설계를 해야 하는 특정소방대상물로 옳은 것은? (단, 신축하는 것만 해당한다.)

① 높이 120미터인 아파트
② 연면적 2만 제곱미터인 철도역사
③ 연면적 10만 제곱미터인 특정소방대상물(단, 아파트등은 제외)
④ 하나의 건축물에 「영화 및 비디오물의 진흥에 관한 법률」 제2조 제10호에 따른 영화상영관이 10개인 특정소방대상물

[21. 상반기 경채]

기본서 2권 p.208

해설 92
① 높이 ~~120미터인 아파트~~
→ 높이 120미터 이상의 아파트는 제외
→ 높이 200미터 이상의 아파트는 성능위주설계를 하여야 하는 특정소방대상물의 범위
② 연면적 ~~2만 제곱미터인 철도역사~~
→ 연면적 3만 제곱미터 이상인 철도 및 도시철도 시설
③ 연면적 ~~10만~~ 제곱미터인 특정소방대상물(단, 아파트등은 제외)
→ 20만 제곱미터 이상

▶ 성능위주설계를 해야 하는 특정소방대상물의 범위(영 제15조의3)
법 제9조의3 제1항에서 "대통령령으로 정하는 특정소방대상물"이란 다음 각 호의 어느 하나에 해당하는 특정소방대상물(신축하는 것만 해당한다)을 말한다.
1. 연면적 20만 제곱미터 이상인 특정소방대상물. 다만, 별표 2 제1호에 따른 공동주택 중 주택으로 쓰이는 층수가 5층 이상인 주택(이하 이 조에서 "아파트등"이라 한다)은 제외한다.
2. 다음 각 목의 특정소방대상물
   가. 50층 이상(지하층은 제외한다)이거나 지상으로부터 높이가 200미터 이상인 아파트등
   나. 30층 이상(지하층을 포함한다)이거나 지상으로부터 높이가 120미터 이상인 특정소방대상물(아파트등은 제외한다)
3. 연면적 3만 제곱미터 이상인 특정소방대상물로서 다음 각 목의 어느 하나에 해당하는 특정소방대상물
   가. 별표 2 제6호 나목의 철도 및 도시철도 시설
   나. 별표 2 제6호 다목의 공항시설
4. 하나의 건축물에 「영화 및 비디오물의 진흥에 관한 법률」 제2조 제10호에 따른 영화상영관이 10개 이상인 특정소방대상물
5. 「초고층 및 지하연계 복합건축물 재난관리에 관한 특별법」 제2조 제2호에 따른 지하연계 복합건축물에 해당하는 특정소방대상물

정답 92.④

93 「화재예방, 소방시설 설치·유지 및 안전관리에 관한 법률 시행령」 별표 4 중 다중이용업소 수용인원의 산정방법으로 옳지 않은 것은?

① 강의실·휴게실 등의 용도로 쓰이는 특정소방대상물은 해당 용도로 사용하는 바닥면적의 합계를 1.9m²로 나누어 얻은 수
② 강당, 종교시설은 해당 용도로 사용하는 바닥면적의 합계를 4.6m²로 나누어 얻은 수
③ 바닥면적을 산정하는 때에는 복도, 계단 및 화장실의 바닥면적을 포함하지 않는다. 계산 결과 소수점 이하의 수는 반올림한다.
④ 침대가 없는 숙박시설은 해당 특정소방대상물의 바닥면적의 합계를 3m²로 나누어 얻은 수를 합한 수

[13. 중앙특]
기본서 2권 p.196

94 다음 중 수용인원의 산정방법에서 수용인원이 제일 적은 것은?

① 종사자 3명, 침대가 110개(2인용 90개, 1인용 20개) 있는 숙박시설
② 종사자 3명, 침대가 없고 바닥면적 600m²인 숙박시설
③ 강의실·교무실·상담실·실습실·휴게실 용도로 사용하는 바닥면적 합계가 600m²인 특정소방대상물
④ 강당, 문화 및 집회시설, 운동시설, 종교시설 용도로 사용하는 바닥면적 합계가 900m²인 특정소방대상물(관람석 의자는 없다)

[18. 경채]
기본서 2권 p.196

해설

93 ④ 침대가 없는 숙박시설 : 해당 특정소방대상물의 종사자 수에 숙박시설 바닥면적의 합계를 3m²로 나누어 얻은 수를 합한 수(영 별표 4)

94 수용인원의 산정방법(영 별표 4)
①은 종사자수와 침대수(2인용은 2개로 산정)를 합한 수 3+200=203
②는 종사자수에 바닥면적 합계를 3m²로 나누어 얻은 수 3+(600÷3)=203
③은 용도로 쓰이는 바닥면적 합계를 1.9m²로 나누어 얻은 수 600÷1.9=315.78…
④는 용도로 쓰이는 바닥면적 합계를 4.6m²로 나누어 얻은 수 900÷4.6=195.65…

정답 93.④ 94.④

95 다중이용업소 수용인원의 산정방법으로 옳지 않은 것은?

① 강의실·휴게실 등의 용도로 쓰이는 특정소방대상물은 해당 용도로 사용하는 바닥면적의 합계를 $1.9m^2$로 나누어 얻은 수
② 강당, 종교시설은 해당 용도로 사용하는 바닥면적의 합계를 $4.6m^2$로 나누어 얻은 수
③ 계산 결과 소수점 이하의 수는 삭제한다.
④ 바닥면적을 산정하는 때에는 복도, 계단 및 화장실의 바닥면적을 포함하지 않는다.

[14. 중앙특]

기본서 2권 p.196

해설 95
③ 계산 결과 <u>소수점 이하의 수는 반올림한다</u>(영 별표 4).
1. 숙박시설이 있는 특정소방대상물
   가. 침대가 있는 숙박시설 : 해당 특정소방물의 종사자 수에 침대 수(2인용 침대는 2개로 산정한다)를 합한 수
   나. 침대가 없는 숙박시설 : 해당 특정소방대상물의 종사자 수에 숙박시설 바닥면적의 합계를 $3m^2$로 나누어 얻은 수를 합한 수
2. 제1호 외의 특정소방대상물
   가. 강의실·교무실·상담실·실습실·휴게실 용도로 쓰이는 특정소방대상물 : 해당 용도로 사용하는 바닥 면적의 합계를 $1.9m^2$로 나누어 얻은 수
   나. 강당, 문화 및 집회시설, 운동시설, 종교시설 : 해당 용도로 사용하는 바닥면적의 합계를 $4.6m^2$로 나누어 얻은 수 (관람석이 있는 경우 고정식 의자를 설치한 부분은 그 부분의 의자 수로 하고, 긴 의자의 경우에는 의자의 정면너비를 0.45m로 나누어 얻은 수로 한다)
   다. 그 밖의 특정소방대상물 : 해당 용도로 사용하는 바닥면적의 합계를 $3m^2$로 나누어 얻은 수

비고
1. 위 표에서 바닥면적을 산정할 때에는 복도(「건축법 시행령」 제2조 제11호에 따른 준불연재료 이상의 것을 사용하여 바닥에서 천장까지 벽으로 구획한 것을 말한다), 계단 및 화장실의 바닥면적을 포함하지 않는다.
2. 계산 결과 소수점 이하의 수는 반올림한다.

정답 95.③

96 「화재예방, 소방시설 설치·유지 및 안전관리에 관한 법률 시행령」상 수용인원 산정방법으로 옳지 않은 것은?

① 침대가 있는 숙박시설은 해당 특정소방물의 종사자 수에 침대 수(2인용 침대는 2개로 산정)를 합한 수로 한다.
② 침대가 없는 숙박시설은 해당 특정소방대상물의 종사자 수에 바닥면적의 합계를 $3m^2$로 나누어 얻은 수를 합한 수로 한다.
③ 강의실 용도로 쓰이는 특정소방대상물은 해당 용도로 사용하는 바닥면적의 합계를 $1.9m^2$로 나누어 얻은 수로 한다.
④ 문화 및 집회시설은 해당 용도로 사용하는 바닥면적의 합계를 $3m^2$로 나누어 얻은 수로 한다.

[19. 상반기 공채]
기본서 2권 p.196

97 특정소방대상물의 관계인이 특정소방대상물에 소방시설을 설치할 때 고려해야 할 것으로 옳은 것은?

① 규모, 층수, 면적
② 구조, 위치, 연면적
③ 구조, 위치, 설비
④ 규모, 용도, 수용인원

[11. 부산]
기본서 2권 p.195

해설 96 ▶ 수용인원의 산정 방법(영 별표 4)
1. 숙박시설이 있는 특정소방대상물
   가. 침대가 있는 숙박시설 : 해당 특정소방물의 종사자 수에 침대 수(2인용 침대는 2개로 산정한다)를 합한 수
   나. 침대가 없는 숙박시설 : 해당 특정소방대상물의 종사자 수에 숙박시설 바닥면적의 합계를 $3m^2$로 나누어 얻은 수를 합한 수
2. 제1호 외의 특정소방대상물
   가. 강의실·교무실·상담실·실습실·휴게실 용도로 쓰이는 특정소방대상물 : 해당 용도로 사용하는 바닥면적의 합계를 $1.9m^2$로 나누어 얻은 수
   나. 강당, 문화 및 집회시설, 운동시설, 종교시설 : 해당 용도로 사용하는 바닥 면적의 합계를 $4.6m^2$로 나누어 얻은 수(관람석이 있는 경우 고정식 의자를 설치한 부분은 그 부분의 의자 수로 하고, 긴 의자의 경우에는 의자의 정면 너비를 0.45m로 나누어 얻은 수로 한다)
   다. 그 밖의 특정소방대상물 : 해당 용도로 사용하는 바닥면적의 합계를 $3m^2$로 나누어 얻은 수

97 ④ 특정소방대상물의 관계인이 특정소방대상물에 소방시설을 설치할 때 규모, 용도 및 수용인원 등을 고려하여야 한다(법 제9조의4 제1항).

정답 96.④ 97.④

98 다음 중 인명구조기구의 소방시설 적용기준으로 바른 것은?

① 지하층을 포함하는 층수가 7층 이상인 관광호텔 및 5층 이상인 병원
② 지하층을 제외하는 층수가 7층 이상인 병원 및 5층 이상인 관광호텔
③ 지하층을 제외하는 층수가 7층 이상인 관광호텔 및 5층 이상인 병원
④ 지하층을 포함하는 층수가 7층 이상인 병원 및 5층 이상인 관광호텔

[12. 전북특]
기본서 2권 p.202

99 다음 중 「화재예방, 소방시설 설치·유지 및 안전관리에 관한 법률 시행령」상 인명구조기구를 모두 설치해야 하는 특정소방대상물로 옳은 것은?

① 지하층을 포함하는 층수가 7층 이상인 관광호텔
② 지하층을 포함하는 층수가 5층 이상인 병원
③ 수용인원 100명 이상인 문화 및 집회시설 중 영화상영관
④ 판매시설 중 대규모 점포

[18. 경채]
기본서 2권 p.202

해설

98 ① 지하층을 포함하는 층수가 7층 이상인 관광호텔 및 5층 이상인 병원(영 별표 5)

99 인명구조기구란 방열복, 방화복, 공기호흡기, 인공소생기를 말한다.
②는 인명구조기구에서 인공소생기를 뺀 나머지를 설치하는 특정소방대상물이다.
③④는 인명구조기구에서 공기호흡기를 설치하는 특정소방대상물이다.

▶ 인명구조기구를 설치하여야 하는 특정소방대상물(영 별표 5)
인명구조기구를 설치하여야 하는 특정소방대상물은 다음의 어느 하나와 같다.
1) 방열복 또는 방화복, 인공소생기 및 공기호흡기를 설치하여야 하는 특정소방대상물 : 지하층을 포함하는 층수가 7층 이상인 관광호텔
2) 방열복 또는 방화복 및 공기호흡기를 설치하여야 하는 특정소방대상물 : 지하층을 포함하는 층수가 5층 이상인 병원
3) 공기호흡기를 설치하여야 하는 특정소방대상물은 다음의 어느 하나와 같다.
   가) 수용인원 100명 이상인 문화 및 집회시설 중 영화상영관
   나) 판매시설 중 대규모점포
   다) 운수시설 중 지하역사
   라) 지하가 중 지하상가
   마) 제1호 바목 및 화재안전기준에 따라 이산화탄소소화설비를 설치하여야 하는 특정소방대상물

정답 98.① 99.①

100 「화재예방, 소방시설 설치·유지 및 안전관리에 관한 법률 시행령」상 피난구조설비 중 공기호흡기를 설치하여야 하는 특정소방대상물로 옳지 않은 것은?

① 지하가 중 지하상가
② 운수시설 중 지하역사
③ 판매시설 중 대규모점포
④ 호스릴이산화탄소소화설비를 설치하여야 하는 특정소방대상물

[21. 상반기 경채]
상 중 하
기본서 2권 p.202

101 연면적 1,000m² 이상 지하가(터널 제외)에 설치해야 할 소방시설 중 제외되는 시설은?

① 무선통신보조설비
② 제연설비
③ 연소방지설비
④ 스프링클러설비

[12. 중앙]
상 중 하
기본서 2권 p.198, p.201, p.203~204

해설 **100** ④ 호스릴이산화탄소소화설비를 설치하여야 하는 특정소방대상물
→ 제외

▶ 영 별표 5
공기호흡기를 설치하여야 하는 특정소방대상물은 다음의 어느 하나와 같다.
가) 수용인원 100명 이상인 문화 및 집회시설 중 영화상영관
나) 판매시설 중 대규모점포
다) 운수시설 중 지하역사
라) 지하가 중 지하상가
마) 제1호 바목 및 화재안전기준에 따라 이산화탄소소화설비(호스릴이산화탄소소화설비는 제외한다)를 설치하여야 하는 특정소방대상물

101 ③ 연소방지설비는 제외된다(영 별표 5).
• 지하가 연면적 1,000m² 이상 설치(터널 제외) : 제연설비, 스프링클러설비, 무선통신보조설비, 자동화재탐지설비

정답 100.④ 101.③

102 다음 중 제연설비의 설치 기준으로 지하층이나 무창층에 설치된 근린생활시설, 판매시설, 운수시설, 숙박시설, 위락시설, 노유자시설 또는 창고시설(물류터미널만 해당한다)로서 해당 용도로 사용되는 바닥면적의 합계는 얼마 이상인가?

① 1,000m^2
② 2,000m^2
③ 3,000m^2
④ 4,000m^2

[13. 중앙특]
기본서 2권 p.203

103 다음 중 제연설비를 설치하여야 하는 특정소방대상물의 기준으로 옳지 않은 것은?

① 문화 및 집회시설 중 영화상영관으로서 수용인원 150명 이상인 것
② 문화 및 집회시설, 종교시설, 운동시설로서 무대부의 바닥면적이 200m^2 이상인 것
③ 지하층이나 무창층에 설치된 숙박시설로서 해당 용도로 사용되는 바닥면적의 합계가 1천m^2 이상인 것
④ 지하가(터널제외)로서 연면적 1천m^2 이상인 것

[13. 전북특]
기본서 2권 p.203

해설

102 ① 제연설비의 설치 기준으로 지하층이나 무창층에 설치된 근린생활시설, 판매시설, 운수시설, 숙박시설, 위락시설, 노유자시설 또는 창고시설(물류터미널만 해당한다)로서 해당 용도로 사용되는 바닥면적의 합계가 1천m^2 이상인 층(영 별표 5)

103 ① 수용인원 100명 이상인 것에 해당한다(영 별표 5).

정답 102.① 103.①

104 간이스프링클러설비를 설치하여야 하는 특정소방대상물로 옳지 않은 것은?

① 단독주택에 설치된 노유자 생활시설로서 아동복지시설은 간이스프링클러설비를 설치해야 한다.
② 요양병원(정신병원과 의료재활시설은 제외한다)으로 사용되는 바닥면적의 합계가 600m² 미만인 시설은 간이스프링클러설비를 설치하여야 한다.
③ 건축물을 임차하여 출입국관리법에 따른 보호시설로 사용하는 부분은 간이스프링클러설비를 설치해야 한다.
④ 교육연구시설 내에 합숙소로서 연면적이 100m² 이상인 것은 간이스프링클러설비를 설치해야 한다.

[14. 중앙특]
상 **중** 하
기본서 2권 p.199

105 「화재예방, 소방시설 설치·유지 및 안전관리에 관한 법률 시행령」상 간이스프링클러설비를 설치하여야 하는 특정소방대상물로 옳지 않은 것은?

① 교육연구시설 내에 합숙소로서 연면적이 100m² 이상인 것
② 근린생활시설 중 의원, 치과의원 및 한의원으로서 입원실이 있는 시설
③ 근린생활시설 중 근린생활시설로 사용하는 부분의 바닥면적 합계가 1천m² 이상인 것은 모든 층
④ 숙박시설 중 생활형 숙박시설로서 해당 용도로 사용되는 바닥면적의 합계가 500m² 이상인 것

[21. 상반기 공채]
상 **중** 하
기본서 2권 p.199

해설 **104** ① 단독주택 또는 공동주택에 설치되는 아동복지시설은 제외된다(영 별표 5).

105 ④ 숙박시설 중 생활형 숙박시설로서 해당 용도로 사용되는 바닥면적의 합계가 ~~500m²~~ 이상인 것
→ 600m²

정답 104.① 105.④

106 「화재예방, 소방시설 설치·유지 및 안전관리에 관한 법률 시행령」상 간이스프링클러를 설치하여야 하는 특정소방대상물로 옳지 않은 것은?

① 한의원으로서 입원실이 있는 시설
② 교육연구시설 내에 합숙소로서 연면적 100m² 이상인 것
③ 생활형 숙박시설로서 해당 용도로 사용되는 바닥면적의 합계가 300m² 이상인 것
④ 건물을 임차하여 「출입국관리법」 제52조 제2항에 따른 보호시설로 사용하는 부분

[21. 상반기 경채]
상 **중** 하
기본서 2권 p.199

107 「화재예방, 소방시설 설치·유지 및 안전관리에 관한 법률 시행령」 별표상 스프링클러를 설치해야 하는 기준 중 가장 옳은 것은?

① 판매시설, 운수시설 및 창고시설(물류터미널에 한정한다)로서 연면적의 합계가 5천m² 이상인 모든 층
② 판매시설, 운수시설 및 창고시설(물류터미널에 한정한다)로서 수용인원이 100명 이상인 경우에는 모든 층
③ 문화 및 집회시설 중 영화상영관의 용도로 쓰이는 층의 바닥면적이 지하층 또는 무창층인 경우에는 1천m² 이상, 그 밖의 층의 경우에는 1천m² 이상인 모든 층
④ 문화 및 집회시설 중 무대부가 지하층·무창층 또는 4층 이상의 층에 있는 경우에는 무대부의 면적이 300m² 이상인 모든 층

[17. 경채]
상 **중** 하
기본서 2권 p.198

해설

106 ③ 생활형 숙박시설로서 해당 용도로 사용되는 바닥면적의 합계가 ~~300m²~~ 이상인 것
→ 600m²

107 ④ 문화 및 집회시설 중 무대부가 지하층·무창층 또는 4층 이상의 층에 있는 경우에는 무대부의 면적이 300m² 이상인 모든 층
① 판매시설, 운수시설 및 창고시설(물류터미널에 한정한다)로서 <u>바닥면적 합계</u> 5천m² 이상인 모든 층
② 판매시설, 운수시설 및 창고시설(물류터미널에 한정한다)로서 수용인원이 <u>500명 이상</u>인 경우에는 모든 층
③ 문화 및 집회시설 중 영화상영관의 용도로 쓰이는 층의 바닥면적이 지하층 또는 무창층인 경우에는 <u>500m² 이상</u>, 그 밖의 층의 경우에는 1천m² 이상인 모든 층

정답 106.③ 107.④

108 「화재예방, 소방시설 설치·유지 및 안전관리에 관한 법률 시행령」상 물분무등소화설비를 설치하여야 하는 특정소방대상물로 옳지 않은 것은?

① 항공기격납고
② 연면적 600m² 이상인 주차용 건축물
③ 특정소방대상물에 설치된 바닥면적 300m² 이상인 전산실
④ 20대 이상의 차량을 주차할 수 있는 기계장치에 의한 주차시설

[18. 하반기 경채]

기본서 2권 p.199

해설 108 ② 차고, 주차용 건축물 또는 철골 조립식 주차시설. 이 경우 연면적 800m² 이상인 것만 해당한다.

▶ 물분무등소화설비를 설치하여야 하는 특정소방대상물(영 별표 5)
물분무등소화설비를 설치하여야 하는 특정소방대상물(위험물 저장 및 처리 시설 중 가스시설 또는 지하구는 제외한다)은 다음의 어느 하나와 같다.
1) 항공기 및 자동차 관련 시설 중 항공기격납고
2) 차고, 주차용 건축물 또는 철골 조립식 주차시설. 이 경우 연면적 800m² 이상인 것만 해당한다.
3) 건축물 내부에 설치된 차고 또는 주차장으로서 차고 또는 주차의 용도로 사용되는 부분의 바닥면적이 200m² 이상인 층
4) 기계장치에 의한 주차시설을 이용하여 20대 이상의 차량을 주차할 수 있는 것
5) 특정소방대상물에 설치된 전기실·발전실·변전실(가연성 절연유를 사용하지 않는 변압기·전류차단기 등의 전기기기와 가연성 피복을 사용하지 않은 전선 및 케이블만을 설치한 전기실·발전실 및 변전실은 제외한다)·축전지실·통신기기실 또는 전산실, 그 밖에 이와 비슷한 것으로서 바닥면적이 300m² 이상인 것[하나의 방화구획 내에 둘 이상의 실(室)이 설치되어 있는 경우에는 이를 하나의 실로 보아 바닥면적을 산정한다]. 다만, 내화구조로 된 공정제어실 내에 설치된 주조정실로서 양압시설이 설치되고 전기기기에 220볼트 이하인 저전압이 사용되며 종업원이 24시간 상주하는 곳은 제외한다.
6) 소화수를 수집·처리하는 설비가 설치되어 있지 않은 중·저준위방사성폐기물의 저장시설. 다만, 이 경우에는 이산화탄소소화설비, 할론소화설비 또는 할로겐화합물 및 불활성기체 소화설비를 설치하여야 한다.
7) 지하가 중 예상 교통량, 경사도 등 터널의 특성을 고려하여 행정안전부령으로 정하는 터널. 다만, 이 경우에는 물분무소화설비를 설치하여야 한다.
8) 「문화재보호법」제2조 제3항 제1호 및 제2호에 따른 지정문화재 중 소방청장이 문화재청장과 협의하여 정하는 것

정답 108.②

109 「화재예방, 소방시설 설치·유지 및 안전관리에 관한 법률 시행령」상 특정소방대상물의 관계인이 특정소방대상물의 규모·용도 및 수용인원 등을 고려하여 갖추어야 하는 소방시설의 종류 중 단독경보형 감지기를 설치하여야 하는 특정소방대상물로 옳은 것은?

① 연면적 500㎡인 숙박시설
② 연면적 600㎡인 유치원
③ 연면적 2,000㎡인 기숙사
④ 교육연구시설 또는 수련시설 내에 있는 합숙소 또는 기숙사로서 연면적 3,000㎡인 것

[20. 공채]
기본서 2권 p.201

110 다음 특정소방대상물 중 수용인원에 해당되는 대상물이 아닌 것은?
① 휴대용비상조명등　② 간이스프링클러설비
③ 스프링클러설비　　④ 자동화재탐지설비

[13. 전북특]
기본서 2권 p.204

해설 109
② 연면적 400㎡ 미만의 유치원
③ 연면적 1천㎡ 미만의 기숙사
④ 교육연구시설 또는 수련시설 내에 있는 합숙소 또는 기숙사로서 연면적 2천㎡ 미만인 것

▶ 특정소방대상물의 관계인이 특정소방대상물의 규모·용도 및 수용인원 등을 고려하여 갖추어야 하는 소방시설의 종류(영 별표 5)
　바. 단독경보형 감지기를 설치하여야 하는 특정소방대상물은 다음의 어느 하나와 같다.
　　1) 연면적 1천㎡ 미만의 아파트등
　　2) 연면적 1천㎡ 미만의 기숙사
　　3) 교육연구시설 또는 수련시설 내에 있는 합숙소 또는 기숙사로서 연면적 2천㎡ 미만인 것
　　4) 연면적 600㎡ 미만의 숙박시설
　　5) 라목 7)에 해당하지 않는 수련시설(숙박시설이 있는 것만 해당한다)
　　6) 연면적 400㎡ 미만의 유치원

110 ② 간이스프링클러설비는 수용인원에 해당되지 않는다(영 별표 5).
① 100명 이상
③ 100명, 500명 이상
④ 100명 이상

정답 109.① 110.②

111 터널의 길이에 따른 소방시설에 대한 설명으로 옳지 않은 것은?

① 모든 터널에 소화기구를 설치해야 한다.
② 자동화재탐지설비는 터널길이 700m에 설치해야 한다.
③ 비상콘센트설비는 500m에 설치해야 한다.
④ 연결송수관설비는 1,000m에 설치해야 한다.

[14. 중앙특]
상 **중** 하
기본서 2권 p.197~204

112 다음 중 임시소방시설로 가장 옳지 않은 것은?

① 간이소화장치
② 소화기
③ 호스릴 옥내소화전
④ 비상경보장치

[17. 경채]
상 중 **하**
기본서 2권 p.212

해설

111 ② 자동화재탐지설비는 터널길이 1,000m 이상인 것에 설치해야 한다(영 별표 5).

112 ▶임시소방시설의 종류(영 별표 5의2 제1호)
 가. 소화기
 나. 간이소화장치 : 물을 방사(放射)하여 화재를 진화할 수 있는 장치로서 소방청장이 정하는 성능을 갖추고 있을 것
 다. 비상경보장치 : 화재가 발생한 경우 주변에 있는 작업자에게 화재사실을 알릴 수 있는 장치로서 소방청장이 정하는 성능을 갖추고 있을 것
 라. 간이피난유도선 : 화재가 발생한 경우 피난구 방향을 안내할 수 있는 장치로서 소방청장이 정하는 성능을 갖추고 있을 것

정답 111.② 112.③

113 「화재예방, 소방시설 설치·유지 및 안전관리에 관한 법률 시행령」상 임시소방시설의 종류로 옳지 않은 것은?
① 소화기
② 스프링클러설비
③ 비상경보장치
④ 간이소화장치

114 「화재예방, 소방시설 설치·유지 및 안전관리에 관한 법률 시행령」상 건축허가등의 동의대상물 중 화재위험작업 공사 현장에 설치하여야 하는 임시소방시설의 종류와 설치기준으로 옳지 않은 것은?
① 가연성 가스를 발생시키는 화재위험작업현장에는 소화기를 설치하여야 한다.
② 바닥면적 150m² 이상인 지하층 또는 무창층의 화재위험 작업현장에는 간이소화장치를 설치하여야 한다.
③ 바닥면적 150m² 이상인 지하층 또는 무창층의 화재위험 작업현장에는 비상경보장치를 설치하여야 한다.
④ 바닥면적 150m² 이상인 지하층 또는 무창층의 화재위험 작업현장에는 간이피난유도선을 설치하여야 한다.

해설

113 ▶ 임시소방시설의 종류(영 별표 5의2 제1호)
가. 소화기
나. 간이소화장치 : 물을 방사(放射)하여 화재를 진화할 수 있는 장치로서 소방청장이 정하는 성능을 갖추고 있을 것
다. 비상경보장치 : 화재가 발생한 경우 주변에 있는 작업자에게 화재사실을 알릴 수 있는 장치로서 소방청장이 정하는 성능을 갖추고 있을 것
라. 간이피난유도선 : 화재가 발생한 경우 피난구 방향을 안내할 수 있는 장치로서 소방청장이 정하는 성능을 갖추고 있을 것

114 ② 지하층, 무창층 또는 4층 이상의 층. 이 경우 해당 층의 바닥면적이 600m² 이상인 경우만 해당한다.

▶ 임시소방시설을 설치하여야 하는 공사의 종류와 규모(영 별표 5의2)
가. 소화기 : 제12조 제1항에 따라 건축허가등을 할 때 소방본부장 또는 소방서장의 동의를 받아야 하는 특정소방대상물의 건축·대수선·용도변경 또는 설치 등을 위한 공사 중 제15조의5 제1항 각 호에 따른 작업을 하는 현장(이하 "작업현장"이라 한다)에 설치한다.
나. 간이소화장치 : 다음의 어느 하나에 해당하는 공사의 작업현장에 설치한다.
  1) 연면적 3천m² 이상
  2) 지하층, 무창층 또는 4층 이상의 층. 이 경우 해당 층의 바닥면적이 600m² 이상인 경우만 해당한다.
다. 비상경보장치 : 다음의 어느 하나에 해당하는 공사의 작업현장에 설치한다.
  1) 연면적 400m² 이상
  2) 지하층 또는 무창층. 이 경우 해당 층의 바닥면적이 150m² 이상인 경우만 해당한다.
라. 간이피난유도선 : 바닥면적이 150m² 이상인 지하층 또는 무창층의 작업현장에 설치한다.

정답 113.② 114.②

115 연면적 2,500m²인 신축공사 작업현장의 바닥면적 200m²인 지하층에서 용접작업을 하려고 한다. 「화재예방, 소방시설 설치·유지 및 안전관리에 관한 법률 시행령」상 해당 작업 현장에 설치하여야 할 임시소방시설로 옳지 않은 것은?

① 소화기
② 간이소화장치
③ 비상경보장치
④ 간이피난유도선

[20. 경채]

116 「화재예방, 소방시설 설치·유지 및 안전관리에 관한 법률」 및 같은 법 시행령상 임시소방시설을 설치하여야 하는 공사와 임시소방시설의 설치기준으로 옳지 않은 것은?

① 특정소방대상물의 용도변경을 위한 공사를 시공하는 자는 공사 현장에서 인화성(引火性) 물품을 취급하는 작업을 하기 전에 설치 및 철거가 쉬운 임시소방시설을 설치하고 유지·관리하여야 한다.
② 옥내소화전이 설치된 특정소방대상물의 용도변경을 위한 내부 인테리어 변경공사를 시공하는 자는 간이소화장치를 설치해야만 한다.
③ 무창층으로서 바닥면적 150m²의 증축 작업현장에는 간이피난유도선을 설치해야 한다.
④ 소방서장은 용접·용단 등 불꽃을 발생시키거나 화기(火氣)를 취급하는 작업현장에 임시소방시설 또는 소방시설이 설치 또는 유지·관리되지 아니할 때에는 해당 시공자에게 필요한 조치를 하도록 명할 수 있다.

[20. 경채]

해설 115 ② 간이소화장치 : 1) 연면적 3천m² 이상, 2) 지하층, 무창층 또는 4층 이상의 층. 이 경우 해당 층의 바닥면적이 600m² 이상인 경우만 해당한다.

▶ 임시소방시설의 종류와 설치기준 등(영 별표 5의2)
2. 임시소방시설을 설치하여야 하는 공사의 종류와 규모
  가. <u>소화기</u> : 제12조 제1항에 따라 건축허가등을 할 때 소방본부장 또는 소방서장의 동의를 받아야 하는 <u>특정소방대상물의 건축·대수선·용도변경 또는 설치 등을 위한 공사 중 제15조의5 제1항 각 호에 따른 작업을 하는 현장</u>(이하 "작업현장"이라 한다)에 설치한다.
  나. 간이소화장치 : 다음의 어느 하나에 해당하는 공사의 작업현장에 설치한다.
    1) 연면적 3천m² 이상
    2) 지하층, 무창층 또는 4층 이상의 층. 이 경우 해당 층의 바닥면적이 600m² 이상인 경우만 해당한다.
  다. <u>비상경보장치</u> : 다음의 어느 하나에 해당하는 공사의 작업현장에 설치한다.
    1) 연면적 400m² 이상
    2) 지하층 또는 무창층. 이 경우 해당 층의 <u>바닥면적이 150m² 이상인 경우만 해당한다.</u>
  라. <u>간이피난유도선</u> : <u>바닥면적이 150m² 이상인 지하층 또는 무창층의 작업현장에 설치한다.</u>

116 ▶ 임시소방시설의 종류와 설치기준 등(영 별표 5의2)
3. 임시소방시설과 기능 및 성능이 유사한 소방시설로서 임시소방시설을 설치한 것으로 보는 소방시설
  가. <u>간이소화장치를 설치한 것으로 보는 소방시설</u> : 옥내소화전 또는 소방청장이 정하여 고시하는 기준에 맞는 소화기
  나. 비상경보장치를 설치한 것으로 보는 소방시설 : 비상방송설비 또는 자동화재탐지설비
  다. 간이피난유도선을 설치한 것으로 보는 소방시설 : 피난유도선, 피난구유도등, 통로유도등 또는 비상조명등

정답 115. ② 116. ②

117 다음 중 내진설계기준에 해당하지 않는 것은?
① 옥내소화전설비
② 스프링클러설비
③ 이산화탄소소화설비
④ 옥외소화전설비

[13. 전북]
상 중 **하**
기본서 2권 p.206

118 다음 중 정상적인 작동을 위해 소방시설을 설치하는 내진설계기준으로 옳지 않은 것은?
① 옥내소화전설비
② 포소화설비
③ 물분무소화설비
④ 비상방송설비

[13. 경기]
상 중 **하**
기본서 2권 p.206

해설

117 소방시설의 내진설계기준에서 "대통령령으로 정하는 소방시설"이란 소방시설 중 옥내소화전설비, 스프링클러설비, 물분무등소화설비를 말한다(영 제15조의2 제2항).

118 소방시설의 내진설계기준에서 "대통령령으로 정하는 소방시설"이란 소방시설 중 옥내소화전설비, 스프링클러설비, 물분무등소화설비를 말한다(영 제15조의2 제2항).

정답 117.④ 118.④

119 다음 중 정상적인 작동을 위해 소방시설을 설치하는 내진설계기준으로 옳지 않은 것은?

① 강화액소화설비
② 피난구조설비
③ 이산화탄소소화설비
④ 할로겐화합물 및 불활성기체소화설비

[14. 중앙특]

120 특정소방대상물의 내진설계 대상으로 대통령령으로 정하는 소방시설로 가장 옳은 것은?

① 스프링클러설비 ② 옥외소화전설비
③ 소화용수설비 ④ 제연설비

[17. 중앙]

해설 119 소방시설의 내진설계기준에서 "대통령령으로 정하는 소방시설"이란 소방시설 중 옥내소화전설비, 스프링클러설비, 물분무등소화설비를 말한다(영 제15조의2 제2항).

120 ▸ 소방시설의 내진설계(영 제15조의2)
① 법 제9조의2에서 "대통령령으로 정하는 특정소방대상물"이란 「건축법」 제2조 제1항 제2호에 따른 건축물로서 「지진·화산재해대책법 시행령」 제10조 제1항 각 호에 해당하는 시설을 말한다.
② 법 제9조의2에서 "대통령령으로 정하는 소방시설"이란 소방시설 중 옥내소화전설비, 스프링클러설비, 물분무등소화설비를 말한다.

정답 119.② 120.①

121 내진설계대상 중 대통령령으로 정하는 소방시설로 가장 옳지 않은 것은?
① 옥내소화전설비
② 옥외소화전설비
③ 스프링클러설비
④ 물분무소화설비

[17. 경채]
기본서 2권 p.206

122 특정소방대상물에 소방시설을 설치하려는 자는 지진이 발생할 경우 소방시설이 정상적으로 작동될 수 있도록 소방청장이 정하는 내진설계기준에 맞게 소방시설을 설치하여야 한다. 이에 해당되는 소방시설로 옳은 것은?
① 자동화재탐지설비, 옥외소화전설비, 스프링클러설비
② 자동화재탐지설비, 옥내소화전설비, 스프링클러설비
③ 옥내소화전설비, 옥외소화전설비, 물분무등소화설비
④ 옥내소화전설비, 스프링클러설비, 물분무등소화설비

[18. 하반기 공채]
기본서 2권 p.206

해설 **121** ▶ 소방시설의 내진설계(영 제15조의2)
① 법 제9조의2에서 "대통령령으로 정하는 특정소방대상물"이란 「건축법」 제2조 제1항 제2호에 따른 건축물로서 「지진・화산재해대책법 시행령」 제10조 제1항 각 호에 해당하는 시설을 말한다.
② 법 제9조의2에서 "대통령령으로 정하는 소방시설"이란 소방시설 중 <u>옥내소화전설비, 스프링클러설비, 물분무등소화설비</u>를 말한다.

122 ▶ 소방시설의 내진설계(영 제15조의2)
① 법 제9조의2에서 "대통령령으로 정하는 특정소방대상물"이란 「건축법」 제2조 제1항 제2호에 따른 건축물로서 「지진・화산재해대책법 시행령」 제10조 제1항 각 호에 해당하는 시설을 말한다.
② 법 제9조의2에서 "대통령령으로 정하는 소방시설"이란 소방시설 중 <u>옥내소화전설비, 스프링클러설비, 물분무등소화설비</u>를 말한다.

정답 121.② 122.④

123 「화재예방, 소방시설 설치·유지 및 안전관리에 관한 법률 시행령」상 '분말형태의 소화약제를 사용하는 소화기'의 내용연수로 옳은 것은?

① 10년　　　　　　　　② 15년
③ 20년　　　　　　　　④ 25년

[18. 하반기 경채]
상 중 하
기본서　2권 p.209

124 「화재예방, 소방시설 설치·유지 및 안전관리에 관한 법률 시행령」상 소방용품인 분말형태의 소화약제를 사용하는 소화기의 내용연수로 옳은 것은?

① 10년　　　　　　　　② 15년
③ 20년　　　　　　　　④ 25년

[18. 하반기 공채]
상 중 하
기본서　2권 p.209

해설　**123**　▶ 내용연수 설정 대상 소방용품(영 제15조의4)
① 법 제9조의5 제1항 후단에 따라 내용연수를 설정하여야 하는 소방용품은 분말형태의 소화약제를 사용하는 소화기로 한다.
② 제1항에 따른 소방용품의 내용연수는 <u>10년</u>으로 한다.

124　▶ 내용연수 설정 대상 소방용품(영 제15조의4)
① 법 제9조의5 제1항 후단에 따라 내용연수를 설정하여야 하는 소방용품은 분말형태의 소화약제를 사용하는 소화기로 한다.
② 제1항에 따른 소방용품의 내용연수는 <u>10년</u>으로 한다.

정답　123.①　124.①

125 다음 중 「화재예방, 소방시설 설치·유지 및 안전관리에 관한 법률 시행령」상 인화성 물품을 취급하는 작업 등 대통령령으로 정하는 작업으로 옳지 않은 것은?

① 인화성·가연성·폭발성 물질을 취급하거나 가연성 가스를 발생시키는 작업
② 전열기구, 가열전선 등 열을 발생시키는 기구를 취급하는 작업
③ 용접·용단 등 불꽃을 발생시키거나 화기를 취급하는 작업
④ 행정안전부령으로 정하여 고시하는 폭발성 부유분진을 발생시킬 수 있는 작업

[18. 경채]
기본서 2권 p.211

126 다음 중 대통령령 또는 화재안전기준의 변경으로 강화된 기준을 적용하는 시설이 아닌 것은?

① 소화기구
② 비상경보설비
③ 자동화재속보설비
④ 옥내소화전설비

[11. 서울]
기본서 2권 p.214

해설 125 ▶임시소방시설의 종류 및 설치기준 등(영 제15조의5 제1항)
① 법 제10조의2 제1항에서 "인화성(引火性) 물품을 취급하는 작업 등 대통령령으로 정하는 작업"이란 다음 각 호의 어느 하나에 해당하는 작업을 말한다.
 1. 인화성·가연성·폭발성 물질을 취급하거나 가연성 가스를 발생시키는 작업
 2. 용접·용단 등 불꽃을 발생시키거나 화기를 취급하는 작업
 3. 전열기구, 가열전선 등 열을 발생시키는 기구를 취급하는 작업
 4. <u>소방청장이 정하여 고시하는 폭발성 부유분진을 발생시킬 수 있는 작업</u>
 5. 그 밖에 제1호부터 제4호까지와 비슷한 작업으로 소방청장이 정하여 고시하는 작업

126 ④ 옥내소화전설비는 강화기준으로 적용하지 않는다.

▶강화된 기준으로 적용할 소방시설(법 제11조 제1항)
 1. 소화기구·비상경보설비·자동화재속보설비 및 피난구조설비
 2. 다음 각 목의 지하구에 설치하여야 하는 소방시설
  가. 「국토의 계획 및 이용에 관한 법률」 제2조 제9호에 따른 공동구
  나. 전력 또는 통신사업용 지하구
 3. 노유자시설, 의료시설에 설치하여야 하는 소방시설 중 대통령령으로 정하는 것

▶"대통령령으로 정하는 것"이란 다음 각 호의 어느 하나에 해당하는 설비를 말한다(영 제15조의6).
 1. 노유자(老幼者)시설에 설치하는 간이스프링클러설비, 자동화재탐지설비 및 단독경보형 감지기
 2. 의료시설에 설치하는 스프링클러설비, 간이스프링클러설비, 자동화재탐지설비 및 자동화재속보설비

정답 125.④ 126.④

127 소방시설기준 적용의 특례 중 예외 규정으로 변경 후 강화된 기준을 적용하는 경우로 가장 옳지 않은 것은?

① 방열복
② 공동구에 설치하여야 하는 소방시설
③ 노유자시설에 설치하는 간이스프링클러설비
④ 피난구조시설

[16. 통합]
상 중 하
기본서 2권 p.214

128 소방시설기준 적용의 특례에서 강화된 기준을 적용해야 하는 시설로 옳지 않은 것은?

① 자동화재속보설비
② 노유자시설에 설치하는 스프링클러설비
③ 피난구조설비
④ 비상경보설비

[14. 중앙특]
상 중 하
기본서 2권 p.214

해설

127 ④ 피난구조시설이 아니라 피난구조설비이다.

▶ 소방시설기준 적용의 특례(법 제11조 제1항)
① 소방본부장이나 소방서장은 제9조 제1항 전단에 따른 대통령령 또는 화재안전기준이 변경되어 그 기준이 강화되는 경우 기존의 특정소방대상물(건축물의 신축·개축·재축·이전 및 대수선 중인 특정소방대상물을 포함한다)의 소방시설에 대하여는 변경 전의 대통령령 또는 화재안전기준을 적용한다. 다만, 다음 각 호의 어느 하나에 해당하는 소방시설의 경우에는 대통령령 또는 화재안전기준의 변경으로 강화된 기준을 적용한다.
  1. 다음 소방시설 중 대통령령으로 정하는 것
      가. 소화기구
      나. 비상경보설비
      다. 자동화재속보설비
      라. 피난구조설비
  2. 다음 각 목의 지하구에 설치하여야 하는 소방시설
      가. 「국토의 계획 및 이용에 관한 법률」 제2조 제9호에 따른 공동구
      나. 전력 또는 통신사업용 지하구
  3. 노유자(老幼者)시설, 의료시설에 설치하여야 하는 소방시설 중 대통령령으로 정하는 것

128 ② 노유자시설에 설치하는 간이스프링클러설비는 맞지만 스프링클러설비는 옳지 않다.

▶ 강화된 기준으로 적용할 소방시설(법 제11조 제1항)
1. 소화기구·비상경보설비·자동화재속보설비 및 피난구조설비
2. 다음 각 목의 지하구에 설치하여야 하는 소방시설
    가. 「국토의 계획 및 이용에 관한 법률」 제2조 제9호에 따른 공동구
    나. 전력 또는 통신사업용 지하구
3. 노유자시설, 의료시설에 설치하여야 하는 소방시설 중 대통령령으로 정하는 것

▶ "대통령령으로 정하는 것"이란 다음 각 호의 어느 하나에 해당하는 설비를 말한다(영 제15조의6).
1. 노유자(老幼者)시설에 설치하는 간이스프링클러설비, 자동화재탐지설비 및 단독경보형 감지기
2. 의료시설에 설치하는 스프링클러설비, 간이스프링클러설비, 자동화재탐지설비 및 자동화재속보설비

정답 127.④ 128.②

129 「화재예방, 소방시설 설치·유지 및 안전관리에 관한 법률」 및 같은 법 시행령상 소방서장이 화재안전기준의 변경으로 강화된 기준을 적용하여야 하는 소방시설로 옳은 것을 모두 고르면?

[18. 상반기]
기본서 2권 p.214

> 가. 소화기구
> 나. 피난구조설비
> 다. 자동화재탐지설비
> 라. 노유자시설 스프링클러설비, 자동화재탐지설비
> 마. 의료시설 간이스프링클러설비, 자동화재속보설비

① 가, 나, 마
② 가, 다, 라
③ 나, 라, 마
④ 나, 다, 라

해설 129

다. 자동화재탐지설비
　→ 노유자시설에 설치하는 자동화재탐지설비, 의료시설에 설치하는 자동화재탐지설비
라. 노유자시설 ~~스프링클러설비~~, 자동화재탐지설비
　→ 간이스프링클러설비

▶ 소방시설기준 적용의 특례(법 제11조 제1항)
① 소방본부장이나 소방서장은 제9조 제1항 전단에 따른 대통령령 또는 화재안전기준이 변경되어 그 기준이 강화되는 경우 기존의 특정소방대상물(건축물의 신축·개축·재축·이전 및 대수선 중인 특정소방대상물을 포함한다)의 소방시설에 대하여는 변경 전의 대통령령 또는 화재안전기준을 적용한다. 다만, 다음 각 호의 어느 하나에 해당하는 소방시설의 경우에는 대통령령 또는 화재안전기준의 변경으로 강화된 기준을 적용한다.
　1. 다음 소방시설 중 대통령령으로 정하는 것
　　가. 소화기구
　　나. 비상경보설비
　　다. 자동화재속보설비
　　라. 피난구조설비
　2. 다음 각 목의 지하구에 설치하여야 하는 소방시설
　　가. 「국토의 계획 및 이용에 관한 법률」 제2조 제9호에 따른 공동구
　　나. 전력 또는 통신사업용 지하구
　3. 노유자(老幼者)시설, 의료시설에 설치하여야 하는 소방시설 중 대통령령으로 정하는 것

▶ 강화된 소방시설기준의 적용대상(영 제15조의6)
법 제11조 제1항 제3호에서 "대통령령으로 정하는 것"이란 다음 각 호의 어느 하나에 해당하는 설비를 말한다.
1. 노유자(老幼者)시설에 설치하는 간이스프링클러설비, 자동화재탐지설비 및 단독경보형 감지기
2. 의료시설에 설치하는 스프링클러설비, 간이스프링클러설비, 자동화재탐지설비 및 자동화재속보설비

정답 129.①

130 「화재예방, 소방시설 설치·유지 및 안전관리에 관한 법률」 및 같은 법 시행령 상 노유자시설 및 의료시설의 경우 강화된 소방시설기준의 적용대상이다. 이에 해당하는 소방설비의 연결이 옳지 않은 것은?

① 노유자시설에 설치하는 간이스프링클러설비
② 노유자시설에 설치하는 비상방송설비
③ 의료시설에 설치하는 스프링클러설비
④ 의료시설에 설치하는 자동화재탐지설비

131 다음 설명 중 괄호 안에 들어갈 내용으로 알맞은 것은?

> 소방본부장 또는 소방서장은 특정소방대상물이 ( )되는 경우에는 기존 부분을 포함한 특정소방대상물의 전체에 대하여 ( ) 당시의 소방시설의 설치에 관한 대통령령 또는 화재안전기준을 적용하여야 한다.

① 신축   ② 증축
③ 개축   ④ 용도변경

해설

130 ▶ 강화된 소방시설기준의 적용대상(영 제15조의6)
법 제11조 제1항 제3호에서 "대통령령으로 정하는 것"이란 다음 각 호의 어느 하나에 해당하는 설비를 말한다
1. 노유자(老幼者)시설에 설치하는 간이스프링클러설비, 자동화재탐지설비 및 단독경보형감지기
2. 의료시설에 설치하는 스프링클러설비, 간이스프링클러설비, 자동화재탐지설비 및 자동화재속보설비

131 ② 소방본부장 또는 소방서장은 특정소방대상물이 (증축)되는 경우에는 기존 부분을 포함한 특정소방대상물의 전체에 대하여 (증축) 당시의 소방시설의 설치에 관한 대통령령 또는 화재안전기준을 적용하여야 한다(영 제17조 제1항).

정답 130.② 131.②

132 다음 중 소방시설기준 적용의 특례에 대한 설명으로 옳지 않은 것은?

① 특정소방대상물이 증축되는 경우에는 기존 부분을 포함한 특정소방대상물의 전체에 대하여 증축 당시의 소방시설의 설치에 관한 대통령령 또는 화재안전기준을 적용하여야 한다.
② 기존 부분과 증축 부분이 내화구조로 된 바닥과 벽으로 구획된 경우에는 기존 부분에 대해서는 증축 당시의 소방시설의 설치에 관한 대통령령 또는 화재안전기준을 적용하지 않는다.
③ 용도 변경되는 경우에는 건물 전체에 대하여 용도변경 당시의 소방시설의 설치에 관한 대통령령 또는 화재안전기준을 적용한다.
④ 용도변경으로 인하여 천장·바닥·벽 등에 고정되어 있는 가연성 물질의 양이 줄어드는 경우에는 특정소방대상물 전체에 대하여 용도변경 전에 해당 특정소방대상물에 적용되던 소방시설의 설치에 관한 대통령령 또는 화재안전기준을 적용한다.

[18. 경채]

기본서 2권 p.214~215

해설 132 ③ 용도 변경되는 경우에는 용도 변경되는 부분에 대해서만 용도변경 당시의 소방시설의 설치에 관한 대통령령 또는 화재안전기준을 적용한다.

▶ 특정소방대상물의 증축 또는 용도변경 시의 소방시설기준 적용의 특례(영 제17조)
① 법 제11조 제3항에 따라 소방본부장 또는 소방서장은 특정소방대상물이 증축되는 경우에는 기존 부분을 포함한 특정소방대상물의 전체에 대하여 증축 당시의 소방시설의 설치에 관한 대통령령 또는 화재안전기준을 적용해야 한다. 다만, 다음 각 호의 어느 하나에 해당하는 경우에는 기존 부분에 대해서는 증축 당시의 소방시설의 설치에 관한 대통령령 또는 화재안전기준을 적용하지 않는다.
  1. 기존 부분과 증축 부분이 내화구조(耐火構造)로 된 바닥과 벽으로 구획된 경우
  2. 기존 부분과 증축 부분이 「건축법 시행령」 제46조 제1항 제2호에 따른 방화문 또는 자동방화셔터로 구획되어 있는 경우
  3. 자동차 생산공장 등 화재 위험이 낮은 특정소방대상물 내부에 연면적 33제곱미터 이하의 직원 휴게실을 증축하는 경우
  4. 자동차 생산공장 등 화재 위험이 낮은 특정소방대상물에 캐노피(기둥으로 받치거나 매달아 놓은 덮개를 말하며, 3면 이상에 벽이 없는 구조의 것을 말한다)를 설치하는 경우
② 법 제11조 제3항에 따라 소방본부장 또는 소방서장은 특정소방대상물이 용도 변경되는 경우에는 용도 변경되는 부분에 대해서만 용도변경 당시의 소방시설의 설치에 관한 대통령령 또는 화재안전기준을 적용한다. 다만, 다음 각 호의 어느 하나에 해당하는 경우에는 특정소방대상물 전체에 대하여 용도변경 전에 해당 특정소방대상물에 적용되던 소방시설의 설치에 관한 대통령령 또는 화재안전기준을 적용한다.
  1. 특정소방대상물의 구조·설비가 화재연소 확대 요인이 적어지거나 피난 또는 화재진압활동이 쉬워지도록 변경되는 경우
  2. 문화 및 집회시설 중 공연장·집회장·관람장, 판매시설, 운수시설, 창고시설 중 물류터미널이 불특정 다수인이 이용하는 것이 아닌 일정한 근무자가 이용하는 용도로 변경되는 경우
  3. 용도변경으로 인하여 천장·바닥·벽 등에 고정되어 있는 가연성 물질의 양이 줄어드는 경우
  4. 「다중이용업소의 안전관리에 관한 특별법」 제2조 제1항 제1호에 따른 다중이용업소(이하 "다중이용업소"라 한다), 문화 및 집회시설, 종교시설, 판매시설, 운수시설, 의료시설, 노유자시설, 수련시설, 운동시설, 숙박시설, 위락시설, 창고시설 중 물류터미널, 위험물 저장 및 처리 시설 중 가스시설, 장례식장이 각각 이 호에 규정된 시설 외의 용도로 변경되는 경우

정답 132. ③

133 「화재예방, 소방시설 설치·유지 및 안전관리에 관한 법률 시행령」상 밑줄 친 각 호에 해당되지 않는 것은?

> 소방본부장 또는 소방서장은 특정소방대상물이 증축되는 경우에는 기존 부분을 포함한 특정소방대상물의 전체에 대하여 증축 당시의 소방시설의 설치에 관한 대통령령 또는 화재안전기준을 적용하여야 한다. 다만, 다음 각 호의 어느 하나에 해당하는 경우에는 기존 부분에 대해서는 증축 당시의 소방시설의 설치에 관한 대통령령 또는 화재안전기준을 적용하지 않는다.

① 기존 부분과 증축 부분이 내화구조로 된 바닥과 벽으로 구획된 경우
② 기존 부분과 증축 부분이 「건축법 시행령」 제46조 제1항 제2호에 따른 방화문 또는 자동방화셔터로 구획되어 있는 경우
③ 자동차 생산공장 등 화재 위험이 낮은 특정소방대상물 내부에 연면적 100제곱미터 이하의 직원 휴게실을 증축하는 경우
④ 자동차 생산공장 등 화재 위험이 낮은 특정소방대상물에 캐노피(기둥으로 받치거나 매달아 놓은 덮개를 말하며, 3면 이상에 벽이 없는 구조의 것을 말한다)를 설치하는 경우

[19. 상반기 경채]
상 중 하
기본서 2권 p.215

해설 133 ③ 자동차 생산공장 등 화재 위험이 낮은 특정소방대상물 내부에 연면적 33제곱미터 이하의 직원 휴게실을 증축하는 경우(영 제17조 제1항 제3호)

▶ 특정소방대상물의 증축 또는 용도변경 시의 소방시설기준 적용의 특례(영 제17조 제1항)
① 법 제11조 제3항에 따라 소방본부장 또는 소방서장은 특정소방대상물이 증축되는 경우에는 기존 부분을 포함한 특정소방대상물의 전체에 대하여 증축 당시의 소방시설의 설치에 관한 대통령령 또는 화재안전기준을 적용해야 한다. 다만, 다음 각 호의 어느 하나에 해당하는 경우에는 기존 부분에 대해서는 증축 당시의 소방시설의 설치에 관한 대통령령 또는 화재안전기준을 적용하지 않는다.
1. 기존 부분과 증축 부분이 내화구조(耐火構造)로 된 바닥과 벽으로 구획된 경우
2. 기존 부분과 증축 부분이 「건축법 시행령」 제46조 제1항 제2호에 따른 방화문 또는 자동방화셔터로 구획되어 있는 경우
3. 자동차 생산공장 등 화재 위험이 낮은 특정소방대상물 내부에 연면적 33제곱미터 이하의 직원 휴게실을 증축하는 경우
4. 자동차 생산공장 등 화재 위험이 낮은 특정소방대상물에 캐노피(기둥으로 받치거나 매달아 놓은 덮개를 말하며, 3면 이상에 벽이 없는 구조의 것을 말한다)를 설치하는 경우

정답 133.③

134 「화재예방, 소방시설 설치·유지 및 안전관리에 관한 법률 시행령」상 특정소방대상물이 증축되는 경우, 원칙적으로 소방시설기준 적용에 관한 설명으로 옳은 것은?

① 기존 부분을 포함한 특정소방대상물의 전체에 대하여 증축 전 소방시설의 설치에 관한 대통령령 또는 화재안전기준을 적용하여야 한다.

② 기존 부분은 증축 전에 적용되던 소방시설의 설치에 관한 대통령령 또는 화재안전기준을 적용하고 증축 부분은 증축 당시의 소방시설의 설치에 관한 대통령령 또는 화재안전기준을 적용하여야 한다.

③ 증축 부분은 증축 전에 적용되던 소방시설의 설치에 관한 대통령령 또는 화재안전기준을 적용하고 기존 부분은 증축 당시의 소방시설의 설치에 관한 대통령령 또는 화재안전기준을 적용하여야 한다.

④ 기존 부분을 포함한 특정소방대상물의 전체에 대하여 증축 당시의 소방시설의 설치에 관한 대통령령 또는 화재안전기준을 적용하여야 한다.

[20. 공채]

해설 134 ▶ 특정소방대상물의 증축 또는 용도변경 시의 소방시설기준 적용의 특례(영 제17조 제1항)
① 법 제11조 제3항에 따라 소방본부장 또는 소방서장은 특정소방대상물이 증축되는 경우에는 기존 부분을 포함한 특정소방대상물의 전체에 대하여 증축 당시의 소방시설의 설치에 관한 대통령령 또는 화재안전기준을 적용하여야 한다. 다만, 다음 각 호의 어느 하나에 해당하는 경우에는 기존 부분에 대해서는 증축 당시의 소방시설의 설치에 관한 대통령령 또는 화재안전기준을 적용하지 아니한다.

정답 134.④

135. 「화재예방, 소방시설 설치·유지 및 안전관리에 관한 법률 시행령」상 특정소방대상물의 소방시설 설치면제 기준으로 옳지 않은 것은?

① 간이스프링클러설비를 설치하여야 하는 특정소방대상물에 분말소화설비를 화재안전기준에 적합하게 설치한 경우에는 그 설비의 유효범위에서 설치가 면제된다.
② 비상경보설비를 설치하여야 할 특정소방대상물에 단독경보형감지기를 2개 이상의 단독경보형감지기와 연동하여 설치하는 경우에는 그 설비의 유효범위에서 설치가 면제된다.
③ 비상조명등을 설치하여야 하는 특정소방대상물에 피난구유도등 또는 통로유도등을 화재안전기준에 적합하게 설치한 경우에는 그 유도등의 유효범위에서 설치가 면제된다.
④ 누전경보기를 설치하여야 하는 특정소방대상물 또는 그 부분에 아크경보기 또는 전기 관련 법령에 따른 지락차단장치를 설치한 경우에는 그 설비의 유효범위에서 설치가 면제된다.

[20. 경채]

기본서 2권 p.217, p.335~336

해설 135. ① 간이스프링클러설비를 설치하여야 하는 특정소방대상물에 스프링클러설비, 물분무소화설비 또는 미분무소화설비를 화재안전기준에 적합하게 설치한 경우에는 그 설비의 유효범위에서 설치가 면제된다.

▶ 특정소방대상물의 소방시설 설치의 면제기준(영 별표 6)

설치가 면제되는 소방시설	설치면제 기준
3. 간이스프링클러설비	간이스프링클러설비를 설치하여야 하는 특정소방대상물에 스프링클러설비, 물분무소화설비 또는 미분무소화설비를 화재안전기준에 적합하게 설치한 경우에는 그 설비의 유효범위에서 설치가 면제된다.
5. 비상경보설비	비상경보설비를 설치하여야 할 특정소방대상물에 단독경보형 감지기를 2개 이상의 단독경보형감지기와 연동하여 설치하는 경우에는 그 설비의 유효범위에서 설치가 면제된다.
10. 비상조명등	비상조명등을 설치하여야 하는 특정소방대상물에 피난구유도등 또는 통로유도등을 화재안전기준에 적합하게 설치한 경우에는 그 유도등의 유효범위에서 설치가 면제된다.
11. 누전경보기	누전경보기를 설치하여야 하는 특정소방대상물 또는 그 부분에 아크경보기(옥내 배전선로의 단선이나 선로 손상 등으로 인하여 발생하는 아크를 감지하고 경보하는 장치를 말한다) 또는 전기 관련 법령에 따른 지락차단장치를 설치한 경우에는 그 설비의 유효범위에서 설치가 면제된다.

정답 135. ①

136 「화재예방, 소방시설 설치·유지 및 안전관리에 관한 법률 시행령」상 '유사한 소방시설의 설치 면제의 기준'에 대한 설명이다. ( ) 안의 내용으로 옳게 연결된 것은?

> 간이스프링클러를 설치하여야 하는 특정소방대상물에 (㉠), (㉡), 또는 미분무소화설비를 화재안전기준에 적합하게 설치한 경우에는 그 설비의 유효범위에서 설치가 면제된다.

	㉠	㉡
①	스프링클러설비	옥내소화전설비
②	포소화설비	물분무소화설비
③	스프링클러설비	물분무소화설비
④	포소화설비	옥내소화전설비

[18. 하반기 경채]

해설 136
▶ 특정소방대상물의 소방시설 설치의 면제기준(영 별표 6)
간이스프링클러설비를 설치하여야 하는 특정소방대상물에 스프링클러설비, 물분무소화설비 또는 미분무소화설비를 화재안전기준에 적합하게 설치한 경우에는 그 설비의 유효범위에서 설치가 면제된다.

정답 136.③

137 다음 중 중앙소방기술심의위원회의 업무가 아닌 것은?
① 화재안전기준에 관한 사항
② 소방시설의 설계 및 공사감리의 방법에 관한 사항
③ 소방시설에 하자가 있는지의 판단에 관한 사항
④ 소방시설의 구조 및 원리 등에서 공법이 특수한 설계 및 시공에 관한 사항

[11. 서울]

138 다음 중 중앙소방기술심의위원회 심의로서 틀린 것은?
① 소방시설에 하자가 있는지의 판단에 관한 사항
② 소방시설의 구조 및 원리 등에서 공법이 특수한 설계 및 시공에 관한 사항
③ 소방시설의 설계 및 공사감리의 방법에 관한 사항
④ 소방시설공사의 하자를 판단하는 기준에 관한 사항

[13. 경기]

해설 137 ③ 지방소방기술심의위원회의 심의사항에 해당한다(법 제11조의2 제2항).

▶ 중앙소방기술심의위원회의 심의사항(법 제11조의2 제1항, 영 제18조의2 제1항)
- 화재안전기준에 관한 사항
- 소방시설의 구조와 원리 등에 있어서 공법이 특수한 설계 및 시공에 관한 사항
- 소방시설의 설계 및 공사감리의 방법에 관한 사항
- 소방시설공사의 하자를 판단기준에 관한 사항
- 연면적 10만 제곱미터 이상의 특정소방대상물에 설치된 소방시설의 설계·시공·감리의 하자 유무에 관한 사항
- 새로운 소방시설과 소방용품 등의 도입 여부에 관한 사항
- 그 밖에 소방기술과 관련하여 소방청장이 심의에 부치는 사항

138 ① 지방소방기술심의위원회의 심의에 해당한다(법 제11조의2 제2항).

정답 137.③ 138.①

139 다음 중 중앙소방기술심의위원회의 심의사항으로 가장 옳지 않은 것은?

① 화재안전기준에 관한 사항
② 소방시설의 구조 및 원리 등에서 공법이 특수한 설계 및 시공에 관한 사항
③ 소방시설의 설계 및 공사감리의 방법에 관한 사항
④ 소방시설에 하자가 있는지의 판단에 관한 사항

[17. 경채]

기본서 2권 p.218

140 「화재예방, 소방시설 설치·유지 및 안전관리에 관한 법률」 및 같은 법 시행령상 중앙소방기술심의위원회의 심의사항에 관한 내용 중 옳지 않은 것은?

① 화재안전기준, 공법이 특수한 설계 및 시공에 관한 사항
② 소방시설공사의 하자를 판단하는 기준에 관한 사항
③ 연면적 10만m² 이상의 특정소방대상물에 설치된 소방시설의 설계·시공·감리의 하자 유무에 관한 사항
④ 소방본부장 또는 소방서장이 심의에 부치는 사항

[18. 하반기 경채]

기본서 2권 p.218

해설 139
▶ 소방기술심의위원회(법 제11조의2)
① 다음 각 호의 사항을 심의하기 위하여 소방청에 중앙소방기술심의위원회(이하 "중앙위원회"라 한다)를 둔다.
  1. 화재안전기준에 관한 사항
  2. 소방시설의 구조 및 원리 등에서 공법이 특수한 설계 및 시공에 관한 사항
  3. 소방시설의 설계 및 공사감리의 방법에 관한 사항
  4. 소방시설공사의 하자를 판단하는 기준에 관한 사항
  5. 그 밖에 소방기술 등에 관하여 대통령령으로 정하는 사항
② 다음 각 호의 사항을 심의하기 위하여 특별시·광역시·특별자치시·도 및 특별자치도에 지방소방기술심의위원회(이하 "지방위원회"라 한다)를 둔다.
  1. 소방시설에 하자가 있는지의 판단에 관한 사항
  2. 그 밖에 소방기술 등에 관하여 대통령령으로 정하는 사항
③ 제1항과 제2항에 따른 중앙위원회 및 지방위원회의 구성·운영에 필요한 사항은 대통령령으로 정한다.

140 ④ 소방청장이 심의에 부치는 사항

▶ 중앙소방기술심의위원회 심의사항(법 제11조의2 제1항)
1. 화재안전기준에 관한 사항
2. 소방시설의 구조 및 원리 등에서 공법이 특수한 설계 및 시공에 관한 사항
3. 소방시설의 설계 및 공사감리의 방법에 관한 사항
4. 소방시설공사의 하자를 판단하는 기준에 관한 사항
5. 그 밖에 소방기술 등에 관하여 대통령령으로 정하는 사항

▶ 대통령령으로 정하는 중앙소방기술심의위원회 심의사항(영 제18조의2 제1항)
1. 연면적 10만 제곱미터 이상의 특정소방대상물에 설치된 소방시설의 설계·시공·감리의 하자 유무에 관한 사항
2. 새로운 소방시설과 소방용품 등의 도입 여부에 관한 사항
3. 그 밖에 소방기술과 관련하여 소방청장이 심의에 부치는 사항

정답 139.④ 140.④

141 「화재예방, 소방시설 설치·유지 및 안전관리에 관한 법률」 및 같은 법 시행령상 지방소방기술심의위원회의 심의사항으로 옳은 것은?

① 화재안전기준에 관한 사항
② 소방시설의 구조 및 원리 등에서 공법이 특수한 설계 및 시공에 관한 사항
③ 소방시설의 설계 및 공사감리의 방법에 관한 사항
④ 연면적 10만 제곱미터 미만의 특정소방대상물에 설치된 소방시설의 설계·시공·감리의 하자 유무에 관한 사항

[19. 상반기 경채]
기본서 2권 p.218

142 다음 중 소방대상물의 방염에 관한 기준이 아닌 것은?

① 방염성능 기준은 탄화한 면적 50cm² 이내, 탄화한 길이 20cm 이내로 한다.
② 11층 이상 아파트는 방염대상물이다.
③ 노래연습장은 방염성능기준에 의한 방염물품을 실내장식물로 하여야 한다.
④ 숙박시설의 침구류는 방염처리된 물품을 권장할 수 있다.

[11. 부산]
기본서 2권 p.221~222

해설

141 ④ 연면적 10만 제곱미터 미만의 특정소방대상물에 설치된 소방시설의 설계·시공·감리의 하자유무에 관한 사항 – 지방위원회(영 제18조의2 제2항 제1호)
① 화재안전기준에 관한 사항 – 중앙위원회(법 제11조의2 제1항 제1호)
② 소방시설의 구조 및 원리 등에서 공법이 특수한 설계 및 시공에 관한 사항 – 중앙위원회(법 제11조의2 제1항 제2호)
③ 소방시설의 설계 및 공사감리의 방법에 관한 사항 – 중앙위원회(법 제11조의2 제1항 제3호)

142 ② 11층 이상 특정소방대상물(아파트 제외)에 해당된다. 참고로 노래연습장은 다중이용업의 영업장에 포함된다(영 제19조~제20조).

정답 141.④ 142.②

143 방염성능기준 이상의 실내장식물 등을 설치하여야 하는 특정소방대상물이 아닌 것은?

① 방송국
② 의료시설
③ 연구소 실험실
④ 다중이용업소

[12. 중앙]
상 중 하
기본서 2권 p.221

144 방염성능기준 이상의 실내장식물 등을 설치하여야 하는 특정소방대상물로 옳지 않은 것은?

① 문화 및 집회시설
② 의료시설
③ 노유자시설
④ 운동시설(수영장)

[17. 경채]
상 중 하
기본서 2권 p.221

해설

143 ③ 연구소 실험실은 방염대상물이 아니다.

▶ 방염성능기준 이상의 실내장식물 등을 설치하여야 하는 특정소방대상물(영 제19조)
법 제12조 제1항에서 "대통령령으로 정하는 특정소방대상물"이란 다음 각 호의 어느 하나에 해당하는 것을 말한다.
1. 근린생활시설 중 의원, 조산원, 산후조리원, 체력단련장, 공연장 및 종교집회장
2. 건축물의 옥내에 있는 시설로서 다음 각 목의 시설
   가. 문화 및 집회시설
   나. 종교시설
   다. 운동시설(수영장은 제외한다)
3. 의료시설
4. 교육연구시설 중 합숙소
5. 노유자시설
6. 숙박이 가능한 수련시설
7. 숙박시설
8. 방송통신시설 중 방송국 및 촬영소
9. 다중이용업소
10. 제1호부터 제9호까지의 시설에 해당하지 않는 것으로서 층수가 11층 이상인 것(아파트는 제외한다)

144 ▶ 방염성능기준 이상의 실내장식물 등을 설치하여야 하는 특정소방대상물(영 제19조)
법 제12조 제1항에서 "대통령령으로 정하는 특정소방대상물"이란 다음 각 호의 어느 하나에 해당하는 것을 말한다.
1. 근린생활시설 중 의원, 조산원, 산후조리원, 체력단련장, 공연장 및 종교집회장
2. 건축물의 옥내에 있는 시설로서 다음 각 목의 시설
   가. 문화 및 집회시설
   나. 종교시설
   다. 운동시설(수영장은 제외한다)
3. 의료시설
4. 교육연구시설 중 합숙소
5. 노유자시설
6. 숙박이 가능한 수련시설
7. 숙박시설
8. 방송통신시설 중 방송국 및 촬영소
9. 다중이용업소
10. 제1호부터 제9호까지의 시설에 해당하지 않는 것으로서 층수가 11층 이상인 것(아파트는 제외한다)

정답 143.③ 144.④

145 다음 중 방염대상물에 해당하지 않는 것은?
① 숙박시설
② 노유자시설
③ 의료시설
④ 층수가 11층 이상인 모든 특정소방대상물

146 방염성능기준으로 틀린 것은?
① 불꽃에 의해 완전히 녹을 때까지 불꽃의 접촉횟수는 5회 이상
② 불꽃을 올리지 아니하고 연소상태가 그칠 때까지의 시간은 30초 이내
③ 탄화한 면적 50cm² 이내, 길이 20cm 이내
④ 발연량을 측정하는 경우 최대 연기밀도는 400 이하의 기준으로 한다.

[13. 중앙특]
기본서 2권 p.221

[11. 울산]
기본서 2권 p.222

해설 145 ▶ 방염성능기준 이상의 실내장식물 등을 설치하여야 하는 특정소방대상물(영 제19조)
법 제12조 제1항에서 "대통령령으로 정하는 특정소방대상물"이란 다음 각 호의 어느 하나에 해당하는 것을 말한다.
1. 근린생활시설 중 의원, 조산원, 산후조리원, 체력단련장, 공연장 및 종교집회장
2. 건축물의 옥내에 있는 시설로서 다음 각목의 시설
   가. 문화 및 집회시설
   나. 종교시설
   다. 운동시설(수영장은 제외한다)
3. 의료시설
4. 교육연구시설 중 합숙소
5. 노유자시설
6. 숙박이 가능한 수련시설
7. 숙박시설
8. 방송통신시설 중 방송국 및 촬영소
9. 다중이용업소
10. 제1호부터 제9호까지의 시설에 해당하지 않는 것으로서 층수가 11층 이상인 것(아파트는 제외한다)

146 ① 접촉횟수는 3회 이상이다.

▶ 방염성능기준(영 제20조 제2항)
1. 버너의 불꽃을 제거한 때부터 불꽃을 올리고 연소상태가 그칠 때까지의 시간은 20초 이내(잔염)
2. 버너의 불꽃을 제거한 때부터 불꽃을 올리지 아니하고 연소상태가 그칠 때까지의 시간은 30초 이내. – 잔신(잔진)
3. 탄화한 길이 20cm 이내. 탄화한 면적 50cm² 이내.
4. 불꽃에 의해 완전히 녹을 때까지 불꽃의 접촉횟수는 3회 이상
5. 발연량을 측정하는 경우 최대 연기밀도는 400 이하의 기준으로 한다.

정답 145.④ 146.①

147 다음 중 대통령령이 정하는 방염대상물품이 아닌 것은?

① 암막, 무대막
② 커튼류(블라인드 포함)
③ 무대용·전시용 합판 및 섬유판
④ 10cm 이하의 반자돌림대

[11. 서울]
상 중 하
기본서 2권 p.222

148 다음 중 방염성능기준으로 옳지 않은 것은?

① 탄화한 면적 50cm² 이내, 탄화한 길이 20cm 이내로 한다.
② 불꽃에 의해 완전히 녹을 때까지 불꽃접촉 횟수는 3회 이상
③ 버너의 불꽃을 올리고 연소상태가 그칠 때까지 30초 이내
④ 발연량을 측정하는 경우 최대 연기밀도는 400 이내로 한다.

[11. 전남]
상 중 하
기본서 2권 p.222

해설 147 ④ 너비 10센티미터 이하인 반자돌림대는 방염대상물품에 포함되지 않는다.

▶ **대통령령으로 정하는 방염대상물품(영 제20조 제1항)**
1. 제조 또는 가공 공정에서 방염처리를 한 물품
   가. 창문에 설치하는 커튼류(블라인드를 포함한다)
   나. 카펫, 두께가 2밀리미터 미만인 벽지류(종이벽지는 제외한다)
   다. 전시용 합판 또는 섬유판, 무대용 합판 또는 섬유판
   라. 암막·무대막(스크린을 포함한다)
   마. 섬유류 또는 합성수지류 등을 원료로 하여 제작된 소파·의자(「다중이용업소의 안전관리에 관한 특별법 시행령」에 따른 단란주점영업, 유흥주점영업 및 노래연습장업의 영업장에 설치하는 것만 해당한다)
2. 건축물 내부의 천장이나 벽에 부착하거나 설치하는 것. 다만, 가구류와 너비 10센티미터 이하인 반자돌림대 등과 내부 마감재료는 제외한다.
   가. 종이류(두께 2밀리미터 이상인 것)·합성수지류 또는 섬유류를 주원료로 한 물품
   나. 합판이나 목재
   다. 공간을 구획하기 위하여 설치하는 간이 칸막이
   라. 흡음(吸音)이나 방음(防音)을 위하여 설치하는 흡음재(흡음용 커튼을 포함한다) 또는 방음재(방음용 커튼을 포함한다)

148 ③ 버너의 불꽃을 제거한 때부터 불꽃을 올리고 연소상태가 그칠 때까지의 시간은 20초 이내

▶ **방염성능기준(영 제20조 제2항)**
1. 버너의 불꽃을 제거한 때부터 불꽃을 올리고 연소상태가 그칠 때까지의 시간은 20초 이내(잔염)
2. 버너의 불꽃을 제거한 때부터 불꽃을 올리지 아니하고 연소상태가 그칠 때까지의 시간은 30초 이내. - 잔신(잔진)
3. 탄화한 길이 20cm 이내, 탄화한 면적 50cm² 이내.
4. 불꽃에 의해 완전히 녹을 때까지 불꽃의 접촉횟수는 3회 이상
5. 발연량을 측정하는 경우 최대 연기밀도는 400 이하의 기준으로 한다.

정답 147.④ 148.③

149 다음 중 방염대상물품이 아닌 것은?
① 커튼류(블라인드 포함)
② 침구류·소파
③ 암막·무대막
④ 전시용 합판 또는 섬유판

150 다음 중 방염성능기준에 관하여 맞는 것은?
① 버너의 불꽃을 제거한 때부터 불꽃을 올리며 연소하는 상태가 그칠 때까지 시간은 10초 이내일 것
② 버너의 불꽃을 제거한 때부터 불꽃을 올리지 아니하고 연소하는 상태가 그칠 때까지 시간은 30초 이내일 것
③ 탄화한 면적은 20cm² 이내, 탄화한 길이는 50cm 이내일 것
④ 소방청장이 정하여 고시한 방법으로 발연량을 측정하는 경우 최대연기밀도는 700 이하일 것

해설 149 ② 다중이용업소, 의료시설, 노유자시설, 숙박시설 또는 장례식장에서 사용하는 침구류·소파 및 의자와 건축물 내부의 천장 또는 벽에 부착하거나 설치하는 가구류는 방염처리된 물품을 사용하도록 권장할 수 있다(영 제20조 제3항).

▶ 대통령령으로 정하는 방염대상물품(영 제20조 제1항)
1. 제조 또는 가공 공정에서 방염처리를 한 물품
   가. 창문에 설치하는 커튼류(블라인드를 포함한다)
   나. 카펫, 두께가 2밀리미터 미만인 벽지류(종이벽지는 제외한다)
   다. 전시용 합판 또는 섬유판, 무대용 합판 또는 섬유판
   라. 암막·무대막(스크린을 포함한다)
   마. 섬유류 또는 합성수지류 등을 원료로 하여 제작된 소파·의자(「다중이용업소의 안전관리에 관한 특별법 시행령」에 따른 단란주점영업, 유흥주점영업 및 노래연습장업의 영업장에 설치하는 것만 해당한다)
2. 건축물 내부의 천장이나 벽에 부착하거나 설치하는 것. 다만, 가구류와 너비 10센티미터 이하인 반자돌림대 등과 내부 마감재료는 제외한다.
   가. 종이류(두께 2밀리미터 이상인 것)·합성수지류 또는 섬유류를 주원료로 한 물품
   나. 합판이나 목재
   다. 공간을 구획하기 위하여 설치하는 간이 칸막이
   라. 흡음(吸音)이나 방음(防音)을 위하여 설치하는 흡음재(흡음용 커튼을 포함한다) 또는 방음재(방음용 커튼을 포함한다)

150 ② 버너의 불꽃을 제거한 때부터 불꽃을 올리지 아니하고 연소하는 상태가 그칠 때까지 시간은 30초 이내일 것(영 제20조 제2항 제2호)
① 버너의 불꽃을 제거한 때부터 불꽃을 올리며 연소하는 상태가 그칠 때까지 시간은 20초 이내일 것(영 제20조 제2항 제1호)
③ 탄화한 길이 20cm 이내, 탄화한 면적 50cm² 이내(영 제20조 제2항 제3호)
④ 발연량을 측정하는 경우 최대연기밀도는 400 이하의 기준으로 한다(영 제20조 제2항 제5호).

정답 149.② 150.②

151 소방본부장 또는 소방서장은 방염물품 외에 노유자시설, 다중이용업소·숙박시설·의료시설·장례식장에서 사용하는 물건에 대하여 방염처리가 필요하다고 인정되는 경우에는 방염처리된 제품을 사용하도록 권장할 수 있다. 이에 해당하지 않는 것은?
① 의자
② 소파
③ 섬유판
④ 침구류

[13. 전북]
기본서 2권 p.222

152 방염성능기준으로 틀린 것은?
① 불꽃에 의해 완전히 녹을 때까지 불꽃의 접촉횟수는 5회 이상
② 불꽃을 올리지 아니하고 연소상태가 그칠 때까지의 시간은 30초 이내
③ 탄화한 면적 50cm² 이내, 길이 20cm 이내
④ 발연량을 측정하는 경우 최대 연기밀도는 400 이하의 기준으로 한다.

[13. 경기]
기본서 2권 p.222

해설 151 ③ 섬유판은 권장물품이 아니다.

▶ 방염대상물품 및 방염성능기준(영 제20조 제3항)
③ 소방본부장 또는 소방서장은 제1항에 따른 물품 외에 다음 각 호의 어느 하나에 해당하는 물품의 경우에는 방염처리된 물품을 사용하도록 권장할 수 있다.
1. 다중이용업소, 의료시설, 노유자시설, 숙박시설 또는 장례식장에서 사용하는 침구류·소파 및 의자
2. 건축물 내부의 천장 또는 벽에 부착하거나 설치하는 가구류

152 ① 접촉횟수는 3회 이상이다(영 제20조 제2항 제4호).

정답 151.③ 152.①

153. 다음 중 방염성능기준으로 옳지 않은 것은?

① 불꽃에 의해 완전히 녹을 때까지 불꽃의 접촉횟수는 3회 이상일 것
② 버너의 불꽃을 제거한 때부터 불꽃을 올리고 연소상태가 그칠 때까지의 시간은 20초 이내일 것
③ 버너의 불꽃을 제거한 때부터 불꽃을 올리지 아니하고 연소상태가 그칠 때까지 시간은 30초 이내일 것
④ 탄화한 면적은 50제곱센티미터 이내, 탄화한 길이는 30센티미터 이내일 것

[17. 중앙]

기본서 2권 p.222

해설 153 ▶ 방염대상물품 및 방염성능기준(영 제20조 제2항)

② 법 제12조 제3항에 따른 방염성능기준은 다음 각 호의 기준에 따르되, 제1항에 따른 방염대상물품의 종류에 따른 구체적인 방염성능기준은 다음 각 호의 기준의 범위에서 소방청장이 정하여 고시하는 바에 따른다.
 1. 버너의 불꽃을 제거한 때부터 불꽃을 올리며 연소하는 상태가 그칠 때까지 시간은 20초 이내일 것
 2. 버너의 불꽃을 제거한 때부터 불꽃을 올리지 아니하고 연소하는 상태가 그칠 때까지 시간은 30초 이내일 것
 3. 탄화(炭化)한 면적은 50제곱센티미터 이내, 탄화한 길이는 20센티미터 이내일 것
 4. 불꽃에 의하여 완전히 녹을 때까지 불꽃의 접촉 횟수는 3회 이상일 것
 5. 소방청장이 정하여 고시한 방법으로 발연량(發煙量)을 측정하는 경우 최대연기밀도는 400 이하일 것

정답 153.④

154 「화재예방, 소방시설 설치·유지 및 안전관리에 관한 법률 시행령」상 방염성능기준에 대한 설명이다. 빈칸에 알맞은 것은?

> 가. 버너의 불꽃을 제거한 때부터 불꽃을 올리며 연소하는 상태가 그칠 때까지 시간은 ( )초 이내일 것
> 나. 버너의 불꽃을 제거한 때부터 불꽃을 올리지 아니하고 연소하는 상태가 그칠 때까지 시간은 ( )초 이내일 것
> 다. 탄화한 면적은 ( )제곱센티미터 이내, 탄화한 길이는 ( )센티미터 이내일 것
> 라. 불꽃에 의하여 완전히 녹을 때까지 불꽃의 접촉 횟수는 ( )회 이상일 것
> 마. 소방청장이 정하여 고시한 방법으로 발연량을 측정하는 경우 최대연기밀도는 ( ) 이하일 것

① 30 20 20 50 3 400
② 20 30 50 20 3 400
③ 20 30 20 50 3 400
④ 30 20 20 50 2 300

해설 154
▶ 방염대상물품 및 방염성능기준(영 제20조 제2항)
② 법 제12조 제3항에 따른 방염성능기준은 다음 각 호의 기준에 따르되, 제1항에 따른 방염대상물품의 종류에 따른 구체적인 방염성능기준은 다음 각 호의 기준의 범위에서 소방청장이 정하여 고시하는 바에 따른다.
1. 버너의 불꽃을 제거한 때부터 불꽃을 올리며 연소하는 상태가 그칠 때까지 시간은 20초 이내일 것
2. 버너의 불꽃을 제거한 때부터 불꽃을 올리지 아니하고 연소하는 상태가 그칠 때까지 시간은 30초 이내일 것
3. 탄화(炭化)한 면적은 50제곱센티미터 이내, 탄화한 길이는 20센티미터 이내일 것
4. 불꽃에 의하여 완전히 녹을 때까지 불꽃의 접촉 횟수는 3회 이상일 것
5. 소방청장이 정하여 고시한 방법으로 발연량(發煙量)을 측정하는 경우 최대연기밀도는 400 이하일 것

정답 154. ②

155 「화재예방, 소방시설 설치·유지 및 안전관리에 관한 법률 시행령」상 방염성능기준에 대한 설명이다. ( ) 안에 들어갈 숫자로 옳은 것은?

- 버너의 불꽃을 제거한 때부터 불꽃을 올리며 연소하는 상태가 그칠 때까지 시간은 (가)초 이내일 것
- 버너의 불꽃을 제거한 때부터 불꽃을 올리지 아니하고 연소하는 상태가 그칠 때까지 시간은 (나)초 이내일 것

	(가)	(나)		(가)	(나)
①	10	30	②	10	50
③	20	30	④	20	50

[20. 경채]

156 다음 중 방염대상물품으로 옳지 않은 것은?
① 영화상영관에 설치된 섬유류·합성수지류를 원료로 하여 제작된 소파·의자
② 전시용 합판 또는 섬유판
③ 가상체험 체육시설업에 설치하는 스크린
④ 카펫, 두께가 2밀리미터 미만인 벽지류(종이벽지는 제외)

[18. 경채]

해설

155 ▶ 방염대상물품 및 방염성능기준(영 제20조 제2항)
② 법 제12조 제3항에 따른 방염성능기준은 다음 각 호의 기준에 따르되, 제1항에 따른 방염대상물품의 종류에 따른 구체적인 방염성능기준은 다음 각 호의 기준의 범위에서 소방청장이 정하여 고시하는 바에 따른다.
1. 버너의 불꽃을 제거한 때부터 불꽃을 올리며 연소하는 상태가 그칠 때까지 시간은 <u>20초 이내일 것</u>
2. 버너의 불꽃을 제거한 때부터 불꽃을 올리지 아니하고 연소하는 상태가 그칠 때까지 시간은 <u>30초 이내일 것</u>
3. 탄화(炭化)한 면적은 50제곱센티미터 이내, 탄화한 길이는 20센티미터 이내일 것
4. 불꽃에 의하여 완전히 녹을 때까지 불꽃의 접촉 횟수는 3회 이상일 것
5. 소방청장이 정하여 고시한 방법으로 발연량(發煙量)을 측정하는 경우 최대연기밀도는 400 이하일 것

156 ① 소파·의자는 단란주점영업, 유흥주점영업 및 노래연습장업의 영업장에 설치하는 것만 해당한다.

▶ 방염대상물품 및 방염성능기준(영 제20조 제1항)
① 법 제12조 제1항에서 "대통령령으로 정하는 물품"이란 다음 각 호의 어느 하나에 해당하는 것을 말한다.
1. 제조 또는 가공 공정에서 방염처리를 한 물품(합판·목재류의 경우에는 설치 현장에서 방염처리를 한 것을 포함한다)으로서 다음 각 목의 어느 하나에 해당하는 것
  가. 창문에 설치하는 커튼류(블라인드를 포함한다)
  나. 카펫, 두께가 2밀리미터 미만인 벽지류(종이벽지는 제외한다)
  다. 전시용 합판 또는 섬유판, 무대용 합판 또는 섬유판
  라. 암막·무대막(「영화 및 비디오물의 진흥에 관한 법률」 제2조 제10호에 따른 영화상영관에 설치하는 스크린과 「다중이용업소의 안전관리에 관한 특별법 시행령」 제2조 제7호의4에 따른 가상체험 체육시설업에 설치하는 스크린을 포함한다)
  마. 섬유류 또는 합성수지류 등을 원료로 하여 제작된 소파·의자(「다중이용업소의 안전관리에 관한 특별법 시행령」 제2조 제1호 나목 및 같은 조 제6호에 따른 <u>단란주점영업, 유흥주점영업 및 노래연습장업의 영업장에 설치하는 것만 해당한다</u>)

정답 155.③ 156.①

157 「화재예방, 소방시설 설치·유지 및 안전관리에 관한 법률」 및 같은 법 시행령상 규정하고 있는 소방대상물의 방염에 대한 설명으로 옳지 않은 것은?

① 층수가 11층 이상인 특정소방대상물(아파트는 제외)은 방염성능기준 이상의 실내장식물 등을 설치하여야 한다.
② 창문에 설치하는 커튼류(블라인드 포함)는 제조 또는 가공 공정에서 방염처리를 한 물품에 해당된다.
③ 방염성능검사 합격표시를 위조하거나 변조하여 사용한 자는 300만원 이하의 과태료에 처한다.
④ 대통령령에서 규정하는 방염성능기준 범위는 탄화한 면적의 경우 50㎠ 이내, 탄화한 길이는 20cm 이내이다.

[18. 하반기 경채]
기본서 2권 p.221~223

158 「화재예방, 소방시설 설치·유지 및 안전관리에 관한 법률 시행령」상 방염성능기준 이상의 실내장식물 등을 설치하여야 하는 특정소방대상물로 옳지 않은 것은?

① 숙박시설
② 의료시설 중 요양병원
③ 노유자시설
④ 운동시설 중 수영장

[19. 상반기 공채]
기본서 2권 p.221

해설

157 ③ 방염성능검사 합격표시를 위조하거나 변조하여 사용한 자는 300만원 이하의 벌금에 처한다(법 제50조 제3호).

158 ④ 수영장은 제외한다.

▶ 방염성능기준 이상의 실내장식물 등을 설치하여야 하는 특정소방대상물(영 제19조)
법 제12조 제1항에서 "대통령령으로 정하는 특정소방대상물"이란 다음 각 호의 어느 하나에 해당하는 것을 말한다.
1. 근린생활시설 중 의원, 조산원, 산후조리원, 체력단련장, 공연장 및 종교집회장
2. 건축물의 옥내에 있는 시설로서 다음 각 목의 시설
    가. 문화 및 집회시설
    나. 종교시설
    다. 운동시설(수영장은 제외한다)
3. 의료시설
4. 교육연구시설 중 합숙소
5. 노유자시설
6. 숙박이 가능한 수련시설
7. 숙박시설
8. 방송통신시설 중 방송국 및 촬영소
9. 다중이용업소
10. 제1호부터 제9호까지의 시설에 해당하지 않는 것으로서 층수가 11층 이상인 것(아파트는 제외한다)

정답 157.③ 158.④

159. 「화재예방, 소방시설 설치·유지 및 안전관리에 관한 법률 시행령」상 방염성능기준 이상의 실내장식물 등을 설치하여야 하는 특정소방대상물을 모두 고른 것은?

> ㄱ. 근린생활시설 중 의원
> ㄴ. 방송통신시설 중 방송국 및 촬영소
> ㄷ. 근린생활시설 중 체력단련장

① ㄱ
② ㄱ, ㄴ
③ ㄴ, ㄷ
④ ㄱ, ㄴ, ㄷ

[20. 경채]

기본서 2권 p.221

해설 159 ▶ 방염성능기준 이상의 실내장식물 등을 설치하여야 하는 특정소방대상물(영 제19조)
법 제12조 제1항에서 "대통령령으로 정하는 특정소방대상물"이란 다음 각 호의 어느 하나에 해당하는 것을 말한다.
1. 근린생활시설 중 의원, 조산원, 산후조리원, 체력단련장, 공연장 및 종교집회장
2. 건축물의 옥내에 있는 시설로서 다음 각 목의 시설
  가. 문화 및 집회시설
  나. 종교시설
  다. 운동시설(수영장은 제외한다)
3. 의료시설
4. 교육연구시설 중 합숙소
5. 노유자시설
6. 숙박이 가능한 수련시설
7. 숙박시설
8. 방송통신시설 중 방송국 및 촬영소
9. 다중이용업소
10. 제1호부터 제9호까지의 시설에 해당하지 않는 것으로서 층수가 11층 이상인 것(아파트는 제외한다)

정답 159.④

제4장 소방대상물의 안전관리

160 「화재예방, 소방시설 설치·유지 및 안전관리에 관한 법률」상 특정소방대상물(소방안전관리대상물은 제외한다) 관계인의 업무로 옳지 않은 것은?

① 소방계획서의 작성 및 시행
② 화기(火氣) 취급의 감독
③ 소방시설이나 그 밖의 소방 관련 시설의 유지·관리
④ 피난시설, 방화구획 및 방화시설의 유지·관리

[20. 경채]

161 소방본부장 또는 소방서장에게 하는 소방안전관리자 신고기간은 며칠 이내인가?

① 7일 ② 10일
③ 14일 ④ 30일

[11. 울산]

해설

160 ① 소방안전관리대상물의 경우만 해당

▶ 특정소방대상물의 소방안전관리(법 제20조 제6항)
⑥ 특정소방대상물(소방안전관리대상물은 제외한다)의 관계인과 소방안전관리대상물의 소방안전관리자의 업무는 다음 각 호와 같다. 다만, 제1호·제2호 및 제4호의 업무는 소방안전관리대상물의 경우에만 해당한다.
  1. 제21조의2에 따른 피난계획에 관한 사항과 대통령령으로 정하는 사항이 포함된 소방계획서의 작성 및 시행
  2. 자위소방대(自衛消防隊) 및 초기대응체계의 구성·운영·교육
  3. 제10조에 따른 피난시설, 방화구획 및 방화시설의 유지·관리
  4. 제22조에 따른 소방훈련 및 교육
  5. 소방시설이나 그 밖의 소방 관련 시설의 유지·관리
  6. 화기(火氣) 취급의 감독
  7. 그 밖에 소방안전관리에 필요한 업무

161 ③ 관계인은 행정안전부령으로 정하는 바에 따라 소방안전관리자를 30일 이내 선임 후 소방본부장 또는 서장에게 14일 이내로 신고한다(법 제20조 제4항).

정답 160.① 161.③

162 다음 중 각종 신고일의 내용으로서 옳지 않은 것은?
① 소방안전관리자 선임신고는 60일 이내에 하여야 한다.
② 소방시설업 지위승계 신고는 30일 이내에 하여야 한다.
③ 소방시설공사업 착공신고의 변경신고는 30일 이내에 하여야 한다.
④ 공사업자는 소방시설의 하자보수를 3일 이내에 하여야 한다.

[11. 서울]
기본서 2권 p.231

163 특정소방대상물의 근무자, 거주자에 대한 소방훈련에 관한 설명으로 옳지 않은 것은?
① 상시 근무하거나 거주하는 인원이 10명 이하인 특정소방대상물은 소방훈련에서 제외된다.
② 소방안전관리대상물의 관계인은 소방훈련·교육실시 결과를 기록부에 기재하고 소방훈련과 교육을 실시한 날의 다음날부터 2년간 보관하여야 한다.
③ 소방훈련 및 교육은 원칙적으로 연 2회 이상 실시한다.
④ 소방기관과 합동으로 소방훈련을 실시하게 할 수 있는 대상은 특급 및 1급 소방안전관리대상물이다.

[15. 통합]
기본서 2권 p.248

해설

162 ① 관계인은 소방본부장 또는 소방서장에게 14일 이내에 신고한다(법 제20조 제4항).

163 ③ 연 1회 이상 실시하여야 한다(규칙 제15조 제1항).

정답 162.① 163.③

164 소방안전관리자를 두어야 하는 특정소방대상물 중 1급 소방안전관리대상물로서 옳지 않은 것은?

① 연면적 1만5천m² 이상인 업무시설
② 고층건축물인 사무실
③ 층수가 11층 이상인 공공기관
④ 가연성가스 1천톤 이상 저장·취급시설

[11. 울산]

기본서 2권 p.228~229

해설 164 ③ 공공기관은 특급, 1급, 2급의 모든 소방안전관리대상물에서 제외된다(영 제22조 제1항).

▶ 1급 소방안전관리대상물
1. 연면적 <u>1만5천m²</u> 이상인 것(아파트 제외)
2. 층수가 <u>11층</u> 이상인 것(아파트 제외)
3. 가연성 <u>가스 1천톤</u> 이상 저장·취급시설
4. 30층 이상(지하층은 제외한다)이거나 지상으로부터 120m 이상인 아파트

정답 164.③

165 1급 소방안전관리대상물에 두어야 할 소방안전관리자의 선임대상자 자격에 해당하지 않는 자는?

① 소방공무원 3년 이상 경력자
② 소방행정학 또는 소방안전공학분야에서 석사학위 이상을 취득한 사람으로서 1급 소방안전관리자 시험에 합격한 사람
③ 소방안전관리학과를 졸업하고 2년 이상 소방안전관리 2급 또는 3급 실무경력자로서 1급 소방안전관리자 시험에 합격한 사람
④ 위험물자격자로서 위험물안전관리자로 선임된 사람

[11. 서울]
기본서 2권 p.239~240

해설 165 ① 1급 소방안전관리자의 자격은 소방공무원으로 7년 이상 경력자이고, 3년 이상 경력자는 2급 소방안전관리자 자격에 해당한다(영 제23조 제2항).

▶ 1급 소방안전관리자 자격
1. 소방설비기사 또는 소방설비산업기사의 자격이 있는 사람
2. 산업안전(산업)기사의 자격을 취득한 후 2년 이상 2급 또는 3급의 소방안전관리자로 근무한 실무경력이 있는 사람
3. 소방공무원으로 7년 이상 근무한 경력이 있는 사람
4. 위험물(기능장·산업기사 또는 기능사)자격을 가진 사람으로서 위험물안전관리자로 선임된 사람
5. 「고압가스 안전관리법」, 「액화석유가스의 안전관리 및 사업법」 또는 「도시가스사업법」에 따라 안전관리자로 선임된 사람
6. 「전기안전관리법」에 따라 전기안전관리자로 선임된 사람
7. 소방청장이 실시하는 1급 소방안전관리대상물의 소방안전관리에 관한 시험에 합격한 사람. 이 경우 해당 시험은 다음 각 목의 어느 하나에 해당하는 사람만 응시할 수 있다.
    가. 대학에서 소방안전관리학과를 전공하고 졸업한 사람으로서 해당 학과를 졸업한 후 2년 이상 2급 또는 3급 소방안전관리대상물의 소방안전관리자로 근무한 실무경력이 있는 사람
    나. 다음 1)부터 3)까지의 어느 하나에 해당하는 사람으로서 해당 요건을 갖춘 후 3년 이상 2급 또는 3급 소방안전관리대상물의 소방안전관리자로 근무한 실무경력이 있는 사람
        1) 대학에서 소방안전 관련 교과목을 12학점 이상 이수하고 졸업한 사람
        2) 1)에 해당하는 사람과 같은 수준의 학력이 있다고 인정되는 사람으로서 해당 학력 취득 과정에서 소방안전 관련 교과목을 12학점 이상 이수한 사람
        3) 대학에서 소방안전 관련 학과를 전공하고 졸업한 사람(법령에 따라 이와 같은 수준의 학력이 있다고 인정되는 사람을 포함한다)
    다. 소방행정학(소방학, 소방방재학을 포함한다) 또는 소방안전공학(소방방재공학, 안전공학을 포함한다) 분야에서 석사학위 이상을 취득한 사람
    라. 가목 및 나목에 해당하는 경우 외에 5년 이상 2급 소방안전관리대상물의 소방안전관리자로 근무한 실무경력이 있는 사람
    마. 특급 소방안전관리대상물 또는 1급 소방안전관리대상물의 소방안전관리에 대한 강습교육을 수료한 사람
    바. 「공공기관의 소방안전관리에 관한 규정」에 따른 강습교육을 수료한 사람
    사. 2급 소방안전관리대상물의 소방안전관리자로 선임될 수 있는 자격이 있는 사람으로서 특급 또는 1급 소방안전관리대상물의 소방안전관리보조자로 5년 이상 근무한 실무경력이 있는 사람
    아. 2급 소방안전관리대상물의 소방안전관리자로 선임될 수 있는 자격이 있는 사람으로서 2급 소방안전관리대상물의 소방안전관리보조자로 7년 이상 근무한 실무경력(특급 또는 1급 소방안전관리대상물의 소방안전관리보조자로 근무한 5년 미만의 실무경력이 있는 경우에는 이를 포함하여 합산한다)이 있는 사람
8. 제1항에 따라 특급 소방안전관리대상물의 소방안전관리자 자격이 인정되는 사람

정답 165. ①

166 소방안전관리자를 두어야 하는 1급 소방안전관리대상물이 아닌 것은?

① 연면적 1만5천m² 이상 특정소방대상물
② 층수가 11층 이상인 특정소방대상물
③ 자동화재탐지설비가 설치되는 특정소방대상물
④ 가연성 가스 1천톤 이상 저장·취급시설

[11. 서울]
기본서 2권 p.228~229

167 다음 중 특정소방대상물의 소방안전관리에 관한 것으로 옳은 것은?

① 관계인은 소방안전관리자를 선임한 경우 소방본부장 또는 소방서장에게 30일 이내에 신고하여야 한다.
② 연면적 8천m²이고 층수가 15층인 근린생활시설은 1급 소방안전관리대상물이다.
③ 소방설비기사는 1급 소방안전관리대상물 선임대상자이지만 소방설비산업기사는 1급 소방안전관리대상물 선임대상자가 될 수 없다.
④ 의용소방대는 1년 이상 근무경력이 있으면 2급 소방안전관리자로 선임될 수 있다.

[11. 중앙]
기본서 2권 p.228, p.231, p.239~241

해설 166 ③ 3급 소방안전관리대상물에 속한다(영 제22조 제1항).

▶ 1급 소방안전관리대상물(영 제22조 제1항)
1. 연면적 1만5천m² 이상인 것(아파트 제외)
2. 층수가 11층 이상인 것(아파트 제외)
3. 가연성 가스 1천톤 이상 저장·취급시설
4. 30층 이상(지하층은 제외한다)이거나 지상으로부터 120m 이상인 아파트

167 ② 1급 소방안전관리대상물 연면적 1만5천m² 이상, 층수가 11층 이상, 가연성 가스 1천톤 이상 저장·취급시설(영 제22조 제1항)
① 14일 이내에 신고하여야 한다(법 제20조 제4항).
③ 소방설비산업기사도 선임대상이다(영 제23조 제2항 제1호).
④ 의용소방대원으로 3년 이상 근무한 경력이 있는 사람으로서 소방청장이 실시하는 2급 소방안전관리대상물의 소방안전관리에 관한 시험에 합격한 사람은 2급 소방안전관리자로 선임될 수 있다(영 제23조 제3항 제5호 라목).

정답 166.③ 167.②

168 다음 중 1급 소방안전관리자를 두어야 하는 특정소방대상물로서 맞는 것은?

① 1만5천m² 인 위락시설
② 공공기관
③ 지하구
④ 보물 또는 국보로 지정된 목조건축물

[11. 전남]

기본서 2권 p.228~229

169 다음 중 특정소방대상물의 소방안전관리에 관한 설명으로 틀린 것은?

① 특급 소방안전관리대상물은 지하층을 포함한 30층 이상의 아파트에 해당한다.
② 특급 소방안전관리대상물은 연면적 20만m² 이상의 특정소방대상물을 포함한다.
③ 1급 소방안전관리대상물은 지하구를 제외한다.
④ 3급 소방안전관리대상물은 자동화재탐지설비 등을 설치한다.

[13. 경기]

기본서 2권 p.228~229

해설 168 ① 연면적 1만5천m² 이상인 것(영 제22조 제1항 제2호)
② 공공기관은 특급, 1급, 2급 모두 포함되지 않는다(법 제24조).
③④ 2급 소방안전관리대상물(영 제22조 제1항 제3호)

169 ① 50층 이상(지하층 제외)이거나 지상으로부터 높이 200m 이상 아파트는 해당한다(영 제22조 제1항 제1호 가목).

정답 168.① 169.①

170 「화재예방, 소방시설 설치·유지 및 안전관리에 관한 법률 시행령」상 1급 소방안전관리대상물로 옳은 것은?

① 지하구
② 동·식물원
③ 가연성 가스를 1천톤 이상 저장·취급하는 시설
④ 철강 등 불연성 물품을 저장·취급하는 창고

[19. 상반기 공채]
상 **중** 하
기본서 2권 p.229

171 다음 중 소방안전관리보조자를 두어야 하는 특정소방대상물이 아닌 것은?

① 야간까지 이용되는 노유자시설
② 휴일에도 이용되는 수련시설
③ 아파트 300세대
④ 연면적 1만 제곱미터 미만 특정소방대상물

[17. 경채]
상 **중** 하
기본서 2권 p.229~230

해설

170 ①②④는 제외대상이다.

▶ 소방안전관리자를 두어야 하는 특정소방대상물(영 제22조 제1항 제2호)
2. 별표 2의 특정소방대상물 중 특급 소방안전관리대상물을 제외한 다음 각 목의 어느 하나에 해당하는 것으로서 동·식물원, 철강 등 불연성 물품을 저장·취급하는 창고, 위험물 저장 및 처리 시설 중 위험물 제조소등, 지하구를 제외한 것(이하 "1급 소방안전관리대상물"이라 한다)
  가. 30층 이상(지하층은 제외한다)이거나 지상으로부터 높이가 120미터 이상인 아파트
  나. 연면적 1만5천 제곱미터 이상인 특정소방대상물(아파트는 제외한다)
  다. 나목에 해당하지 아니하는 특정소방대상물로서 층수가 11층 이상인 특정소방대상물(아파트는 제외한다)
  라. 가연성 가스를 1천톤 이상 저장·취급하는 시설

171 ▶ 소방안전관리보조자를 두어야 하는 특정소방대상물(영 제22조의2 제1항)
① 법 제20조 제2항에 따라 소방안전관리보조자를 선임하여야 하는 특정소방대상물은 제22조에 따라 소방안전관리자를 두어야 하는 특정소방대상물 중 다음 각 호의 어느 하나에 해당하는 특정소방대상물(이하 "보조자선임대상 특정소방대상물"이라 한다)로 한다. 다만, 제3호에 해당하는 특정소방대상물로서 해당 특정소방대상물이 소재하는 지역을 관할하는 소방서장이 야간이나 휴일에 해당 특정소방대상물이 이용되지 아니한다는 것을 확인한 경우에는 소방안전관리보조자를 선임하지 아니할 수 있다.
1. 「건축법 시행령」 별표 1 제2호 가목에 따른 아파트(300세대 이상인 아파트만 해당한다)
2. 제1호에 따른 아파트를 제외한 연면적이 1만5천 제곱미터 이상인 특정소방대상물
3. 제1호 및 제2호에 따른 특정소방대상물을 제외한 특정소방대상물 중 다음 각 목의 어느 하나에 해당하는 특정소방대상물
  가. 공동주택 중 기숙사
  나. 의료시설
  다. 노유자시설
  라. 수련시설
  마. 숙박시설(숙박시설로 사용되는 바닥면적의 합계가 1천500제곱미터 미만이고 관계인이 24시간 상시 근무하고 있는 숙박시설은 제외한다)

정답 170.③ 171.④

172

「화재예방, 소방시설 설치·유지 및 안전관리에 관한 법률 시행령」상 소방안전관리보조자를 두어야 하는 특정소방대상물에 대한 설명이다. ( ) 안에 들어갈 용어로 옳은 것은?

- 「건축법 시행령」 별표 1 제2호 가목에 따른 아파트 [(가)세대 이상인 아파트만 해당한다]
- 아파트를 제외한 연면적이 (나) 이상인 특정소방대상물

	(가)	(나)
①	150	1만 제곱미터
②	150	1만5천 제곱미터
③	300	1만 제곱미터
④	300	1만5천 제곱미터

해설 172

▶ 소방안전관리보조자를 두어야 하는 특정소방대상물(영 제22조의2 제1항)

① 법 제20조 제2항에 따라 소방안전관리보조자를 선임하여야 하는 특정소방대상물은 제22조에 따라 소방안전관리자를 두어야 하는 특정소방대상물 중 다음 각 호의 어느 하나에 해당하는 특정소방대상물(이하 "보조자선임대상 특정소방대상물"이라 한다)로 한다. 다만, 제3호에 해당하는 특정소방대상물로서 해당 특정소방대상물이 소재하는 지역을 관할하는 소방서장이 야간이나 휴일에 해당 특정소방대상물이 이용되지 아니한다는 것을 확인한 경우에는 소방안전관리보조자를 선임하지 아니할 수 있다.

1. 「건축법 시행령」 별표 1 제2호 가목에 따른 아파트(300세대 이상인 아파트만 해당한다)
2. 제1호에 따른 아파트를 제외한 연면적이 1만5천 제곱미터 이상인 특정소방대상물
3. 제1호 및 제2호에 따른 특정소방대상물을 제외한 특정소방대상물 중 다음 각 목의 어느 하나에 해당하는 특정소방대상물
   가. 공동주택 중 기숙사
   나. 의료시설
   다. 노유자시설
   라. 수련시설
   마. 숙박시설(숙박시설로 사용되는 바닥면적의 합계가 1천500제곱미터 미만이고 관계인이 24시간 상시 근무하고 있는 숙박시설은 제외한다)

정답 172.④

173 다음 중 1급 소방안전관리자 자격이 아닌 것은?
① 소방공무원 7년 이상 경력자
② 산업안전기사 자격을 가진 사람
③ 소방설비기사 자격을 가진 사람
④ 소방설비산업기사 자격을 가진 사람
⑤ 위험물 자격자로서 위험물안전관리자로 선임된 사람

[11. 간부]

기본서 2권 p.239

174 소방안전 특별관리시설물로 옳지 않은 것은?
① 도시철도시설
② 영화상영관이 10개 이상인 특정소방대상물
③ 천연가스 인수기지 및 공급망
④ 석유비축시설

[16. 통합]

기본서 2권 p.243

해설

173 ② 산업안전기사 또는 산업안전산업기사로서 2년 이상 2급 또는 3급 실무경력자가 1급 소방안전관리자 자격이 된다(영 제23조 제2항).

174 ② 영화상영관 중 수용인원 1,000명 이상인 영화상영관이다.

▶ 소방안전 특별관리시설물의 안전관리(법 제20조의2 제1항)
1. 공항시설
2. 철도시설
3. 도시철도시설
4. 항만시설
5. 지정문화재인 시설(시설이 아닌 지정문화재를 보호하거나 소장하고 있는 시설을 포함한다)
6. 산업기술단지
7. 산업단지
8. 초고층 건축물 및 지하연계 복합건축물
9. 영화상영관 중 수용인원 1,000명 이상인 영화상영관
10. 전력용 및 통신용 지하구
11. 석유비축시설
12. 천연가스 인수기지 및 공급망
13. 전통시장
14. 그 밖에 대통령령으로 정하는 시설물

정답 173.② 174.②

175 2급 소방안전관리자 시험에 응시할 수 있는 사람은?

① 의용소방대원으로 3년 이상 경력자
② 경찰공무원으로 2년 이상 경력자
③ 경호공무원 1년 이상 경력자
④ 자체소방대의 소방대원으로 1년 이상 경력자

[14. 중앙특]
기본서 2권 p.241

176 다음 중 소방안전관리자가 소방안전관리대상물의 소방계획 작성 시 포함되지 않는 것은?

① 소방안전관리대상물의 위치·구조·연면적·용도 및 수용인원 등 일반 현황
② 화재 예방을 위한 자체점검계획 및 진압대책
③ 소방시설·피난시설 및 방화시설의 점검·정비계획
④ 소방시설공사의 하자를 판단하는 기준에 관한 사항
⑤ 소방안전관리대상물에 설치한 소방시설·방화시설, 전기시설·가스시설 및 위험물시설의 현황

[11. 간부]
기본서 2권 p.232

해설

175
① 의용소방대원으로 3년 이상 경력자(영 제23조 제3항 제5호 라목)
② 경찰공무원으로 3년 이상 경력자(영 제23조 제3항 제5호 아목)
③ 경호공무원 2년 이상 경력자(영 제23조 제3항 제5호 사목)
④ 자체소방대의 소방대원으로 3년 이상 경력자(영 제23조 제3항 제5호 바목)

176
④ 소방시설공사의 하자를 판단하는 기준에 관한 사항은 중앙소방위원회의 심의 사항에 해당한다(법 제11조의2 제1항).
①②③⑤ 영 제24조 제1항

정답 175.① 176.④

177 다음 중 소방안전관리대상물의 소방계획에 포함되어야 할 사항이 아닌 것은?

① 완공된 소방시설의 성능시험
② 위험물의 저장·취급에 관한 사항(예방규정을 정하는 제조소등은 제외한다.)
③ 소방안전관리대상물의 위치·구조·연면적·용도 및 수용인원 등 일반현황
④ 화재예방을 위한 자체점검계획 및 진압대책

[13. 전북특]

기본서 2권 p.232

해설 177 ① 완공된 소방시설의 성능시험은 소방시설공사업법 중 감리의 종류·방법 및 대상에 해당한다.

▶ 소방안전관리대상물의 소방계획서 작성 등(영 제24조 제1항)
1. 소방안전관리대상물의 위치·구조·연면적·용도 및 수용인원 등 일반 현황
2. 소방안전관리대상물에 설치한 소방시설·방화시설(防火施設), 전기시설·가스시설 및 위험물시설의 현황
3. 화재 예방을 위한 자체점검계획 및 진압대책
4. 소방시설·피난시설 및 방화시설의 점검·정비계획
5. 피난층 및 피난시설의 위치와 피난경로의 설정, 장애인 및 노약자의 피난계획 등을 포함한 피난계획
6. 방화구획, 제연구획, 건축물의 내부 마감재료(불연재료·준불연재료 또는 난연재료로 사용된 것을 말한다) 및 방염물품의 사용현황과 그 밖의 방화구조 및 설비의 유지·관리계획
7. 소방훈련 및 교육에 관한 계획
8. 법 제22조를 적용받는 특정소방대상물의 근무자 및 거주자의 자위소방대 조직과 대원의 임무(장애인 및 노약자의 피난보조 임무를 포함한다)에 관한 사항
9. 화기 취급 작업에 대한 사전 안전조치 및 감독 등 공사 중 소방안전관리에 관한 사항
10. 공동 및 분임 소방안전관리에 관한 사항
11. 소화와 연소 방지에 관한 사항
12. 위험물의 저장·취급에 관한 사항(「위험물 안전관리법」 제17조에 따라 예방규정을 정하는 제조소등은 제외한다)
13. 그 밖에 소방안전관리를 위하여 소방본부장 또는 소방서장이 소방안전관리대상물의 위치·구조·설비 또는 관리 상황 등을 고려하여 소방안전관리에 필요하여 요청하는 사항

정답 177.①

178 소방안전관리대상물의 소방계획 작성에 관하여 옳지 않은 것은?

① 화재예방을 위한 자체점검계획 및 진압대책
② 소방안전관리대상물의 위치·구조·연면적·용도 및 수용인원 등 일반현황
③ 피난시설의 규모와 피난 수용인원의 설정 등을 포함한 피난 계획
④ 소방시설·피난시설 및 방화시설의 점검·정비계획

[11. 부산]

179 특정소방대상물의 관계인은 (　)으로 정하는 바에 따라 (　)으로 정하는 자를 공동 소방안전관리자로 선임해야 한다. 순서에 맞는 것은?

① 행정안전부령, 소방청장 훈령
② 행정안전부령, 대통령령
③ 대통령령, 행정안전부령
④ 소방청장 훈령, 행정안전부령

[13. 중앙특]

해설 178 ▶ 소방안전관리대상물의 소방계획서 작성 등(영 제24조 제1항)
1. 소방안전관리대상물의 위치·구조·연면적·용도 및 수용인원 등 일반 현황
2. 소방안전관리대상물에 설치한 소방시설·방화시설(防火施設), 전기시설·가스시설 및 위험물시설의 현황
3. 화재 예방을 위한 자체점검계획 및 진압대책
4. 소방시설·피난시설 및 방화시설의 점검·정비계획
5. 피난층 및 피난시설의 위치와 피난경로의 설정, 장애인 및 노약자의 피난계획 등을 포함한 피난계획
6. 방화구획, 제연구획, 건축물의 내부 마감재료(불연재료·준불연재료 또는 난연재료로 사용된 것을 말한다) 및 방염물품의 사용현황과 그 밖의 방화구조 및 설비의 유지·관리계획
7. 소방훈련 및 교육에 관한 계획
8. 법 제22조를 적용받는 특정소방대상물의 근무자 및 거주자의 자위소방대 조직과 대원의 임무(장애인 및 노약자의 피난 보조 임무를 포함한다)에 관한 사항
9. 화기 취급 작업에 대한 사전 안전조치 및 감독 등 공사 중 소방안전관리에 관한 사항
10. 공동 및 분임 소방안전관리에 관한 사항
11. 소화와 연소 방지에 관한 사항
12. 위험물의 저장·취급에 관한 사항(「위험물 안전관리법」 제17조에 따라 예방규정을 정하는 제조소등은 제외한다)
13. 그 밖에 소방안전관리를 위하여 소방본부장 또는 소방서장이 소방안전관리대상물의 위치·구조·설비 또는 관리 상황 등을 고려하여 소방안전관리에 필요하여 요청하는 사항

179 ② 특정소방대상물의 관계인은 (행정안전부령)으로 정하는 바에 따라 (대통령령)으로 정하는 자를 공동 소방안전관리자로 선임해야 한다(법 제21조).

정답 178.③ 179.②

180 다음 중 공동 소방안전관리 선임대상이 아닌 것은?
① 복합건축물로서 연면적이 3천5백m² 이상인 것 또는 층수가 3층 이상인 것
② 지하가
③ 고층 건축물(지하층을 제외한 11층 이상 건축물)
④ 도·소매시장 및 소방본부장 또는 소방서장의 지정지역

[11. 서울]

181 공동 소방안전관리자를 선임해야 하는 특정소방대상물로 옳지 않은 것은?
① 복합건축물로서 연면적이 5천m² 이상인 것 또는 층수가 5층 이상인 특정소방대상물
② 지하가
③ 지하층을 포함한 11층 이상 특정소방대상물
④ 소방본부장 또는 소방서장이 지정하는 특정소방대상물

[17. 경채]

해설

180 ① 복합건축물로서 연면적 5천m² 이상 또는 층수가 5층 이상인 것(법 제21조 및 영 제25조)

▶ 공동 소방안전관리 대상물
• 지하가, 고층 건축물(지하층 제외한 11층 이상 건축물)
• 복합건축물로서 연면적 5천m² 이상 또는 층수가 5층 이상인 것
• 판매시설 중 도·소매시장, 전통시장 및 소방본부장 또는 소방서장의 지정지역

181 ▶ 공동 소방안전관리(법 제21조)
다음 각 호의 어느 하나에 해당하는 특정소방대상물로서 그 관리의 권원(權原)이 분리되어 있는 것 가운데 소방본부장이나 소방서장이 지정하는 특정소방대상물의 관계인은 행정안전부령으로 정하는 바에 따라 대통령령으로 정하는 자를 공동 소방안전관리자로 선임하여야 한다.
1. 고층 건축물(지하층을 제외한 층수가 11층 이상인 건축물만 해당한다)
2. 지하가(지하의 인공구조물 안에 설치된 상점 및 사무실, 그 밖에 이와 비슷한 시설이 연속하여 지하도에 접하여 설치된 것과 그 지하도를 합한 것을 말한다)
3. 그 밖에 대통령령으로 정하는 특정소방대상물

▶ 공동 소방안전관리자 선임대상 특정소방대상물(영 제25조)
법 제21조 제3호에서 "대통령령으로 정하는 특정소방대상물"이란 다음 각 호의 어느 하나에 해당하는 특정소방대상물을 말한다.
1. 별표 2에 따른 복합건축물로서 연면적이 5천 제곱미터 이상인 것 또는 층수가 5층 이상인 것
2. 별표 2에 따른 판매시설 중 도매시장, 소매시장 및 전통시장
3. 제22조 제1항에 따른 특정소방대상물 중 소방본부장 또는 소방서장이 지정하는 것

정답 180.① 181.③

182 「화재예방, 소방시설 설치·유지 및 안전관리에 관한 법률」 및 같은 법 시행령상 공동 소방안전관리자 선임대상 특정소방대상물로 옳지 않은 것은?

① 고층 건축물(지하층 제외 13층 건축물)
② 지하가(지하의 인공구조물 안에 설치된 상점 및 사무실, 그 밖에 이와 비슷한 시설이 연속하여 지하도에 접하여 설치된 것과 그 지하도를 합한 것을 말한다)
③ 복합건축물로서 연면적 4천m²인 것
④ 판매시설 중 도매시장 및 소매시장

[18. 상반기]
상 **중** 하
기본서 2권 p.245

해설 182

▶ 공동 소방안전관리(법 제21조)
다음 각 호의 어느 하나에 해당하는 특정소방대상물로서 그 관리의 권원(權原)이 분리되어 있는 것 가운데 소방본부장이나 소방서장이 지정하는 특정소방대상물의 관계인은 행정안전부령으로 정하는 바에 따라 대통령령으로 정하는 자를 공동 소방안전관리자로 선임하여야 한다.
1. 고층 건축물(지하층을 제외한 층수가 11층 이상인 건축물만 해당한다)
2. 지하가(지하의 인공구조물 안에 설치된 상점 및 사무실, 그 밖에 이와 비슷한 시설이 연속하여 지하도에 접하여 설치된 것과 그 지하도를 합한 것을 말한다)
3. 그 밖에 대통령령으로 정하는 특정소방대상물

▶ 공동 소방안전관리자 선임대상 특정소방대상물(영 제25조)
법 제21조 제3호에서 "대통령령으로 정하는 특정소방대상물"이란 다음 각 호의 어느 하나에 해당하는 특정소방대상물을 말한다.
1. 별표 2에 따른 복합건축물로서 연면적이 5천 제곱미터 이상인 것 또는 층수가 5층 이상인 것
2. 별표 2에 따른 판매시설 중 도매시장, 소매시장 및 전통시장
3. 제22조 제1항에 따른 특정소방대상물 중 소방본부장 또는 소방서장이 지정하는 것

정답 182.③

183 「화재예방, 소방시설 설치·유지 및 안전관리에 관한 법률」 및 같은 법 시행령상 공동소방안전관리자 선임대상 특정소방대상물로 옳지 않은 것은?

① 판매시설 중 도매시장 및 소매시장
② 복합건축물로서 층수가 5층 이상인 것
③ 복합건축물로서 연면적 3천5백 제곱미터 이상인 것
④ 고층건축물(지하층을 제외한 층수가 11층 이상인 건축물만 해당한다)

[21. 상반기 공채]
상 **중** 하
기본서 2권 p.245

해설 183

③ 복합건축물로서 연면적 ~~3천5백 제곱미터~~ 이상인 것
→ 5천 제곱미터

▶ 공동 소방안전관리(법 제21조)
다음 각 호의 어느 하나에 해당하는 특정소방대상물로서 그 관리의 권원(權原)이 분리되어 있는 것 가운데 소방본부장이나 소방서장이 지정하는 특정소방대상물의 관계인은 행정안전부령으로 정하는 바에 따라 대통령령으로 정하는 자를 공동소방안전관리자로 선임하여야 한다.
1. 고층 건축물(지하층을 제외한 층수가 11층 이상인 건축물만 해당한다)
2. 지하가(지하의 인공구조물 안에 설치된 상점 및 사무실, 그 밖에 이와 비슷한 시설이 연속하여 지하도에 접하여 설치된 것과 그 지하도를 합한 것을 말한다)
3. 그 밖에 대통령령으로 정하는 특정소방대상물

▶ 공동소방안전관리자 선임대상 특정소방대상물(영 제25조)
법 제21조 제3호에서 "대통령령이 정하는 특정소방대상물"이라 함은 다음 각호의 어느 하나에 해당하는 특정소방대상물을 말한다.
1. 별표 2의 복합건축물로서 연면적이 5천 제곱미터 이상인 것 또는 층수가 5층 이상인 것
2. 별표 2의 판매시설 중 도매시장, 소매시장 및 전통시장
3. 제22조 제1항의 규정에 의한 특정소방대상물 중 소방본부장 또는 소방서장이 지정하는 것

정답 183.③

184. 「화재예방, 소방시설 설치·유지 및 안전관리에 관한 법률 시행규칙」상 소방안전관리대상물의 관계인이 피난시설의 위치, 피난경로 또는 대피요령이 포함된 피난유도 안내정보를 근무자 또는 거주자에게 정기적으로 제공해야 하는 방법으로 옳지 않은 것은?

① 연 1회 피난안내 교육을 실시하는 방법
② 분기별 1회 이상 피난안내방송을 실시하는 방법
③ 피난안내도를 층마다 보기 쉬운 위치에 게시하는 방법
④ 엘리베이터, 출입구 등 시청이 용이한 지역에 피난안내 영상을 제공하는 방법

해설 184

① 연 1회 피난안내 교육을 실시하는 방법
→ 연 2회

▶ 피난유도 안내정보의 제공(규칙 제14조의5)
① 법 제21조의2 제3항에 따른 피난유도 안내정보 제공은 다음 각 호의 어느 하나에 해당하는 방법으로 하여야 한다.
  1. 연 2회 피난안내 교육을 실시하는 방법
  2. 분기별 1회 이상 피난안내방송을 실시하는 방법
  3. 피난안내도를 층마다 보기 쉬운 위치에 게시하는 방법
  4. 엘리베이터, 출입구 등 시청이 용이한 지역에 피난안내영상을 제공하는 방법
② 제1항에서 규정한 사항 외에 피난유도 안내정보의 제공에 필요한 세부사항은 소방청장이 정하여 고시한다.

정답 184.①

185 「화재예방, 소방시설 설치·유지 및 안전관리에 관한 법률」 및 같은 법 시행령상 특정소방대상물로서 그 관리의 권원(權原)이 분리되어 있는 것 가운데 소방본부장이나 소방서장이 공동 소방안전관리자를 선임하도록 지정할 수 있는 대상물로 옳지 않은 것은?

① 판매시설 중 상점
② 복합건축물로서 연면적이 5천 제곱미터 이상인 것
③ 고층 건축물(지하층을 제외한 층수가 11층 이상인 건축물만 해당)
④ 지하가(지하의 인공구조물 안에 설치된 상점 및 사무실, 그 밖에 이와 비슷한 시설이 연속하여 지하도에 접하여 설치된 것과 그 지하도를 합한 것을 말한다)

[21. 상반기 경채]

기본서 2권 p.245

해설 185 ① 판매시설 중 상점
→ 도매시장, 소매시장 및 전통시장

▶ 공동 소방안전관리(법 제21조)
다음 각 호의 어느 하나에 해당하는 특정소방대상물로서 그 관리의 권원(權原)이 분리되어 있는 것 가운데 소방본부장이나 소방서장이 지정하는 특정소방대상물의 관계인은 행정안전부령으로 정하는 바에 따라 대통령령으로 정하는 자를 공동 소방안전관리자로 선임하여야 한다.
1. 고층 건축물(지하층을 제외한 층수가 11층 이상인 건축물만 해당한다)
2. 지하가(지하의 인공구조물 안에 설치된 상점 및 사무실, 그 밖에 이와 비슷한 시설이 연속하여 지하도에 접하여 설치된 것과 그 지하도를 합한 것을 말한다)
3. 그 밖에 대통령령으로 정하는 특정소방대상물

▶ 공동 소방안전관리자 선임대상 특정소방대상물(영 제25조)
법 제21조 제3호에서 "대통령령으로 정하는 특정소방대상물"이란 다음 각 호의 어느 하나에 해당하는 특정소방대상물을 말한다.
1. 별표 2에 따른 복합건축물로서 연면적이 5천 제곱미터 이상인 것 또는 층수가 5층 이상인 것
2. 별표 2에 따른 판매시설 중 도매시장, 소매시장 및 전통시장
3. 제22조 제1항에 따른 특정소방대상물 중 소방본부장 또는 소방서장이 지정하는 것

정답 185.①

186 「화재예방, 소방시설 설치·유지 및 안전관리에 관한 법률」상 소방안전 특별관리시설물로 옳지 않은 것은?

① 「위험물안전관리법」 제2조 제1항 제3호의 제조소
② 「전통시장 및 상점가 육성을 위한 특별법」 제2조 제1호의 전통시장으로서 대통령령으로 정하는 전통시장
③ 「영화 및 비디오물의 진흥에 관한 법률」 제2조 제10호의 영화상영관 중 수용인원 1,000명 이상인 영화상영관
④ 「문화재보호법」 제2조 제3항의 지정문화재인 시설(시설이 아닌 지정문화재를 보호하거나 소장하고 있는 시설을 포함한다)

[21. 상반기 경채]
상 **중** 하
기본서 2권 p.243

해설 186
① 「위험물안전관리법」 제2조 제1항 제3호의 제조소
→ 해당하지 않음

▶ 소방안전 특별관리시설물의 안전관리(법 제20조의2 제1항)
① 소방청장은 화재 등 재난이 발생할 경우 사회·경제적으로 피해가 큰 다음 각 호의 시설(이하 이 조에서 "소방안전 특별관리시설물"이라 한다)에 대하여 소방안전 특별관리를 하여야 한다.
  1. 「공항시설법」 제2조 제7호의 공항시설
  2. 「철도산업발전기본법」 제3조 제2호의 철도시설
  3. 「도시철도법」 제2조 제3호의 도시철도시설
  4. 「항만법」 제2조 제5호의 항만시설
  5. 「문화재보호법」 제2조 제3항의 지정문화재인 시설(시설이 아닌 지정문화재를 보호하거나 소장하고 있는 시설을 포함한다)
  6. 「산업기술단지 지원에 관한 특례법」 제2조 제1호의 산업기술단지
  7. 「산업입지 및 개발에 관한 법률」 제2조 제8호의 산업단지
  8. 「초고층 및 지하연계 복합건축물 재난관리에 관한 특별법」 제2조 제1호 및 제2호의 초고층 건축물 및 지하연계 복합건축물
  9. 「영화 및 비디오물의 진흥에 관한 법률」 제2조 제10호의 영화상영관 중 수용인원 1,000명 이상인 영화상영관
  10. 전력용 및 통신용 지하구
  11. 「한국석유공사법」 제10조 제1항 제3호의 석유비축시설
  12. 「한국가스공사법」 제11조 제1항 제2호의 천연가스 인수기지 및 공급망
  13. 「전통시장 및 상점가 육성을 위한 특별법」 제2조 제1호의 전통시장으로서 대통령령으로 정하는 전통시장
  14. 그 밖에 대통령령으로 정하는 시설물

정답 186. ①

187 「화재예방, 소방시설 설치·유지 및 안전관리에 대한 법률」 및 같은 법 시행령상 소방대상물의 안전관리에 대하여 옳지 않은 것은?

① 소방안전관리대상물의 소방계획에 포함되어야 할 사항에는 위치·구조·용도·연면적·수용인원 현황이 있다.
② 공동소방안전관리자 선임대상에 "대통령령으로 정하는 특정소방대상물"은 복합건축물로서 연면적 5천m² 이상 또는 층수가 5층 이상인 것에 해당한다.
③ 특정소방대상물의 근무자 및 거주자에 대한 피난훈련은 그 소방대상물에 출입하는 자를 안전한 장소로 대피시키고 유도하는 훈련을 포함하여야 한다.
④ 소방시설 등의 자체점검 등에 있어서 점검의 구분과 그 대상, 점검인력의 배치기준, 점검자의 자격, 점검 장비, 점검 방법 및 횟수 등 필요한 사항은 대통령령으로 정한다.
⑤ 소방본부장이나 소방서장은 특정소방대상물의 근무자 및 거주자에 대한 소방훈련을 적용받지 않은 특정소방대상물의 관계인에 대하여 화재예방 및 소방안전을 위한 소방안전교육을 실시하여야 한다.

188 소방시설 등의 작동기능점검 및 종합정밀점검에 대하여 가장 옳지 않은 것은?

① 특급 소방안전관리대상물에 해당하는 특정소방대상물의 종합정밀점검은 연 1회 이상 실시한다.
② 종합정밀점검은 소방시설 등의 작동기능점검을 포함하여 실시한다.
③ 작동기능점검의 점검횟수는 연 1회 이상 실시한다.
④ 작동기능점검은 소방시설 등을 인위적으로 조작하여 정상적으로 작동하는지를 점검하는 것을 말한다.

해설

187 ④ 소방시설등의 자체점검 등에 있어서 점검의 구분과 그 대상, 점검인력의 배치기준, 점검자의 자격, 점검 장비, 점검 방법 및 횟수 등 필요한 사항은 행정안전부령으로 정한다(법 제25조 제3항).
① 영 제24조 제1항 제1호
② 영 제25조 제1호
③ 법 제22조 제1항
⑤ 법 제23조 제1항

188 ① 종합정밀점검의 점검횟수는 연 1회 이상 실시한다(특급 소방안전관리대상물의 경우는 반기별 1회 이상 실시)(규칙 별표 1).

정답 187.④ 188.①

189 다음 중 종합정밀점검에 대하여 옳지 않은 것은?
① 스프링클러설비가 설치된 특정소방대상물은 종합정밀점검을 실시한다.
② 단란주점영업과 유흥주점영업의 영업장이 설치된 특정소방대상물로서 연면적이 1천 제곱미터 이상인 것은 종합정밀점검을 실시한다.
③ 특급 소방안전관리대상물은 반기별로 1회 이상 실시한다.
④ 제연설비가 설치된 터널은 종합점검을 실시한다.

[13.전북]

190 다음 중 자체점검 중 종합정밀점검에 대한 설명으로 옳지 않은 것은?
① 스프링클러설비가 설치된 특정소방대상물은 종합정밀점검을 실시한다.
② 종합정밀점검의 점검횟수는 연1회 이상(특급 소방안전관리대상물의 경우에는 반기에 1회 이상) 실시한다.
③ 소방시설관리업자 또는 하자보수를 담당한 소방시설공사업자가 종합정밀점검을 실시할 수 있다.
④ 종합정밀점검을 실시한 자는 7일 이내에 그 결과를 소방본부장 또는 소방서장에게 제출하여야 한다.

[16. 통합]

해설
189 ② 연면적 2천m² 이상인 것에 해당된다(규칙 별표 1).

190 ③ 종합정밀점검을 실시할 수 있는 사람은 소방시설관리업자 또는 소방안전관리자로 선임된 소방시설관리사·소방기술사가 실시할 수 있다(규칙 별표 1).

정답 189.② 190.③

191 「화재예방, 소방시설 설치·유지 및 안전관리에 관한 법률 시행규칙」상 종합정밀점검 대상으로 옳은 것을 고르면?

① 자동화재속보가 설치된 소방대상물
② 물분무등소화설비가 설치된 연면적 4,000m² 인 특정소방대상물
③ 제연설비가 설치된 터널
④ 공공기관 중 연면적이 600m² 이상이고 자동화재탐지설비가 설치된 것

[18. 상반기]

기본서 2권 p.252, p.341~343

192 「화재예방, 소방시설 설치·유지 및 안전관리에 관한 법률 시행규칙」상 종합정밀점검에 대한 설명으로 옳은 것은?

① 소방시설관리업자만 할 수 있다.
② 소방시설등의 작동기능점검은 포함하지 않는다.
③ 건축물의 사용승인일이 속하는 다음 달에 실시한다.
④ 스프링클러설비가 설치된 특정소방대상물은 종합정밀점검을 받아야 한다.

[21. 상반기 공채]

기본서 2권 p.252

해설 191 ① 스프링클러가 설치된 특정소방대상물
② 물분무등소화설비가 설치된 연면적 <u>5,000m² 이상</u>인 특정소방대상물
④ 공공기관 중 연면적 <u>1,000m² 이상</u>이고 자동화재탐지설비가 설치된 것
※ 종합정밀점검은 다음의 어느 하나에 해당하는 특정소방대상물을 대상으로 한다(규칙 별표 1).
 1) 스프링클러설비가 설치된 특정소방대상물
 2) 물분무등소화설비[호스릴(Hose Reel) 방식의 물분무등소화설비만을 설치한 경우는 제외한다]가 설치된 연면적 5,000m² 이상인 특정소방대상물(위험물 제조소등은 제외한다)
 3) 「다중이용업소의 안전관리에 관한 특별법 시행령」제2조 제1호 나목, 같은 조 제2호(비디오물소극장업은 제외한다)·제6호·제7호·제7호의2 및 제7호의5의 다중이용업의 영업장이 설치된 특정소방대상물로서 연면적이 2,000m² 이상인 것
 4) 제연설비가 설치된 터널
 5) 「공공기관의 소방안전관리에 관한 규정」제2조에 따른 공공기관 중 연면적(터널·지하구의 경우 그 길이와 평균폭을 곱하여 계산된 값을 말한다)이 1,000m² 이상인 것으로서 옥내소화전설비 또는 자동화재탐지설비가 설치된 것. 다만, 「소방기본법」제2조 제5호에 따른 소방대가 근무하는 공공기관은 제외한다.

192 ① <u>소방시설관리업자만 할 수 있다.</u>
 → 종합정밀점검은 소방시설관리업자 또는 소방안전관리자로 선임된 소방시설관리사 및 소방기술사가 실시할 수 있다.
② 소방시설등의 작동기능점검은 <u>포함하지 않는다.</u>
 → 포함한다.
③ 건축물의 사용승인일이 속하는 <u>다음 달에</u> 실시한다.
 → 달에

정답 191.③ 192.④

제5장 소방시설관리사 및 소방시설관리업

193 다음 중 관리사 자격을 반드시 취소하지 않아도 되는 것은?
① 소방시설관리사증을 다른 자에게 빌려준 경우
② 거짓이나 그 밖의 부정한 방법으로 시험에 합격한 경우
③ 소방시설 등의 자체점검을 하지 않은 경우
④ 둘 이상 업체에 취업한 경우

[12. 중앙]
상 중 하
기본서 2권 p.262

194 「화재예방, 소방시설 설치·유지 및 안전관리에 관한 법률」상 소방시설관리사의 자격의 취소·정지 사유로 옳지 않은 것은?
① 동시에 둘 이상의 업체에 취업한 경우
② 등록사항의 변경신고를 하지 아니한 경우
③ 소방시설관리사증을 다른 자에게 빌려준 경우
④ 소방안전관리 업무를 하지 아니하거나 거짓으로 한 경우

[19. 상반기 공채]
상 중 하
기본서 2권 p.262

해설 193 ③ 소방시설 등의 자체점검을 하지 않은 경우에는 반드시 취소하지 않아도 된다. 2년 이내 기간을 정하여 그 자격의 정지를 명할 수 있다(법 제28조).

194 ▸ 자격의 취소·정지(법 제28조)
소방청장은 관리사가 다음 각 호의 어느 하나에 해당할 때에는 행정안전부령으로 정하는 바에 따라 그 자격을 취소하거나 2년 이내의 기간을 정하여 그 자격의 정지를 명할 수 있다. 다만, 제1호, 제4호, 제5호 또는 제7호에 해당하면 그 자격을 취소하여야 한다.
1. 거짓이나 그 밖의 부정한 방법으로 시험에 합격한 경우
2. 제20조 제6항에 따른 소방안전관리 업무를 하지 아니하거나 거짓으로 한 경우
3. 제25조에 따른 점검을 하지 아니하거나 거짓으로 한 경우
4. 제26조 제6항을 위반하여 소방시설관리사증을 다른 자에게 빌려준 경우
5. 제26조 제7항을 위반하여 동시에 둘 이상의 업체에 취업한 경우
6. 제26조 제8항을 위반하여 성실하게 자체점검 업무를 수행하지 아니한 경우
7. 제27조 각 호의 어느 하나에 따른 결격사유에 해당하게 된 경우

정답 193.③ 194.②

195 「화재예방, 소방시설 설치·유지 및 안전관리에 관한 법률」에서 "소방시설관리업"의 업무내용이 아닌 것은?

① 소방시설등의 설치
② 소방시설등의 점검
③ 소방시설등의 관리
④ 소방시설등의 유지

[12. 전북특]
기본서 2권 p.263

196 「화재예방, 소방시설 설치·유지 및 안전관리에 관한 법률 시행규칙」상 소방시설업에 대한 행정처분에 대한 설명이다. 빈칸에 들어갈 단어로 옳은 것은?

> 위반행위의 차수에 따른 행정처분의 가중된 처분기준은 최근 (   )간 같은 위반행위로 행정처분을 받은 경우에 적용한다. 이 경우 기간의 계산은 위반행위에 대하여 (   )과 그 처분 후 다시 같은 위반행위를 하여 적발된 날을 기준으로 한다.

① 6개월　　　　행위를 한 날
② 6개월　　　　행정처분을 받은 날
③ 1년　　　　　행정처분을 받은 날
④ 1년　　　　　행위를 한 날

[18. 상반기]
기본서 2권 p.356

해설

195 ① 소방안전관리 업무의 대행 또는 소방시설등의 점검 및 유지·관리의 업을 하려는 자는 시·도지사에게 소방시설관리업의 등록을 하여야 한다(법 제29조 제1항).

196 ▸ 행정처분기준(규칙 별표 8)
1. 일반기준
　가. 위반행위가 동시에 둘 이상 발생한 때에는 그 중 중한 처분기준(중한 처분기준이 동일한 경우에는 그 중 하나의 처분기준을 말한다. 이하 같다)에 의하되, 둘 이상의 처분기준이 동일한 영업정지이거나 사용정지인 경우에는 중한 처분의 2분의 1까지 가중하여 처분할 수 있다.
　나. 영업정지 또는 사용정지 처분기간 중 영업정지 또는 사용정지에 해당하는 위반사항이 있는 경우에는 종전의 처분기간 만료일의 다음 날부터 새로운 위반사항에 의한 영업정지 또는 사용정지의 행정처분을 한다.
　다. 위반행위의 차수에 따른 행정처분의 가중된 처분기준은 최근 1년간 같은 위반행위로 행정처분을 받은 경우에 적용한다. 이 경우 기간의 계산은 위반행위에 대하여 행정처분을 받은 날과 그 처분 후 다시 같은 위반행위를 하여 적발된 날을 기준으로 한다.

정답 195.① 196.③

197 「화재예방, 소방시설 설치·유지 및 안전관리에 관한 법률」상 소방시설관리사 또는 소방시설관리업에 대한 설명이다. 옳지 않은 것은?

① 소방시설관리사가 되려는 사람은 소방청장이 실시하는 관리사시험에 합격하여야 한다.
② 소방공무원으로 5년 이상 근무한 경력이 있는 사람은 소방시설관리사 시험에 응시할 수 있다.
③ 기술 인력, 장비 등 관리업의 등록기준에 관하여 필요한 사항은 대통령령으로 정한다.
④ 관리업의 등록이 취소된 날부터 1년이 지난 경우는 관리업을 등록할 수 있다.

[17. 하반기]
기본서 2권 p.258~259, p.263~265

198 일반적으로 과징금은 영업정지처분에 갈음하여 얼마까지 부과할 수 있는가?

① 1천만원 이하
② 2천만원 이하
③ 3천만원 이하
④ 4천만원 이하

[11. 통합]
기본서 2권 p.272

해설
197 ④ 관리업의 등록이 취소된 날부터 2년이 지나지 아니한 자는 관리업의 등록을 할 수 없다(법 제30조 제4호).

198 ③ 영업정지를 명하는 경우로서 그 영업정지가 국민에게 심한 불편을 주거나 그 밖에 공익을 해칠 우려가 있을 때에는 영업정지처분을 갈음하여 3천만원 이하의 과징금을 부과할 수 있다(법 제35조 제1항).

정답 197.④ 198.③

199 「화재예방, 소방시설 설치·유지 및 안전관리에 관한 법률」상 소방시설관리업의 등록을 반드시 취소하여야 하는 사유로 옳지 않은 것은?

① 자체점검 등을 하지 아니한 경우
② 소방시설관리업자가 피성년후견인인 경우
③ 거짓이나 그 밖의 부정한 방법으로 등록한 경우
④ 다른 자에게 등록증이나 등록수첩을 빌려준 경우

[21. 상반기 경채]

상 중 하
기본서 2권 p.272

해설 199 ① 자체점검 등을 하지 아니한 경우
→ 취소 또는 6개월 이내 기간을 정하여 이의 시정이나 그 영업정지

▶ 등록의 취소와 영업정지 등(법 제34조 제1항)
① 시·도지사는 관리업자가 다음 각 호의 어느 하나에 해당할 때에는 행정안전부령으로 정하는 바에 따라 그 등록을 취소하거나 6개월 이내의 기간을 정하여 이의 시정이나 그 영업의 정지를 명할 수 있다. 다만, <u>제1호·제4호 또는 제7호에 해당할 때에는 등록을 취소하여야 한다.</u>
1. 거짓이나 그 밖의 부정한 방법으로 등록을 한 경우
2. 제25조 제1항에 따른 점검을 하지 아니하거나 거짓으로 한 경우
3. 제29조 제2항에 따른 등록기준에 미달하게 된 경우
4. 제30조 각 호의 어느 하나의 등록의 결격사유에 해당하게 된 경우. 다만, 제30조 제5호에 해당하는 법인으로서 결격사유에 해당하게 된 날부터 2개월 이내에 그 임원을 결격사유가 없는 임원으로 바꾸어 선임한 경우는 제외한다.
5. 삭제
6. 삭제
7. 제33조 제1항을 위반하여 다른 자에게 등록증이나 등록수첩을 빌려준 경우
8. 삭제
9. 삭제
10. 삭제

정답 199.①

제6장 소방용품의 품질관리

200 소방용품의 형식승인 등에 관하여 옳지 않은 것은?
① 소방용품의 형상·구조·재질·성분·성능 등의 형식승인 및 제품검사의 기술기준 등에 관한 사항은 시·도지사가 정하여 고시한다.
② 대통령령으로 정하는 소방용품을 제조하거나 수입하려는 자는 소방청장의 형식승인을 받아야 한다.
③ 형식승인을 받으려는 자는 행정안전부령으로 정하는 기준에 따라 형식승인을 위한 시험시설을 갖추고 소방청장의 심사를 받아야 한다.
④ 형식승인을 받은 자는 그 소방용품에 대하여 소방청장이 실시하는 제품검사를 받아야 한다.

[13. 전북특]
기본서 2권 p.276~277

201 소방용품 형식승인에 대한 설명으로 틀린 것은?
① 물분무소화설비를 제조하려는 자는 소방청장의 형식승인을 받아야 한다.
② 누구든지 형상등을 임의로 변경한 것에 해당하는 소방용품을 판매하거나 판매 목적으로 진열하거나 소방시설공사에 사용할 수 없다.
③ 하나의 소방용품에 두 가지 이상의 형식승인 사항 또는 형식승인과 성능인증 사항이 결합된 경우에는 두 가지 이상의 형식승인 또는 형식승인과 성능인증 시험을 함께 실시하고 하나의 형식승인을 할 수 있다.
④ 형식승인을 받으려는 자는 행정안전부령으로 정하는 기준에 따라 형식승인을 위한 시험시설을 갖추고 소방청장의 심사를 받아야 한다.

[14. 중앙특]
기본서 2권 p.276~278

해설

200 ① 소방청장이 정하여 고시한다(법 제36조 제5항).

201 ① 물분무소화설비를 제조하려는 자는 형식승인 대상자가 아니다(영 제37조 및 별표 3).

정답 200.① 201.①

202 「화재예방, 소방시설 설치·유지 및 안전관리에 관한 법률」상 형식승인에 대한 설명이다. 빈칸에 들어갈 단어로 옳은 것은?

> 형식승인을 받지 아니한 소방품을 (㉠)하거나 (㉡) 목적으로 (㉢)하거나 소방시설공사에 (㉣)할 수 없다.

	㉠	㉡	㉢	㉣
①	제조	제조	수입	사용
②	판매	판매	진열	사용
③	사용	사용	수입	설치
④	판매	진열	수입	설치

[17. 하반기]
기본서 2권 p.277

해설 202 누구든지 다음 각 호의 어느 하나에 해당하는 소방품을 <u>판매</u>하거나 <u>판매</u> 목적으로 <u>진열</u>하거나 소방시설공사에 <u>사용</u>할 수 없다(법 제36조 제6항).
1. 형식승인을 받지 아니한 것
2. 형상등을 임의로 변경한 것
3. 제품검사를 받지 아니하거나 합격표시를 하지 아니한 것

정답 202.②

제7장 보 칙

203 소방청장 또는 시·도지사가 청문을 하여야 하는 경우가 아닌 것은?
① 소방시설관리사 자격취소
② 우수품질인증의 중지
③ 소방용품의 형식승인취소
④ 전문기관의 지정취소 및 업무정지

[12. 중앙]
기본서 2권 p.292

204 다음 중 청문대상으로 옳지 않은 것은?
① 소방용품의 형식승인 취소
② 소방시설관리업의 등록취소 및 영업정지
③ 소방용품에 대한 우수품질인증의 취소
④ 소방용품에 대한 성능인증의 중지

[16. 통합]
기본서 2권 p.292

해설

203 ② 우수품질인증의 취소이다.

▶ 청문 대상(법 제44조)
소방청장 또는 시·도지사는 다음 각 호의 어느 하나에 해당하는 처분을 하려면 청문을 하여야 한다.
1. 제28조에 따른 관리사 자격의 취소 및 정지
2. 제34조 제1항에 따른 관리업의 등록취소 및 영업정지
3. 제38조에 따른 소방용품의 형식승인 취소 및 제품검사 중지
3의2. 제39조의3에 따른 성능인증의 취소
4. 제40조 제5항에 따른 우수품질인증의 취소
5. 제43조에 따른 전문기관의 지정취소 및 업무정지

204 ④ 성능인증의 취소이다.

▶ 청문 대상(법 제44조)
1. 제28조에 따른 관리사 자격의 취소 및 정지
2. 제34조 제1항에 따른 관리업의 등록취소 및 영업정지
3. 제38조에 따른 소방용품의 형식승인 취소 및 제품검사 중지
3의2. 제39조의3에 따른 성능인증의 취소
4. 제40조 제5항에 따른 우수품질인증의 취소
5. 제43조에 따른 전문기관의 지정취소 및 업무정지

정답 203.② 204.④

205 「화재예방, 소방시설 설치·유지 및 안전관리에 관한 법률」상 청문 사유로 옳지 않은 것은?

① 성능인증의 취소
② 전문기관의 지정취소 및 업무정지
③ 소방용품의 형식승인 취소 및 제품검사 중지
④ 소방시설 설계업 및 방염업의 등록취소 및 영업정지

[21. 상반기 경채]

기본서 2권 p.292

해설 205
④ 소방시설 설계업 및 방염업의 등록취소 및 영업정지
→ 관리업의

▶청문(법 제44조)
소방청장 또는 시·도지사는 다음 각 호의 어느 하나에 해당하는 처분을 하려면 청문을 하여야 한다.
1. 제28조에 따른 관리사 자격의 취소 및 정지
2. 제34조 제1항에 따른 관리업의 등록취소 및 영업정지
3. 제38조에 따른 소방용품의 형식승인 취소 및 제품검사 중지
3의2. 제39조의3에 따른 성능인증의 취소
4. 제40조 제5항에 따른 우수품질인증의 취소
5. 제43조에 따른 전문기관의 지정취소 및 업무정지

정답 205.④

제8장 벌칙

206 「화재예방, 소방시설 설치·유지 및 안전관리에 관한 법률」에서 과태료 처분 대상으로 옳지 않은 것은?
① 피난시설, 방화구획 또는 방화시설의 폐쇄·훼손·변경 등의 행위를 한 경우
② 소방안전관리 업무를 수행하지 아니한 자
③ 화재안전기준에 따른 설치·유지·관리를 위반한 경우
④ 정당한 사유 없이 소방공무원의 소방특별조사를 거부·방해 또는 기피한 자

207 다음의 벌칙 중 그 부과의 범위가 다른 벌칙은?
① 방염대상물품 또는 방염성능검사에 대한 조치명령을 위반한 자
② 피난·방화시설, 방화구획의 유지관리 조치명령 위반자
③ 특정소방대상물의 소방시설이 화재안전기준에 따른 소방서장 등의 조치명령위반자
④ 소방시설의 기능과 성능에 지장을 초래하도록 소방시설에 폐쇄·차단 등 행위를 한 자

해설

206 ④는 300만원 이하의 벌금 대상이다(법 제50조 제1호).
①③은 300만원 이하의 과태료처분 대상이다(법 제53조 제1항 제1호·제2호).
②는 200만원 이하의 과태료처분 대상이다(법 제53조 제2항 제5호).

207 ④ 5년 이하의 징역 또는 5천만원 이하의 벌금에 해당한다(법 제48조 제1항).
①②③ 3년 이하의 징역 또는 3천만원 이하의 벌금에 해당한다(법 제48조의2).

정답 206.④ 207.④

208 다음 중 소방시설관리업의 등록을 하지 않고 영업을 했을 때의 벌칙은?

① 5년 이하의 징역 또는 5,000만원 이하의 벌금
② 3년 이하의 징역 또는 3,000만원 이하의 벌금
③ 1년 이하의 징역 또는 1,000만원 이하의 벌금
④ 300만원 이하의 벌금

[13. 경기]

209 「화재예방, 소방시설 설치·유지 및 안전관리에 관한 법률」상 과태료 부과대상으로 옳은 것은?

① 소방시설·피난시설 등이 법령에 위반된 것을 발견하였음에도 필요한 조치를 할 것을 요구하지 아니한 소방안전관리자
② 특정소방대상물에 소방안전관리자 또는 소방안전관리보조자를 선임하지 아니한 자
③ 특정소방대상물에 화재안전기준을 위반하여 소방시설을 설치 또는 유지·관리한 자
④ 방염성능검사에 합격하지 아니한 물품에 합격표시를 하거나 합격표시를 위조하거나 변조하여 사용한 자

[19. 상반기 경채]

해설

208 ② 3년 이하의 징역 또는 3천만원 이하의 벌금이다(법 제48조의2).

209 ③ 특정소방대상물에 화재안전기준을 위반하여 소방시설을 설치 또는 유지·관리한 자 – 300만원 이하의 과태료(법 제53조 제1항 제1호)
① 소방시설·피난시설 등이 법령에 위반된 것을 발견하였음에도 필요한 조치를 할 것을 요구하지 아니한 소방안전관리자 – 300만원 이하의 벌금(법 제50조 제6호)
② 특정소방대상물에 소방안전관리자 또는 소방안전관리보조자를 선임하지 아니한 자 – 300만원 이하의 벌금(법 제50조 제5호)
④ 방염성능검사에 합격하지 아니한 물품에 합격표시를 하거나 합격표시를 위조하거나 변조하여 사용한 자 – 300만원 이하의 벌금(법 제50조 제3호)

정답 208.② 209.③

210. 「화재예방, 소방시설 설치·유지 및 안전관리에 관한 법률」상 방염성능검사에 합격하지 아니한 물품에 합격표시를 하거나 합격표시를 위조하거나 변조하여 사용한 자에 대한 벌칙의 기준으로 옳은 것은?

① 300만원 이하의 벌금
② 1천만원 이하의 벌금
③ 1년 이하의 징역 또는 1천만원 이하의 벌금
④ 3년 이하의 징역 또는 3천만원 이하의 벌금

[20. 경채]

해설 210

▶ 벌칙(법 제50조 제3호)
다음 각 호의 어느 하나에 해당하는 자는 300만원 이하의 벌금에 처한다.
3. 제13조를 위반하여 방염성능검사에 합격하지 아니한 물품에 합격표시를 하거나 합격표시를 위조하거나 변조하여 사용한 자

정답 210.①

03 소방시설공사업법

Chapter 01 총 칙
Chapter 02 소방시설업
Chapter 03 소방시설공사등
Chapter 04 소방기술자
Chapter 05 소방시설업자협회
Chapter 06 보 칙
Chapter 07 벌 칙

PART 03 | 소방시설공사업법

제1장 총칙

01 다음 중 「소방시설공사업법」의 목적으로 옳지 않은 것은?
① 소방기술의 진흥
② 국민의 생명, 신체, 재산 보호
③ 공공의 안전 확보
④ 국민경제에 이바지

[09. 경남]

02 다음은 「소방시설공사업법」의 목적이다. 빈칸에 들어갈 가장 적당한 것은?

> 이 법은 소방시설공사 및 소방기술의 관리에 필요한 사항을 규정함으로써 소방시설업을 건전하게 발전시키고 (   )시켜 화재로부터 (   )하고 국민경제에 이바지함을 목적으로 한다.

① 소방기술을 혁신, 공공의 안전을 확보
② 소방기술을 혁신, 국민의 생명·신체를 보호
③ 소방기술을 진흥, 공공의 안전을 확보
④ 소방기술을 진흥, 국민의 생명·신체를 보호

[15. 통합]

해설

01 ② 이 법은 소방시설공사 및 소방기술의 관리에 필요한 사항을 규정함으로써 소방시설업을 건전하게 발전시키고 소방기술을 진흥시켜 화재로부터 공공의 안전을 확보하고 국민경제에 이바지함을 목적으로 한다(법 제1조).

02 ③ 이 법은 소방시설공사 및 소방기술의 관리에 필요한 사항을 규정함으로써 소방시설업을 건전하게 발전시키고 (소방기술을 진흥)시켜 화재로부터 (공공의 안전을 확보)하고 국민경제에 이바지함을 목적으로 한다(법 제1조).

정답 01.② 02.③

03 다음 중 「소방시설공사업법」의 목적으로 가장 옳지 않은 것은?
① 소방시설공사 및 소방기술의 관리에 필요한 사항을 규정
② 화재의 예방 및 안전관리에 관한 국가와 지방자치단체의 책무
③ 소방시설업을 건전하게 발전시키고 소방기술을 진흥
④ 화재로부터 공공의 안전을 확보하고 국민경제에 이바지함

[16. 통합]
기본서 3권 p.10

04 설계도서에 따라 소방시설을 신설·증설·개설·이전 및 정비하는 영업으로 옳은 것은?
① 소방시설관리업
② 소방시설공사업
③ 소방공사감리업
④ 소방시설설계업

[09. 서울]
기본서 3권 p.11

해설

03 ② 이 법은 소방시설공사 및 소방기술의 관리에 필요한 사항을 규정함으로써 소방시설업을 건전하게 발전시키고 소방기술을 진흥시켜 화재로부터 공공의 안전을 확보하고 국민경제에 이바지함을 목적으로 한다(법 제1조).

04 ② 소방시설공사업은 설계도서에 따라 소방시설을 신설, 증설, 개설, 이전 및 정비(이하 "시공"이라 한다)하는 영업이다(법 제2조).

정답 03.② 04.②

05 다음 중 소방시설업에 해당되지 않는 것은?
① 소방시설설계업
② 소방시설관리업
③ 소방시설공사업
④ 방염처리업

[10. 중앙]
상 중 **하**
기본서 3권 p.11

06 다음 중 「소방시설공사업법」에서 소방시설업이 아닌 것은?
① 방염처리업
② 소방시설공사업
③ 소방공사감리업
④ 소방시설관리업

[10. 경기]
상 중 **하**
기본서 3권 p.11

해설

05 ② 소방시설관리업은 해당되지 않는다(법 제2조).

06 ④ 소방시설업은 소방시설설계업, 소방시설공사업, 소방공사감리업, 방염처리업이 있다(법 제2조).

▶ 정의(법 제2조)
① 이 법에서 사용하는 용어의 뜻은 다음과 같다.
  1. "소방시설업"이란 다음 각 목의 영업을 말한다.
    가. 소방시설설계업 : 소방시설공사에 기본이 되는 공사계획, 설계도면, 설계 설명서, 기술계산서 및 이와 관련된 서류(이하 "설계도서"라 한다)를 작성(이하 "설계"라 한다)하는 영업
    나. 소방시설공사업 : 설계도서에 따라 소방시설을 신설, 증설, 개설, 이전 및 정비(이하 "시공"이라 한다)하는 영업
    다. 소방공사감리업 : 소방시설공사에 관한 발주자의 권한을 대행하여 소방시설공사가 설계도서와 관계 법령에 따라 적법하게 시공되는지를 확인하고, 품질·시공 관리에 대한 기술지도를 하는(이하 "감리"라 한다) 영업
    라. 방염처리업 : 「화재예방, 소방시설 설치·유지 및 안전관리에 관한 법률」 제12조 제1항에 따른 방염대상물품에 대하여 방염처리(이하 "방염"이라 한다)하는 영업

정답 05.② 06.④

07 소방시설공사에 관한 발주자의 권한을 대행하여 소방시설공사가 설계도서와 관계법령에 따라 적법하게 시공되는지를 확인하고 품질·시공관리에 대한 기술지도를 하는 영업을 무엇이라 하는가?

① 소방시설설계업
② 소방시설공사업
③ 소방공사감리업
④ 소방시설관리업

[11. 부산]

08 다음 중 소방시설공사에 관한 발주자의 권한을 대행하여 소방시설공사가 설계도서와 관계법령에 따라 적법하게 시공되는지를 확인하고 품질·시공관리에 대한 기술지도를 하는 영업으로 옳은 것은?

① 소방공사감리업
② 소방시설공사업
③ 소방시설설계업
④ 방염처리업

[10. 전북]

해설

07 ③ 소방공사감리업은 소방시설공사에 관한 발주자의 권한을 대행하여 소방시설공사가 설계도서와 관계 법령에 따라 적법하게 시공되는지를 확인하고, 품질·시공 관리에 대한 기술지도를 하는(이하 "감리"라 한다) 영업이다(법 제2조).

08 ① 소방공사감리업은 소방시설공사에 관한 발주자의 권한을 대행하여 소방시설공사가 설계도서와 관계 법령에 따라 적법하게 시공되는지를 확인하고, 품질·시공 관리에 대한 기술지도를 하는(이하 "감리"라 한다) 영업이다(법 제2조).

정답 07.③ 08.①

09 「소방시설공사업법」상 소방시설업의 종류로 옳은 것을 모두 고르면?

가. 소방공사감리업	나. 방염처리업
다. 소방시설공사업	라. 소방시설점검업
마. 소방시설설계업	바. 소방시설관리업

① 가, 나, 바
② 가, 다, 마
③ 가, 나, 다, 마
④ 가, 나, 다, 라, 마

[18. 상반기]
기본서 3권 p.11

10 「소방시설공사업법」에서 사용하는 용어의 정의로 옳지 않은 것은?
① 소방시설설계업은 공사의 기본이 되는 설계도서를 작성한다.
② 소방시설공사업은 설계도서에 따라 소방시설을 시공한다.
③ 소방시설업자는 시설업 경영을 위하여 소방시설업에 등록한 자이다.
④ 감리원은 공사에 관한 발주자의 권한을 대행하여 감리한다.

[11. 중앙]
기본서 3권 p.11

해설 09 ▶ 정의(법 제2조)
① 이 법에서 사용하는 용어의 뜻은 다음과 같다.
 1. "소방시설업"이란 다음 각 목의 영업을 말한다.
  가. 소방시설설계업 : 소방시설공사에 기본이 되는 공사계획, 설계도면, 설계 설명서, 기술계산서 및 이와 관련된 서류(이하 "설계도서"라 한다)를 작성(이하 "설계"라 한다)하는 영업
  나. 소방시설공사업 : 설계도서에 따라 소방시설을 신설, 증설, 개설, 이전 및 정비(이하 "시공"이라 한다)하는 영업
  다. 소방공사감리업 : 소방시설공사에 관한 발주자의 권한을 대행하여 소방시설공사가 설계도서와 관계 법령에 따라 적법하게 시공되는지를 확인하고, 품질·시공 관리에 대한 기술지도를 하는(이하 "감리"라 한다) 영업
  라. 방염처리업 : 「화재예방, 소방시설 설치·유지 및 안전관리에 관한 법률」 제12조 제1항에 따른 방염대상물품에 대하여 방염처리(이하 "방염"이라 한다)하는 영업

10 ④ "감리원"이란 소방공사감리업자에 소속된 소방기술자로서 해당 소방시설공사를 감리하는 사람을 말한다.
• 소방공사감리업은 소방시설공사에 관한 발주자의 권한을 대행하여 소방시설공사가 설계도서와 관계 법령에 따라 적법하게 시공되는지를 확인하고, 품질·시공 관리에 대한 기술지도를 하는(이하 "감리"라 한다) 영업이다(법 제2조).

정답 09.③ 10.④

11 「소방시설공사업법」에서 소방시설업이 아닌 것은?
① 소방시설설계업
② 소방시설공사업
③ 소방시설관리업
④ 소방공사감리업

[11. 서울]

12 「소방시설공사업법」에서 용어에 대한 설명으로 옳지 않은 것은?
① "감리원"이란 소방공사감리업자에 소속된 소방기술자로서 해당 소방시설공사를 감리하는 사람을 말한다.
② "발주자"란 소방시설공사 등을 소방시설업자에게 도급하는 자를 말한다. 다만, 수급인으로서 도급받은 공사를 하도급하는 자는 제외한다.
③ "소방시설공사업"이란 설계도서에 따라 소방시설을 신설, 증설, 개설, 이전 및 정비하는 영업을 말한다.
④ "소방시설설계업"이란 소방시설공사에 관한 발주자의 권한을 대행하여 소방시설공사가 설계도서와 관계 법령에 따라 적법하게 시공되는지를 확인하는 영업을 말한다.

[18. 상반기]

해설

11 ③ 소방시설관리업은 소방시설업에 해당하지 않는다.
• 소방시설업은 소방시설설계업, 소방시설공사업, 소방공사감리업, 방염처리업을 말한다(법 제2조).

12 ▶ 정의(법 제2조)
① 이 법에서 사용하는 용어의 뜻은 다음과 같다.
　1. "소방시설업"이란 다음 각 목의 영업을 말한다.
　　가. 소방시설설계업 : 소방시설공사에 기본이 되는 공사계획, 설계도면, 설계 설명서, 기술계산서 및 이와 관련된 서류(이하 "설계도서"라 한다)를 작성(이하 "설계"라 한다)하는 영업

정답 11.③ 12.④

13 「소방시설공사업법」상 '소방시설업'의 영업에 해당하지 않는 것은?

① 소방시설공사에 기본이 되는 공사계획, 설계도면, 설계 설명서, 기술계산서 및 이와 관련된 서류를 작성하는 영업
② 설계도서에 따라 소방시설을 신설, 증설, 개설, 이전 및 정비하는 영업
③ 소방안전관리 업무의 대행 또는 소방시설등의 점검 및 유지·관리하는 영업
④ 방염대상물품에 대하여 방염처리하는 영업

[18. 하반기 공채]

기본서 3권 p.11

해설 13
① 소방시설설계업
② 소방시설공사업
④ 방염처리업

▸ 정의(법 제2조)
1. "소방시설업"이란 다음 각 목의 영업을 말한다.
   가. 소방시설설계업 : 소방시설공사에 기본이 되는 공사계획, 설계도면, 설계 설명서, 기술계산서 및 이와 관련된 서류(이하 "설계도서"라 한다)를 작성(이하 "설계"라 한다)하는 영업
   나. 소방시설공사업 : 설계도서에 따라 소방시설을 신설, 증설, 개설, 이전 및 정비(이하 "시공"이라 한다)하는 영업
   다. 소방공사감리업 : 소방시설공사에 관한 발주자의 권한을 대행하여 소방시설공사가 설계도서와 관계 법령에 따라 적법하게 시공되는지를 확인하고, 품질·시공 관리에 대한 기술지도를 하는(이하 "감리"라 한다) 영업
   라. 방염처리업 : 「화재예방, 소방시설 설치·유지 및 안전관리에 관한 법률」 제12조 제1항에 따른 방염대상물품에 대하여 방염처리(이하 "방염"이라 한다)하는 영업

정답 13.③

제2장 소방시설업

14 다음 중 전문소방시설설계업에서 보조기술인력은 몇 인 이상이어야 하는가?
① 1인
② 2인
③ 3인
④ 4인

[기출변형]
기본서 3권 p.16

15 다음 중 소방시설업 등록 신청 시 시·도지사는 며칠 내에 소방시설업 등록증 및 소방시설업 등록수첩을 발급하여야 하는가?
① 3일
② 5일
③ 10일
④ 15일

[09. 경북]
기본서 3권 p.14

해설

14 ① 전문소방시설설계업의 보조기술인력은 1명 이상이다(영 별표 1).

15 ④ 시·도지사는 15일 이내에 협회를 경유하여 소방시설업등록증 및 소방시설업 등록수첩을 발급해 주어야 한다(규칙 제3조).

정답 14.① 15.④

16 다음 ( ) 안에 들어갈 말로 옳은 것은?

> 특정소방대상물의 소방시설등을 하려는 자는 (　)로 대통령령으로 정하는 (　), (　)을 갖추어 시·도지사에게 소방시설업의 등록을 하여야 한다.

① 업종별, 자본금, 기술인력
② 시설별, 자본금, 기업진단 보고서
③ 업종별, 자산평가액, 기술인력
④ 시설별, 자산평가액, 기업진단보고서

[10. 서울]

해설 16 ① 특정소방대상물의 소방시설공사등을 하려는 자는 <u>업종별</u>로 <u>자본금</u>(개인인 경우에는 자산 평가액을 말한다), <u>기술인력</u> 등 대통령령으로 정하는 요건을 갖추어 특별시장·광역시장·특별자치시장·도지사 또는 특별자치도지사(이하 "시·도지사"라 한다)에게 소방시설업을 등록하여야 한다(법 제4조).

정답 16.①

17 「소방시설공사업법 시행령」상 소방시설공사업의 등록기준으로 옳은 것은?

① 기술인력, 장비, 시설
② 기술인력, 자본금(자산평가액)
③ 자본금, 도급실적
④ 기술인력, 장비 도급실적

[18. 상반기]
상 중 하
기본서 3권 p.16

해설 17 ▶ 소방시설업의 업종별 등록기준 및 영업범위(영 별표 1)
2. 소방시설공사업

업종별	항목	기술인력	자본금 (자산평가액)	영업범위
전문 소방시설 공사업		가. 주된 기술인력 : 소방기술사 또는 기계분야와 전기분야의 소방설비기사 각 1명(기계분야 및 전기분야의 자격을 함께 취득한 사람 1명) 이상 나. 보조기술인력 : 2명 이상	가. 법인 : 1억원 이상 나. 개인 : 자산평가액 1억원 이상	특정소방대상물에 설치되는 기계분야 및 전기분야 소방시설의 공사·개설·이전 및 정비
일반 소방시설 공사업	기계분야	가. 주된 기술인력 : 소방기술사 또는 기계분야 소방설비기사 1명 이상 나. 보조기술인력 : 1명 이상	가. 법인 : 1억원 이상 나. 개인 : 자산평가액 1억원 이상	가. 연면적 1만 제곱미터 미만의 특정소방대상물에 설치되는 기계분야 소방시설의 공사·개설·이전 및 정비 나. 위험물제조소등에 설치되는 기계분야 소방시설의 공사·개설·이전 및 정비
	전기분야	가. 주된 기술인력 : 소방기술사 또는 전기분야 소방설비기사 1명 이상 나. 보조기술인력 : 1명 이상	가. 법인 : 1억원 이상 나. 개인 : 자산평가액 1억원 이상	가. 연면적 1만 제곱미터 미만의 특정소방대상물에 설치되는 전기분야 소방시설의 공사·개설·이전·정비 나. 위험물제조소등에 설치되는 전기분야 소방시설의 공사·개설·이전·정비

정답 17.②

18 다음 중 방염처리업의 등록은 누구에게 하는가?
① 시·도지사
② 소방본부장
③ 소방청장
④ 국무총리

[11. 서울]
상 중 하
기본서 3권 p.14

19 다음 중 방염업의 종류가 아닌 것은?
① 섬유류 방염업
② 종이류 방염업
③ 합성수지류 방염업
④ 합판·목재류 방염업

[13. 중앙특]
상 중 하
기본서 3권 p.18

해설 **18** ① 방염처리업의 등록은 시·도지사에게 등록하여야 한다(법 제4조).

19 ② 종이류 방염업은 해당되지 않는다(영 별표 1).

▶방염처리업(영 별표 1)

항목 업종별	실험실	방염처리시설 및 시험기기	영업범위
섬유류 방염업	1개 이상 갖출 것	부표에 따른 섬유류 방염업의 방염처리시설 및 시험기기를 모두 갖추어야 한다.	커튼·카펫 등 섬유류를 주된 원료로 하는 방염대상물품을 제조 또는 가공 공정에서 방염처리
합성수지류 방염업		부표에 따른 합성수지류 방염업의 방염처리시설 및 시험기기를 모두 갖추어야 한다.	합성수지류를 주된 원료로 하는 방염대상물품을 제조 또는 가공 공정에서 방염처리
합판·목재류 방염업		부표에 따른 합판·목재류 방염업의 방염처리시설 및 시험기기를 모두 갖추어야 한다.	합판 또는 목재류를 제조·가공 공정 또는 설치 현장에서 방염처리

정답 18.① 19.②

20 소방시설업의 분류 중 기계분야에서 제외되며 전기분야에 해당되는 것은?
① 제연설비
② 연결송수관설비
③ 유도등
④ 연소방지설비

[13. 중앙]

21 소방시설업의 지위를 승계한 자는 그 지위를 승계한 날로부터 며칠 이내에 그 서류를 협회에 제출해야 하는가?
① 7일 ② 14일
③ 15일 ④ 30일

[10. 충북]

해설
20 ③ 유도등은 전기분야에 해당된다(영 별표 1).
▶ 전기분야
단독경보형감지기, 비상경보설비, 비상방송설비, 누전경보기, 자동화재탐지설비, 시각경보기, 자동화재속보설비, 가스누설경보기, 통합감시시설, 유도등, 비상조명등, 휴대용비상조명등, 비상콘센트설비 및 무선통신보조설비
▶ 기계분야
소화기구, 자동소화장치, 옥내소화전설비, 스프링클러설비등, 물분무등소화설비, 옥외소화전설비, 피난기구, 인명구조기구, 상수도소화용수설비, 소화수조·저수조, 그 밖의 소화용수설비, 제연설비, 연결송수관설비, 연결살수설비 및 연소방지설비

21 ④ 소방시설업의 지위를 승계한 자는 그 지위를 승계한 날로부터 30일 이내에 그 서류를 협회에 제출해야 한다(규칙 제7조).

정답 20.③ 21.④

22 방염업자의 지위를 승계한 자는 행정안전부령이 정하는 바에 따라 며칠 이내에 누구에게 신고하여야 하는가?

① 14일 이내의 소방서장에게
② 14일 이내에 시·도지사에게
③ 30일 이내에 소방서장에게
④ 30일 이내에 시·도지사에게

[11. 통합]

23 다음 중 소방시설업 등록의 결격사유로 옳지 않은 것은?

① 피성년후견인
② 등록하려는 소방시설업 등록이 취소(피성년후견인에 해당하여 등록이 취소된 경우는 제외한다)된 날부터 2년이 지나지 아니한 자
③ 금고 이상의 실형을 선고받고 그 집행이 끝나거나(집행이 끝난 것으로 보는 경우를 포함한다) 면제된 날부터 2년이 지나지 아니한 사람
④ 금고 이상의 집행유예선고를 받은 날로부터 2년이 지나지 아니한 자

[09. 경북]

해설

22 ④ 지위승계신고는 시·도지사에게 30일 이내에 신고하여야 한다(법 제7조 제1항).

23 ④ 금고 이상의 형의 집행유예를 선고받고 그 유예기간 중에 있는 사람에 해당한다.

▶ 결격사유(법 제5조)
㉠ 피성년후견인
㉡ 금고 이상의 실형을 선고받고 그 집행이 끝나거나(집행이 끝난 것으로 보는 경우를 포함한다) 면제된 날부터 2년이 지나지 아니한 사람
㉢ 금고 이상의 형의 집행유예를 선고받고 그 유예기간 중에 있는 사람
㉣ 등록하려는 소방시설업 등록이 취소(제1호에 해당하여 등록이 취소된 경우는 제외한다)된 날부터 2년이 지나지 아니한 자
㉤ 법인의 대표자가 ㉠부터 ㉣까지의 규정에 해당하는 경우 그 법인
㉥ 법인의 임원이 ㉡부터 ㉣까지의 규정에 해당하는 경우 그 법인

정답 22.④ 23.④

24 다음 중 소방시설업 등록의 결격사유로 옳지 않은 것은?
① 피성년후견인
② 파산선고를 받고 복권되지 아니한 자
③ 소방시설업의 등록이 취소된 날부터 2년이 지나지 아니한 자
④ 집행유예선고를 받고 그 유예기간 중에 있는 자

[10. 중앙]

25 소방시설업 등록의 결격사유 기준에 해당하지 않는 것은?
① 피성년후견인
② 소방법에 의한 금고 이상의 실형을 선고받고 그 집행이 종료되거나 집행이 면제된 날로부터 2년이 지나지 아니한 사람
③ 소방법에 따른 금고 이상의 형의 집행유예를 선고받고 2년이 지나지 아니한 사람
④ 등록하려는 소방시설업 등록이 취소된 날부터 2년이 지나지 아니한 사람

[11. 전남]

해설

24 ② 파산선고를 받고 복권되지 아니한 자는 소방시설업의 등록을 할 수 있다.

▶ **결격사유(법 제5조)**
㉠ 피성년후견인
㉡ 금고 이상의 실형을 선고받고 그 집행이 끝나거나(집행이 끝난 것으로 보는 경우를 포함한다) 면제된 날부터 2년이 지나지 아니한 사람
㉢ 금고 이상의 형의 집행유예를 선고받고 그 유예기간 중에 있는 사람
㉣ 등록하려는 소방시설업 등록이 취소(제1호에 해당하여 등록이 취소된 경우는 제외한다)된 날부터 2년이 지나지 아니한 자
㉤ 법인의 대표자가 ㉠부터 ㉣까지의 규정에 해당하는 경우 그 법인
㉥ 법인의 임원이 ㉡부터 ㉣까지의 규정에 해당하는 경우 그 법인

25 ③ 금고 이상의 형의 집행유예를 선고받고 그 유예기간 중에 있는 사람이 결격사유이다.

▶ **결격사유(법 제5조)**
㉠ 피성년후견인
㉡ 금고 이상의 실형을 선고받고 그 집행이 끝나거나(집행이 끝난 것으로 보는 경우를 포함한다) 면제된 날부터 2년이 지나지 아니한 사람
㉢ 금고 이상의 형의 집행유예를 선고받고 그 유예기간 중에 있는 사람
㉣ 등록하려는 소방시설업 등록이 취소(제1호에 해당하여 등록이 취소된 경우는 제외한다)된 날부터 2년이 지나지 아니한 자
㉤ 법인의 대표자가 ㉠부터 ㉣까지의 규정에 해당하는 경우 그 법인
㉥ 법인의 임원이 ㉡부터 ㉣까지의 규정에 해당하는 경우 그 법인

정답 24.② 25.③

26 다음 중 소방시설업의 설명 중 틀린 것은?
① 소방시설업은 시·도지사에게 등록하여야 한다.
② 지위승계신고는 협회에 30일 이내에 서류를 제출해야 한다.
③ 거짓 그 밖의 부정한 방법으로 등록을 한 때는 취소에 해당한다.
④ 파산선고자는 소방시설업을 등록할 수 없다.

27 다음 중 소방시설업자가 보관하여야 하는 관계서류에 해당되지 않는 것은?
① 소방시설설계업 : 소방시설 설계기록부 및 소방시설 설계도서
② 소방시설공사업 : 소방시설공사 기록부
③ 소방시설점검업 : 소방시설점검 기록부
④ 소방공사감리업 : 소방공사감리 기록부, 소방공사 감리일지, 소방시설 완공 당시 설계도서

해설

26 ④ 파산선고자로서 복권되지 아니한 사람도 소방시설업을 등록할 수 있다(법 제5조).

27 ③ 소방시설점검업은 소방시설업에 해당되지 않는다(규칙 제8조).
1. 소방시설설계업 : 소방시설 설계기록부 및 소방시설 설계도서
2. 소방시설공사업 : 소방시설공사 기록부
3. 소방공사감리업 : 소방공사 감리기록부, 소방공사 감리일지 및 소방시설의 완공 당시 설계도서

정답 26.④ 27.③

28 시·도지사가 소방시설업자의 그 등록을 취소하여야 하는 사유로 옳은 것은?
① 등록기준에 미달하게 된 후 30일이 경과한 경우
② 등록을 한 후 정당한 사유 없이 1년이 지날 때까지 영업을 시작하지 아니하거나 계속하여 1년 이상 휴업한 때
③ 영업정지 기간 중에 소방시설공사등을 한 경우
④ 다른 자에게 등록증 또는 등록수첩을 빌려준 경우

29 「소방시설공사업법」 및 같은 법 시행규칙상 소방시설업의 등록, 운영, 취소에 대한 설명 중 가장 옳은 것은?
① 소방시설업의 영업정지처분을 받은 경우 즉시 감리업자에 알려야 한다.
② 소방시설업의 영업정지 기간 중에 소방시설공사등을 한 경우 영업정지기간을 연장한다.
③ 소방시설업 등록의 취소권자는 소방본부장 또는 소방서장이다.
④ 영업정지 처분기간 중 영업정지에 해당하는 위반사항이 있는 경우에는 종전의 처분기간 만료일의 다음날부터 새로운 위반사항에 대한 영업정지의 행정처분을 한다.

해설 28 ▶ 소방시설업 등록을 취소해야 하는 사유(법 제9조)
1. 거짓이나 그 밖의 부정한 방법으로 등록한 경우
2. 등록 결격사유에 해당하게 된 경우
3. 영업정지 기간 중에 소방시설공사등을 한 경우

29 ① 소방시설업의 등록취소처분 또는 영업정지처분을 받은 경우 소방시설업자는 소방시설공사등을 맡긴 특정소방대상물의 관계인에게 지체 없이 그 사실을 알려야 한다(법 제8조 제3항).
② 영업정지 기간 중에 소방시설공사등을 한 경우 그 등록을 취소하여야 한다(법 제9조).
③ 소방시설업 등록의 취소권자는 시·도지사이다(법 제9조).
④ 영업정지 처분기간 중 영업정지에 해당하는 위반사항이 있는 경우에는 종전의 처분기간 만료일의 다음날부터 새로운 위반사항에 대한 영업정지의 행정처분을 한다. (규칙 별표 1, 1. 일반기준 나항)

정답 28.③ 29.④

30 다음 중 소방시설업 변경등록 신고대상이 아닌 것은?

① 상호(명칭)
② 대표자
③ 임대차계약서
④ 기술인력

[10. 강원]

31 다음 중 소방시설업자가 등록사항의 변경 시 시·도지사에게 신고해야 하는 사항이 아닌 것은?

① 상호(명칭) 또는 영업소 소재지
② 대표자 주소
③ 기술인력
④ 대표자

[10. 경남]

해설 **30** ③ 임대차계약서는 해당되지 않는다.

▶ 등록사항의 변경신고사항(규칙 제5조)
1. 상호(명칭) 또는 영업소 소재지
2. 대표자
3. 기술인력

31 ② 대표자 주소는 해당되지 않는다.

▶ 등록사항의 변경신고사항(규칙 제5조)
1. 상호(명칭) 또는 영업소 소재지
2. 대표자
3. 기술인력

정답 30.③ 31.②

32 다음 중 소방시설업 변경신고에 해당하지 않는 것은?

① 명칭
② 영업소 소재지
③ 기술인력
④ 시설업 재개하였을 때

[11. 전남]

33 소방시설업자가 시·도지사에게 신고하여야 할 등록사항의 변경 신고사항이 아닌 것은?

① 점검기구 교체
② 대표자
③ 상호(명칭) 또는 영업소 소재지
④ 기술인력

[13. 중앙]

해설

32 ④ 시설업을 재개하였을 때는 해당되지 않는다.

▶ 등록사항의 변경신고(규칙 제5조)
1. 상호(명칭) 또는 영업소 소재지
2. 대표자
3. 기술인력

33 ① 점검기구 교체는 변경 신고사항이 아니다.

▶ 등록사항의 변경신고(규칙 제5조)
1. 상호(명칭) 또는 영업소 소재지
2. 대표자
3. 기술인력

정답 32.④ 33.①

34 다음 중 등록사항 변경신고사항으로 옳지 않은 것은?

① 상호(명칭)
② 대표자
③ 기술인력
④ 자본금

35 다음 중 소방시설업자가 관계인에게 통지해야 하는 경우가 아닌 것은?

① 소방시설업자의 지위승계시
② 소방시설업 등록취소 및 영업정지 처분을 받은 때
③ 휴업 또는 폐업시
④ 소방시설업 등록시

해설

34 ④ 자본금은 해당되지 않는다.

▶ 등록사항의 변경신고사항(규칙 제5조)
법 제6조에서 "행정안전부령으로 정하는 중요 사항"이란 다음 각 호의 어느 하나에 해당하는 사항을 말한다.
1. 상호(명칭) 또는 영업소 소재지
2. 대표자
3. 기술인력

35 ▶ 소방시설업의 운영(법 제8조 제3항)
③ 소방시설업자는 다음 각 호의 어느 하나에 해당하는 경우에는 소방시설공사등을 맡긴 특정소방대상물의 관계인에게 지체 없이 그 사실을 알려야 한다(법 제8조 제3항).
  1. 제7조에 따라 소방시설업자의 지위를 승계한 경우
  2. 제9조 제1항에 따라 소방시설업의 등록취소처분 또는 영업정지처분을 받은 경우
  3. 휴업하거나 폐업한 경우

정답 34.④ 35.④

36 「소방시설공사업법」상 소방시설업자가 소방시설공사등을 맡긴 특정소방대상물의 관계인에게 지체 없이 그 사실을 알려야 하는 사항으로 옳지 않은 것은?

① 소방시설업을 휴업한 경우
② 소방시설업자의 지위를 승계한 경우
③ 소방시설업에 대한 행정처분 중 등록취소 처분을 받은 경우
④ 소방시설업에 대한 행정처분 중 영업정지 또는 경고 처분을 받은 경우

[19. 상반기 공채]
기본서 3권 p.28

37 다음 중 소방시설업 등록을 취소해야 하는 경우가 아닌 것은?

① 등록의 결격사유에 해당하는 경우
② 등록증 및 등록수첩을 빌려준 때
③ 영업정지 기간 중 설계, 시공 및 감리를 한 경우
④ 거짓 및 기타 부정한 방법으로 등록한 경우

[기출변형]
기본서 3권 p.29

해설 36 ▶ 소방시설업의 운영(법 제8조 제3항)
③ 소방시설업자는 다음 각 호의 어느 하나에 해당하는 경우에는 소방시설공사등을 맡긴 특정소방대상물의 관계인에게 지체 없이 그 사실을 알려야 한다.
  1. 제7조에 따라 소방시설업자의 지위를 승계한 경우
  2. 제9조 제1항에 따라 소방시설업의 등록취소처분 또는 영업정지처분을 받은 경우
  3. 휴업하거나 폐업한 경우

37 ② 취소해야 하는 경우는 거짓이나 그 밖의 부정한 방법으로 등록한 경우, 제5조 각 호의 등록 결격사유에 해당하게 된 경우, 제8조 제2항을 위반하여 영업정지 기간 중에 소방시설공사등을 한 경우이다(법 제9조).

정답 36.④ 37.②

38 「소방시설공사업법」상 (　) 안에 들어갈 내용으로 옳은 것은?

> 시·도지사는 소방시설공사업자가 소방시설 공사현장에 감리원 배치기준을 위반한 경우로서 영업정지가 그 이용자에게 불편을 주거나 그 밖에 공익을 해칠 우려가 있을 때에는 영업정지처분을 갈음하여 (　　　) 이하의 과징금을 부과할 수 있다.

① 2,000만원 ② 3,000만원
③ 1억원 ④ 2억원

[19. 상반기 공채]
기본서 3권 p.30

해설 38
▶ 과징금처분(법 제10조 제1항)
① 시·도지사는 제9조 제1항 각 호의 어느 하나에 해당하는 경우로서 영업정지가 그 이용자에게 불편을 주거나 그 밖에 공익을 해칠 우려가 있을 때에는 영업정지처분을 갈음하여 <u>2억원</u> 이하의 과징금을 부과할 수 있다.

정답 38.④

제3장 소방시설공사등

39 다음 중 소방시설공사를 할 때 착공신고는 누구에게 하는가?
① 소방청장
② 행정기관
③ 시·도지사
④ 소방본부장, 소방서장

[09. 경남]
기본서 3권 p.36

40 다음 중 성능위주설계의 기술인력으로 알맞은 것은?
① 소방기술사 1명 이상
② 소방기술사 2명 이상
③ 소방안전관리자 2명 이상
④ 소방안전관리자 1명 이상

[기출변형]
기본서 3권 p.34

해설

39 ④ 공사업자는 대통령령으로 정하는 소방시설공사를 하려면 행정안전부령으로 정하는 바에 따라 그 공사의 내용, 시공 장소, 그 밖에 필요한 사항을 소방본부장이나 소방서장에게 신고하여야 한다(법 제13조 제1항).

40 ② 성능위주설계의 기술인력으로 알맞은 것은 소방기술사 2명 이상이다(영 별표 1의2).

정답 39.④ 40.②

41 다음 중 특정소방대상물의 구조, 용도, 수용인원, 위치, 가연물의 종류 및 양 등을 고려하여 하는 설계로 옳은 것은?

① 성능위주설계 ② 구조위주설계
③ 용도위주설계 ④ 특수위주설계

[10. 전남]
기본서 3권 p.34

42 성능위주설계에 대한 설명으로 옳지 않은 것은?
① 성능위주설계를 할 수 있는 자의 자격·기술인력 및 자격에 따른 설계의 범위와 그 밖에 필요한 사항은 대통령령으로 정한다.
② 건축물의 높이가 120m 이상인 특정소방대상물(아파트등 제외)은 성능위주설계의 대상에 해당된다.
③ 지하층을 포함한 층수가 30층 이상인 특정소방대상물(아파트등 제외)은 성능위주설계의 대상에 해당된다.
④ 성능위주설계를 할 수 있는 설계자는 소방기술사 1명 이상 필요하다.

[09. 경남]
기본서 2권 p.208
3권 p.34

해설

41 ① 특정소방대상물(신축하는 것만 해당한다)에 대해서는 그 용도, 위치, 구조, 수용 인원, 가연물의 종류 및 양 등을 고려하여 설계(이하 "성능위주설계"라 한다)하여야 한다(법 제11조 제2항).

42 ④ 성능위주설계를 할 수 있는 설계자는 소방기술사 2명 이상 필요하다(영 별표 1의2).

▶ 성능위주설계를 할 수 있는 자의 자격·기술인력 및 자격에 따른 설계범위

성능위주설계자의 자격	기술인력	설계범위
1. 법 제4조에 따라 전문 소방시설설계업을 등록한 자 2. 전문 소방시설설계업 등록기준에 따른 기술인력을 갖춘 자로서 소방청장이 정하여 고시하는 연구기관 또는 단체	소방기술사 2명 이상	「화재예방, 소방시설 설치·유지 및 안전관리에 관한 법률 시행령」제15조의3에 따라 성능위주설계를 하여야 하는 특정소방대상물

정답 41.① 42.④

43 소방본부장 및 소방서장의 건축허가동의에서 완공검사증명서를 교부 받는 자는 누구인가?

① 방염처리업자
② 소방시설설계업자
③ 소방시설공사업자
④ 소방공사감리업자

44 공사업자는 소방시설공사를 하려면 착공신고를 누구에게 하는가?

① 소방서장
② 국무총리
③ 소방청장
④ 시·도지사

해설

43 ▶완공검사(법 제14조)
① 공사업자는 소방시설공사를 완공하면 소방본부장 또는 소방서장의 완공검사를 받아야 한다. 다만, 제17조 제1항에 따라 공사감리자가 지정되어 있는 경우에는 공사감리 결과보고서로 완공검사를 갈음하되, 대통령령으로 정하는 특정소방대상물의 경우에는 소방본부장이나 소방서장이 소방시설공사가 공사감리 결과보고서대로 완공되었는지를 현장에서 확인할 수 있다.
② 공사업자가 소방대상물 일부분의 소방시설공사를 마친 경우로서 전체 시설이 준공되기 전에 부분적으로 사용할 필요가 있는 경우에는 그 일부분에 대하여 소방본부장이나 소방서장에게 완공검사(이하 "부분완공검사"라 한다)를 신청할 수 있다. 이 경우 소방본부장이나 소방서장은 그 일부분의 공사가 완공되었는지를 확인하여야 한다.
③ 소방본부장이나 소방서장은 제1항에 따른 완공검사나 제2항에 따른 부분완공검사를 하였을 때에는 완공검사증명서나 부분완공검사증명서를 발급하여야 한다.
④ 제1항부터 제3항까지의 규정에 따른 완공검사 및 부분완공검사의 신청과 검사증명서의 발급, 그 밖에 완공검사 및 부분완공검사에 필요한 사항은 행정안전부령으로 정한다.

44 ① 공사업자는 소방시설공사를 하려면 소방시설공사의 착공 전까지 그 공사의 내용, 시공 장소, 그 밖에 필요한 사항을 소방본부장 또는 소방서장에게 신고하여야 한다(법 제13조 제1항).

정답 43.③ 44.①

45 다음 중 소방시설공사의 착공신고 대상이 아닌 것은?
① 옥내소화전설비를 신설하는 공사
② 비상경보설비를 신설하는 공사
③ 수신반을 전부 또는 일부를 개설하는 공사
④ 연결살수설비 헤드를 증설하는 공사

[06. 인천]

46 다음 중 소방시설공사의 착공신고 대상으로 옳지 않은 것은?
① 소화펌프를 이전 또는 정비하는 공사
② 단독경보형감지기를 신설하는 공사
③ 화재조기진압용 스프링클러설비를 신설하는 공사
④ 옥내·옥외소화전설비를 증설하는 공사

[10. 중앙]

해설 45 ④ 헤드의 증설은 착공신고 대상이 아니다(영 제4조).

46 ② 단독경보형감지기 신설공사는 소방시설공사의 착공신고 대상에 해당되지 않는다(영 제4조).

정답 45.④ 46.②

47 소방시설공사의 착공신고 대상이 아닌 것은?
① 소화펌프 전부를 개설하는 공사
② 피난기구, 유도등 5개를 신설하는 공사
③ 옥내·옥외소화전설비를 증설하는 공사
④ 옥내소화전설비를 신설하는 공사

[10. 서울]
상 중 하
기본서 3권 p.37

48 다음 중 소방시설공사의 착공신고 대상이 아닌 것은?
① 물분무등소화설비의 방호구역을 증설하는 공사
② 자동화재속보설비의 경계구역을 증설하는 공사
③ 연결송수관설비의 송수구역을 증설하는 공사
④ 비상콘센트설비의 전용회로를 증설하는 공사
⑤ 제연설비의 제연구역을 증설하는 공사

[11. 간부]
상 중 하
기본서 3권 p.37

해설

47 ② 피난기구, 유도등은 소방시설공사의 착공신고 대상에 해당되지 않는다(영 제4조).

48 ② 자동화재탐지설비의 경계구역은 해당하나 자동화재속보설비공사의 경계구역은 해당하지 않는다(영 제4조).
▶ 증설공사 : 옥내·옥외소화전설비, 스프링클러설비·간이스프링클러설비 또는 물분무등소화설비의 방호구역, 자동화재탐지설비의 경계구역, 제연설비의 제연구역(소방용 외의 용도와 겸용되는 제연설비를 기계가스설비공사업자가 공사하는 경우는 제외), 연결살수설비의 살수구역, 연결송수관설비의 송수구역, 비상콘센트설비의 전용회로, 연소방지설비의 살수구역

정답 47.② 48.②

49 소방시설공사의 착공신고 대상에서 소방시설등을 구성하는 전부 또는 일부를 교체하거나 보수하는 공사가 아닌 것은?

① 수신반 ② 소화펌프
③ 동력(감시)제어반 ④ 제연설비

[11. 전남]
상 중 **하**
기본서 3권 p.37

50 소방시설공사의 착공신고 중 소방시설등을 구성하는 전부 또는 일부를 교체하거나 보수하는 공사로서 소방본부장이나 소방서장에게 신고하지 않는 것은?

① 수신반 ② 비상경보설비
③ 소화펌프 ④ 동력(감시)제어반

[13. 중앙]
상 중 **하**
기본서 3권 p.37

해설 49 ④ 제연설비는 해당하지 않는다.

▶ 소방시설공사의 착공신고 대상(영 제4조 제3호)
3. 특정소방대상물에 설치된 소방시설등을 구성하는 다음 각 목의 어느 하나에 해당하는 것의 전부 또는 일부를 개설(改設), 이전(移轉) 또는 정비(整備)하는 공사. 다만, 고장 또는 파손 등으로 인하여 작동시킬 수 없는 소방시설을 긴급히 교체하거나 보수하여야 하는 경우에는 신고하지 않을 수 있다.
　가. 수신반(受信盤)
　나. 소화펌프
　다. 동력(감시)제어반

50 ② 비상경보설비는 신고사항에 해당하지 않는다(영 제4조).

정답 49.④ 50.②

51 소방시설 공사 착공신고대상 중 특정소방대상물에 설치된 소방시설등을 구성하는 것의 전부 또는 일부를 교체하거나 보수하는 공사에 해당되지 않는 것은?

① 동력(감시)제어반
② 소화펌프
③ 비상콘센트설비의 전용회로 수리
④ 수신반

52 다음 중 소방시설공사의 착공신고 대상에서 제외대상은?

① 비상콘센트설비의 전용회로 증설공사
② 소화펌프 일부를 보수하는 공사
③ 감시제어반 일부를 교체하는 공사
④ 정보통신공사업자가 행하는 무선통신보조설비를 신설하는 공사

해설 51 ③ 비상콘센트설비의 전용회로 수리는 해당하지 않는다(영 제4조).

52 ④ 정보통신공사업자가 행하는 무선통신보조설비를 신설하는 공사는 제외대상이다(영 제4조).
▸ 자동화재탐지설비, 비상경보설비, 비상방송설비(소방용 외의 용도와 겸용되는 비상방송설비를 「정보통신공사업법」에 따른 정보통신공사업자가 공사하는 경우는 제외한다), 비상콘센트설비(비상콘센트설비를 「전기공사업법」에 따른 전기공사업자가 공사하는 경우는 제외한다) 또는 무선통신보조설비(소방용 외의 용도와 겸용되는 무선통신보조설비를 「정보통신공사업법」에 따른 정보통신공사업자가 공사하는 경우는 제외한다)

정답 51.③ 52.④

53 다음 중 착공신고 대상에 대하여 옳은 것은?
① 비상방송설비를 증설하는 공사
② 유도등을 신설하는 공사
③ 자동화재탐지설비 경계구역을 증설하는 공사
④ 비상경보설비를 증설하는 공사

[17. 중앙]
상 중 하
기본서 3권 p.37

54 「소방시설공사업법 시행령」상 소방시설공사의 착공신고 대상으로 옳지 않은 것은?
① 특정소방대상물에 비상경보설비를 신설하는 공사
② 특정소방대상물에 자동화재속보설비를 신설하는 공사
③ 특정소방대상물에 연결송수관설비의 송수구역을 증설하는 공사
④ 특정소방대상물에 자동화재탐지설비의 경계구역을 증설하는 공사

[18. 하반기 공채]
상 중 하
기본서 3권 p.37

해설 53 ① 비상방송설비를 신설하는 공사(영 제4조 제1호 나목)
② 유도등은 착공신고 대상이 아니다(영 제4조).
④ 비상경보설비를 신설하는 공사(영 제4조 제1호 나목)

54 ② 자동화재속보설비는 소방시설공사의 착공신고 대상이 아니다(영 제4조).

정답 53.③ 54.②

55 「소방시설공사업법 시행령」상 반드시 착공신고를 해야 하는 경우로 옳은 것은?
① 단독경보형감지기를 설치하는 경우
② 소화용수설비를 「건설산업기본법 시행령」에 따른 기계가스설비공사업자가 공사하는 경우
③ 특정소방대상물에 옥내소화전설비를 신설하는 경우
④ 동력(감시)제어반을 고장 또는 파손 등으로 인하여 작동시킬 수 없어 긴급히 교체하거나 보수하여야 하는 경우

[17. 하반기]
기본서 3권 p.37

56 「소방시설공사업법 시행령」상 완공검사를 위한 현장확인 대상 특정소방대상물로 옳지 않은 것은?
① 지하상가
② 할로겐화합물소화설비가 설치되는 특정소방대상물
③ 근린생활시설
④ 연면적 1만 제곱미터 이상인 특정소방대상물

[09. 경남]
기본서 3권 p.40

해설

55
① 단독경보형감지기는 착공신고 대상이 아니다(영 제4조).
② 소화용수설비는 착공신고 대상이지만 소화용수설비를 기계가스설비공사업자가 공사하는 경우는 <u>제외이다</u>(영 제4조 제1호 가목).
④ 동력(감시)제어반을 고장 또는 파손 등으로 인하여 작동시킬 수 없어 <u>긴급히 교체하거나 보수하여야 하는 경우는 신고하지 않을 수 있다</u>(영 제4조 제3호).

56 ③ 소방본부장 또는 소방서장이 완공검사를 위하여 현장확인을 할 수 있는 특정소방대상물에 근린생활시설은 해당되지 않는다.

▶ 현장확인 대상 특정소방대상물의 범위(영 제5조)
1. 문화 및 집회시설, 종교시설, 판매시설, 노유자(老幼者)시설, 수련시설, 운동시설, 숙박시설, 창고시설, <u>지하상가</u> 및 「다중이용업소의 안전관리에 관한 특별법」에 따른 다중이용업소
2. 다음 각 목의 어느 하나에 해당하는 설비가 설치되는 특정소방대상물
  가. 스프링클러설비등
  나. <u>물분무등소화설비(호스릴 방식의 소화설비는 제외한다)</u>
3. <u>연면적 1만 제곱미터 이상이거나 11층 이상인 특정소방대상물(아파트는 제외한다)</u>
4. 가연성가스를 제조·저장 또는 취급하는 시설 중 지상에 노출된 가연성가스탱크의 저장용량 합계가 1천톤 이상인 시설

정답 55.③ 56.③

57 다음 중 완공검사를 위한 현장확인 대상 특정소방대상물로 옳지 않은 것은?
① 이산화탄소소화설비가 설치되는 특정소방대상물
② 11층 이상 아파트
③ 지하상가
④ 종교시설

[10. 경남]
상 **중** 하
기본서 3권 p.40

58 다음 중 공사감리 결과보고서대로 완공검사를 위한 현장확인을 해야 하는 특정소방대상물의 범위로 맞는 것은?
① 근린생활시설
② 아파트
③ 호스릴 방식의 소화설비가 설치되는 특정소방대상물
④ 연면적 1만m² 이상 특정소방대상물
⑤ 지하가

[11. 간부]
상 **중** 하
기본서 3권 p.40

해설 57 ② 아파트는 완공검사를 위한 현장확인 대상 특정소방대상물이 아니다.

▶ 현장확인 대상 특정소방대상물의 범위(영 제5조)
1. 문화 및 집회시설, 종교시설, 판매시설, 노유자(老幼者)시설, 수련시설, 운동시설, 숙박시설, 창고시설, 지하상가 및 「다중이용업소의 안전관리에 관한 특별법」에 따른 다중이용업소
2. 다음 각 목의 어느 하나에 해당하는 설비가 설치되는 특정소방대상물
   가. 스프링클러설비등
   나. 물분무등소화설비(호스릴 방식의 소화설비는 제외한다)
3. 연면적 1만 제곱미터 이상이거나 11층 이상인 특정소방대상물(아파트는 제외한다)
4. 가연성가스를 제조·저장 또는 취급하는 시설 중 지상에 노출된 가연성가스탱크의 저장용량 합계가 1천톤 이상인 시설

58 ④ 연면적 1만m² 이상 특정소방대상물은 완공검사를 위한 현장확인을 해야 하는 특정소방대상물의 범위에 해당한다.

▶ 현장확인 대상 특정소방대상물의 범위(영 제5조)
1. 문화 및 집회시설, 종교시설, 판매시설, 노유자(老幼者)시설, 수련시설, 운동시설, 숙박시설, 창고시설, 지하상가 및 「다중이용업소의 안전관리에 관한 특별법」에 따른 다중이용업소
2. 다음 각 목의 어느 하나에 해당하는 설비가 설치되는 특정소방대상물
   가. 스프링클러설비등
   나. 물분무등소화설비(호스릴 방식의 소화설비는 제외한다)
3. 연면적 1만 제곱미터 이상이거나 11층 이상인 특정소방대상물(아파트는 제외한다)
4. 가연성가스를 제조·저장 또는 취급하는 시설 중 지상에 노출된 가연성가스탱크의 저장용량 합계가 1천톤 이상인 시설

정답 57.② 58.④

59 다음 중 완공검사를 위한 현장확인 대상 특정소방대상물이 모두 맞는 것은?

┌─────────────────────────────────┐
│ ㉠ 다중이용업소   ㉡ 노유자시설 │
│ ㉢ 지하상가   ㉣ 판매시설   │
│ ㉤ 창고   ㉥ 운동시설   │
└─────────────────────────────────┘

① ㉠, ㉡, ㉢
② ㉠, ㉡, ㉢, ㉣
③ ㉠, ㉡, ㉢, ㉣, ㉤
④ ㉠, ㉡, ㉢, ㉣, ㉤, ㉥

[11. 중앙]

60 다음 중 완공검사를 위한 현장확인 대상 특정소방대상물의 범위가 아닌 것은?
① 연면적 1만m² 이상의 근린생활시설
② 수련시설, 창고시설, 방송통신시설
③ 노유자시설, 다중이용업소
④ 지하상가, 숙박시설, 11층 이상의 고층건축물(아파트 제외)

[13. 경기]

해설

59 ④ 모두 옳은 지문이다.
완공검사를 위한 현장확인 대상 특정소방대상물 : 문화 및 집회시설, 종교시설, 판매시설, 노유자(老幼者)시설, 수련시설, 운동시설, 숙박시설, 창고시설, 지하상가 및 「다중이용업소의 안전관리에 관한 특별법」에 따른 다중이용업소(영 제5조 제1호)

60 ② 방송통신시설은 포함되지 않는다.

▶ 현장확인 대상 특정소방대상물의 범위(영 제5조)
1. 문화 및 집회시설, 종교시설, 판매시설, 노유자(老幼者)시설, 수련시설, 운동시설, 숙박시설, 창고시설, 지하상가 및 「다중이용업소의 안전관리에 관한 특별법」에 따른 다중이용업소
2. 다음 각 목의 어느 하나에 해당하는 설비가 설치되는 특정소방대상물
   가. 스프링클러설비등
   나. 물분무등소화설비(호스릴 방식의 소화설비는 제외한다)
3. 연면적 1만 제곱미터 이상이거나 11층 이상인 특정소방대상물(아파트는 제외한다)
4. 가연성가스를 제조·저장 또는 취급하는 시설 중 지상에 노출된 가연성가스탱크의 저장용량 합계가 1천톤 이상인 시설

정답 59.④ 60.②

61 소방본부장 또는 소방서장이 소방시설공사가 공사감리결과 보고서대로 완공되었는지 현장확인할 수 있는 대상 중 옳지 않은 것은?
① 다중이용업소
② 지하상가
③ 연면적 5천 제곱미터 이상인 특정소방대상물
④ 가연성가스를 제조·저장 또는 취급하는 시설 중 지상에 노출된 가연성가스탱크의 저장용량 합계가 1,000톤 이상인 시설

62 소방본부장 또는 소방서장이 완공검사를 위한 현장확인 대상 특정소방대상물의 범위로 옳지 않은 것은?
① 문화 및 집회시설, 종교시설, 판매시설, 노유자시설, 수련시설
② 운동시설, 숙박시설, 창고시설, 지하상가, 다중이용업소, 업무시설
③ 연면적 1만 제곱미터 이상이거나 11층 이상인 특정소방대상물(아파트는 제외)
④ 가연성가스를 제조·저장 또는 취급하는 시설 중 지상에 노출된 가연성가스탱크의 저장용량 합계가 1천톤 이상인 시설

해설

61 ③ 연면적 1만 제곱미터 이상이다.

▶ 현장확인 대상 특정소방대상물의 범위(영 제5조)
1. 문화 및 집회시설, 종교시설, 판매시설, 노유자(老幼者)시설, 수련시설, 운동시설, 숙박시설, 창고시설, 지하상가 및 「다중이용업소의 안전관리에 관한 특별법」에 따른 다중이용업소
2. 다음 각 목의 어느 하나에 해당하는 설비가 설치되는 특정소방대상물
   가. 스프링클러설비등
   나. 물분무등소화설비(호스릴 방식의 소화설비는 제외한다)
3. 연면적 1만 제곱미터 이상이거나 11층 이상인 특정소방대상물(아파트는 제외한다)
4. 가연성가스를 제조·저장 또는 취급하는 시설 중 지상에 노출된 가연성가스탱크의 저장용량 합계가 1천톤 이상인 시설

62 ② 업무시설은 아니다.

▶ 현장확인 대상 특정소방대상물의 범위(영 제5조)
1. 문화 및 집회시설, 종교시설, 판매시설, 노유자(老幼者)시설, 수련시설, 운동시설, 숙박시설, 창고시설, 지하상가 및 「다중이용업소의 안전관리에 관한 특별법」에 따른 다중이용업소
2. 다음 각 목의 어느 하나에 해당하는 설비가 설치되는 특정소방대상물
   가. 스프링클러설비등
   나. 물분무등소화설비(호스릴 방식의 소화설비는 제외한다)
3. 연면적 1만 제곱미터 이상이거나 11층 이상인 특정소방대상물(아파트는 제외한다)
4. 가연성가스를 제조·저장 또는 취급하는 시설 중 지상에 노출된 가연성가스탱크의 저장용량 합계가 1천톤 이상인 시설

정답 61.③ 62.②

63 「소방시설공사업법 시행령」상 완공검사를 위한 현장확인 대상 특정소방대상물의 범위로 가장 옳지 않은 것은?

① 연면적 1만m² 이상 특정소방대상물
② 문화 및 집회시설, 다중이용업소
③ 물분무등소화설비(호스릴 소화설비 제외)가 설치되는 특정소방대상물
④ 11층 이상의 고층건축물 중 아파트

[17. 중앙]
기본서 3권 p.40

64 「소방시설공사업법」상 완공검사에 대한 설명 중 옳지 않은 것은?

① 공사업자는 소방시설공사를 완공하면 소방본부장 또는 소방서장의 완공검사를 받아야 한다.
② 대통령령으로 정하는 특정소방대상물의 경우에는 소방본부장이나 소방서장이 소방시설공사가 공사감리 결과보고서대로 완공되었는지를 현장에서 확인할 수 있다.
③ 공사업자가 소방대상물 일부분의 소방시설공사를 마친 경우 그 일부분에 대하여 소방본부장이나 소방서장에게 완공검사를 신청할 수 없다.
④ 소방본부장이나 소방서장은 완공검사를 하였을 때에는 완공검사증명서를 발급하여야 한다.

[17. 하반기]
기본서 3권 p.39

해설 **63** ▶완공검사를 위한 현장확인 대상 특정소방대상물의 범위(영 제5조)
법 제14조 제1항 단서에서 "대통령령으로 정하는 특정소방대상물"이란 특정소방대상물 중 다음 각 호의 대상물을 말한다.
1. 문화 및 집회시설, 종교시설, 판매시설, 노유자(老幼者)시설, 수련시설, 운동시설, 숙박시설, 창고시설, 지하상가 및 「다중이용업소의 안전관리에 관한 특별법」에 따른 다중이용업소
2. 다음 각 목의 어느 하나에 해당하는 설비가 설치되는 특정소방대상물
  가. 스프링클러설비등
  나. 물분무등소화설비(호스릴 방식의 소화설비는 제외한다)
3. 연면적 1만 제곱미터 이상이거나 11층 이상인 특정소방대상물(아파트는 제외한다)
4. 가연성가스를 제조·저장 또는 취급하는 시설 중 지상에 노출된 가연성가스탱크의 저장용량 합계가 1천톤 이상인 시설

64 ③ 공사업자가 소방대상물 일부분의 소방시설공사를 마친 경우로서 전체 시설이 준공되기 전에 부분적으로 사용할 필요가 있는 경우에는 그 일부분에 대하여 소방본부장이나 소방서장에게 완공검사(이하 "부분완공검사"라 한다)를 신청할 수 있다. 이 경우 소방본부장이나 소방서상은 그 일부분의 공사가 완공되었는지를 확인하여야 한다(법 제14조 제2항).

정답 63.④ 64.③

65 「소방시설공사업법 시행령」상 소방시설공사가 공사감리 결과보고서대로 완공되었는지를 현장에서 확인할 수 있는 대상으로 옳은 것은?

① 창고시설 또는 수련시설
② 호스릴소화설비를 설치하는 소방시설공사
③ 연면적 1만 제곱미터 이상의 아파트에 설치하는 소방시설공사
④ 가연성 가스를 제조·저장 또는 취급하는 시설 중 지하에 매립된 가연성 가스탱크의 저장용량 합계가 1천톤 이상인 시설

[19. 상반기 공채]
기본서 3권 p.40

해설 65
② 호스릴소화설비는 제외한다.
③ 아파트는 제외한다.
④ 가연성 가스를 제조·저장 또는 취급하는 시설 중 지상에 노출된 가연성 가스탱크의 저장용량 합계가 1천톤 이상인 시설

▶ 완공검사를 위한 현장확인 대상 특정소방대상물의 범위(영 제5조)
법 제14조 제1항 단서에서 "대통령령으로 정하는 특정소방대상물"이란 특정소방대상물 중 다음 각 호의 대상물을 말한다.
1. 문화 및 집회시설, 종교시설, 판매시설, 노유자(老幼者)시설, 수련시설, 운동시설, 숙박시설, 창고시설, 지하상가 및 「다중이용업소의 안전관리에 관한 특별법」에 따른 다중이용업소
2. 다음 각 목의 어느 하나에 해당하는 설비가 설치되는 특정소방대상물
   가. 스프링클러설비등
   나. 물분무등소화설비(호스릴 방식의 소화설비는 제외한다)
3. 연면적 1만 제곱미터 이상이거나 11층 이상인 특정소방대상물(아파트는 제외한다)
4. 가연성가스를 제조·저장 또는 취급하는 시설 중 지상에 노출된 가연성가스탱크의 저장용량 합계가 1천톤 이상인 시설

정답 65.①

66 「소방시설공사업법 시행령」상 소방본부장 또는 소방서장의 소방시설공사 완공검사를 위한 현장확인 대상 특정소방대상물로 옳지 않은 것은?

① 창고시설
② 스프링클러설비등이 설치되는 특정소방대상물
③ 연면적 1만 제곱미터 이상이거나 11층 이상인 아파트
④ 가연성가스를 제조·저장 또는 취급하는 시설 중 지상에 노출된 가연성가스탱크의 저장용량 합계가 1천톤 이상인 시설

[20. 공채]

해설 66 ③ 아파트는 제외한다.

▶ 완공검사를 위한 현장확인 대상 특정소방대상물의 범위(영 제5조)
법 제14조 제1항 단서에서 "대통령령으로 정하는 특정소방대상물"이란 특정소방대상물 중 다음 각 호의 대상물을 말한다.
1. 문화 및 집회시설, 종교시설, 판매시설, 노유자(老幼者)시설, 수련시설, 운동시설, 숙박시설, 창고시설, 지하상가 및 「다중이용업소의 안전관리에 관한 특별법」에 따른 다중이용업소
2. 다음 각 목의 어느 하나에 해당하는 설비가 설치되는 특정소방대상물
   가. 스프링클러설비등
   나. 물분무등소화설비(호스릴 방식의 소화설비는 제외한다)
3. 연면적 1만 제곱미터 이상이거나 11층 이상인 특정소방대상물(아파트는 제외한다)
4. 가연성가스를 제조·저장 또는 취급하는 시설 중 지상에 노출된 가연성가스탱크의 저장용량 합계가 1천톤 이상인 시설

정답 66.③

67 다음 중 소방시설의 하자보증기간 중 옳은 것은?
① 유도등 – 2년
② 자동소화장치 – 2년
③ 스프링클러설비 – 2년
④ 무선통신보조설비 – 3년

[09. 서울]

68 다음 중 소방시설 중 하자보증기간이 2년에 해당하는 것으로 옳지 않은 것은?
① 비상조명등
② 무선통신보조설비
③ 자동소화장치
④ 비상경보설비

[10. 강원]

해설 67 ▸ 하자보수 보증기간(영 제6조)

2년	3년
피난기구, 유도등, 유도표지, 비상경보설비, 비상조명등, 비상방송설비 및 무선통신보조설비	자동소화장치, 옥내소화전설비, 스프링클러설비, 간이스프링클러설비, 물분무등소화설비, 옥외소화전설비, 자동화재탐지설비, 상수도소화용수설비 및 소화활동설비(무선통신보조설비는 제외한다.)

68 ③ 자동소화장치는 하자보증기간이 3년에 해당된다.

▸ 하자보수 보증기간(영 제6조)

2년	3년
피난기구, 유도등, 유도표지, 비상경보설비, 비상조명등, 비상방송설비 및 무선통신보조설비	자동소화장치, 옥내소화전설비, 스프링클러설비, 간이스프링클러설비, 물분무등소화설비, 옥외소화전설비, 자동화재탐지설비, 상수도소화용수설비 및 소화활동설비(무선통신보조설비는 제외한다.)

정답 67.① 68.③

69 다음 중 소방시설의 하자보증기간으로 옳지 않은 것은?

① 비상방송설비 – 2년
② 간이스프링클러설비 – 3년
③ 무선통신보조설비 – 3년
④ 스프링클러설비 – 3년

[10. 충북]

기본서 3권 p.41

70 다음 중 하자보증기간이 옳지 않은 것은?

① 비상경보설비 – 2년
② 무선통신보조설비 – 3년
③ 스프링클러설비 – 3년
④ 자동화재탐지설비 – 3년

[10. 전북]

기본서 3권 p.41

해설 69 ③ 무선통신보조설비는 2년의 하자보증기간에 해당된다.

▶ 하자보수 보증기간(영 제6조)

2년	3년
피난기구, 유도등, 유도표지, 비상경보설비, 비상조명등, 비상방송설비 및 무선통신보조설비	자동소화장치, 옥내소화전설비, 스프링클러설비, 간이스프링클러설비, 물분무등소화설비, 옥외소화전설비, 자동화재탐지설비, 상수도소화용수설비 및 소화활동설비(무선통신보조설비는 제외한다.)

70 ② 무선통신보조설비는 2년에 해당된다.

▶ 하자보수 보증기간(영 제6조)

2년	3년
피난기구, 유도등, 유도표지, 비상경보설비, 비상조명등, 비상방송설비 및 무선통신보조설비	자동소화장치, 옥내소화전설비, 스프링클러설비, 간이스프링클러설비, 물분무등소화설비, 옥외소화전설비, 자동화재탐지설비, 상수도소화용수설비 및 소화활동설비(무선통신보조설비는 제외한다.)

정답 69.③ 70.②

71 다음 중 소방시설공사에서 하자보수 보증기간으로 옳은 것은?

① 2년 – 무선통신보조설비
② 2년 – 자동소화장치
③ 3년 – 비상조명등
④ 3년 – 비상방송설비

[11. 부산]

기본서 3권 p.41

72 다음 중 하자보수 보증기간이 다른 것은?

① 무선통신보조설비
② 자동소화장치
③ 옥내소화전설비
④ 상수도소화용수설비

[11. 울산]

기본서 3권 p.41

해설 71 ▸ 하자보수 보증기간(영 제6조)

2년	3년
피난기구, 유도등, 유도표지, 비상경보설비, 비상조명등, 비상방송설비 및 무선통신보조설비	자동소화장치, 옥내소화전설비, 스프링클러설비, 간이스프링클러설비, 물분무등소화설비, 옥외소화전설비, 자동화재탐지설비, 상수도소화용수설비 및 소화활동설비(무선통신보조설비는 제외한다.)

72 ① 무선통신보조설비의 하자보수 보증기간은 2년이다.
②③④는 하자보수보증기간이 3년이다.

▸ 하자보수 보증기간(영 제6조)

2년	3년
피난기구, 유도등, 유도표지, 비상경보설비, 비상조명등, 비상방송설비 및 무선통신보조설비	자동소화장치, 옥내소화전설비, 스프링클러설비, 간이스프링클러설비, 물분무등소화설비, 옥외소화전설비, 자동화재탐지설비, 상수도소화용수설비 및 소화활동설비(무선통신보조설비는 제외한다.)

정답 71.① 72.①

73 다음 중 하자보수 보증기간이 다른 것은?
① 비상경보설비
② 피난기구
③ 자동화재탐지설비
④ 비상방송설비

[11. 통합]
상 중 하
기본서 3권 p.41

74 소방시설 하자보증기간을 같은 것끼리 묶은 것은?
① 유도표지, 비상경보설비, 비상조명등, 피난기구
② 옥내소화전, 제연설비, 비상콘센트설비, 비상방송설비
③ 무선통신보조설비, 자동소화장치, 상수도소화용수설비, 물분무등소화설비
④ 자동화재탐지설비, 옥내소화전설비, 무선통신보조설비, 비상조명등

[17. 중앙]
상 중 하
기본서 3권 p.41

해설 73 ③ 자동화재탐지설비의 하자보수 보증기간은 3년이다.
①②④는 하자보수 보증기간이 2년이다.

▶ 하자보수 보증기간(영 제6조)

2년	3년
피난기구, 유도등, 유도표지, 비상경보설비, 비상조명등, 비상방송설비 및 무선통신보조설비	자동소화장치, 옥내소화전설비, 스프링클러설비, 간이스프링클러설비, 물분무등소화설비, 옥외소화전설비, 자동화재탐지설비, 상수도소화용수설비 및 소화활동설비(무선통신보조설비는 제외한다.)

74 ▶ 하자보수 대상 소방시설과 하자보수 보증기간(영 제6조)
법 제15조 제1항에 따라 하자를 보수하여야 하는 소방시설과 소방시설별 하자보수 보증기간은 다음 각 호의 구분과 같다.
1. 피난기구, 유도등, 유도표지, 비상경보설비, 비상조명등, 비상방송설비 및 무선통신보조설비 : 2년
2. 자동소화장치, 옥내소화전설비, 스프링클러설비, 간이스프링클러설비, 물분무등소화설비, 옥외소화전설비, 자동화재탐지설비, 상수도소화용수설비 및 소화활동설비(무선통신보조설비는 제외한다) : 3년

정답 73.③ 74.①

75 「소방시설공사업법」 및 같은 법 시행령상 공사의 하자보수보증에 대한 설명으로 틀린 것은?

① 관계인은 하자보수 보증기간에 소방시설의 하자가 발생하였을 때에는 공사업자에게 그 사실을 알려야 하며, 통보를 받은 공사업자는 3일 이내에 하자를 보수하거나 보수 일정을 기록한 하자보수계획을 관계인에게 서면으로 알려야 한다.
② 공사업자는 소방시설공사 결과 자동화재탐지설비 등 대통령령으로 정하는 소방시설에 하자가 있을 때에는 대통령령으로 정하는 기간 동안 그 하자를 보수하여야 한다.
③ 관계인은 공사업자가 3일 이내에 하자보수를 이행하지 아니한 경우에는 소방본부장이나 소방서장에게 그 사실을 알릴 수 있다.
④ 유도등, 유도표지, 비상경보설비, 비상조명등, 비상방송설비 및 무선통신보조설비, 자동소화장치의 하자보수 보증기간은 2년이다.

[13. 경기]
기본서 3권 p.41

76 「소방시설공사업법」에 규정한 내용으로 옳지 않은 것은?

① 특정소방대상물의 관계인 또는 발주자는 소방시설공사 등을 도급할 때에는 해당 소방시설업자에게 도급하여야 한다.
② 소방본부장이나 소방서장은 완공검사나 부분완공검사를 하였을 때에는 완공검사증명서나 부분완공검사증명서를 발급하여야 한다.
③ 관계인은 하자보수기간에 소방시설의 하자가 발생하였을 때에는 공사업자에게 그 사실을 알려야 하며, 통보를 받은 공사업자는 7일 이내에 하자를 보수하거나 보수 일정을 기록한 하자보수계획을 관계인에게 서면으로 알려야 한다.
④ 소방시설업의 등록을 한 후 정당한 사유 없이 1년이 지날 때까지 영업을 시작하지 아니하거나 계속하여 1년 이상 휴업함으로써 그 이용자에게 불편을 줄 때에는 영업정지처분을 갈음하여 2억 원 이하의 과징금을 부과할 수 있다.

[21. 상반기 공채]
기본서 3권 p.30, p.39, p.41, p.53

해설 75 ④ 자동소화장치의 하자보수 보증기간은 3년이다(법 제15조, 영 제6조).

76 ③ 관계인은 하자보수기간에 소방시설의 하자가 발생하였을 때에는 공사업자에게 그 사실을 알려야 하며, 통보를 받은 공사업자는 7일 이내에 하자를 보수하거나 보수 일정을 기록한 하자보수계획을 관계인에게 서면으로 알려야 한다.
→ 3일

정답 75.④ 76.③

77 「소방시설공사업법 시행령」상 소방시설공사 결과 하자보수 대상과 하자보수 보증기간의 연결이 옳은 것은?

하자보수대상 소방시설	하자보수 보증기간
① 비상경보설비, 자동소화장치	2년
② 무선통신보조설비, 비상조명등	2년
③ 피난기구, 소화활동설비	3년
④ 비상방송설비, 간이스프링클러설비	3년

[19. 상반기 공채]
기본서 3권 p.41

78 「소방시설공사업법 시행령」상 하자보수 대상 소방시설 중 하자보수 보증기간이 다른 것은?
① 비상조명등
② 비상방송설비
③ 비상콘센트설비
④ 무선통신보조설비

[20. 공채]
기본서 3권 p.41

해설

77
① 비상경보설비 - 2년 / 자동소화장치 - 3년
③ 피난기구 - 2년 / 소화활동설비(무선통신보조설비는 제외) - 3년
④ 비상방송설비 - 2년 / 간이스프링클러설비 - 3년

78
①②④ - 하자보수 보증기간 2년
③ - 하자보수 보증기간 3년

▶ 하자보수 대상 소방시설과 하자보수 보증기간(영 제6조)
법 제15조 제1항에 따라 하자를 보수하여야 하는 소방시설과 소방시설별 하자보수 보증기간은 다음 각 호의 구분과 같다.
1. 피난기구, 유도등, 유도표지, 비상경보설비, 비상조명등, 비상방송설비 및 무선통신보조설비: 2년
2. 자동소화장치, 옥내소화전설비, 스프링클러설비, 간이스프링클러설비, 물분무등소화설비, 옥외소화전설비, 자동화재탐지설비, 상수도소화용수설비 및 소화활동설비(무선통신보조설비는 제외한다): 3년

정답 77.② 78.③

79 다음 중 공사 감리업의 종류로 알맞게 짝지어진 것은?
① 상주공사감리, 일반공사감리
② 방염공사감리, 일반공사감리
③ 상주공사감리, 방염공사감리
④ 방염공사감리, 전기공사감리

[기출변형]
기본서 3권 p.43

80 다음 중 소방공사감리업자의 업무수행 내용으로 옳지 않은 것은?
① 소방시설등 설계 변경 사항의 적합성 검토
② 완공된 소방시설등의 성능시험
③ 소방시설에 대한 착공신고
④ 피난시설 및 방화시설의 적법성 검토

[09. 서울]
기본서 3권 p.42

해설

79 ① 공사 감리업의 종류로 알맞게 짝지어진 것은 상주공사감리와 일반공사감리이다(영 별표 3).

80 ③ 소방시설에 대한 착공신고는 소방공사감리업자의 업무수행 내용이 아니다.

▶ 소방공사 감리업자의 업무(법 제16조 제1항)
1. 소방시설등의 설치계획표의 적법성 검토
2. 소방시설등 설계도서의 적합성 검토
3. 소방시설등 설계 변경 사항의 적합성 검토
4. 소방용품의 위치·규격 및 사용 자재의 적합성 검토
5. 공사업자가 한 소방시설등의 시공이 설계도서와 화재안전기준에 맞는지에 대한 지도·감독
6. 완공된 소방시설등의 성능시험
7. 공사업자가 작성한 시공 상세 도면의 적합성 검토
8. 피난시설 및 방화시설의 적법성 검토
9. 실내장식물의 불연화와 방염 물품의 적법성 검토

정답 79.① 80.③

81 다음 중 소방공사감리업자의 업무수행 내용으로 옳지 않은 것은?
① 소방시설의 하자보증의 적합성 검토
② 피난·방화시설의 적법성 검토
③ 실내장식물의 불연화 및 방염 물품의 적법성 검토
④ 소방시설등 설계도서의 적합성 검토

[09. 경남]
기본서 3권 p.42

82 다음 중 소방공사 감리업자가 수행하는 업무가 아닌 것은?
① 실내장식물의 불연화와 방염물품의 적법성 검토
② 소방시설등의 설치계획표의 적법성 검토
③ 피난시설 및 방화시설의 적법성 검토
④ 설계업자가 작성한 시공 상세 도면의 적합성 검토
⑤ 공사업자가 한 소방시설등의 시공이 설계도서와 화재안전기준에 맞는지에 대한 지도·감독

[11. 간부]
기본서 3권 p.42

해설 81 ① 소방시설의 하자보증의 적합성 검토는 해당되지 않는다.

▶ 소방공사 감리업자의 업무(법 제16조 제1항)
1. 소방시설등의 설치계획표의 적법성 검토
2. 소방시설등 설계도서의 적합성 검토
3. 소방시설등 설계 변경 사항의 적합성 검토
4. 소방용품의 위치·규격 및 사용 자재의 적합성 검토
5. 공사업자가 한 소방시설등의 시공이 설계도서와 화재안전기준에 맞는지에 대한 지도·감독
6. 완공된 소방시설등의 성능시험
7. 공사업자가 작성한 시공 상세 도면의 적합성 검토
8. 피난시설 및 방화시설의 적법성 검토
9. 실내장식물의 불연화와 방염 물품의 적법성 검토

82 ④ 공사업자가 작성한 시공 상세 도면의 적합성 검토에 해당한다.

▶ 소방공사 감리업자의 업무(법 제16조 제1항)
1. 소방시설등의 설치계획표의 적법성 검토
2. 소방시설등 설계도서의 적합성 검토
3. 소방시설등 설계 변경 사항의 적합성 검토
4. 소방용품의 위치·규격 및 사용 자재의 적합성 검토
5. 공사업자가 한 소방시설등의 시공이 설계도서와 화재안전기준에 맞는지에 대한 지도·감독
6. 완공된 소방시설등의 성능시험
7. 공사업자가 작성한 시공 상세 도면의 적합성 검토
8. 피난시설 및 방화시설의 적법성 검토
9. 실내장식물의 불연화와 방염 물품의 적법성 검토

정답 81.① 82.④

83 다음 중 소방공사 감리업자의 업무가 아닌 것은?
① 완공된 소방시설의 성능시험
② 피난시설 및 방화시설의 적법성 검토
③ 공사예정공정표 적합성 검토
④ 방염 물품의 적법성 및 실내장식물의 불연화 적법성 검토

[11. 서울]

84 다음 중 소방공사 감리업자의 업무로서 맞는 것은?
① 방염물품의 적합성 검토
② 소방시설등의 설치계획표의 적합성 검토
③ 소방용품 등의 위치·규격 및 사용자재에 대한 적합성 검토
④ 설계업자가 한 소방시설등의 시공이 설계도서와 화재안전기준에 맞는지에 대한 지도·감독

[11. 전남]

해설 83 ③ 공사예정공정표 적합성 검토는 감리업자의 업무에 해당하지 않는다.

▶ 소방공사 감리업자의 업무(법 제16조 제1항)
1. 소방시설등의 설치계획표의 적법성 검토
2. 소방시설등 설계도서의 적합성 검토
3. 소방시설등 설계 변경 사항의 적합성 검토
4. 소방용품의 위치·규격 및 사용 자재의 적합성 검토
5. 공사업자가 한 소방시설등의 시공이 설계도서와 화재안전기준에 맞는지에 대한 지도·감독
6. 완공된 소방시설등의 성능시험
7. 공사업자가 작성한 시공 상세 도면의 적합성 검토
8. 피난시설 및 방화시설의 적법성 검토
9. 실내장식물의 불연화와 방염 물품의 적법성 검토

84 ③ 소방용품의 위치·규격 및 사용자재에 대한 적합성 검토(법 제16조 제1항 제4호)
① 실내장식물의 불연화와 방염 물품의 적법성 검토(법 제16조 제1항 제9호)
② 소방시설등의 설치계획표의 적법성 검토(법 제16조 제1항 제1호)
④ 공사업자가 한 소방시설등의 시공이 설계도서와 화재안전기준에 맞는지에 대한 지도·감독(법 제16조 제1항 제5호)

정답 83.③ 84.③

85 「소방시설공사업법」상 감리업자의 업무내용으로 옳지 않은 것은?
① 소방시설등의 설치계획표의 적법성 검토
② 피난시설 및 방화시설의 유지·관리
③ 완공된 소방시설등의 성능시험
④ 소방시설등 설계 변경 사항의 적합성 검토

[17. 하반기]
상 **중** 하
기본서 3권 p.42

86 「소방시설공사업법」상 소방공사감리업자의 업무범위로 옳지 않은 것은?
① 완공된 소방시설등의 성능시험
② 소방시설등의 설치계획표의 적법성 검토
③ 소방시설등 설계 변경 사항의 적합성 검토
④ 설계업자가 작성한 시공 상세 도면의 적합성 검토

[21. 상반기 공채]
상 **중** 하
기본서 3권 p.42

해설

85 ② 피난시설 및 방화시설의 유지·관리는 특정소방대상물의 관계인이 하는 일이다(화재예방, 소방시설 설치·유지 및 안전관리에 관한 법률 제10조).

▶ 소방공사 감리업자의 업무(법 제16조 제1항)
1. <u>소방시설등의 설치계획표의 적법성 검토</u>
2. 소방시설등 설계도서의 적합성(적법성과 기술상의 합리성을 말한다. 이하 같다) 검토
3. <u>소방시설등 설계 변경 사항의 적합성 검토</u>
4. 「화재예방, 소방시설 설치·유지 및 안전관리에 관한 법률」 제2조 제1항 제4호의 소방용품의 위치·규격 및 사용 자재의 적합성 검토
5. 공사업자가 한 소방시설등의 시공이 설계도서와 화재안전기준에 맞는지에 대한 지도·감독
6. <u>완공된 소방시설등의 성능시험</u>
7. 공사업자가 작성한 시공 상세 도면의 적합성 검토
8. <u>피난시설 및 방화시설의 적법성 검토</u>
9. 실내장식물의 불연화(不燃化)와 방염 물품의 적법성 검토

86 ④ 설계업자가 작성한 시공 상세 도면의 적합성 검토
　→ 공사업자

▶ 감리(법 제16조 제1항)
① 제4조 제1항에 따라 소방공사감리업을 등록한 자(이하 "감리업자"라 한다)는 소방공사를 감리할 때 다음 각 호의 업무를 수행하여야 한다.
1. 소방시설등의 설치계획표의 적법성 검토
2. 소방시설등 설계도서의 적합성(적법성과 기술상의 합리성을 말한다. 이하 같다) 검토
3. 소방시설등 설계 변경 사항의 적합성 검토
4. 「화재예방, 소방시설 설치·유지 및 안전관리에 관한 법률」 제2조 제1항 제4호의 소방용품의 위치·규격 및 사용 자재의 적합성 검토
5. 공사업자가 한 소방시설등의 시공이 설계도서와 화재안전기준에 맞는지에 대한 지도·감독
6. 완공된 소방시설등의 성능시험
7. 공사업자가 작성한 시공 상세 도면의 적합성 검토
8. 피난시설 및 방화시설의 적법성 검토
9. 실내장식물의 불연화(不燃化)와 방염 물품의 적법성 검토

정답 85.② 86.④

87 「소방시설공사업법」 및 같은 법 시행령, 시행규칙상 공사감리에 관한 내용으로 옳은 것은?

① 감리업자가 감리원을 배치하였을 때에는 소방본부장 또는 소방서장의 동의를 받아야 한다.
② 소방본부장 또는 소방서장은 특정소방대상물에 대해서 감리업자를 공사감리자로 지정하여야 한다.
③ 지하층을 포함한 층수가 16층 이상으로서 300세대 이상인 아파트에 대한 소방시설공사는 상주공사감리 대상이다.
④ 상주공사감리 대상인 경우 소방시설용 배관을 설치하거나 매립하는 때부터 완공검사증명서를 발급받을 때까지 소방공사감리현장에 감리원을 배치하여야 한다.

[21. 상반기 공채]

88 다음 중 상주 공사감리의 대상으로 옳은 것은?

① 연면적 1만m² 이상
② 연면적 2만m² 이상
③ 연면적 3만m² 이상
④ 아파트

[10. 경기]

해설 87 ① 감리업자가 감리원을 배치하였을 때에는 소방본부장 또는 소방서장의 동의를 받아야 한다.
→ 감리업자는 소속 감리원을 배치하였을 때에는 행정안전부령으로 정하는 바에 따라 소방본부장이나 소방서장에게 통보하여야 한다.
② 소방본부장 또는 소방서장은 특정소방대상물에 대해서 감리업자를 공사감리자로 지정하여야 한다.
→ 대통령령으로 정하는 특정소방대상물의 관계인이 특정소방대상물에 대하여 자동화재탐지설비, 옥내소화전설비 등 대통령령으로 정하는 소방시설을 시공할 때에는 소방시설공사의 감리를 위하여 감리업자를 공사감리자로 지정하여야 한다.
③ 지하층을 포함한 층수가 16층 이상으로서 ~~300세대~~ 이상인 아파트에 대한 소방시설공사는 상주공사감리 대상이다.
→ 500세대

88 ▶ 상주 공사감리의 대상(영 별표 3)
1. 연면적 3만 제곱미터 이상의 특정소방대상물(아파트는 제외한다)에 대한 소방시설의 공사
2. 지하층을 포함한 층수가 16층 이상으로서 500세대 이상인 아파트에 대한 소방시설의 공사

정답 87.④ 88.③

89 「소방시설공사업법」상 상주 공사감리 대상으로 옳은 것은?
① 연면적 3만 제곱미터 이상의 특정소방대상물(아파트는 제외)
② 연면적 3만 제곱미터 이상의 특정소방대상물(아파트는 포함)
③ 지하층을 포함한 층수가 11층 이상으로서 500세대 이상인 특정소방대상물 (아파트는 제외)
④ 지하층을 포함한 층수가 11층 이상으로서 500세대 이상인 특정소방대상물 (아파트는 포함)

90 다음 중 공사감리자 지정대상 특정소방대상물의 범위로 옳지 않은 것은?
① 옥내소화전설비를 신설·개설 또는 증설할 때
② 옥외소화전설비를 신설·개설 또는 증설할 때
③ 통합감시시설을 신설 또는 개설할 때
④ 비상경보설비를 신설 또는 개설할 때

해설 89 ▶ 소방공사 감리의 종류, 방법 및 대상(영 별표 3 참조)
상주 공사감리 대상
1. 연면적 3만 제곱미터 이상의 특정소방대상물(아파트는 제외한다)
2. 지하층을 포함한 층수가 16층 이상으로서 500세대 이상인 아파트

90 ④ 비상경보설비는 공사감리자 지정대상 특정소방대상물 범위에 해당하지 않는다(영 제10조 제2항).

정답 89.① 90.④

91 관계인이 소방공사감리자를 지정하여야 하는 특정대상물이 아닌 것은?
① 옥내소화전설비를 신설·개설 또는 증설할 때
② 자동화재탐지설비를 신설 또는 개설할 때
③ 통합감시시설을 신설 또는 개설할 때
④ 캐비닛형 간이스프링클러설비를 신설·개설하거나 방호·방수 구역을 증설할 때

[11. 서울]

92 공사감리자를 지정해야 하는 소방시설공사로 옳지 않은 것은?
① 물분무등소화설비를 신설할 때
② 비상경보설비를 신설할 때
③ 자동화재탐지설비를 개설할 때
④ 옥외소화전설비를 증설할 때

[16. 통합]

해설

91 ④ 캐비닛형 간이스프링클러설비는 제외한다(영 제10조 제2항).

92 ▶ 공사감리자 지정대상 특정소방대상물의 범위(영 제10조 제2항)
1. 옥내소화전설비를 신설·개설 또는 증설할 때
2. 스프링클러설비등(캐비닛형 간이스프링클러설비는 제외한다)을 신설·개설하거나 방호·방수 구역을 증설할 때
3. 물분무등소화설비(호스릴 방식의 소화설비는 제외한다)를 신설·개설하거나 방호·방수 구역을 증설할 때
4. 옥외소화전설비를 신설·개설 또는 증설할 때
5. 자동화재탐지설비를 신설 또는 개설할 때
5의2. 비상방송설비를 신설 또는 개설할 때
6. 통합감시시설을 신설 또는 개설할 때
6의2. 비상조명등을 신설 또는 개설할 때
7. 소화용수설비를 신설 또는 개설할 때
8. 다음 각 목에 따른 소화활동설비에 대하여 각 목에 따른 시공을 할 때
　가. 제연설비를 신설·개설하거나 제연구역을 증설할 때
　나. 연결송수관설비를 신설 또는 개설할 때
　다. 연결살수설비를 신설·개설하거나 송수구역을 증설할 때
　라. 비상콘센트설비를 신설·개설하거나 전용회로를 증설할 때
　마. 무선통신보조설비를 신설 또는 개설할 때
　바. 연소방지설비를 신설·개설하거나 살수구역을 증설할 때

정답 91.④ 92.②

93 다음 중 공사감리자 지정대상 특정소방대상물로 옳지 않은 것은?
① 소화용수설비·통합감시시설을 신설·개설할 때
② 옥내·외소화전설비를 신설·개설·증설할 때
③ 캐비닛형 간이스프링클러설비를 신설·개설, 방호·방수구역을 증설할 때
④ 자동화재탐지설비를 신설 또는 개설할 때

[17. 중앙]

기본서 3권 p.45

해설 93 ③ 캐비닛형 간이스프링클러설비는 제외한다.

▶ 공사감리자 지정대상 특정소방대상물의 범위(영 제10조)
① 법 제17조 제1항에서 "대통령령으로 정하는 특정소방대상물"이란 「화재예방, 소방시설 설치·유지 및 안전관리에 관한 법률」 제2조 제1항 제3호의 특정소방대상물을 말한다.
② 법 제17조 제1항에서 "자동화재탐지설비, 옥내소화전설비 등 대통령령으로 정하는 소방시설을 시공할 때"란 다음 각 호의 어느 하나에 해당하는 소방시설을 시공할 때를 말한다.
  1. 옥내소화전설비를 신설·개설 또는 증설할 때
  2. 스프링클러설비등(캐비닛형 간이스프링클러설비는 제외한다)을 신설·개설하거나 방호·방수 구역을 증설할 때
  3. 물분무등소화설비(호스릴 방식의 소화설비는 제외한다)를 신설·개설하거나 방호·방수 구역을 증설할 때
  4. 옥외소화전설비를 신설·개설 또는 증설할 때
  5. 자동화재탐지설비를 신설 또는 개설할 때
  5의2. 비상방송설비를 신설 또는 개설할 때
  6. 통합감시시설을 신설 또는 개설할 때
  6의2. 비상조명등을 신설 또는 개설할 때
  7. 소화용수설비를 신설 또는 개설할 때
  8. 다음 각 목에 따른 소화활동설비에 대하여 각 목에 따른 시공을 할 때
    가. 제연설비를 신설·개설하거나 제연구역을 증설할 때
    나. 연결송수관설비를 신설 또는 개설할 때
    다. 연결살수설비를 신설·개설하거나 송수구역을 증설할 때
    라. 비상콘센트설비를 신설·개설하거나 전용회로를 증설할 때
    마. 무선통신보조설비를 신설 또는 개설할 때
    바. 연소방지설비를 신설·개설하거나 살수구역을 증설할 때

정답 93.③

94 다음 중 감리원의 세부배치기준에 대하여 옳지 않은 것은?

① 일반 공사감리 대상인 경우 감리원은 월 1회 이상 소방공사감리현장에 배치되어 감리하여야 한다.
② 일반 공사감리 대상인 경우 1명의 감리원이 담당하는 소방공사감리현장은 5개 이하로서 감리현장 연면적의 총 합계가 10만 제곱미터 이하여야 한다.
③ 상주 공사감리 대상인 경우 소방시설용 배관(전선관을 포함한다)을 설치하거나 매립하는 때부터 소방시설 완공검사증명서를 발급받을 때까지 소방공사감리현장에 감리원을 배치하여야 한다.
④ 상주 공사감리 대상인 경우 기계분야의 감리원 자격을 취득한 사람과 전기분야의 감리원 자격을 취득한 사람 각 1명 이상을 감리원으로 배치해야 한다.

[13. 중앙]
기본서 3권 p.48

95 감리자의 세부배치기준 중 일반 공사감리에 대한 설명으로 옳지 않은 것은?

① 기계분야의 감리원 자격을 취득한 사람과 전기분야의 감리원 자격을 취득한 사람 각 1명 이상을 감리원으로 배치한다.
② 감리원은 주 1회 이상 소방공사감리현장에 배치되어 감리한다.
③ 1명의 감리원이 담당하는 소방공사감리현장은 5개 이하로서 감리현장 연면적의 총 합계가 10만 제곱미터 이하이어야 한다.
④ 일반 공사감리 대상인 아파트의 경우에는 연면적의 합계에 관계없이 1명의 감리원이 6개 이내의 공사현장을 감리할 수 있다.

[16. 통합]
기본서 3권 p.48

해설

94 ① 감리원은 주 1회 이상 소방공사감리현장에 배치되어 감리하여야 한다(규칙 제16조 제1항).

95 ④ 일반 공사감리 대상인 아파트의 경우에는 연면적의 합계에 관계없이 1명의 감리원이 5개 이내의 공사현장을 감리할 수 있다(규칙 제16조 제1항).

▶ 감리원의 세부 배치 기준 등(규칙 제16조 제1항)
① 법 제18조 제3항에 따른 감리원의 세부적인 배치 기준은 다음 각 호의 구분에 따른다.
  1. 영 별표 3에 따른 상주 공사감리 대상인 경우
    가. 기계분야의 감리원 자격을 취득한 사람과 전기분야의 감리원 자격을 취득한 사람 각 1명 이상을 감리원으로 배치할 것. 다만, 기계분야 및 전기분야의 감리원 자격을 함께 취득한 사람이 있는 경우에는 그에 해당하는 사람 1명 이상을 배치할 수 있다.
    나. 소방시설용 배관(전선관을 포함한다. 이하 같다)을 설치하거나 매립하는 때부터 소방시설 완공검사증명서를 발급받을 때까지 소방공사감리현장에 감리원을 배치할 것
  2. 영 별표 3에 따른 일반 공사감리 대상인 경우
    가. 기계분야의 감리원 자격을 취득한 사람과 전기분야의 감리원 자격을 취득한 사람 각 1명 이상을 감리원으로 배치할 것. 다만, 기계분야 및 전기분야의 감리원 자격을 함께 취득한 사람이 있는 경우에는 그에 해당하는 사람 1명 이상을 배치할 수 있다.
    나. 별표 3에 따른 기간 동안 감리원을 배치할 것
    다. 감리원은 주 1회 이상 소방공사감리현장에 배치되어 감리할 것
    라. 1명의 감리원이 담당하는 소방공사감리현장은 5개 이하(자동화재탐지설비 또는 옥내소화전설비 중 어느 하나만 설치하는 2개의 소방공사감리현장이 최단 차량주행거리로 30킬로미터 이내에 있는 경우에는 1개의 소방공사감리현장으로 본다)로서 감리현장 연면적의 총 합계가 10만제곱미터 이하일 것. 다만, 일반 공사감리 대상인 아파트의 경우에는 연면적의 합계에 관계없이 1명의 감리원이 5개 이내의 공사현장을 감리할 수 있다.

정답 94.① 95.④

96 다음 중 소방공사감리원에 대하여 옳게 설명한 것은?
① 소방시설공사 현장에 감리원을 공사현장에 배치하지 않은 경우에는 300만원 이하의 과태료를 부과한다.
② 연면적 5,000m² 미만의 특정소방대상물 또는 지하구의 경우 초급 이상의 소방공사감리원 1명 이상을 배치해야 한다.
③ 소방공사감리업자는 감리원 배치일부터 5일 이내에 통보서에 서류를 첨부하여 소방청장, 소방서장에게 알려야 한다.
④ 소방공무원으로서 1년 이상 소방관련업무에 근무한 경력이 있는 사람은 초급감리가 가능하다.

97 다음 중 소방공사 책임감리원의 배치기준으로 옳지 않은 것은?
① 특급소방감리원 이상의 감리원 1명 이상 배치는 연면적이 3만m² 이상 20만m² 미만인 특정소방대상물(아파트는 제외한다) 또는 지하층을 포함한 층수가 16층 이상 40층 미만인 특정소방대상물의 공사현장의 경우이다.
② 특급소방감리원 중 소방기술사 1명 이상 배치는 연면적이 20만m² 이상인 특정소방대상물 또는 지하층을 포함한 층수가 40층 이상인 특정소방대상물의 공사현장의 경우이다.
③ 고급소방감리원 1명 이상 배치는 물분무등소화설비 또는 제연설비가 설치되는 특정소방대상물이나 연면적이 3만m² 이상 20만m² 미만인 아파트의 공사현장의 경우이다.
④ 중급소방감리원 이상의 감리원 1명 이상 배치는 연면적이 5천m² 미만 특정소방대상물 또는 지하구의 공사현장의 경우이다.

해설 96 ② 연면적 5,000m² 미만의 특정소방대상물 또는 지하구의 경우 초급 이상의 소방공사감리원 1명 이상을 배치해야 한다(영 별표 4).
① 300만원 이하의 벌금(법 제37조)
③ 7일 이내, 소방본부장 또는 소방서장(규칙 제17조)
④ 3년 이상(규칙 별표 4의2)

97 ④ 초급소방감리원의 설명이다(영 별표 4).
→ 중급소방감리원 이상의 감리원 1명 이상 배치는 연면적 5천 제곱미터 이상 3만 제곱미터 미만인 특정소방대상물의 공사현장의 경우이다.

정답 96.② 97.④

98 「소방시설공사업법 시행령」상 책임감리원으로 고급감리원을 배치할 수 있는 공사현장으로 옳은 것은?

① 지하층을 포함한 층수가 40층 이상인 특정소방대상물의 공사현장
② 연면적 20만m² 이상인 특정소방대상물의 공사현장
③ 제연설비가 설치되는 특정소방대상물의 공사현장
④ 지하층을 포함한 층수가 16층 이상 40층 미만인 특정소방대상물의 공사현장

[18. 상반기]
기본서 3권 p.47

해설 98

▶ 소방공사 감리원의 배치기준(영 별표 4)

감리원의 배치기준		소방시설공사 현장의 기준
책임감리원	보조감리원	
1. 행정안전부령으로 정하는 특급감리원 중 소방기술사	행정안전부령으로 정하는 초급감리원 이상의 소방공사 감리원(기계분야 및 전기분야)	가. 연면적 20만 제곱미터 이상인 특정소방대상물의 공사 현장 나. 지하층을 포함한 층수가 40층 이상인 특정소방대상물의 공사 현장
2. 행정안전부령으로 정하는 특급감리원 이상의 소방공사 감리원(기계분야 및 전기분야)	행정안전부령으로 정하는 초급감리원 이상의 소방공사 감리원(기계분야 및 전기분야)	가. 연면적 3만 제곱미터 이상 20만 제곱미터 미만인 특정소방대상물(아파트는 제외한다)의 공사 현장 나. 지하층을 포함한 층수가 16층 이상 40층 미만인 특정소방대상물의 공사 현장
3. 행정안전부령으로 정하는 고급감리원 이상의 소방공사 감리원(기계분야 및 전기분야)	행정안전부령으로 정하는 초급감리원 이상의 소방공사 감리원(기계분야 및 전기분야)	가. 물분무등소화설비(호스릴 방식의 소화설비는 제외한다) 또는 제연설비가 설치되는 특정소방대상물의 공사 현장 나. 연면적 3만 제곱미터 이상 20만 제곱미터 미만인 아파트의 공사 현장
4. 행정안전부령으로 정하는 중급감리원 이상의 소방공사 감리원(기계분야 및 전기분야)		연면적 5천 제곱미터 이상 3만 제곱미터 미만인 특정소방대상물의 공사 현장
5. 행정안전부령으로 정하는 초급감리원 이상의 소방공사 감리원(기계분야 및 전기분야)		가. 연면적 5천 제곱미터 미만인 특정소방대상물의 공사 현장 나. 지하구의 공사 현장

정답 98.③

99 「소방시설공사업법」 및 같은 법 시행령상 소방공사업자는 소방기술자를 소방공사 현장에 배치하는 것이 원칙이지만, 발주자가 서면으로 승낙하는 경우에는 해당 공사가 중단된 기간 동안 소방기술자를 공사 현장에 배치하지 않을 수 있도록 되어 있는 예외사항이 있다. 다음 중 예외사항으로 옳지 않은 것은?

① 발주자가 공사 중단을 요청하는 경우
② 소방공사감리원이 공사 중단을 요청하는 경우
③ 민원 또는 계절적 요인 등으로 해당 공정의 공사가 일정 기간 중단된 경우
④ 예산 부족 등 발주자의 책임 있는 사유 또는 천재지변 등 불가항력으로 공사가 일정 기간 중단된 경우

[21. 상반기 공채]
상 중 하
기본서 3권 p.101

100 감리업자가 소방공사를 감리할 때 소방시설공사가 설계도서나 화재안전기준에 맞지 아니할 경우 취할 수 있는 조치에 해당되지 아니한 것은?

① 공사감리자를 지정한 특정소방대상물의 관계인에게 알린다.
② 공사업자에게 공사의 시정 또는 보완을 요구한다.
③ 공사업자가 시정 또는 보완을 하지 않을 경우 공사를 중지시킨다.
④ 공사업자가 시정 또는 보완을 하지 않고 그 공사를 계속할 경우 소방본부장 또는 소방서장에게 그 사실을 보고한다.

[11. 중앙]
상 중 하
기본서 3권 p.50

해설 99 ② 소방공사감리원이 공사 중단을 요청하는 경우
→ 해당하지 않는다.

▸ 영 별표 4
감리업자는 가목에도 불구하고 시공관리, 품질 및 안전에 지장이 없는 경우로서 다음의 어느 하나에 해당하여 발주자가 서면으로 승낙하는 경우에는 해당 공사가 중단된 기간 동안 감리원을 공사현장에 배치하지 않을 수 있다.
1) 민원 또는 계절적 요인 등으로 해당 공정의 공사가 일정 기간 중단된 경우
2) 예산의 부족 등 발주자(하도급의 경우에는 수급인을 포함한다. 이하 이 목에서 같다)의 책임 있는 사유 또는 천재지변 등 불가항력으로 공사가 일정기간 중단된 경우
3) 발주자가 공사의 중단을 요청하는 경우

100 ③ 공사업자가 시정 또는 보완을 하지 않을 경우 소방본부장이나 소방서장에게 그 사실을 보고하여야 한다(법 제19조).

> 제19조(위반사항에 대한 조치) ① 감리업자는 감리를 할 때 소방시설공사가 설계도서나 화재안전기준에 맞지 아니할 때에는 관계인에게 알리고, 공사업자에게 그 공사의 시정 또는 보완 등을 요구하여야 한다.
> ② 공사업자가 제1항에 따른 요구를 받았을 때에는 그 요구에 따라야 한다.
> ③ 감리업자는 공사업자가 제1항에 따른 요구를 이행하지 아니하고 그 공사를 계속할 때에는 행정안전부령으로 정하는 바에 따라 소방본부장이나 소방서장에게 그 사실을 보고하여야 한다.
> ④ 관계인은 감리업자가 제3항에 따라 소방본부장이나 소방서장에게 보고한 것을 이유로 감리계약을 해지하거나 감리의 대가 지급을 거부하거나 지연시키거나 그 밖의 불이익을 주어서는 아니 된다.

정답 99.② 100.③

101 「소방시설공사업법」상 감리업자가 감리를 할 때 위반사항에 대하여 조치하여야 할 사항이다. ( ) 안에 들어갈 용어로 옳은 것은?

> 감리업자는 감리를 할 때 소방시설공사가 설계도서나 화재안전기준에 맞지 아니할 때에는 (가)에게 알리고, (나)에게 그 공사의 시정 또는 보완 등을 요구하여야 한다.

	(가)	(나)		(가)	(나)
①	관계인	공사업자	②	관계인	소방서장
③	소방본부장	공사업자	④	소방본부장	소방서장

102 다음 중 감리업자가 소방공사감리를 완료 시 소방공사감리 결과의 통보를 알리는 대상이 아닌 것은?
① 관계인, 소방시설공사의 도급인
② 관계인, 공사를 감리한 건축사
③ 관계인, 설계자, 소방시설공사의 도급인
④ 소방시설공사의 도급인, 소방본부장 또는 소방서장
⑤ 공사를 감리한 건축사, 소방본부장 또는 소방서장

해설 **101** ▶ 위반사항에 대한 조치(법 제19조 제1항)
① 감리업자는 감리를 할 때 소방시설공사가 설계도서나 화재안전기준에 맞지 아니할 때에는 관계인에게 알리고, 공사업자에게 그 공사의 시정 또는 보완 등을 요구하여야 한다.

102 ③ 감리업자가 소방공사의 감리를 마쳤을 때에는 소방공사감리 결과보고(통보)서[전자문서로 된 소방공사감리 결과보고(통보)서를 포함]에 서류(전자문서 포함)를 첨부하여 공사가 완료된 날부터 7일 이내에 특정소방대상물의 관계인, 소방시설공사의 도급인 및 특정소방대상물의 공사를 감리한 건축사에게 알리고, 소방본부장 또는 소방서장에게 보고하여야 한다(규칙 제19조).

정답 101.① 102.③

103 「소방시설공사업법 시행규칙」상 감리업자가 소방공사의 감리를 마쳤을 때, 소방공사감리 결과보고(통보)서를 알려야 하는 대상으로 옳지 않은 것은?

① 소방시설공사의 도급인
② 특정소방대상물의 관계인
③ 소방시설설계업의 설계사
④ 특정소방대상물의 공사를 감리한 건축사

[18. 하반기 공채]
상 중 **하**
기본서 3권 p.49

104 「소방시설공사업법」상 공사의 도급에 관한 사항으로 옳지 않은 것은?

① 특정소방대상물의 관계인 또는 발주자는 소방시설공사등을 도급할 때에는 해당 소방시설업자에게 도급하여야 한다.
② 공사업자가 도급받은 소방시설공사의 도급금액 중 그 공사(하도급한 공사를 포함한다)의 근로자에게 지급하여야 할 노임(勞賃)에 해당하는 금액은 압류할 수 없다.
③ 도급받은 소방시설공사의 전부를 다른 공사업자에게 하도급할 수 있다.
④ 도급을 받은 자가 해당 소방시설공사등을 하도급할 때에는 행정안전부령으로 정하는 바에 따라 미리 관계인과 발주자에게 알려야 한다.

[20. 공채]
상 **중** 하
기본서 3권 p.53~55

해설

103 ▶ 감리결과의 통보 등(규칙 제19조)
법 제20조에 따라 감리업자가 소방공사의 감리를 마쳤을 때에는 별지 제29호서식의 소방공사감리 결과보고(통보)서[전자문서로 된 소방공사감리 결과보고(통보)서를 포함한다]에 다음 각 호의 서류(전자문서를 포함한다)를 첨부하여 공사가 완료된 날부터 7일 이내에 <u>특정소방대상물의 관계인</u>, <u>소방시설공사의 도급인</u> 및 <u>특정소방대상물의 공사를 감리한 건축사</u>에게 알리고, <u>소방본부장 또는 소방서장에게 보고</u>하여야 한다.

104 도급을 받은 자는 소방시설의 설계, 시공, 감리를 제3자에게 하도급할 수 없다. 다만, 시공의 경우에는 대통령령으로 정하는 바에 따라 도급받은 소방시설공사의 <u>일부</u>를 다른 공사업자에게 하도급할 수 있다(법 제22조).

정답 103. ③ 104. ③

105 특정소방대상물의 관계인 또는 발주자는 정당한 사유 없이 며칠 이상 소방시설공사를 계속하지 않는 경우에 도급계약을 해지할 수 있는가?

① 7일
② 14일
③ 30일
④ 60일
⑤ 90일

[11. 간부]
기본서 3권 p.59

106 소방시설공사업법 중 도급계약의 해지 기준으로 옳지 않은 것은?
① 소방시설업을 휴업하거나 폐업한 경우
② 소방시설업의 등록이 취소되거나 영업 정지된 경우
③ 경고 받았을 때
④ 정당한 사유 없이 30일 이상 소방시설공사를 계속하지 않는 경우

[13. 중앙]
기본서 3권 p.59

해설

105 ③ 정당한 사유 없이 30일 이상 소방시설공사를 계속하지 않는 경우 도급계약을 해지할 수 있다(법 제23조).

106 ③ 경고 받았을 때는 도급계약의 해지 기준이 아니다.

▶ 도급계약의 해지(법 제23조)
1. 소방시설업이 등록취소되거나 영업정지된 경우
2. 소방시설업을 휴업하거나 폐업한 경우
3. 정당한 사유 없이 30일 이상 소방시설공사를 계속하지 아니하는 경우
4. 하수급인 또는 하도급계약 내용의 변경 요구에 정당한 사유 없이 따르지 아니하는 경우

정답 105.③ 106.③

107 정당한 사유없이 (　)일 이상 소방시설공사를 계속하지 않은 경우에는 관계인은 수급인에게 도급계약을 해지할 수 있는가?

① 7
② 15
③ 30
④ 60

[17. 중앙]
상 중 하
기본서 3권 p.59

108 다음 중 공사업자와 감리업자가 같은 자인 경우 동일한 특정소방대상물의 소방시설에 대하여 함께 할 수 없는 경우는?

① 소방시설에 대한 설계와 감리를 함께 할 수 없다.
② 소방시설에 대한 설계와 공사를 함께 할 수 없다.
③ 소방시설에 대한 공사와 설계를 함께 할 수 없다.
④ 소방시설에 대한 시공과 감리를 함께 할 수 없다.

[11. 울산]
상 중 하
기본서 3권 p.60

해설

107 ▶도급계약의 해지(법 제23조)
특정소방대상물의 관계인 또는 발주자는 해당 도급계약의 수급인이 다음 각 호의 어느 하나에 해당하는 경우에는 도급계약을 해지할 수 있다.
　1. 소방시설업이 등록취소되거나 영업정지된 경우
　2. 소방시설업을 휴업하거나 폐업한 경우
　3. 정당한 사유 없이 30일 이상 소방시설공사를 계속하지 아니하는 경우
　4. 제22조의2 제2항(하수급인 또는 하도급계약 내용)에 따른 요구에 정당한 사유 없이 따르지 아니하는 경우

108 ④ 공사업자와 감리업자가 같은 자인 경우 동일한 특정소방대상물의 소방시설에 대한 시공과 감리를 함께 할 수 없다(법 제24조).

정답 107.③ 108.④

109 다음 중 적절한 공사업자를 선정할 수 있도록 하기 위하여 공사업자의 신청이 있으면 그 공사업자의 소방시설공사 실적, 자본금 등에 따라 공시하여야 하는 것으로 가장 옳은 것은?
① 시공능력을 평가하여 공시한다.
② 기술력평가액를 평가하여 공시한다.
③ 신인도평가액을 평가하여 공시한다.
④ 실적평가액을 평가하여 공시한다.

110 다음 중 시공능력을 평가하여 공시할 수 있는 사람은 누구인가?
① 국무총리
② 소방청장
③ 시·도지사
④ 소방본부장 또는 소방서장

해설 109 ① 소방청장은 관계인 또는 발주자가 적절한 공사업자를 선정할 수 있도록 하기 위하여 공사업자의 신청이 있으면 그 공사업자의 소방시설공사 실적, 자본금 등에 따라 <u>시공능력을 평가하여 공시할 수 있다</u>(법 제26조 제1항).
②③④는 시공능력평가 항목에 해당한다.

110 ② <u>소방청장</u>은 관계인 또는 발주자가 적절한 공사업자를 선정할 수 있도록 하기 위하여 공사업자의 신청이 있으면 그 공사업자의 소방시설공사 실적, 자본금 등에 따라 시공능력을 평가하여 공시할 수 있다(법 제26조 제1항).

정답 109.① 110.②

제4장 소방기술자

111 다음 중 소방기술자의 실무교육 횟수로 옳은 것은?
① 1년마다 1회 이상
② 1년마다 2회 이상
③ 2년마다 1회 이상
④ 2년마다 2회 이상

[10. 중앙]

112 실무교육지정기관이 교육계획을 변경하는 경우에 변경한 날로부터 며칠 이내에 이를 일간신문에 공고하고 소방본부장 또는 소방서장에게 보고하여야 하는가?
① 5일
② 7일
③ 10일
④ 14일

[기출변형]

해설

111 ③ 소방기술자의 실무교육 횟수는 2년마다 1회 이상이다(규칙 제26조 제1항).

112 ③ 교육계획을 변경하는 경우에는 변경한 날부터 10일 이내에 이를 일간신문에 공고하고 소방본부장 또는 소방서장에게 보고하여야 한다(규칙 제35조 제2항).

정답 111.③ 112.③

113 「소방시설공사업법 시행규칙」상 소방기술과 관련된 자격·학력 및 경력의 인정범위에 관한 내용으로 옳은 것은?

① 소방공무원으로서 3년간 근무한 경력이 있는 사람은 중급감리원의 업무를 수행할 수 있다.
② 학사학위를 취득한 후 소방 관련 업무를 10년간 수행한 사람은 특급기술자 업무를 수행할 수 있다.
③ 소방시설관리사 자격을 취득한 후 소방 관련 업무를 3년간 수행한 사람은 특급기술자 업무를 수행할 수 있다.
④ 소방설비기사 기계분야 자격을 취득한 후 소방 관련 업무를 8년간 수행한 사람은 해당분야 특급감리원의 업무를 수행할 수 있다.

[21. 상반기 공채]
상 중 하
기본서 3권 p.118~122

해설 113
① 소방공무원으로서 3년간 근무한 경력이 있는 사람은 중급감리원의 업무를 수행할 수 있다.
→ 초급감리원
② 학사학위를 취득한 후 소방 관련 업무를 10년간 수행한 사람은 특급기술자 업무를 수행할 수 있다.
→ 12년 이상
③ 소방시설관리사 자격을 취득한 후 소방 관련 업무를 3년간 수행한 사람은 특급기술자 업무를 수행할 수 있다.
→ 5년 이상

정답 113.④

제5장 소방시설업자협회

114 다음 중 소방시설업자협회의 업무로 옳지 않은 것은?
① 소방시설업의 기술발전과 소방기술의 진흥을 위한 조사·연구·분석 및 평가
② 소방산업의 발전 및 소방기술의 향상을 위한 지원
③ 소방시설업의 기술발전과 관련된 국제교류·활동 및 행사의 유치
④ 피난시설, 방화구획 및 방화시설의 유지·관리

[기출변형]
기본서 3권 p.79

해설 114 ④ 피난시설, 방화구획 및 방화시설의 유지·관리는 특정소방대상물의 관계인의 업무이다(화재예방, 소방시설 설치·유지 및 안전관리에 관한 법률 제10조).

▶ 협회의 업무(법 제30조의3)
1. 소방시설업의 기술발전과 소방기술의 진흥을 위한 조사·연구·분석 및 평가
2. 소방산업의 발전 및 소방기술의 향상을 위한 지원
3. 소방시설업의 기술발전과 관련된 국제교류·활동 및 행사의 유치
4. 이 법에 따른 위탁 업무의 수행

정답 114.④

제6장 보 칙

115 다음 소방시설공사업법 중에서 청문대상인 것은?
① 소방기술 인정자격 취소
② 소방공사업 휴업정지처분
③ 소방기술자의 실무교육
④ 소방시설업의 자격 정지

[11. 서울]

116 「소방시설공사업법 시행령」상 업무의 위탁에 대한 설명으로 옳지 않은 것은?
① 시·도지사는 소방시설업 등록신청의 접수 및 신청내용의 확인에 관한 업무를 소방시설업자협회에 위탁한다.
② 소방청장은 소방기술과 관련된 자격·학력·경력의 인정 업무를 소방시설업자협회, 소방기술과 관련된 법인 또는 단체에 위탁한다.
③ 소방청장은 소방시설공사업을 등록한 자의 시공능력평가 및 공시에 관한 업무를 소방시설업자협회에 위탁한다.
④ 소방청장은 소방기술자 실무교육에 관한 업무를 소방청장이 지정하는 실무교육기관 또는 대한소방공제회에 위탁한다.

[18. 하반기 공채]

해설

115 ① 소방시설업 등록취소처분이나 영업정지처분 또는 <u>소방기술 인정 자격취소처분</u>을 하려면 청문을 하여야 한다(법 제32조).

116 ④ 소방청장은 소방기술자 실무교육에 관한 업무를 소방청장이 지정하는 실무교육기관 또는 <u>한국소방안전원</u>에 위탁한다.

▶ 업무의 위탁(영 제20조)
① <u>소방청장은 법 제33조 제2항에 따라 법 제29조에 따른 소방기술자 실무교육에 관한 업무를 법 제29조 제3항에 따라 소방청장이 지정하는 실무교육기관 또는 「소방기본법」 제40조에 따른 한국소방안전원에 위탁한다.</u>
② 소방청장은 법 제33조 제3항에 따라 다음 각 호의 업무를 협회에 위탁한다.
 1. 법 제20조의3에 따른 방염처리능력 평가 및 공시에 관한 업무
 2. 법 제26조에 따른 시공능력 평가 및 공시에 관한 업무
 3. 법 제26조의3 제1항에 따른 소방시설업 종합정보시스템의 구축·운영
③ 시·도지사는 법 제33조 제3항에 따라 다음 각 호의 업무를 협회에 위탁한다.
 1. 법 제4조 제1항에 따른 소방시설업 등록신청의 접수 및 신청내용의 확인
 2. 법 제6조에 따른 소방시설업 등록사항 변경신고의 접수 및 신고내용의 확인
 2의2. 법 제6조의2에 따른 소방시설업 휴업·폐업 또는 재개업 신고의 접수 및 신고내용의 확인
 3. 법 제7조 제3항에 따른 소방시설업자의 지위승계 신고의 접수 및 신고내용의 확인
④ 소방청장은 법 제33조 제4항에 따라 법 제28조에 따른 소방기술과 관련된 자격·학력·경력의 인정 업무를 협회, 소방기술과 관련된 법인 또는 단체에 위탁한다. 이 경우 소방청장은 수탁기관을 지정하여 관보에 고시하여야 한다.

정답 115.① 116.④

117 「소방시설공사업법」상 행정처분 전에 청문을 하여야 하는 대상으로 옳지 않은 것은?

① 소방시설업의 등록취소 처분
② 소방기술인정 자격취소 처분
③ 소방시설업의 영업정지 처분
④ 소방기술인정 자격정지 처분

해설 117 ④ 소방기술인정 자격정지 처분은 없다.

▶ 청문(법 제32조)
제9조 제1항에 따른 소방시설업 등록취소처분이나 영업정지처분 또는 제28조 제4항에 따른 소방기술인정 자격취소처분을 하려면 청문을 하여야 한다.

정답 117.④

제7장 벌칙

118 소방시설공사법에서 소방시설공사업자가 소방시설의 완공검사를 받지 않았을 때 벌칙은?

① 500만원 이하의 벌금
② 200만원 이상의 과태료
③ 200만원 이하의 벌금
④ 200만원 이하의 과태료

[11. 울산]

119 다음 벌금 중 그 성격이 다른 것은?
① 소방시설공사 현장에 감리원을 배치하지 아니한 자
② 공사감리자를 지정하지 아니한 자
③ 소방시설업자가 아닌 자에게 소방시설공사등을 도급한 자
④ 화재안전기준을 위반하여 설계나 시공을 한 자

[11. 서울]

해설

118 ④ 소방시설공사업자가 소방시설의 완공검사를 받지 않았을 때는 <u>200만원 이하의 과태료</u>를 부과한다(법 제40조 제1항).

119 ① 300만원 이하의 벌금에 해당한다(법 제37조).
②③④ 1년 이하의 징역 또는 1천만원 이하의 벌금에 해당한다(법 제36조).

정답 118.④ 119.①

120 소방시설공사업법에서 과태료 해당 사항 중 대통령령으로 부과·징수할 수 없는 자는?
① 관할 시·도지사
② 소방청장
③ 소방본부장
④ 소방서장

121 다음 중 벌칙이 다른 하나는?
① 소방시설업의 등록을 하지 아니하고 영업을 한 자
② 규정을 위반하여 설계를 한 자
③ 규정을 위반하여 감리를 한 자
④ 영업정지 처분을 받고 그 기간 동안 소방시설업의 업무를 한 자

해설
120 ② 과태료는 대통령령으로 정하는 바에 따라 관할 시·도지사, 소방본부장 또는 소방서장이 부과·징수한다(법 제40조 제2항).

121 ① 소방시설업의 등록을 하지 아니하고 영업을 한 자는 3년 이하의 징역 또는 3천만원 이하의 벌금이고, 나머지는 1년 이하의 징역 또는 1천만원 이하의 벌금이다(법 제35조, 제36조).

정답 120.② 121.①

122 다음 중 규정을 위반하여 소방기술자를 공사현장에 배치하지 아니한 자의 행정벌은?

① 1년 이하의 징역 또는 1천만원 이하의 벌금
② 3년 이하의 징역 또는 1천5백만원 이하의 벌금
③ 300만원 이하 벌금
④ 200만원 이하 과태료

123 「소방시설공사업법」상 벌칙 중 1년 이하의 징역 또는 1천만원 이하의 벌금에 해당하는 자로 옳지 않은 것은?

① 소방시설업 등록을 하지 아니하고 영업을 한 자
② 영업정지처분을 받고 그 영업정지 기간에 영업을 한 자
③ 소방시설업자가 아닌 자에게 소방시설공사등을 도급한 자
④ 공사감리 결과의 통보 또는 공사감리 결과보고서의 제출을 거짓으로 한 자

해설

122 ④ 규정을 위반하여 소방기술자를 공사현장에 배치하지 아니한 자의 행정벌은 200만원 이하의 과태료이다(법 제40조).

123 ① 3년 이하의 징역 또는 3천만원 이하의 벌금(법 제35조)

정답 122.④ 123.①

04 위험물안전관리법

Chapter 01 총 칙
Chapter 02 위험물시설의 설치 및 변경
Chapter 03 위험물시설의 안전관리
Chapter 04 위험물의 운반 등
Chapter 05 감독 및 조치명령
Chapter 06 보 칙
Chapter 07 벌 칙

PART 04 | 위험물안전관리법

제1장 총칙

01 「위험물안전관리법」의 목적에 대한 설명이다. 빈칸에 들어갈 단어로 옳은 것은?

> 이 법은 위험물의 (㉠)·(㉡) 및 (㉢)과 이에 따른 안전관리에 관한 사항을 규정함으로써 위험물로 인한 위해를 방지하여 공공의 안전을 확보함을 목적으로 한다.

	㉠	㉡	㉢		㉠	㉡	㉢
①	저장	취급	운반	②	제조	취급	운반
③	제조	저장	이송	④	저장	취급	이송

[17. 하반기]

02 「위험물안전관리법」에서 대통령령이 정하는 인화성 또는 발화성 물질은 무엇이라고 하는가?
① 동식물유류
② 위험물
③ 인화물
④ 특수인화물

[09. 경북]

해설

01 ① 이 법은 위험물의 (저장)·(취급) 및 (운반)과 이에 따른 안전관리에 관한 사항을 규정함으로써 위험물로 인한 위해를 방지하여 공공의 안전을 확보함을 목적으로 한다(법 제1조).

02 ② 위험물은 대통령령이 정하는 인화성 또는 발화성 성질을 가지는 물품을 말한다(법 제2조 제1항 제1호).

정답 01.① 02.②

03 다음 중 용어의 정의로 바르지 않은 것은?

① "위험물"이라 함은 인화성·발화성 등의 성질을 가지는 것으로서 대통령령이 정하는 물품을 말한다.
② "지정수량"이라 함은 위험물의 종류별로 위험성을 고려하여 대통령령이 정하는 수량으로서 제조소등의 설치허가 등에 있어서 최저의 기준이 되는 수량을 말한다.
③ "취급소"라 함은 지정수량 이상의 위험물을 저장하기 위한 대통령령이 정하는 장소로서 규정에 따른 허가를 받은 장소를 말한다.
④ "제조소"라 함은 위험물을 제조할 목적으로 지정수량 이상의 위험물을 취급하기 위하여 규정에 따른 허가를 받은 장소를 말한다.

[09. 경남]
기본서 3권 p.138

04 위험물을 제조할 목적으로 지정수량 이상의 위험물을 취급하기 위하여 허가 받는 장소는?

① 제조소　　　　　　② 취급소
③ 저장소　　　　　　④ 판매소

[10. 경기]
기본서 3권 p.138

해설

03 ③ "취급소"라 함은 지정수량 이상의 위험물을 <u>제조 외의 목적으로 취급하기 위한</u> 대통령령이 정하는 장소로서 규정에 따른 허가를 받은 장소를 말한다(법 제2조 제1항 제5호).

04 ① 위험물을 제조할 목적으로 지정수량 이상의 위험물을 취급하기 위하여 허가를 받는 장소는 제조소에 해당된다(법 제2조 제1항 제3호).
② "취급소"라 함은 지정수량 이상의 위험물을 제조외의 목적으로 취급하기 위한 대통령령이 정하는 장소로서 제6조 제1항의 규정에 따른 허가를 받은 장소를 말한다.(법 제2조 제1항 제5호)
③ "저장소"라 함은 지정수량 이상의 위험물을 저장하기 위한 대통령령이 정하는 장소로서 제6조 제1항의 규정에 따른 허가를 받은 장소를 말한다(법 제2조 제1항 제4호).
④ 판매소는 없고, 판매취급소는 점포에서 위험물을 용기에 담아 판매하기 위하여 지정수량의 40배 이하의 위험물을 취급하는 장소이다(영 별표 3).

정답 03.③　04.①

05 「위험물안전관리법」에서 정하는 위험물의 용어의 정의로 옳은 것은?
① 인화성 또는 발화성 등의 물품으로 대통령령이 정하는 것
② 인화성 또는 발화성 등의 물품으로 행정안전부령이 정하는 것
③ 인화성 또는 폭발성 등의 물품으로 대통령령이 정하는 것
④ 인화성 또는 폭발성 등의 물품으로 행정안전부령이 정하는 것

[10. 경기]
상 중 하
기본서 3권 p.138

06 다음 중 「위험물안전관리법」에서 정하는 위험물의 정의로서 옳은 것은?
① 대통령령이 정하는 인화성 · 발화성 등의 물품을 말한다.
② 대통령령이 정하는 인화성 · 폭발성 등의 물품을 말한다.
③ 대통령령이 정하는 인화성 · 점화성 등의 물품을 말한다.
④ 대통령령이 정하는 인화성 · 화학성 등의 물품을 말한다.

[11. 울산]
상 중 하
기본서 3권 p.138

해설 05 ① "위험물"이라 함은 인화성 또는 발화성 등의 성질을 가지는 것으로서 대통령령이 정하는 물품을 말한다(법 제2조 제1항 제1호).

06 ① "위험물"이라 함은 인화성 또는 발화성 등의 성질을 가지는 것으로서 대통령령이 정하는 물품을 말한다(법 제2조 제1항 제1호).

정답 05.① 06.①

07 「위험물안전관리법」상 위험물에 대한 정의이다. (   ) 안에 들어갈 용어로 옳은 것은?

> "위험물"이라 함은 (가) 또는 (나) 등의 성질을 가지는 것으로서 (다)이 정하는 물품을 말한다.

	(가)	(나)	(다)
①	인화성	가연성	대통령령
②	인화성	발화성	대통령령
③	휘발성	가연성	행정안전부령
④	인화성	휘발성	행정안전부령

[20. 공채]
상 중 하
기본서 3권 p.138

08 위험물을 제조할 목적으로 지정수량 이상의 위험물을 취급하기 위하여 규정에 따른 허가를 받은 장소를 말하는 것은?

① 위험물 취급소
② 위험물 저장소
③ 위험물 제조소
④ 일반 취급소

[11. 중앙]
상 중 하
기본서 3권 p.138

해설

07 ▶ 정의(법 제2조 제1항 제1호)
① 이 법에서 사용하는 용어의 정의는 다음과 같다.
  1. "위험물"이라 함은 <u>인화성</u> 또는 <u>발화성</u> 등의 성질을 가지는 것으로서 <u>대통령령</u>이 정하는 물품을 말한다.

08 ③ 제조소는 위험물을 제조할 목적으로 지정수량 이상의 위험물을 취급하기 위하여 허가를 받은 장소이다(법 제2조 제1항 제3호).

정답 07.② 08.③

09 다음 중 「위험물안전관리법」에 관한 용어의 정의로 옳지 않은 것은?

① 위험물이란 어떠한 환경의 조건이라도 위험한 물질을 말한다.
② 제조소란 위험물을 제조할 목적으로 지정수량 이상의 위험물을 취급하기 위하여 규정에 따른 허가를 받은 장소를 말한다.
③ 저장소란 지정수량 이상의 위험물을 저장하기 위한 대통령령이 정하는 장소로서 규정에 따른 허가를 받은 장소를 말한다.
④ 지정수량이란 위험물의 종류별로 위험성을 고려하여 대통령령이 정하는 수량으로서 규정에 의한 제조소등의 설치허가 등에 있어서 최저의 기준이 되는 수량을 말한다.

[11. 서울]

10 「위험물안전관리법」상 용어의 정의에 관한 내용으로 옳지 않은 것은?

① "취급소"라 함은 지정수량 이상의 위험물을 제조외의 목적으로 취급하기 위한 대통령령이 정하는 장소로서 「위험물안전관리법」에 따른 허가를 받은 장소를 말한다.
② "지정수량"이라 함은 위험물의 종류별로 위험성을 고려하여 대통령령이 정하는 수량으로서 제조소등의 설치허가 등에 있어서 최대의 기준이 되는 수량을 말한다.
③ "제조소등"이라 함은 제조소·저장소 및 취급소를 말한다.
④ "저장소"라 함은 지정수량 이상의 위험물을 저장하기 위하여 대통령령이 정하는 장소로서 「위험물안전관리법」에 따른 허가를 받은 장소를 말한다.

[20. 공채]

해설

09 ① "위험물"이라 함은 인화성 또는 발화성 등의 성질을 가지는 것으로서 대통령령이 정하는 물품을 말한다(법 제2조 제1항 제1호).

10 ② "지정수량"이라 함은 위험물의 종류별로 위험성을 고려하여 대통령령이 정하는 수량으로서 제조소등의 설치허가 등에 있어서 <u>최저의 기준</u>이 되는 수량을 말한다.

▶ 정의(법 제2조)
① 이 법에서 사용하는 용어의 정의는 다음과 같다.
  1. "위험물"이라 함은 인화성 또는 발화성 등의 성질을 가지는 것으로서 대통령령이 정하는 물품을 말한다.
  2. "지정수량"이라 함은 위험물의 종류별로 위험성을 고려하여 대통령령이 정하는 수량으로서 제6호의 규정에 의한 제조소등의 설치허가 등에 있어서 최저의 기준이 되는 수량을 말한다.
  3. "제조소"라 함은 위험물을 제조할 목적으로 지정수량 이상의 위험물을 취급하기 위하여 제6조 제1항의 규정에 따른 허가(동조 제3항의 규정에 따라 허가가 면제된 경우 및 제7조 제2항의 규정에 따라 협의로써 허가를 받은 것으로 보는 경우를 포함한다. 이하 제4호 및 제5호에서 같다)를 받은 장소를 말한다.
  4. "저장소"라 함은 지정수량 이상의 위험물을 저장하기 위한 대통령령이 정하는 장소로서 제6조 제1항의 규정에 따른 허가를 받은 장소를 말한다.
  5. "취급소"라 함은 지정수량 이상의 위험물을 제조외의 목적으로 취급하기 위한 대통령령이 정하는 장소로서 제6조 제1항의 규정에 따른 허가를 받은 장소를 말한다.
  6. "제조소등"이라 함은 제3호 내지 제5호의 제조소·저장소 및 취급소를 말한다.

정답 09.① 10.②

11 「위험물안전관리법 시행령」상 용어에 대한 설명으로 옳지 않은 것은?

① 특수인화물 : 이황화탄소, 디에틸에테르 그 밖에 1기압에서 발화점이 섭씨 100도 이하인 것 또는 인화점이 섭씨 영하 20도 이하이고 비점이 섭씨 40도 이하인 것
② 제1석유류 : 아세톤, 휘발유 그 밖에 1기압에서 인화점이 섭씨 70도 미만인 것
③ 제3석유류 : 중유, 클레오소트유 그 밖에 1기압에서 인화점이 섭씨 70도 이상 섭씨 200도 미만인 것
④ 동식물유류 : 동물의 지육 등 또는 식물의 종자나 과육으로부터 추출한 것으로서 1기압에서 인화점이 섭씨 250도 미만인 것

[18. 하반기 공채]
기본서 3권 p.143~144

12 다음 중 위험물의 성질이 옳은 것은?

① 제1류 – 산화성액체
② 제2류 – 인화성고체
③ 제3류 – 산화성액체
④ 제5류 – 자기반응성물질

[09. 경북]
기본서 3권 p.142

해설

11 ② 제1석유류 : 아세톤, 휘발유 그 밖에 1기압에서 인화점이 <u>섭씨 21도</u> 미만인 것 (영 별표 1)

12 ▶ 위험물 및 지정수량(영 별표 1)
- 제1류 위험물 : 산화성고체
- 제2류 위험물 : 가연성고체
- 제3류 위험물 : 자연발화성 물질 및 금수성 물질
- 제4류 위험물 : 인화성액체
- 제5류 위험물 : 자기반응성물질
- 제6류 위험물 : 산화성액체

정답 11.② 12.④

13 다음 중 위험물 종류의 연결이 옳은 것은?
① 제1류 – 산화성액체 – 무기과산화물
② 제2류 – 가연성액체 – 황화린
③ 제3류 – 인화성액체 – 알킬알루미늄
④ 제4류 – 인화성액체 – 휘발유

[09. 서울]

14 다음 중 위험물의 분류에 관하여 옳지 않은 것은?
① 제1류 – 산화성고체
② 제2류 – 가연성고체
③ 제5류 – 자기반응성물질
④ 제6류 – 인화성액체

[10. 강원]

해설
13 ④ 제4류 – 인화성액체 – 휘발유
    ① 제1류 – 산화성고체 – 무기과산화물
    ② 제2류 – 가연성고체 – 황화린
    ③ 제3류 – 자연발화성물질 및 금수성물질 – 알킬알루미늄

14 ④ 제6류 위험물은 산화성액체이다. 인화성액체는 제4류 위험물이다(영 별표 1).

정답 13.④ 14.④

15 다음 중 위험물의 분류가 다른 것은?
① 과염소산
② 무기과산화물
③ 염소산염류
④ 질산염류

16 다음 중 용어의 정의로 옳지 않은 것은?
① 특수인화물이라 함은 이황화탄소, 디에틸에테르 그 밖에 1기압에서 발화점이 섭씨 100도 이하인 것 또는 인화점이 섭씨 영하 20도 이하이고 비점이 섭씨 40도 이하인 것을 말한다.
② 알코올류는 1분자를 구성하는 탄소 원자의 수가 1개부터 3개까지인 포화1가 알코올을 말한다.
③ 유황은 순도가 60중량% 이하인 것을 말한다. 이 경우 순도측정에 있어서 불순물은 활석 등 불연성물질과 수분에 한한다.
④ 철분이라 함은 철의 분말로서 53마이크로미터의 표준체를 통과하는 것이 50중량% 미만인 것은 제외한다.

해설

15 ① 과염소산은 제6류 위험물(영 별표 1)
②③④ 제1류 위험물(영 별표 1)

16 ③ 유황은 순도가 <u>60중량% 이상</u>인 것을 말한다. 이 경우는 순도측정에 있어서 불순물은 활석 등 불연성물질과 수분에 한한다(영 별표 1).

정답 15.① 16.③

17 「위험물안전관리법」에서 제1석유류가 아닌 것은?
① 휘발유　　　　　　② 벤젠
③ 아세톤　　　　　　④ 이황화탄소

[09. 경북]
기본서 3권 p.143

18 다음 중 위험물과 석유류의 지정품목 등이 옳은 것은?
① 제3석유류는 등유, 경유이다.
② 제2석유류 중 휘발유의 지정수량은 200L이다.
③ 제3류 위험물인 유황은 순도가 60% 이상이다.
④ 제4류 위험물에는 동식물유류가 포함된다.

[10. 서울]
기본서 3권 p.142~144

해설
17　④ 이황화탄소는 제4류 위험물 중 특수인화물에 해당된다(영 별표 1).

18　① 제3석유류는 중유, 클레오소트유이다.
　　② 휘발유는 제1석유류이다.
　　③ 유황은 제2류 위험물이다(영 별표 1).

정답 17.④　18.④

19 「위험물안전관리법」상 위험물의 성질과 품명에 대하여 맞는 것은?
① 산화성 고체 – 질산
② 가연성 고체 – 황화린
③ 금수성 물질 – 황린
④ 인화성 액체 – 인화성 고체

20 다음 중 위험물의 성질에 대하여 옳지 않은 것은?
① 제1류 위험물 – 산화성 액체
② 제2류 위험물 – 가연성 고체
③ 제4류 위험물 – 인화성 액체
④ 제5류 위험물 – 자기반응성 물질

[11. 부산]
기본서 3권 p.142

[11. 울산]
기본서 3권 p.142

해설 19 ② 가연성 고체(2류) – 황화린
① 산화성 액체(6류) – 질산
③ 자연발화성 물질(3류) – 황린
④ 가연성 고체(2류) – 인화성 고체(영 별표 1)

20 ① 제1류 위험물은 산화성 고체이다. 산화성 액체는 제6류 위험물이다(영 별표 1).

정답 19.② 20.①

21 「위험물안전관리법 시행령」상 제5류 위험물이 아닌 것은?

① 니트로화합물
② 히드라진유도체
③ 알킬알루미늄
④ 히드록실아민염류

[11. 서울]
기본서 3권 p.142

22 「위험물안전관리법 시행령」상 특수인화물에 대하여 옳지 않은 것은?

① 제4류 위험물에 해당한다.
② 물질로서 이황화탄소, 디에틸에테르 등이 있다.
③ 특수인화물은 지정수량이 50L이다.
④ 특수인화물은 인화점이 높아 위험하다.

[11. 서울]
기본서 3권 p.142~143

해설 21 ③ 알킬알루미늄은 제3류 위험물에 해당한다(영 별표 1).

22 ④ 제4류 위험물 중 특수인화물의 인화점 조건은 매우 낮은 -20℃ 이하에 해당된다.
즉, 특수인화물은 인화점이 낮아 위험하다(영 별표 1).

정답 21.③ 22.④

23 위험물의 분류 중 제2류 위험물인 가연성 고체에 해당하는 것은?
① 적린, 황린
② 철분, 금속분
③ 마그네슘, 칼슘
④ 황화린, 황린

[11. 중앙]
기본서 3권 p.142

24 다음 중 제4류 위험물 중에서 "동·식물유류"의 인화점으로 맞는 것은?
① 섭씨 21℃ 이상 70℃ 미만인 것
② 섭씨 70℃ 이상 200℃ 미만인 것
③ 섭씨 200℃ 이상 250℃ 미만인 것
④ 섭씨 250℃ 미만인 것

[11. 서울]
기본서 3권 p.144

해설 23 ② 철분, 금속분은 제2류 위험물인 가연성 고체에 해당한다(영 별표 1).
① 적린 2류, 황린 3류
③ 마그네슘 2류, 칼슘 3류
④ 황화린 2류, 황린 3류

24 ④ 동·식물유류는 동물의 지육 등 또는 식물의 종자나 과육으로부터 추출한 것으로서 1기압에서 인화점이 섭씨 250도 미만인 것을 말한다(영 별표 1).

정답 23.② 24.④

25 「위험물안전관리법 시행령」 및 같은 법 시행규칙상 위험물의 성질과 품명이 옳지 않은 것은?

① 가연성 고체 : 적린, 금속분
② 산화성 액체 : 과염소산, 질산
③ 산화성 고체 : 요오드산염류, 과요오드산
④ 자연발화성 및 금수성 물질 : 황린, 아조화합물

[21. 상반기 공채]
상 중 하
기본서 3권 p.142

26 다음 중 위험물의 지정수량으로 옳은 것은?

① 유황 − 50kg
② 과염소산염류 − 1,000kg
③ 칼슘탄화물 − 10kg
④ 질산 − 300kg

[11. 전북]
상 중 하
기본서 3권 p.142

해설

25 ④ 자연발화성 및 금수성 물질 : 황린, ~~아조화합물~~
→ 아조화합물 제5류 위험물 자기반응성물질

26 ④ 질산은 300kg에 해당된다(영 별표 1).
① 유황 − 100kg
② 과염소산염류 − 50kg
③ 칼슘탄화물 − 300kg

정답 25.④ 26.④

27 다음 중 위험물의 지정수량으로 옳지 않은 것은?
① 무기과산화물 − 50kg
② 철분 − 500kg
③ 특수인화물 − 100리터
④ 질산에스테르류 − 10kg

[17. 중앙]

28 「위험물안전관리법 시행령」상 위험물의 지정수량이 가장 큰 것은?
① 브롬산염류
② 아염소산염류
③ 과염소산염류
④ 중크롬산염류

[19. 상반기 공채]

해설

27 ③ 특수인화물 − 50리터에 해당된다(영 별표 1).

28 ④ 중크롬산염류 − 제1류 위험물 − 1,000kg
① 브롬산염류 − 제1류 위험물 − 300kg
② 아염소산염류 − 제1류 위험물 − 50kg
③ 과염소산염류 − 제1류 위험물 − 50kg

정답 27.③ 28.④

29 황화린은 제 몇 류 위험물에 해당하는가?
① 제1류　　② 제2류
③ 제3류　　④ 제4류

[13. 전북]
상 중 **하**
기본서　3권 p.142

30 「위험물안전관리법 시행령」상 제5류 위험물 중 히드라진유도체의 지정수량은?
① 100kg　　② 200kg
③ 300kg　　④ 400kg

[13. 전북]
상 **중** 하
기본서　3권 p.142

해설 29 ② 황화린은 제2류 위험물에 해당한다(영 별표 1).

30 ② 제5류 위험물인 히드라진유도체의 지정수량은 200kg이다(영 별표 1).

정답　29.②　30.②

31 「위험물안전관리법 시행령」상 위험물에 대한 설명으로 틀린 것은?

① 가연성고체라 함은 고체로서 화염에 의한 인화의 위험성 또는 발화의 위험성을 판단하기 위하여 고시로 정하는 성질과 상태를 나타내는 것을 말한다.
② 인화성고체라 함은 고형알코올 그 밖에 1기압에서 인화점이 섭씨 50도씨 미만인 고체를 말한다.
③ 동·식물유류라 함은 동물의 지육 등 또는 식물의 종자나 과육으로부터 추출한 것이다.
④ 마그네슘은 지름 2mm 이상의 막대 모양을 제외한다.

[13. 경기]
기본서 3권 p.143~144

32 「위험물안전관리법 시행령」상 위험물에 관한 용어 중 옳지 않은 것은?

① 유황은 순도가 60중량퍼센트 이상인 것을 말한다.
② 마그네슘은 2mm의 체를 통과하지 아니하는 덩어리 상태의 것을 말한다.
③ 철분이라 함은 철의 분말로서 53마이크로미터의 표준체를 통과하는 것이 50중량퍼센트 미만인 것은 제외한다.
④ 알코올류라 함은 1분자를 구성하는 탄소원자의 수가 1개부터 3개까지인 포화1가 알코올(변성알코올을 포함한다)을 말한다.

[15. 통합]
기본서 3권 p.143

해설 **31** ② 섭씨 40도씨 미만인 고체를 말한다(영 별표 1).

32 ② 마그네슘 및 제2류 제8호의 물품 중 마그네슘을 함유한 것에 있어서는 다음 각목의 1에 해당 하는 것은 <u>제외한다</u>(영 별표 1).
  가. <u>2밀리미터의 체를 통과하지 아니하는 덩어리 상태의 것</u>
  나. 지름 2밀리미터 이상의 막대 모양의 것

정답 31.② 32.②

33 지정수량 이상의 위험물을 옥외저장소에 저장할 수 없는 것은?
① 유황
② 인화성고체
③ 질산
④ 특수인화물

[11. 중앙]
기본서 3권 p.238

34 위험물 취급소의 종류가 아닌 것은?
① 일반취급소
② 이송취급소
③ 주유취급소
④ 지하취급소

[09. 경북]
기본서 3권 p.146

해설 **33** ④ 특수인화물은 옥외저장소에 저장할 수 없다.

▶ 지정수량 이상의 위험물의 저장소(영 별표 2)
옥외저장소
가. 제2류 위험물 중 유황 또는 인화성고체
나. 제4류 위험물 중 제1석유류・알코올류・제2석유류・제3석유류・제4석유류 및 동식물유류
다. 제6류 위험물
라. 제2류 위험물 및 제4류 위험물 중 특별시・광역시 또는 도의 조례에서 정하는 위험물(보세구역안에 저장하는 경우에 한한다)
마. 국제해사기구가 채택한 「국제해상위험물규칙」(IMDG Code)에 적합한 용기에 수납된 위험물

34 ▶ 취급소(영 별표 3)
1. 주유취급소
2. 판매취급소
3. 이송취급소
4. 일반취급소

정답 33.④ 34.④

35 다음 중 「위험물안전관리법 시행령」상 취급소 종류로 옳지 않은 것은?
① 일반취급소　　　② 이동취급소
③ 주유취급소　　　④ 판매취급소

36 고정된 주유설비에 의하여 자동차, 항공기 또는 선박 등의 연료탱크에 직접 주유하기 위하여 위험물을 취급하는 장소는?
① 판매취급소　　　② 주유취급소
③ 이송취급소　　　④ 일반취급소

해설

35 ② 취급소에는 일반취급소, 이송취급소, 주유취급소, 판매취급소가 있다(영 별표 3).

36 ② 고정된 주유설비에 의하여 자동차, 항공기 또는 선박 등의 연료탱크에 직접 주유하기 위하여 위험물을 취급하는 장소는 주유취급소이다(영 별표 3).
　① 점포에서 위험물을 용기에 담아 판매하기 위하여 지정수량의 40배 이하의 위험물을 취급하는 장소
　③ 배관 및 이에 부속된 설비에 의하여 위험물을 이송하는 장소
　④ 판매, 주유, 이송취급소 이외의 장소

정답 35.② 36.②

37 위험물 저장·취급 및 운반에 있어서 위험물안전관리법에 적용을 받는 것은?
① 항공기　　② 선박
③ 차량　　④ 철도

[11. 통합]

38 지정수량 미만의 위험물의 저장 또는 취급에 관한 기술상의 기준은 무엇으로 정하는가?
① 대통령령
② 행정안전부령
③ 위험물안전관리법
④ 시·도의 조례

[09. 서울]

해설
37　③ 항공기·선박·철도 및 궤도에 의한 위험물의 저장·취급 및 운반에 있어서는 이를 적용하지 아니한다(법 제3조).

38　④ 지정수량 미만인 위험물의 저장 또는 취급에 관한 기술상의 기준은 시·도의 조례로 정한다(법 제4조).

정답 37.③　38.④

39 다음 중 지정수량 미만인 위험물의 저장 및 취급에 관한 기술상의 기준을 정하는 법률은?
① 대통령령
② 시·도의 조례
③ 행정안전부령
④ 위험물안전관리법
⑤ 소방기본법

40 지정수량 미만인 위험물의 저장 또는 취급에 관한 기술상의 기준은 어디에 적용을 받는가?
① 위험물안전관리법
② 행정안전부령
③ 시·도의 조례
④ 대통령령

해설
39 ② 지정수량 미만인 위험물의 저장 또는 취급에 관한 기술상의 기준은 시·도의 조례로 정한다(법 제4조).

40 ③ 지정수량 미만인 위험물의 저장 또는 취급에 관한 기술상의 기준은 시·도의 조례로 정한다(법 제4조).

정답 39.② 40.③

41 위험물 저장 및 취급의 제한에 대한 설명 중 옳지 않은 것은?

① 지정수량 이상 위험물을 저장소가 아닌 장소에 저장하거나 제조소 등이 아닌 장소에서 60일 동안 임시 저장시 소방서장의 승인을 받을 필요 없다.
② 군부대가 지정수량 이상의 위험물을 군사목적으로 임시로 저장 또는 취급할 수 있다.
③ 제조소 등에서의 위험물의 저장 또는 취급에 관하여는 행정안전부령에 의한 중요기준 및 세부기준에 따라야 한다.
④ 지정수량 이상의 위험물을 저장소가 아닌 장소에서 저장하거나 제조소등이 아닌 장소에서 취급하여서는 아니된다.

[10. 경기]

기본서 3권 p.141

해설 41

① 지정수량 이상 위험물을 저장소가 아닌 장소에서 저장하거나 제조소 등이 아닌 장소에서 시·도의 조례가 정하는 바에 따라 관할소방서장의 승인을 받아 지정수량 이상의 위험물을 90일 이내의 기간동안 임시로 저장 또는 취급할 수 있다(법 제5조 제2항).

정답 41.①

42 「위험물안전관리법 시행규칙」상 제조소의 설치기준에 대한 설명이다. 옳지 않은 것은?

① 채광설비는 불연재료로 하고 연소 우려가 없는 장소에 설치한다.
② 조명설비의 전선은 내화·내열전선으로 한다.
③ 환기설비의 급기구의 크기는 800cm² 이상으로 한다.
④ 환기설비의 급기구는 높은 곳에 설치한다.

[18. 상반기]

기본서 3권 p.218

해설 42

▶ 제조소의 위치·구조 및 설비의 기준(규칙 별표 4)

Ⅴ. 채광·조명 및 환기설비

1. 위험물을 취급하는 건축물에는 다음 각목의 기준에 의하여 위험물을 취급하는데 필요한 채광·조명 및 환기의 설비를 설치하여야 한다.
   가. <u>채광설비는 불연재료로 하고, 연소의 우려가 없는 장소에 설치하되 채광면적을 최소로 할 것</u>
   나. 조명설비는 다음의 기준에 적합하게 설치할 것
      1) 가연성가스 등이 체류할 우려가 있는 장소의 조명등은 방폭등으로 할 것
      2) <u>전선은 내화·내열전선으로 할 것</u>
      3) 점멸스위치는 출입구 바깥부분에 설치할 것. 다만, 스위치의 스파크로 인한 화재·폭발의 우려가 없을 경우에는 그러하지 아니하다.
   다. 환기설비는 다음의 기준에 의할 것
      1) 환기는 자연배기방식으로 할 것
      2) 급기구는 당해 급기구가 설치된 실의 바닥면적 150m²마다 1개 이상으로 하되, <u>급기구의 크기는 800cm² 이상으로 할 것</u>. 다만 바닥면적이 150m² 미만인 경우에는 다음의 크기로 하여야 한다.

바닥면적	급기구의 면적
60m² 미만	150cm² 이상
60m² 이상 90m² 미만	300cm² 이상
90m² 이상 120m² 미만	450cm² 이상
120m² 이상 150m² 미만	600cm² 이상

      3) <u>급기구는 낮은 곳에 설치하고 가는 눈의 구리망 등으로 인화방지망을 설치할 것</u>
      4) 환기구는 지붕 위 또는 지상 2m 이상의 높이에 회전식 고정벤티레이터 또는 루프팬 방식(roof fan : 지붕에 설치하는 배기장치)으로 설치할 것
2. 배출설비가 설치되어 유효하게 환기가 되는 건축물에는 환기설비를 하지 아니할 수 있고, 조명설비가 설치되어 유효하게 조도(밝기)가 확보되는 건축물에는 채광설비를 하지 아니할 수 있다.

정답 42.④

43 「위험물안전관리법 시행규칙」상 제조소의 환기설비의 기준에 대한 설명으로 옳지 않은 것은?

① 환기는 기계배기방식으로 할 것
② 환기구는 지상 2m 이상의 높이에 루프팬 방식으로 설치할 것
③ 바닥면적이 90m² 일 경우 급기구의 면적은 450cm² 이상으로 할 것
④ 급기구는 낮은 곳에 설치하고 가는 눈의 구리망 등으로 인화방지망을 설치할 것

44 「위험물안전관리법 시행규칙」상 복합용도 건축물의 옥내저장소의 기준에 대한 설명으로 옳지 않은 것은?

① 옥내저장소의 용도에 사용되는 부분의 바닥면적은 75m² 이하로 하여야 한다.
② 옥내저장소의 용도에 사용되는 부분의 바닥은 지면보다 높게 설치하고 그 층고를 6m 미만으로 하여야 한다.
③ 옥내저장소의 용도에 사용되는 부분의 출입구에는 수시로 열 수 있는 자동폐쇄방식의 갑종방화문 또는 을종방화문을 설치하여야 한다.
④ 옥내저장소의 용도에 사용되는 부분에는 창을 설치하지 아니하여야 한다.

해설 43 ① 환기는 ~~기계배기방식~~으로 할 것
　→ 자연배기방식

▶ 환기설비(규칙 별표 4 제조소의 위치·구조 및 설비의 기준)
① 환기 : 자연배기방식
② 급기구는 당해 급기구가 설치된 실의 바닥면적 150m²마다 1개 이상으로 하되, 급기구의 크기는 800cm² 이상으로 할 것. 다만 바닥면적이 150m² 미만인 경우에는 다음의 크기로 하여야 한다.

바닥면적	급기구의 면적
60m² 미만	150cm² 이상
60m² 이상 90m² 미만	300cm² 이상
90m² 이상 120m² 미만	450cm² 이상
120m² 이상 150m² 미만	600cm² 이상

③ 급기구는 낮은 곳에 설치하고 가는 눈의 구리망 등으로 인화방지망을 설치할 것
④ 환기는 지붕 위 또는 지상 2m 이상의 높이에 회전식 고정벤티레이터 또는 루프팬 방식(roof fan : 지붕에 설치하는 배기장치)으로 설치할 것

44 ③ 옥내저장소의 용도에 사용되는 부분의 출입구에는 수시로 열 수 있는 자동폐쇄방식의 갑종방화문을 설치하여야 한다(규칙 별표 5 참조).

정답 43.① 44.③

45 옥외탱크저장소에 저장 또는 취급하는 위험물의 최대수량이 500배를 초과하여 600배일 경우 보유공지는 얼마 이상인가?

① 3m 이상
② 5m 이상
③ 9m 이상
③ 12m 이상

46 옥외탱크저장소 통기관에 대하여 가장 옳지 않은 것은?

① 인화점이 38℃ 미만인 위험물만을 저장 또는 취급하는 탱크에 설치하는 밸브없는 통기관에는 화염방지장치를 설치할 것
② 대기밸브부착 통기관은 5kPa 이하의 압력차이로 작동할 수 있을 것
③ 밸브 없는 통기관의 끝부분은 수평면보다 45도 이상 구부려 빗물 등의 침투를 막는 구조로 할 것
④ 밸브 없는 통기관의 지름은 45mm 이상이어야 한다.

해설

45 ② 옥외탱크저장소에 저장 또는 취급하는 위험물의 최대수량 500배 초과하여 600배일 경우 보유공지는 5m 이상이다(규칙 별표 6).

46 ④ 밸브 없는 통기관의 지름은 30mm 이상이어야 한다(규칙 별표 6).

정답 45.② 46.④

47 옥외탱크저장소의 방유제설치 기준에 대한 설명으로 옳지 않은 것은?

① 방유제는 높이 0.5m 이상 3m 이하, 두께 0.2m 이상, 지하매설깊이 1m 이상으로 할 것
② 방유제내의 면적은 8만m² 이하로 할 것
③ 방유제에는 그 내부에 고인 물을 외부로 배출하기 위한 배수구를 설치하고 이를 개폐하는 밸브 등을 방유제의 외부에 설치할 것
④ 높이가 1m를 넘는 방유제 및 간막이 둑의 안팎에는 방유제내에 출입하기 위한 계단 또는 경사로를 약 70m마다 설치할 것

[16. 통합]
기본서 3권 p.223, p.279

48 「위험물안전관리법 시행규칙」상 옥외탱크저장소의 위치·구조 및 설비의 기준에 관한 내용이다. 빈칸에 들어갈 숫자로 옳은 것은?

> 가. 지정수량의 650배를 저장하는 옥외탱크저장소의 보유공지는 (ㄱ)m 이상이다.
> 나. 펌프설비의 주위에는 너비 (ㄴ)m 이상의 공지를 보유해야 한다. 다만 방화상 유효한 격벽을 설치하는 경우와 제6류 위험물 또는 지정수량의 (ㄷ)배 이하 위험물의 옥외저장탱크의 펌프설비에 있어서는 그러하지 아니하다.

	ㄱ	ㄴ	ㄷ
①	3	3	20
②	3	5	10
③	5	3	10
④	5	5	20

[21. 상반기 공채]
기본서 3권 p.221~222

해설

47 ④ 높이가 1m를 넘는 방유제 및 간막이 둑의 안팎에는 방유제내에 출입하기 위한 계단 또는 경사로를 약 50m마다 설치할 것(규칙 별표 6)

48 가. 지정수량의 650배를 저장하는 옥외탱크저장소의 보유공지는 (5)m 이상이다.
나. 펌프설비의 주위에는 너비 (3)m 이상의 공지를 보유해야 한다. 다만 방화상 유효한 격벽을 설치하는 경우와 제6류 위험물 또는 지정수량의 (10)배 이하 위험물의 옥외저장탱크의 펌프설비에 있어서는 그러하지 아니하다.

정답 47.④ 48.③

49 다음 중 지하탱크저장소의 제반사항으로 틀린 것은?
① 탱크의 주위에 마른 모래 또는 습기 등에 의하여 응고되지 아니하는 입자지름 10mm 이하의 마른 자갈분을 채워야 한다.
② 지하저장탱크와 탱크전용실의 안쪽과의 사이는 0.1m 이상의 간격을 유지하도록 한다.
③ 위험물을 저장 또는 취급하는 지하탱크는 지면하에 설치된 탱크전용실에 설치하여야 한다.
④ 탱크전용실은 지하의 가장 가까운 벽·피트·가스관 등의 시설물 및 대지경계선으로부터 0.1m 이상 떨어진 곳에 설치한다.

50 다음 중 위험물제조소의 건축물 구조와 보유공지에 대하여 옳지 않은 것은?
① 지붕은 가벼운 불연재료로 덮는다.
② 상대온도가 70% 이상 가열된 곳에 건조설비를 한다.
③ 출입구 및 비상구에는 갑종방화문 또는 을종방화문을 설치하되 연소 우려가 있는 외벽에 설치하는 출입구에는 수시로 열 수 있는 자동폐쇄식의 갑종방화문을 설치한다.
④ 제조소의 작업공정이 다른 작업장의 작업공정과 연속되어 있어 제조소의 건축물 그 밖의 공작물의 주위에 공지를 두게 되는 경우 그 제조소의 작업에 현저한 지장이 생길 우려가 있고, 당해 제조소와 다른 작업장 사이에 기준에 따라 방화상 유효한 격벽을 설치한 경우에는 공지를 보유하지 아니할 수 있다.

해설

49 ① 탱크의 주위에 마른 모래 또는 습기 등에 의하여 응고되지 아니하는 입자지름 <u>5mm 이하의 마른 자갈분을 채워야 한</u>다(규칙 별표 8).

50 ② 상대온도가 70% 이상 가열된 곳에 건조설비를 한다는 규정은 없다(규칙 별표 4).

정답 49.① 50.②

51 다음 중 정전기 제거하는 방법 중 그 내용으로 옳지 않은 것은?
① 접지시설을 한다.
② 상대습도를 70% 이상으로 한다.
③ 공기를 이온화한다.
④ 배풍기 강제배기 방법으로 한다.

[10. 중앙]
기본서 3권 p.260

52 다음 중 위험물제조소의 채광·조명·환기설비 기준으로 옳지 않은 것은?
① 제조소의 환기는 강제배기방식으로 한다.
② 채광설비는 불연재료로 하고 채광면적은 최소로 한다.
③ 가연성가스 등이 체류할 우려가 있는 장소의 조명등은 방폭등으로 한다.
④ 조명설비의 전선은 내화·내열전선으로 하며 점멸스위치는 출입구 바깥부분에 설치한다.

[10. 경남]
기본서 3권 p.218

해설

51 ▶ 정전기 제거설비(규칙 별표 4)
위험물을 취급함에 있어서 정전기가 발생할 우려가 있는 설비에는 다음 각목의 1에 해당하는 방법으로 정전기를 유효하게 제거할 수 있는 설비를 설치하여야 한다.
가. 접지에 의한 방법
나. 공기 중의 상대습도를 70% 이상으로 하는 방법
다. 공기를 이온화하는 방법

52 ① 제조소의 환기는 자연배기방식으로 한다(규칙 별표 4).

정답 51.④ 52.①

53 다음 중 정전기 제거설비로서 옳지 않은 것은?
① 공기를 이온화한다.
② 접지시설을 한다.
③ 종단저항을 설치한다.
④ 상대습도를 70% 이상으로 한다.

[11. 울산]
기본서 3권 p.260

54 다음 중 위험물 제조소의 건축물 구조로서 옳지 않은 것은?
① 지하층은 없도록 한다.
② 지붕은 폭발에 의해 날아갈 수 있도록 가벼운 불연재료로 한다.
③ 연소의 우려가 있는 외벽에 설치하는 출입구에는 자동폐쇄식의 갑종방화문, 을종방화문을 설치한다.
④ 위험물을 취급하는 건축물의 창 및 출입구 유리는 망입유리로 한다.

[11. 중앙]
기본서 3권 p.218

해설 53 ③ 종단저항은 자동화재탐지설비에서 단선유무확인을 위한 설비에 해당한다.
위험물을 취급함에 있어서 정전기가 발생할 우려가 있는 설비에는 정전기를 유효하게 제거할 수 있는 설비를 설치하여야 한다(규칙 별표 4).
가. 접지에 의한 방법
나. 공기 중의 상대습도를 70% 이상으로 하는 방법
다. 공기를 이온화하는 방법

54 ③ 연소의 우려가 있는 외벽에 설치하는 출입구에는 수시로 열 수 있는 자동폐쇄식의 갑종방화문을 설치하여야 한다.

▶ 건축물의 구조(규칙 별표 4)
1. 지하층이 없도록 하여야 한다. 다만, 위험물을 취급하지 아니하는 지하층으로서 위험물의 취급장소에서 새어나온 위험물 또는 가연성의 증기가 흘러 들어갈 우려가 없는 구조로 된 경우에는 그러하지 아니하다.
2. 벽·기둥·바닥·보·서까래 및 계단을 불연재료로 하고, 연소의 우려가 있는 외벽은 출입구 외의 개구부가 없는 내화구조의 벽으로 하여야 한다. 이 경우 제6류 위험물을 취급하는 건축물에 있어서 위험물이 스며들 우려가 있는 부분에 대하여는 아스팔트 그 밖에 부식되지 아니하는 재료로 피복하여야 한다.
3. 지붕(작업공정상 제조기계시설 등이 2층 이상에 연결되어 설치된 경우에는 최상층의 지붕을 말한다)은 폭발력이 위로 방출될 정도의 가벼운 불연재료로 덮어야 한다. 다만, 위험물을 취급하는 건축물이 다음 각목의 1에 해당하는 경우에는 그 지붕을 내화구조로 할 수 있다.
   가. 제2류 위험물(분말상태의 것과 인화성고체를 제외한다), 제4류 위험물 중 제4석유류·동식물유류 또는 제6류 위험물을 취급하는 건축물인 경우
   나. 다음의 기준에 적합한 밀폐형 구조의 건축물인 경우
      1) 발생할 수 있는 내부의 과압 또는 부압에 견딜 수 있는 철근콘크리트조일 것
      2) 외부화재에 90분 이상 견딜 수 있는 구조일 것
4. 출입구와 비상구에는 갑종방화문 또는 을종방화문을 설치하되, 연소의 우려가 있는 외벽에 설치하는 출입구에는 수시로 열 수 있는 자동폐쇄식의 갑종방화문을 설치하여야 한다.
5. 위험물을 취급하는 건축물의 창 및 출입구에 유리를 이용하는 경우에는 망입유리로 하여야 한다.
6. 액체의 위험물을 취급하는 건축물의 바닥은 위험물이 스며들지 못하는 재료를 사용하고, 적당한 경사를 두어 그 최저부에 집유설비를 하여야 한다.

정답 53.③ 54.③

55 다음 중 옥외저장소에 관하여 옳지 않은 것은? [13. 전북]
① 선반은 불연재료로 만들고 견고한 지반면에 고정할 것
② 선반의 높이는 6m를 초과하지 아니할 것
③ 지정수량의 10배 이하의 보유공지는 3m 이상을 띄운다.
④ 지정수량의 10배 초과 20배 이하 보유공지는 9m 이상을 띄운다.

56 다음 위험물 제조소의 취급설비에 대한 설명 중 맞지 않은 것은? [15. 통합]
① 채광설비는 불연재료로 하고 연소의 우려가 없는 장소에 설치하되 채광면적을 최대로 할 것
② 환기설비의 자연배기방식으로 하고 급기구는 낮은 곳에 설치할 것
③ 조명설비의 점멸스위치는 출입구 바깥부분에 설치할 것
④ 환기구는 지붕 위 또는 지상 2m 이상의 높이에 회전식 고정벤티레이터 또는 루프팬 방식으로 설치할 것

해설 55 ④ 보유공지는 5m 이상을 띄운다(규칙 별표 11).

56 ① 최대가 아니라 최소이다.

▶ **채광·조명 및 환기설비(규칙 별표 4)**
1. 위험물을 취급하는 건축물에는 다음 각 목의 기준에 의하여 위험물을 취급하는 데 필요한 채광·조명 및 환기의 설비를 설치하여야 한다.
   가. 채광설비는 불연재료로 하고, 연소의 우려가 없는 장소에 설치하되 채광면적을 최소로 할 것
   나. 조명설비는 다음의 기준에 적합하게 설치할 것
      1) 가연성가스 등이 체류할 우려가 있는 장소의 조명등은 방폭등으로 할 것
      2) 전선은 내화·내열전선으로 할 것
      3) 점멸스위치는 출입구 바깥부분에 설치할 것. 다만, 스위치의 스파크로 인한 화재·폭발의 우려가 없을 경우에는 그러하지 아니하다.
   다. 환기설비는 다음의 기준에 의할 것
      1) 환기는 자연배기방식으로 할 것
      2) 급기구는 당해 급기구가 설치된 실의 바닥면적 150m² 마다 1개 이상으로 하되, 급기구의 크기는 800cm² 이상으로 할 것. 다만 바닥면적이 150m² 미만인 경우에는 다음의 크기로 하여야 한다.
      3) 급기구는 낮은 곳에 설치하고 가는 눈의 구리망 등으로 인화방지망을 설치할 것
      4) 환기구는 지붕 위 또는 지상 2m 이상의 높이에 회전식 고정벤티레이터 또는 루프팬 방식(roof fan : 지붕에 설치하는 배기장치)으로 설치할 것

정답 55.④ 56.①

57 「위험물안전관리법 시행규칙」상 고인화점위험물을 상온에서 취급하는 경우 제조소의 시설기준 중 일부 완화된 시설기준을 적용할 수 있는데, 고인화점위험물의 정의로 옳은 것은?

① 인화점이 250℃ 이상인 인화성 액체
② 인화점이 100℃ 이상인 제4류 위험물
③ 인화점이 70℃ 이상 200℃ 미만인 제4류 위험물
④ 인화점이 70℃ 이상이고 가연성 액체량이 40중량퍼센트 이상인 제4류 위험물

58 「위험물안전관리법 시행규칙」상 제조소의 위치·구조 및 설비의 기준에 대한 설명으로 옳지 않은 것은?

① 환기설비는 자연배기 방식으로 하여야 한다.
② 제6류 위험물을 취급하는 제조소는 안전거리 적용제외 대상이다.
③ "위험물 제조소"라는 표시를 한 표지의 바탕은 흑색으로, 문자는 백색으로 하여야 한다.
④ 제5류 위험물을 저장 또는 취급하는 제조소에는 "화기 엄금"을 표시한 게시판을 설치하여야 한다.

해설

57 ▶ 제조소의 위치·구조 및 설비의 기준(규칙 별표 4)
XI. 고인화점 위험물의 제조소의 특례
인화점이 100℃ 이상인 제4류 위험물(이하 "고인화점위험물"이라 한다)만을 100℃ 미만의 온도에서 취급하는 제조소로서 그 위치 및 구조가 다음 각호의 기준에 모두 적합한 제조소에 대하여는 Ⅰ, Ⅱ, Ⅳ 제1호, Ⅳ 제3호 내지 제5호, Ⅷ 제6호·제7호 및 Ⅸ 제1호 나목 2)에 의하여 준용되는 별표 6 Ⅸ 제1호 나목의 규정을 적용하지 아니한다.

58 ③ "위험물 제조소"라는 표시를 한 표지의 바탕은 백색으로, 문자는 흑색으로 하여야 한다(규칙 별표 4).

정답 57.② 58.③

59 「위험물안전관리법 시행규칙」상 옥외저장탱크의 위치·구조 및 설비 기준에 대한 설명으로 옳지 않은 것은?

① 옥외저장탱크는 위험물의 폭발 등에 의하여 탱크내의 압력이 비정상적으로 상승하는 경우에 내부의 가스 또는 증기를 상부로 방출할 수 있는 구조로 하여야 한다.
② 이황화탄소의 옥외저장탱크는 벽 및 바닥의 두께가 0.2m 이상이고 누수가 되지 아니하는 철근콘크리트의 수조에 넣어 보관하여야 한다.
③ 옥외저장탱크의 배수관은 탱크의 밑판에 설치하여야 한다. 다만, 탱크와 배수관과의 결합부분이 지진 등에 의하여 손상을 받을 우려가 없는 방법으로 배수관을 설치하는 경우에는 탱크의 옆판에 설치할 수 있다.
④ 제3류 위험물 중 금수성물질(고체에 한한다)의 옥외저장탱크에는 방수성의 불연재료로 만든 피복설비를 설치하여야 한다.

[19. 상반기 공채]
상 중 하
기본서 3권 p.222~223

60 「위험물안전관리법 시행규칙」상 지하저장탱크의 주위에 설치하는 당해 탱크로부터의 액체위험물의 누설을 검사하기 위한 관에 대한 설명으로 옳지 않은 것은?

① 이중관으로 할 것. 다만, 소공이 없는 상부는 단관으로 할 수 있다.
② 재료는 금속관 또는 경질합성수지관으로 할 것
③ 관은 탱크전용실의 바닥 또는 탱크의 기초까지 닿게 할 것
④ 상부는 물이 침투하지 아니하는 구조로 하고, 뚜껑은 검사시에 쉽게 열 수 없도록 할 것

[18. 상반기]
상 중 하
기본서 3권 p.224, p.290

해설

59 ③ 옥외저장탱크의 배수관은 탱크의 <u>옆판에 설치하여야 한다</u>. 다만, 탱크와 배수관과의 결합부분이 지진 등에 의하여 손상을 받을 우려가 없는 방법으로 배수관을 설치하는 경우에는 탱크의 <u>밑판에 설치할 수 있다</u>(규칙 별표 6).

60 ▶ 지하탱크저장소의 위치·구조 및 설비의 기준(규칙 별표 8)
15. 지하저장탱크의 주위에는 당해 탱크로부터의 액체위험물의 누설을 검사하기 위한 관을 다음의 각목의 기준에 따라 4개소 이상 적당한 위치에 설치하여야 한다.
  가. 이중관으로 할 것. 다만, 소공이 없는 상부는 단관으로 할 수 있다.
  나. 재료는 금속관 또는 경질합성수지관으로 할 것
  다. 관은 탱크전용실의 바닥 또는 탱크의 기초까지 닿게 할 것
  라. 관의 밑부분으로부터 탱크의 중심 높이까지의 부분에는 소공이 뚫려 있을 것. 다만, 지하수위가 높은 장소에 있어서는 지하수위 높이까지의 부분에 소공이 뚫려 있어야 한다.
  마. <u>상부는 물이 침투하지 아니하는 구조로 하고, 뚜껑은 검사시에 쉽게 열 수 있도록 할 것</u>

정답 59.③ 60.④

61 주유취급소에서 "주유중 엔진 정지"의 색상으로 옳은 것은?

① 흑색바탕에 황색문자
② 황색바탕에 흑색문자
③ 백색바탕에 흑색문자
④ 흑색바탕에 백색문자

62 다음 중 주유취급소의 위치, 구조, 설비의 규정으로 옳지 않은 것은?

① 주유취급소의 주유공지는 너비 15m, 길이 6m 이상이다.
② 고정주유설비와 고정급유설비의 사이는 4m 이상의 거리를 유지한다.
③ 게시판은 적색 바탕에 황색 문자로 "주유 중 엔진 정지"라고 표시를 한다.
④ 주유취급소의 주위에는 자동차 등이 출입하는 쪽 외의 부분에 높이 2m 이상의 내화구조 또는 불연재료의 담 또는 벽을 설치하여야 한다.

해설

61 ② 주유취급소의 게시판은 황색 바탕에 흑색 문자로 "주유 중 엔진 정지"라고 표시를 한다(규칙 별표 13).

62 ③ 주유취급소의 게시판은 황색 바탕에 흑색 문자로 "주유 중 엔진 정지"라고 표시를 한다(규칙 별표 13).

정답 61.② 62.③

63 다음 중 주유취급소에서 설치 가능한 시설이 아닌 것은?
① 볼링장·다수가 이용하는 체육시설
② 자동차 등의 세정을 위한 작업장
③ 주유취급소의 업무를 행하기 위한 사무소
④ 자동차 등의 간이정비를 위한 작업장

[10. 중앙]
상 중 하
기본서 3권 p.226

64 주유취급소에 있는 고정주유설비의 주위에는 주유를 받으려는 자동차 등이 출입할 수 있도록 너비 몇 m 이상, 길이 몇 m 이상의 콘크리트 등으로 포장한 공지를 보유하여야 하는가?
① 16m, 5m
② 15m, 6m
③ 8m, 15m
④ 12m, 6m

[10. 전북]
상 중 하
기본서 3권 p.226

해설 **63** ① 볼링장·다수가 이용하는 체육시설은 주유취급소에 설치 가능한 시설이 아니다(규칙 별표 13).

64 ② 주유취급소에 있는 고정주유설비의 주위에는 주유를 받으려는 자동차 등이 출입할 수 있도록 너비 15m 이상, 길이 6m 이상의 콘크리트 등으로 포장한 공지를 보유하여야 한다(규칙 별표 13).

정답 63.① 64.②

65 주유취급소에 "주유 중 엔진정지"라는 표시를 한 게시판의 색상은?

① 흑색바탕에 황색문자
② 황색바탕에 흑색문자
③ 흑색바탕에 적색문자
④ 황색바탕에 적색문자

66 주유취급소에는 게시판을 설치하여야 한다. "주유 중 엔진정지" 게시판에 대한 설명 중 옳은 것은?

① 게시판 한 변의 길이가 6m 이상으로 한다.
② 게시판 한 변의 길이가 1.5m 이상으로 한다.
③ 게시판의 바탕색은 황색, 문자색은 흑색으로 한다.
④ 게시판의 바탕색은 백색, 문자색은 흑색으로 한다.

해설

65 ② 주유취급소에 "주유 중 엔진정지"라는 표시를 한 게시판의 색상은 <u>황색바탕에 흑색문자</u>로 표시한다(규칙 별표 13).

66 ③ 주유취급소에 "주유 중 엔진정지"라는 표시를 한 게시판의 색상은 <u>황색바탕에 흑색문자</u>로 표시한다(규칙 별표 13).

정답 65.② 66.③

67 다음 주유취급소에 대하여 옳지 않은 것은?
① 고정주유설비와 고정급유설비의 사이에는 4m 이상의 거리를 유지할 것
② 주유원 간이대기실의 바닥면적은 2.5m² 이하일 것
③ 고정주유설비 또는 고정급유설비의 주유관의 길이는 5m 이내로 하고 그 끝부분에는 축적된 정전기를 유효하게 제거할 수 있는 장치를 설치하여야 한다.
④ 주유취급소에는 고정주유설비의 주위에 주유를 받으려는 자동차 등이 출입할 수 있도록 너비 3m 이상, 길이 5m 이상의 콘크리트 등으로 포장한 공지를 보유하여야 한다.

[11. 전남]
기본서 3권 p.226, p.310, p.314

68 다음은 주유취급소에 대한 설명이다. 옳지 않은 것은?
① 주유취급소의 고정주유설비의 주위에는 주유를 받으려는 자동차 등이 출입할 수 있도록 너비 15m 이상, 길이 6m 이상의 콘크리트 등으로 포장한 주유공지를 보유하여야 한다.
② 고정급유설비를 설치하는 경우에는 고정급유설비의 호스기기의 주위에 필요한 급유공지를 보유하여야 한다.
③ 공지의 바닥은 주위 지면보다 낮게 하고, 그 표면을 적당하게 경사지게 하여 새어나온 기름 그 밖의 액체가 공지의 외부로 유출되지 아니하도록 배수구·집유설비 및 유분리장치를 하여야 한다.
④ 황색바탕에 흑색문자로 "주유 중 엔진 정지"라는 표시를 한 게시판을 설치하여야 한다.

[16. 통합]
기본서 3권 p.226, p.307

해설

67 ④ 주유취급소에는 고정주유설비의 주위에 주유를 받으려는 자동차 등이 출입할 수 있도록 너비 15m 이상, 길이 6m 이상의 콘크리트 등으로 포장한 공지를 보유하여야 한다(규칙 별표 13).

68 ③ 공지의 바닥은 주위 지면보다 높게 하고, 그 표면을 적당하게 경사지게 하여 새어나온 기름 그 밖의 액체가 공지의 외부로 유출되지 아니하도록 배수구·집유설비 및 유분리장치를 하여야 한다(규칙 별표 13).

정답 67.④ 68.③

69 주유취급소에는 보기 쉬운 곳에 "위험물 주유취급소"라는 표시를 한 표지 기준에 준하여 (　)바탕에 (　)문자로 "주유 중 엔진정지"라는 표시를 한 게시판을 설치하여야 한다. 옳은 것은?

① 흑색바탕에 황색문자
② 황색바탕에 흑색문자
③ 백색바탕에 흑색문자
④ 흑색바탕에 백색문자

[11. 전남]
기본서 3권 p.226

70 다음은 주유취급소에 대한 설명이다. 옳은 것은?

① 주유를 받으려는 자동차 등이 출입할 수 있도록 너비 10m 이상, 길이 5m 이상의 콘크리트 등으로 포장한 공지를 보유하여야 한다.
② 흑색바탕에 황색문자로 "주유 중 엔진정지"라는 표시를 한 게시판을 설치하여야 한다.
③ 주유취급소의 주위에는 자동차 등이 출입하는 쪽 외의 부분에 높이 3m 이상의 내화구조 또는 불연재료의 담 또는 벽을 설치하여야 한다.
④ 고정주유설비 또는 고정급유설비의 주유관의 길이는 5m 이내로 한다.

[17. 중앙]
기본서 3권 p.226~227

해설

69 ② 주유취급소에 "주유 중 엔진정지"라는 표시를 한 게시판의 색상은 (황색)바탕에 (흑색)문자로 표시한다(규칙 별표 13).

70 ▶ 주유취급소의 위치·구조 및 설비의 기준(규칙 별표 13)
① 주유를 받으려는 자동차 등이 출입할 수 있도록 너비 15m 이상, 길이 6m 이상의 콘크리트 등으로 포장한 공지를 보유하여야 한다.
② 황색바탕에 흑색문자로 "주유 중 엔진정지"라는 표시를 한 게시판을 설치하여야 한다.
③ 주유취급소의 주위에는 자동차 등이 출입하는 쪽 외의 부분에 높이 2m 이상의 내화구조 또는 불연재료의 담 또는 벽을 설치할 것

정답 69.② 70.④

71 「위험물안전관리법」상 고객이 직접 주유하는 주유취급소에 대한 설명으로 옳지 않은 것은?

① 주유노즐은 자동차 등의 연료탱크가 가득 찬 경우 수동으로 정지시키는 구조이어야 한다.
② 주유호스는 200kg중 이하의 하중에 의하여 깨져 분리되거나 이탈되어야 하고, 깨져 분리되거나 이탈된 부분으로부터의 위험물 누출을 방지할 수 있는 구조이어야 한다.
③ 휘발유와 경유 상호간의 오인에 의한 주유를 방지할 수 있는 구조이어야 한다.
④ 1회의 연속주유량 및 주유시간의 상한을 미리 설정할 수 있는 구조이어야 한다.

[17. 하반기]
기본서 3권 p.227, p.316

72 다음 중 판매취급소에 대하여 옳은 것은?

① 제1종 판매취급소는 제2종 판매취급소보다 더 강화된 기준을 적용한다.
② 제2종 판매취급소는 건축물의 1층에 설치하여야 한다.
③ 출입구의 문턱의 높이는 바닥면으로부터 0.15m 이상으로 설치한다.
④ 위험물의 배합실의 바닥면적은 $6m^2$ 이상 $10m^2$ 이하로 한다.

[17. 중앙]
기본서 3권 p.228, p.319

해설 **71** ① 주유노즐은 자동차 등의 연료탱크가 가득 찬 경우 <u>자동적으로 정지시키는 구조</u>이어야 한다(규칙 별표 13 참조).

72 ▶ 판매취급소의 위치·구조 및 설비의 기준(규칙 별표 14)
① 제1종 판매취급소는 20배 이하인 판매취급소
   제2종 판매취급소는 40배 이하인 판매취급소
③ 출입구의 문턱의 높이는 바닥면으로부터 0.1m 이상으로 설치한다.
④ 위험물의 배합실의 바닥면적은 $6m^2$ 이상 $15m^2$ 이하로 한다.

정답 71.① 72.②

73 다음 중 위험물 운반용기 외부에 표시하는 주의사항으로 옳지 않은 것은?

① 제4류 위험물 : 화기주의
② 제3류 위험물 중 금수성물질 : 물기엄금
③ 제2류 위험물 중 인화성고체 : 화기엄금
④ 제5류 위험물 : 화기엄금, 충격주의

[15. 통합]
기본서 3권 p.366

74 다음 중 위험물을 저장 또는 취급하는 탱크용량 산정기준으로 옳은 것은?

① 내용적 – 공간용적 = 산정용적
② 공간용적 – 산정용적 = 내용적
③ 공간용적 – 내용적 = 산정용적
④ 산정용적 – 공간용적 = 내용적

[10. 경북]
기본서 3권 p.139

해설

73 ① 제4류 위험물은 화기엄금이다(규칙 별표 19).

▶ 위험물의 운반에 관한 기준(규칙 별표 19)
수납하는 위험물에 따라 다음의 규정에 의한 주의사항
(1) 제1류 위험물 중 알칼리금속의 과산화물 또는 이를 함유한 것에 있어서는 화기·충격주의, 물기엄금 및 가연물접촉주의, 그 밖의 것에 있어서는 화기·충격주의 및 가연물접촉주의
(2) 제2류 위험물 중 철분·금속분·마그네슘 또는 이들 중 어느 하나 이상을 함유한 것에 있어서는 화기주의 및 물기엄금, 인화성고체에 있어서는 화기엄금, 그 밖의 것에 있어서는 화기주의
(3) 제3류 위험물 중 자연발화성물질에 있어서는 화기엄금 및 공기접촉엄금, 금수성물질에 있어서는 물기엄금
(4) 제4류 위험물에 있어서는 화기엄금
(5) 제5류 위험물에 있어서는 화기엄금 및 충격주의
(6) 제6류 위험물에 있어서는 가연물접촉주의

74 ① 탱크용적의 산정기준 : 탱크의 용량은 해당 탱크의 내용적에서 공간용적을 뺀 용적으로 한다(규칙 제5조).

정답 73.① 74.①

제2장　위험물시설의 설치 및 변경

75 위험물 설치 및 변경 등에 관한 설명으로 바르지 않은 것은?

① 주택의 난방시설을 위한 저장소 또는 취급소는 시·도지사에게 허가를 받고서 신고를 해야 한다.
② 제조소등의 위치·구조 또는 설비의 변경 없이 당해 제조소등에서 저장하거나 취급하는 위험물의 품명·수량 또는 지정수량의 배수를 변경하고자 하는 자는 변경하고자 하는 날의 1일 전까지 행정안전부령이 정하는 바에 따라 시·도지사에게 신고하여야 한다.
③ 위험물 제조소등의 설치 허가는 관할 시·도지사에게 받아야 한다.
④ 농예용·축산용 또는 수산용으로 필요한 난방시설 또는 건조시설을 위한 지정수량 20배 이하의 저장소는 신고를 하지 않아도 된다.

[09. 경남]
기본서 3권 p.150

76 허가를 받지 아니하고 당해 제조소등을 설치하거나 그 위치·구조 또는 설비를 변경할 수 있으며 신고를 하지 아니하고 위험물의 품명·수량 또는 지정수량의 배수를 변경할 수 있는 경우가 아닌 것은?

① 주택의 난방시설을 위한 저장소 또는 취급소
② 농예용의 난방시설 또는 건조시설을 위한 지정수량 30배 이하 저장소
③ 축산용의 난방시설 또는 건조시설을 위한 지정수량 20배 이하 저장소
④ 수산용의 난방시설 또는 건조시설을 위한 지정수량 20배 이하 저장소

[11. 통합]
기본서 3권 p.150

해설

75 ① 주택의 난방시설을 위한 저장소 또는 취급소는 시·도지사에게 허가를 받지 않고 신고를 하지 않아도 된다(법 제6조 제3항).
다음 하나에 해당하는 제조소등의 경우에는 허가를 받지 아니하고 당해 제조소등을 설치하거나 그 위치·구조 또는 설비를 변경할 수 있으며, 신고를 하지 아니하고 위험물의 품명·수량 또는 지정수량의 배수를 변경할 수 있다.
　1. 주택의 난방시설(공동주택의 중앙난방시설을 제외한다)을 위한 저장소 또는 취급소
　2. 농예용·축산용 또는 수산용으로 필요한 난방시설 또는 건조시설을 위한 지정수량 20배 이하의 저장소

76 ② 농예용의 난방시설 또는 건조시설을 위한 지정수량 <u>20배 이하</u> 저장소이다(법 제6조 제3항).
　1. 주택의 난방시설(공동주택의 중앙난방시설을 제외)을 위한 저장소 또는 취급소
　2. 농예용·축산용 또는 수산용으로 필요한 난방시설 또는 건조시설을 위한 지정수량 20배 이하의 저장소

정답　75. ①　76. ②

77 「위험물안전관리법」상 신고를 하지 아니하고 위험물의 품명·수량 또는 지정수량의 배수를 변경할 수 있는 경우로 옳은 것은?

① 농예용으로 필요한 건조시설을 위한 지정수량 20배 이하의 취급소
② 축산용으로 필요한 난방시설을 위한 지정수량 20배 이하의 저장소
③ 수산용으로 필요한 건조시설을 위한 지정수량 30배 이하의 저장소
④ 공동주택의 중앙난방시설을 위한 지정수량 30배 이하의 취급소

[19. 상반기 공채]

기본서 3권 p.150

78 다음 중 위험물 시설의 설치 및 변경 등 설명으로 틀린 것은?

① 제조소등을 설치하고자 하는 자는 대통령령이 정하는 바에 따라 그 설치장소를 관할하는 시·도지사의 허가를 받아야 한다.
② 위험물 지정수량의 배수·품명 또는 수량 변경의 경우에는 1일 전까지 시·도지사에게 신고하여야 한다.
③ 농예용·축산용 또는 수산용으로 필요한 난방시설 또는 건조시설을 위한 지정수량 30배 이하의 저장소의 경우는 허가를 받지 아니하고 해당 제조소등을 설치하거나 그 위치·구조 또는 설비를 변경할 수 있으며, 신고를 하지 아니하고 위험물의 품명·수량 또는 지정수량의 배수를 변경할 수 있다.
④ 주택의 난방시설을 위한 저장소는 신고를 하지 아니하고 위험물의 품명·수량 또는 지정수량의 배수를 변경할 수 있다.

[13. 경기]

기본서 3권 p.150

해설 77
① 농예용으로 필요한 건조시설을 위한 지정수량 20배 이하의 저장소
③ 수산용으로 필요한 건조시설을 위한 지정수량 20배 이하의 저장소
④ 공동주택의 중앙난방시설은 제외한다.

▸ 위험물시설의 설치 및 변경 등(법 제6조 제3항)
③ 제1항 및 제2항의 규정에 불구하고 다음 각 호의 어느 하나에 해당하는 제조소등의 경우에는 허가를 받지 아니하고 당해 제조소등을 설치하거나 그 위치·구조 또는 설비를 변경할 수 있으며, 신고를 하지 아니하고 위험물의 품명·수량 또는 지정수량의 배수를 변경할 수 있다.
  1. 주택의 난방시설(공동주택의 중앙난방시설을 제외한다)을 위한 저장소 또는 취급소
  2. 농예용·축산용 또는 수산용으로 필요한 난방시설 또는 건조시설을 위한 지정수량 20배 이하의 저장소

78 ③ 농예용·축산용 또는 수산용으로 필요한 난방시설 또는 건조시설을 위한 지정수량 20배 이하의 저장소의 경우(법 제6조 제3항)

정답 77.② 78.③

79 제조소등의 위치·구조 또는 설비의 변경없이 당해 제조소등에서 저장하거나 취급하는 위험물의 품명·수량 또는 지정수량의 배수를 변경하고자 하는 자는 어떻게 해야 하는가?

① 변경하고자 하는 날의 1일 전까지 시·도지사에게 신고하여야 한다.
② 변경하고자 하는 날의 1일 전까지 소방본부장 또는 소방서장에게 신고하여야 한다.
③ 변경하고자 하는 날의 3일 전까지 시·도지사에게 신고하여야 한다.
④ 변경하고자 하는 날의 3일 전까지 소방본부장 또는 소방서장에게 신고하여야 한다.

[16. 통합]
기본서 3권 p.150

해설 79 ▶ 위험물시설의 설치 및 변경 등(법 제6조)
① 제조소등을 설치하고자 하는 자는 대통령령이 정하는 바에 따라 그 설치장소를 관할하는 특별시장·광역시장·특별자치시장·도지사 또는 특별자치도지사(이하 "시·도지사"라 한다)의 허가를 받아야 한다. 제조소등의 위치·구조 또는 설비 가운데 행정안전부령이 정하는 사항을 변경하고자 하는 때에도 또한 같다.
② 제조소등의 위치·구조 또는 설비의 변경없이 당해 제조소등에서 저장하거나 취급하는 위험물의 품명·수량 또는 지정수량의 배수를 변경하고자 하는 자는 변경하고자 하는 날의 1일 전까지 행정안전부령이 정하는 바에 따라 시·도지사에게 신고하여야 한다.
③ 제1항 및 제2항의 규정에 불구하고 다음 각 호의 어느 하나에 해당하는 제조소등의 경우에는 허가를 받지 아니하고 당해 제조소등을 설치하거나 그 위치·구조 또는 설비를 변경할 수 있으며, 신고를 하지 아니하고 위험물의 품명·수량 또는 지정수량의 배수를 변경할 수 있다.
 1. 주택의 난방시설(공동주택의 중앙난방시설을 제외한다)을 위한 저장소 또는 취급소
 2. 농예용·축산용 또는 수산용으로 필요한 난방시설 또는 건조시설을 위한 지정수량 20배 이하의 저장소

정답 79.①

80 「위험물안전관리법」상 위험물시설의 설치 및 변경 등에 대한 설명이다. 옳지 않은 것은?

① 제조소등을 설치하고자 하는 자는 그 설치장소를 관할하는 시·도지사의 허가를 받아야 한다.
② 제조소등의 위치·구조 또는 설비를 변경하고자 하는 때에는 시·도지사에게 신고해야 한다.
③ 제조소등의 위치·구조 또는 설비의 변경없이 당해 제조소등에서 저장하거나 취급하는 위험물의 품명·수량 또는 지정수량의 배수를 변경하고자 하는 자는 변경하고자 하는 날의 1일 전까지 시·도지사에게 신고하여야 한다.
④ 수산용으로 필요한 건조시설을 위한 지정수량 10배의 저장소는 신고를 하지 아니하고 위험물의 품명·수량 또는 지정수량의 배수를 변경할 수 있다.

[18. 상반기]

기본서 3권 p.150

해설 80
▶ 위험물시설의 설치 및 변경 등(법 제6조)
① 제조소등을 설치하고자 하는 자는 대통령령이 정하는 바에 따라 그 설치장소를 관할하는 특별시장·광역시장·특별자치시장·도지사 또는 특별자치도지사(이하 "시·도지사"라 한다)의 허가를 받아야 한다. 제조소등의 위치·구조 또는 설비 가운데 행정안전부령이 정하는 사항을 변경하고자 하는 때에도 또한 같다.
② 제조소등의 위치·구조 또는 설비의 변경없이 당해 제조소등에서 저장하거나 취급하는 위험물의 품명·수량 또는 지정수량의 배수를 변경하고자 하는 자는 변경하고자 하는 날의 1일 전까지 행정안전부령이 정하는 바에 따라 시·도지사에게 신고하여야 한다.
③ 제1항 및 제2항의 규정에 불구하고 다음 각 호의 어느 하나에 해당하는 제조소등의 경우에는 허가를 받지 아니하고 당해 제조소등을 설치하거나 그 위치·구조 또는 설비를 변경할 수 있으며, 신고를 하지 아니하고 위험물의 품명·수량 또는 지정수량의 배수를 변경할 수 있다.
  1. 주택의 난방시설(공동주택의 중앙난방시설을 제외한다)을 위한 저장소 또는 취급소
  2. 농예용·축산용 또는 수산용으로 필요한 난방시설 또는 건조시설을 위한 지정수량 20배 이하의 저장소

정답 80.②

81 탱크안전성능검사의 대상이 되는 탱크 등에 있어서 기초·지반검사의 대상인 것은?
① 옥외탱크저장소의 액체위험물탱크 중 그 용량이 100만L 이상인 탱크
② 옥외탱크저장소의 고체위험물탱크 중 그 용량이 100만L 이상인 탱크
③ 옥외탱크저장소의 액체위험물탱크 중 그 용량이 200만L 이상인 지하탱크저장소
④ 옥외탱크저장소의 고체위험물탱크 중 그 용량이 200만L 이상인 지하탱크저장소

82 다음 중 위험물탱크의 안전성능검사 종류가 아닌 것은?
① 기초·지반검사
② 충수·수압검사
③ 용접부검사
④ 암반탱크검사
⑤ 탱크재질검사

해설

81 ① 기초·지반검사 : 옥외탱크저장소의 액체위험물탱크 중 그 용량이 100만리터 이상인 탱크(영 제8조 제1항 제1호)

82 ⑤ 위험물 탱크안전성능검사의 종류는 기초·지반검사, 충수·수압검사, 용접부 검사, 암반탱크검사가 있다(영 제8조 제1항).

정답 81.① 82.⑤

83 다음 중 위험물탱크 안전성능검사가 아닌 것은?
① 기초・지반공사
② 충수・수압검사
③ 재질・강도검사
④ 용접부검사

84 다음 중 탱크안전성능검사 신청 시기에 대하여 옳지 않은 것은?
① 기초・지반검사 : 공사개시 전
② 충수・수압검사 : 부속설비 부착 후
③ 용접부검사 : 공사개시 전
④ 암반탱크검사 : 공사개시 전

해설

83 ③ 위험물 탱크안전성능검사의 종류는 기초・지반검사, 충수・수압검사, 용접부 검사, 암반탱크검사가 있다(영 제8조 제1항).

84 ▶탱크안전성능검사의 신청시기(규칙 제18조 제4항)
1. 기초・지반검사 : 위험물탱크의 기초 및 지반에 관한 공사의 개시 전
2. 충수・수압검사 : 위험물을 저장 또는 취급하는 탱크에 배관 그 밖의 부속설비를 부착하기 전
3. 용접부검사 : 탱크본체에 관한 공사의 개시 전
4. 암반탱크검사 : 암반탱크의 본체에 관한 공사의 개시 전

정답 83.③ 84.②

85 다음 중 위험물탱크 안전성능검사의 신청 등에 관하여 옳지 않은 것은?
① 기초·지반검사 : 위험물탱크의 기초 및 지반에 관한 공사의 개시 전
② 충수·수압검사 : 위험물을 저장 또는 취급하는 탱크에 배관 또는 그 밖의 부속설비를 부착하기 전
③ 유류탱크검사 : 탱크본체에 관한 공사의 개시 전
④ 암반탱크검사 : 암반탱크의 본체에 관한 공사의 개시 전

[11. 전남]
상 중 **하**
기본서 3권 p.156

86 「위험물안전관리법 시행규칙」상 완공검사 신청 시기에 대한 설명이다. 옳지 않은 것은?
① 지하탱크가 있는 제조소등의 경우 : 당해 지하탱크를 매설하기 전
② 이동탱크저장소의 경우 : 상시 설치 장소를 확보하기 전 이동저장탱크를 완공한 후
③ 이송취급소의 경우 : 이송배관 공사의 전체 또는 일부를 완료한 후. 다만, 지하·하천 등에 매설하는 이송배관의 공사의 경우에는 이송배관을 매설하기 전
④ 전체 공사가 완료된 후에는 완공검사를 실시하기 곤란한 경우 : 위험물설비 또는 배관의 설치가 완료되어 기밀시험 또는 내압시험을 실시하는 시기

[18. 상반기]
상 **중** 하
기본서 3권 p.163

해설 85 ③ 유류탱크검사가 아니라 용접부검사이다.

▶ 안전성능검사의 종류와 대상, 신청시기(영 제8조 제1항, 규칙 제18조 제4항)

검사 종류	검사 대상	신청시기
기초·지반검사	100만 L 이상인 액체위험물을 저장하는 옥외탱크저장소	위험물탱크의 기초 및 지반에 관한 공사의 개시 전
충수·수압검사	액체위험물을 저장 또는 취급하는 탱크	위험물을 저장 또는 취급하는 탱크에 배관 그 밖의 부속설비를 부착하기 전
용접부검사	100만 L 이상인 액체위험물을 저장하는 옥외탱크저장소	탱크본체에 관한 공사의 개시 전
암반탱크검사	액체위험물을 저장 또는 취급하는 암반내의 공간을 이용한 탱크	암반탱크의 본체에 관한 공사의 개시 전

86 ▶ 완공검사의 신청시기(규칙 제20조)
법 제9조 제1항에 따른 제조소등의 완공검사 신청시기는 다음 각 호의 구분에 따른다.
1. 지하탱크가 있는 제조소등의 경우 : 당해 지하탱크를 매설하기 전
2. 이동탱크저장소의 경우 : 이동저장탱크를 완공하고 상시 설치 장소(이하 "상치장소"라 한다)를 확보한 후
3. 이송취급소의 경우 : 이송배관 공사의 전체 또는 일부를 완료한 후. 다만, 지하·하천 등에 매설하는 이송배관의 공사의 경우에는 이송배관을 매설하기 전
4. 전체 공사가 완료된 후에는 완공검사를 실시하기 곤란한 경우 : 다음 각목에서 정하는 시기
    가. 위험물설비 또는 배관의 설치가 완료되어 기밀시험 또는 내압시험을 실시하는 시기
    나. 배관을 지하에 설치하는 경우에는 시·도지사, 소방서장 또는 기술원이 지정하는 부분을 매몰하기 직전
    다. 기술원이 지정하는 부분의 비파괴시험을 실시하는 시기
5. 제1호 내지 제4호에 해당하지 아니하는 제조소등의 경우 : 제조소등의 공사를 완료한 후

정답 85.③ 86.②

87 해당 제조소등의 용도를 폐지한 때에는 며칠 이내 시·도지사에게 신고하여야 하는가?

① 7일 이내
② 14일 이내
③ 10일 이내
④ 30일 이내

88 「위험물안전관리법」 중 규정된 벌금에 대한 기준으로 틀린 것은?

① 제조소등의 완공검사를 받지 아니하고 위험물을 저장, 취급한 자는 1,500만원 이하의 벌금이다.
② 위험물안전관리법의 과징금은 3,000만원 이하이다.
③ 안전관리자를 선임하지 아니한 관계인으로 규정에 따른 허가를 받은 자는 1,500만원 이하의 벌금이다.
④ 위험물 취급에 관한 안전관리와 감독을 하지 아니한 자는 1,000만원 이하의 벌금이다.

해설

87 ② 제조소등의 관계인(소유자·점유자 또는 관리자를 말한다. 이하 같다)은 당해 제조소등의 용도를 폐지(장래에 대하여 위험물시설로서의 기능을 완전히 상실시키는 것을 말한다)한 때에는 행정안전부령이 정하는 바에 따라 제조소등의 용도를 폐지한 날부터 <u>14일 이내</u>에 시·도지사에게 신고하여야 한다(법 제11조).

88 ② 시·도지사는 제조소등에 대한 사용의 정지가 그 이용자에게 심한 불편을 주거나 그 밖에 공익을 해칠 우려가 있는 때에는 사용정지처분에 갈음하여 <u>2억원 이하의 과징금</u>을 부과할 수 있다(법 제13조 제1항).

정답 87.② 88.②

제3장 위험물시설의 안전관리

89 「위험물안전관리법 시행규칙」상 위험물 제조소등(이동 탱크저장소를 제외한다)에 설치하는 경보설비로 옳지 않은 것은?

① 확성장치
② 비상방송설비
③ 비상경보설비
④ 무선통신보조설비

[20. 공채]
기본서 3권 p.173

90 「위험물안전관리법 시행규칙」상 제조소등에 설치하는 소방시설 설치에 대한 내용으로 옳지 않은 것은?

① 제조소등에는 화재발생시 소화가 곤란한 정도에 따라 그 소화에 적응성이 있는 소화설비를 설치하여야 한다.
② 제조소등에는 화재발생시 소방공무원이 화재를 진압하거나 인명구조 활동을 할 수 있도록 소화활동설비를 설치하여야 한다.
③ 주유취급소 중 건축물의 2층 이상의 부분을 점포·휴게음식점 또는 전시장의 용도로 사용하는 것과 옥내주유취급소에는 피난설비를 설치하여야 한다.
④ 지정수량의 10배 이상의 위험물을 저장 또는 취급하는 제조소등(이동탱크저장소 제외)에는 화재발생시 이를 알릴 수 있는 경보설비를 설치하여야 한다.

[21. 상반기 공채]
기본서 3권 p.173~174

해설

89 ▶경보설비의 기준(규칙 제42조 제2항)
② 제1항에 따른 경보설비는 자동화재탐지설비·자동화재속보설비·비상경보설비(비상벨장치 또는 경종을 포함한다)·확성장치(휴대용 확성기를 포함한다) 및 비상방송설비로 구분하되, 제조소등별로 설치하여야 하는 경보설비의 종류 및 설치기준은 별표 17과 같다.

90 ② 제조소등에는 화재발생시 소방공무원이 화재를 진압하거나 인명구조 활동을 할 수 있도록 소화활동설비를 설치하여야 한다.
→ 해당되지 않는다.

▶소화설비의 기준(규칙 제41조 제1항)
① 법 제5조 제4항의 규정에 의하여 제조소등에는 화재발생시 소화가 곤란한 정도에 따라 그 소화에 적응성이 있는 소화설비를 설치하여야 한다.

▶피난설비의 기준(규칙 제43조 제1항)
① 법 제5조 제4항의 규정에 의하여 주유취급소 중 건축물의 2층 이상의 부분을 점포·휴게음식점 또는 전시장의 용도로 사용하는 것과 옥내주유취급소에는 피난설비를 설치하여야 한다.

▶경보설비의 기준(규칙 제42조 제1항)
① 법 제5조 제4항의 규정에 의하여 영 별표 1의 규정에 의한 지정수량의 10배 이상의 위험물을 저장 또는 취급하는 제조소등(이동탱크저장소를 제외한다)에는 화재발생시 이를 알릴 수 있는 경보설비를 설치하여야 한다.

정답 89.④ 90.②

91 소방공무원으로서 근무한 경력이 5년인 사람이 위험물취급자격자로서 취급할 수 있는 위험물의 종류로 옳은 것은?

① 제1류 위험물
② 제2류 위험물
③ 제3류 위험물
④ 제4류 위험물

92 다음 중 위험물안전관리자 선임 기간으로 옳은 것은?

① 7일
② 14일
③ 20일
④ 30일

해설 91 ▶ 위험물취급자격자의 자격(영 별표 5)

위험물취급자격자의 구분	취급할 수 있는 위험물
1. 「국가기술자격법」에 따라 위험물기능장, 위험물산업기사, 위험물기능사의 자격을 취득한 사람	별표 1의 모든 위험물
2. 안전관리자교육이수자(법 28조 제1항에 따라 소방청장이 실시하는 안전관리자교육을 이수한 자를 말한다. 이하 별표 6에서 같다)	별표 1의 위험물 중 제4류 위험물
3. 소방공무원 경력자(소방공무원으로 근무한 경력이 3년 이상인 자를 말한다. 이하 별표 6에서 같다)	별표 1의 위험물 중 제4류 위험물

92 ④ 안전관리자를 선임한 제조소등의 관계인은 그 안전관리자를 해임하거나 안전관리자가 퇴직한 때에는 해임하거나 퇴직한 날부터 30일 이내에 다시 안전관리자를 선임하여야 한다(법 제15조 제2항).

정답 91.④ 92.④

93 「위험물안전관리법」상 위험물안전관리자의 선임 등에 관한 사항이다. ( ) 안에 들어갈 숫자로 옳은 것은?

[20. 공채]

기본서 3권 p.175

> - 위험물안전관리자를 선임한 제조소등의 관계인은 그 위험물안전관리자를 해임하거나 위험물안전관리자가 퇴직한 때에는 해임하거나 퇴직한 날부터 (가)일 이내에 다시 위험물안전관리자를 선임하여야 한다.
> - 제조소등의 관계인은 위험물안전관리자를 선임한 경우에는 선임한 날부터 (나)일 이내에 행정안전부령으로 정하는 바에 따라 소방본부장 또는 소방서장에게 신고하여야 한다.

	(가)	(나)
①	15	14
②	15	30
③	30	14
④	30	30

해설 93
▶ 위험물안전관리자(법 제15조 제2항·제3항)
- 위험물안전관리자를 선임한 제조소등의 관계인은 그 위험물안전관리자를 해임하거나 위험물안전관리자가 퇴직한 때에는 해임하거나 퇴직한 날부터 (30)일 이내에 다시 위험물안전관리자를 선임하여야 한다.
- 제조소등의 관계인은 위험물안전관리자를 선임한 경우에는 선임한 날부터 (14)일 이내에 행정안전부령으로 정하는 바에 따라 소방본부장 또는 소방서장에게 신고하여야 한다.

정답 93. ③

94 다음 중 위험물안전관리자에 대하여 옳지 않은 것은?
① 대리자는 경력이 없어도 위험물의 취급에 관한 자격취득자를 선임할 수 있다.
② 대리자는 안전관리자를 선임하지 못할 시에만 지정할 수 있다.
③ 위험물취급자격자가 아닌 자는 안전관리자 또는 대리자가 참여한 상태에서 위험물을 취급하여야 한다.
④ 대리자를 선임 시 소방본부장 또는 소방서장에게 신고를 하지 않아도 된다.

[17. 중앙]
기본서 3권 p.175

95 위험물 취급자의 자격에 관한 사항이다. 위험물을 관리할 때 유별에 관계없이 모든 위험물을 취급할 수 있는 자로 옳은 것은?
① 소방기술자
② 위험물기능장, 위험물산업기사
③ 소방시설관리업자
④ 소방공무원 3년 이상 경력이 있는 자

[10. 충남]
기본서 3권 p.240

해설

94 ▸ 위험물안전관리자(법 제15조 제5항)
제1항의 규정에 따라 안전관리자를 선임한 제조소등의 관계인은 안전관리자가 여행·질병 그 밖의 사유로 인하여 일시적으로 직무를 수행할 수 없거나 안전관리자의 해임 또는 퇴직과 동시에 다른 안전관리자를 선임하지 못하는 경우에는 국가기술자격법에 따른 위험물의 취급에 관한 자격취득자 또는 위험물안전에 관한 기본지식과 경험이 있는 자로서 행정안전부령이 정하는 자를 대리자(代理者)로 지정하여 그 직무를 대행하게 하여야 한다. 이 경우 대리자가 안전관리자의 직무를 대행하는 기간은 30일을 초과할 수 없다.

95 ▸ 위험물취급자격자의 자격(영 별표 5)

위험물취급자격자의 구분	취급할 수 있는 위험물
1. 「국가기술자격법」에 따라 위험물기능장, 위험물산업기사, 위험물기능사의 자격을 취득한 사람	별표 1의 모든 위험물
2. 안전관리자교육이수자(법 28조 제1항에 따라 소방청장이 실시하는 안전관리자교육을 이수한 자를 말한다. 이하 별표 6에서 같다)	별표 1의 위험물 중 제4류 위험물
3. 소방공무원 경력자(소방공무원으로 근무한 경력이 3년 이상인 자를 말한다. 이하 별표 6에서 같다)	별표 1의 위험물 중 제4류 위험물

정답 94.② 95.②

96 1인의 안전관리자를 중복해서 선임할 수 있는 대상기준으로 옳지 않은 것은?

① 10개 이하의 옥내·외 저장소
② 20개 이하의 암반탱크저장소
③ 30개 이하의 옥외탱크저장소
④ 옥내탱크저장소, 지하탱크저장소

[09. 강원]
기본서 3권 p.175, p.179

97 다음 중 위험물안전관리자에 대한 설명으로 틀린 것은?

① 다수의 제조소등을 동일인이 설치한 경우에는 관계인은 대통령령이 정하는 바에 따라 1인의 안전관리자를 중복하여 선임할 수 있다.
② 제조소등의 관계인은 위험물의 안전관리에 관한 직무를 수행하게 하기 위하여 제조소등마다 대통령령이 정하는 위험물의 취급에 관한 자격이 있는 자를 위험물안전관리자로 선임하여야 한다.
③ 제조소등의 종류 및 규모에 따라 선임하여야 하는 안전관리자의 자격은 대통령령으로 정한다.
④ 대리자가 안전관리자의 직무를 대행하는 기간은 20일을 초과할 수 없다.

[13. 경기]
기본서 3권 p.175

해설 96 ▸ 1인의 안전관리자를 중복하여 선임할 수 있는 저장소 등(규칙 제56조 제1항)
1. 10개 이하의 옥내저장소
2. 30개 이하의 옥외탱크저장소
3. 옥내탱크저장소
4. 지하탱크저장소
5. 간이탱크저장소
6. 10개 이하의 옥외저장소
7. 10개 이하의 암반탱크저장소

97 ④ 대리자가 안전관리자의 직무를 대행하는 기간은 30일을 초과할 수 없다(법 제15조 제5항).

정답 96.② 97.④

98 「위험물안전관리법 시행령」 및 같은 법 시행규칙상 1인의 안전관리자를 중복하여 선임할 수 있는 저장소 등으로 옳은 것을 모두 고르면?

> 가. 보일러·버너 위험물을 소비하는 장치로 이루어진 7개 이하의 일반취급소와 그 일반취급소에 공급하기 위한 위험물을 저장하는 저장소
> 나. 동일구내에 있는 11개의 옥내저장소
> 다. 동일구내에 있는 11개의 암반탱크저장소
> 라. 동일구내에 있는 31개의 옥외탱크저장소

① 가
② 가, 나
③ 가, 라
④ 가, 다, 라

[18. 상반기]
상 **중** 하
기본서 3권 p.176, p.179

해설 98

▶ 1인의 안전관리자를 중복하여 선임할 수 있는 경우 등(영 제12조 제1항)
① 법 제15조 제8항 전단에 따라 다수의 제조소등을 설치한 자가 1인의 안전관리자를 중복하여 선임할 수 있는 경우는 다음 각 호의 어느 하나와 같다.
  1. 보일러·버너 또는 이와 비슷한 것으로서 위험물을 소비하는 장치로 이루어진 7개 이하의 일반취급소와 그 일반취급소에 공급하기 위한 위험물을 저장하는 저장소[일반취급소 및 저장소가 모두 동일구내(같은 건물 안 또는 같은 울 안을 말한다. 이하 같다)에 있는 경우에 한한다. 이하 제2호에서 같다]를 동일인이 설치한 경우
  2. 위험물을 차량에 고정된 탱크 또는 운반용기에 옮겨 담기 위한 5개 이하의 일반취급소[일반취급소간의 거리(보행거리를 말한다. 제3호 및 제4호에서 같다)가 300미터 이내인 경우에 한한다]와 그 일반취급소에 공급하기 위한 위험물을 저장하는 저장소를 동일인이 설치한 경우
  3. 동일구내에 있거나 상호 100미터 이내의 거리에 있는 저장소로서 저장소의 규모, 저장하는 위험물의 종류 등을 고려하여 행정안전부령이 정하는 저장소를 동일인이 설치한 경우
  4. 다음 각목의 기준에 모두 적합한 5개 이하의 제조소등을 동일인이 설치한 경우
    가. 각 제조소등이 동일구내에 위치하거나 상호 100미터 이내의 거리에 있을 것
    나. 각 제조소등에서 저장 또는 취급하는 위험물의 최대수량이 지정수량의 3천배 미만일 것. 다만, 저장소의 경우에는 그러하지 아니하다.
  5. 그 밖에 제1호 또는 제2호의 규정에 의한 제조소등과 비슷한 것으로서 행정안전부령이 정하는 제조소등을 동일인이 설치한 경우

▶ 1인의 안전관리자를 중복하여 선임할 수 있는 저장소 등(규칙 제56조 제1항)
① 영 제12조 제1항 제3호에서 "행정안전부령이 정하는 저장소"라 함은 다음 각호의 1에 해당하는 저장소를 말한다.
  1. 10개 이하의 옥내저장소
  2. 30개 이하의 옥외탱크저장소
  3. 옥내탱크저장소
  4. 지하탱크저장소
  5. 간이탱크저장소
  6. 10개 이하의 옥외저장소
  7. 10개 이하의 암반탱크저장소

정답 98.①

99 위험물안전관리자에 대한 설명 중 옳지 않은 것은?

① 다수의 제조소등을 동일인이 설치한 경우에는 관계인은 1인의 안전관리자를 중복하여 선임할 수 없다.
② 안전관리자를 선임한 때에는 14일 이내에 소방본부장·소방서장에게 신고하여야 한다.
③ 안전관리자를 해임하거나 안전관리자가 퇴직한 때에는 해임하거나 퇴직한 날부터 30일 이내에 다시 선임하여야 한다.
④ 안전관리자가 직무를 수행할 수 없거나 다른 안전관리자를 선임하지 못하는 경우 경험 있는 자를 대리자로 지정하여 직무를 대행하게 하여야 한다.

100 「위험물안전관리법 시행령」상 정기점검 대상으로 옳지 않은 것은?

① 지정수량 80배의 위험물을 저장하는 옥외저장소
② 암반탱크저장소
③ 이동탱크저장소
④ 지정수량 210배의 위험물을 저장하는 옥외탱크저장소

해설

99 ① 다수의 제조소등을 동일인이 설치한 경우에는 제1항의 규정에 불구하고 관계인은 대통령령이 정하는 바에 따라 1인의 안전관리자를 중복하여 선임할 수 있다. 이 경우 대통령령이 정하는 제조소등의 관계인은 제5항에 따른 대리자의 자격이 있는 자를 각 제조소등별로 지정하여 안전관리자를 보조하게 하여야 한다(법 제15조 제8항).

100 ▶ 정기점검의 대상인 제조소등(영 제16조)
1. 관계인이 예방규정을 정하여야 하는 제조소등
   - 지정수량의 10배 이상의 위험물을 취급하는 제조소
   - 지정수량의 100배 이상의 위험물을 저장하는 옥외저장소
   - 지정수량의 150배 이상의 위험물을 저장하는 옥내저장소
   - 지정수량의 200배 이상의 위험물을 저장하는 옥외탱크저장소
   - 암반탱크저장소
   - 이송취급소
   - 지정수량의 10배 이상의 위험물을 취급하는 일반취급소
2. 지하탱크저장소
3. 이동탱크저장소
4. 위험물을 취급하는 탱크로서 지하에 매설된 탱크가 있는 제조소·주유취급소 또는 일반취급소

정답 99.① 100.①

101 「위험물안전관리법 시행령」상 정기점검 대상인 저장소로 옳지 않은 것은?

① 옥내탱크저장소
② 지하탱크저장소
③ 이동탱크저장소
④ 암반탱크저장소

[21. 상반기 공채]
기본서 3권 p.187

102 다음 중 위험물 예방규정에 대한 설명으로 옳지 않은 것은?

① 예방규정을 정하여 소방본부장 또는 소방서장에게 제출한다.
② 지정수량의 100배 이상의 위험물을 저장하는 옥외저장소는 예방규정을 정하여야 하는 대상이다.
③ 예방규정을 제출하지 아니한 자는 1,500만원 이하의 벌금에 해당된다.
④ 제4류 위험물(특수인화물은 제외)만을 지정수량의 50배 이하로 취급하는 일반취급소(제1석유류·알코올류의 취급량이 지정수량 10배 이하인 경우에 한한다)로서 보일러·버너 또는 이와 비슷한 것으로서 위험물을 소비하는 장치로 이루어진 일반취급소는 제외한다.

[09. 경남]
기본서 3권 p.185~186, p.213

해설

101 ▸ 정기점검의 대상인 제조소등(영 제16조)
법 제18조 제1항에서 "대통령령이 정하는 제조소등"이라 함은 다음 각호의 1에 해당하는 제조소등을 말한다.
1. 제15조 각호의 1에 해당하는 제조소등
   - 지정수량의 10배 이상의 위험물을 취급하는 제조소
   - 지정수량의 100배 이상의 위험물을 저장하는 옥외저장소
   - 지정수량의 150배 이상의 위험물을 저장하는 옥내저장소
   - 지정수량의 200배 이상의 위험물을 저장하는 옥외탱크저장소
   - <u>암반탱크저장소</u>
   - 이송취급소
   - 지정수량의 10배 이상의 위험물을 취급하는 일반취급소
2. <u>지하탱크저장소</u>
3. <u>이동탱크저장소</u>
4. 위험물을 취급하는 탱크로서 지하에 매설된 탱크가 있는 제조소·주유취급소 또는 일반취급소

102 ① 대통령령이 정하는 제조소등의 관계인은 당해 제조소등의 화재예방과 화재 등 재해발생시의 비상조치를 위하여 행정안전부령이 정하는 바에 따라 예방규정을 정하여 당해 제조소등의 사용을 시작하기 전에 시·도지사에게 제출하여야 한다. 예방규정을 변경한 때에도 또한 같다(법 제17조 및 영 제15조).

정답 101.① 102.①

103 다음 중 예방규정을 정하는 제조소등에서 틀린 것은?
① 지정수량 10배 이상의 위험물을 취급하는 제조소
② 지정수량 150배 이상의 위험물을 저장하는 옥내저장소
③ 지정수량 150배 이상의 위험물을 저장하는 일반취급소
④ 지정수량 200배 이상의 위험물을 저장하는 옥외탱크저장소

[09. 서울]
상 중 **하**
기본서 3권 p.185

104 예방규정을 정하여야 하는 제조소등의 내용으로 옳지 않은 것은?
① 지정수량 10배 이상의 위험물을 취급하는 제조소
② 지정수량 150배 이상의 위험물을 저장하는 옥내저장소
③ 지정수량 150배 이상의 위험물을 저장하는 옥내탱크저장소
④ 지정수량 200배 이상의 위험물을 저장하는 옥외탱크저장소

[10. 강원]
상 중 **하**
기본서 3권 p.185

해설

103 ③ 지정수량 10배 이상의 위험물을 취급하는 일반취급소이다.

▶ 관계인이 예방규정을 정하여야 하는 제조소등(영 제15조)
1. 지정수량의 10배 이상의 위험물을 취급하는 제조소
2. 지정수량의 100배 이상의 위험물을 저장하는 옥외저장소
3. 지정수량의 150배 이상의 위험물을 저장하는 옥내저장소
4. 지정수량의 200배 이상의 위험물을 저장하는 옥외탱크저장소
5. 암반탱크저장소
6. 이송취급소
7. <u>지정수량의 10배 이상의 위험물을 취급하는 일반취급소</u>

104 ③ 옥내탱크저장소는 해당되지 않는다.

▶ 관계인이 예방규정을 정하여야 하는 제조소등(영 제15조)
1. 지정수량의 10배 이상의 위험물을 취급하는 제조소
2. 지정수량의 100배 이상의 위험물을 저장하는 옥외저장소
3. 지정수량의 150배 이상의 위험물을 저장하는 옥내저장소
4. 지정수량의 200배 이상의 위험물을 저장하는 옥외탱크저장소
5. 암반탱크저장소
6. 이송취급소
7. 지정수량의 10배 이상의 위험물을 취급하는 일반취급소

정답 103.③ 104.③

105 다음 중 관계인이 예방규정을 정하여야 하는 제조소등이 아닌 것은?
① 지정수량 10배 이상의 위험물을 취급하는 제조소
② 지정수량 100배 이상의 위험물을 저장하는 옥외저장소
③ 지정수량 200배 이상의 위험물을 저장하는 지하탱크저장소
④ 지정수량 200배 이상의 위험물을 저장하는 옥외탱크저장소

[11. 부산]
기본서 3권 p.185

106 다음 중 관계인이 예방규정을 정하는 제조소등이 아닌 것은?
① 지정수량 5배 이상의 위험물을 취급하는 제조소
② 지정수량 10배 이상의 위험물을 취급하는 일반취급소
③ 지정수량 100배 이상의 위험물을 저장하는 옥외저장소
④ 지정수량 200배 이상의 위험물을 저장하는 옥외탱크저장소

[11. 서울]
기본서 3권 p.185

해설

105 ③ 지하탱크저장소는 해당되지 않는다.

▶ 관계인이 예방규정을 정하여야 하는 제조소등(영 제15조)
1. 지정수량 10배 이상의 위험물을 취급하는 제조소
2. 지정수량 100배 이상의 위험물을 저장하는 옥외저장소
3. 지정수량 150배 이상의 위험물을 저장하는 옥내저장소
4. 지정수량 200배 이상의 위험물을 저장하는 옥외탱크저장소
5. 암반탱크저장소
6. 이송취급소
7. 지정수량의 10배 이상의 위험물을 취급하는 일반취급소

106 ① 지정수량 10배 이상의 위험물을 취급하는 제조소이다.

▶ 관계인이 예방규정을 정하여야 하는 제조소등(영 제15조)
1. 지정수량 10배 이상의 위험물을 취급하는 제조소
2. 지정수량 100배 이상의 위험물을 저장하는 옥외저장소
3. 지정수량 150배 이상의 위험물을 저장하는 옥내저장소
4. 지정수량 200배 이상의 위험물을 저장하는 옥외탱크저장소
5. 암반탱크저장소
6. 이송취급소
7. 지정수량의 10배 이상의 위험물을 취급하는 일반취급소

정답 105.③ 106.①

107 관계인이 예방규정을 정해야 하는 제조소등의 기준으로 틀린 것은?
① 지정수량 10배 이상의 위험물을 취급하는 일반취급소
② 지정수량 100배 이상의 위험물을 저장하는 옥외저장소
③ 지정수량 150배 이상의 위험물을 저장하는 옥내탱크저장소
④ 지정수량 150배 이상의 위험물을 저장하는 옥내저장소

[13. 경기]

108 다음 중 관계인이 예방규정을 작성하여야 하는 제조소등의 기준이 아닌 것은?
① 지정수량의 10배 이상의 위험물을 취급하는 제조소
② 지정수량의 100배 이상의 위험물을 저장하는 옥내저장소
③ 지정수량의 200배 이상의 위험물을 저장하는 옥외탱크저장소
④ 암반탱크저장소

[15. 통합]

해설

107 ③ 옥내탱크저장소는 해당되지 않는다.

▶ 관계인이 예방규정을 정하여야 하는 제조소등(영 제15조)
1. 지정수량 10배 이상의 위험물을 취급하는 제조소
2. 지정수량 100배 이상의 위험물을 저장하는 옥외저장소
3. 지정수량 150배 이상의 위험물을 저장하는 옥내저장소
4. 지정수량 200배 이상의 위험물을 저장하는 옥외탱크저장소
5. 암반탱크저장소
6. 이송취급소
7. 지정수량의 10배 이상의 위험물을 취급하는 일반취급소

108 ② 지정수량의 100배 이상의 위험물을 저장하는 옥외저장소이다(영 제15조).

▶ 관계인이 예방규정을 정하여야 하는 제조소등(영 제15조)
1. 지정수량 10배 이상의 위험물을 취급하는 제조소
2. 지정수량 100배 이상의 위험물을 저장하는 옥외저장소
3. 지정수량 150배 이상의 위험물을 저장하는 옥내저장소
4. 지정수량 200배 이상의 위험물을 저장하는 옥외탱크저장소
5. 암반탱크저장소
6. 이송취급소
7. 지정수량의 10배 이상의 위험물을 취급하는 일반취급소

정답 107.③ 108.②

109 관계인이 예방규정을 정해야 하는 제조소등의 기준으로 틀린 것은?
① 지정수량 10배 이상의 위험물을 취급하는 제조소
② 지정수량 100배 이상의 위험물을 저장하는 옥외저장소
③ 지정수량 150배 이상의 위험물을 저장하는 옥내저장소
④ 지정수량 200배 이상의 위험물을 저장하는 암반탱크저장소

[16. 통합]
상 중 **하**
기본서 3권 p.185

110 관계인이 예방규정을 정해야 하는 제조소등의 기준으로 옳은 것은?
① 지정수량 10배 이상의 위험물을 취급하는 제조소
② 지정수량 100배 이상의 위험물을 저장하는 옥내저장소
③ 지정수량 150배 이상의 위험물을 저장하는 옥외탱크저장소
④ 지정수량 150배 이상의 위험물을 저장하는 옥내탱크저장소

[17. 중앙]
상 중 **하**
기본서 3권 p.185

해설

109 ▶ 관계인이 예방규정을 정하여야 하는 제조소등(영 제15조)
1. 지정수량 10배 이상의 위험물을 취급하는 제조소
2. 지정수량 100배 이상의 위험물을 저장하는 옥외저장소
3. 지정수량 150배 이상의 위험물을 저장하는 옥내저장소
4. <u>지정수량 200배 이상의 위험물을 저장하는 옥외탱크저장소</u>
5. <u>암반탱크저장소</u>
6. 이송취급소
7. 지정수량의 10배 이상의 위험물을 취급하는 일반취급소

110 ▶ 관계인이 예방규정을 정하여야 하는 제조소등(영 제15조)
법 제17조 제1항에서 "대통령령이 정하는 제조소등"이라 함은 다음 각호의 1에 해당하는 제조소등을 말한다.
1. 지정수량의 10배 이상의 위험물을 취급하는 제조소
2. <u>지정수량의 100배 이상의 위험물을 저장하는 옥외저장소</u>
3. <u>지정수량의 150배 이상의 위험물을 저장하는 옥내저장소</u>
4. <u>지정수량의 200배 이상의 위험물을 저장하는 옥외탱크저장소</u>
5. 암반탱크저장소
6. 이송취급소
7. 지정수량의 10배 이상의 위험물을 취급하는 일반취급소. 다만, 제4류 위험물(특수인화물을 제외한다)만을 지정수량의 50배 이하로 취급하는 일반취급소(제1석유류·알코올류의 취급량이 지정수량의 10배 이하인 경우에 한한다)로서 다음 각목의 어느 하나에 해당하는 것을 제외한다.
  가. 보일러·버너 또는 이와 비슷한 것으로서 위험물을 소비하는 장치로 이루어진 일반취급소
  나. 위험물을 용기에 옮겨 담거나 차량에 고정된 탱크에 주입하는 일반취급소

정답 109.④ 110.①

111 특정·준특정옥외탱크저장소는 소방본부장이나 소방서장으로부터 정기검사를 받아야 한다. 정기검사는 완공검사합격확인증을 발급 받은 날부터 몇 년 이내에 받아야 하는가?

① 2년 ② 3년
③ 11년 ④ 12년

[10. 충남]
기본서 3권 p.188, p.191

112 「위험물안전관리법 시행령」상 관계인이 예방규정을 정하여야 하는 제조소등으로 옳지 않은 것은?

① 지정수량의 10배 이상의 위험물을 취급하는 제조소
② 지정수량의 50배 이상의 위험물을 저장하는 옥외저장소
③ 지정수량의 150배 이상의 위험물을 저장하는 옥내저장소
④ 암반탱크저장소

[18. 하반기 공채]
기본서 3권 p.185

해설

111 ④ 정기검사는 완공검사합격확인증을 발급받은 날부터 <u>12년 이내</u>에 받아야 한다(규칙 제70조 제1항 제1호 가목).

112 ② 지정수량의 <u>100배 이상</u>의 위험물을 저장하는 옥외저장소

▶ 관계인이 예방규정을 정하여야 하는 제조소등(영 제15조)
법 제17조 제1항에서 "대통령령이 정하는 제조소등"이라 함은 다음 각호의 1에 해당하는 제조소등을 말한다.
1. 지정수량의 10배 이상의 위험물을 취급하는 제조소
2. 지정수량의 100배 이상의 위험물을 저장하는 옥외저장소
3. 지정수량의 150배 이상의 위험물을 저장하는 옥내저장소
4. 지정수량의 200배 이상의 위험물을 저장하는 옥외탱크저장소
5. 암반탱크저장소
6. 이송취급소
7. 지정수량의 10배 이상의 위험물을 취급하는 일반취급소. 다만, 제4류 위험물(특수인화물을 제외한다)만을 지정수량의 50배 이하로 취급하는 일반취급소(제1석유류·알코올류의 취급량이 지정수량의 10배 이하인 경우에 한한다)로서 다음 각목의 어느 하나에 해당하는 것을 제외한다.
    가. 보일러·버너 또는 이와 비슷한 것으로서 위험물을 소비하는 장치로 이루어진 일반취급소
    나. 위험물을 용기에 옮겨 담거나 차량에 고정된 탱크에 주입하는 일반취급소

정답 111.④ 112.②

113 다음 중 자체소방대의 설치조건에 해당하지 않는 것은?
① 제조소에서 취급하는 제4류 위험물의 최대수량의 합이 지정수량의 3천배 이상
② 일반취급소에서 취급하는 제4류 위험물의 최대수량의 합이 지정수량의 3천배 이상
③ 옥내탱크저장소에 저장하는 제4류 위험물의 최대수량이 지정수량의 50만배 이상
④ 옥외탱크저장소에 저장하는 제4류 위험물의 최대수량이 지정수량의 50만배 이상

[13. 전북]
상 중 **하**
기본서 3권 p.193

114 화학소방자동차에 갖추어야 하는 소화능력 및 설비의 기준으로 옳지 않은 것은?
① 제독차는 가성소다 및 규조토를 각각 3,000kg 이상 비치할 것
② 분말 방사차는 분말의 방사능력이 매초 35kg 이상일 것
③ 이산화탄소 방사차는 이산화탄소의 방사능력이 매초 40kg 이상일 것
④ 포수용액 방사차는 포수용액의 방사능력이 매분 2,000L 이상일 것

[13. 전북]
상 중 하
기본서 3권 p.370

해설 113
▶ 자체소방대 (법 제19조)
다량의 위험물을 저장·취급하는 제조소등으로서 대통령령이 정하는 제조소등이 있는 동일한 사업소에서 대통령령이 정하는 수량 이상의 위험물을 저장 또는 취급하는 경우 당해 사업소의 관계인은 대통령령이 정하는 바에 따라 당해 사업소에 자체소방대를 설치하여야 한다.

▶ 자체소방대를 설치하여야 하는 사업소(영 제18조 제2항)
② 법 제19조에서 "대통령령이 정하는 수량 이상"이란 다음 각 호의 구분에 따른 수량을 말한다.
  1. 제1항 제1호에 해당하는 경우 : 제조소 또는 일반취급소에서 취급하는 제4류 위험물의 최대수량의 합이 지정수량의 3천배 이상
  2. 제1항 제2호에 해당하는 경우 : 옥외탱크저장소에 저장하는 제4류 위험물의 최대수량이 지정수량의 50만배 이상

114 ① 각각 50kg 이상 비치할 것(규칙 별표 23)

▶ 화학소방자동차에 갖추어야 하는 소화능력 및 설비의 기준(규칙 별표 23)

화학소방자동차의 구분	소화능력 및 설비의 기준
포수용액 방사차	포수용액의 방사능력이 매분 2,000L 이상일 것
	소화약액탱크 및 소화약액혼합장치를 비치할 것
	10만L 이상의 포수용액을 방사할 수 있는 양의 소화약제를 비치할 것
분말 방사차	분말의 방사능력이 매초 35kg 이상일 것
	분말탱크 및 가압용가스설비를 비치할 것
	1,400kg 이상의 분말을 비치할 것
할로겐화합물 방사차	할로겐화합물의 방사능력이 매초 40kg 이상일 것
	할로겐화합물탱크 및 가압용가스설비를 비치할 것
	1,000kg 이상의 할로겐화합물을 비치할 것
이산화탄소 방사차	이산화탄소의 방사능력이 매초 40kg 이상일 것
	이산화탄소저장용기를 비치할 것
	3,000kg 이상의 이산화탄소를 비치할 것
제독차	가성소오다 및 규조토를 각각 50kg 이상 비치할 것

정답 113.③ 114.①

115 다량의 위험물을 저장·취급하는 제조소등으로서 대통령령이 정하는 제조소등이 있는 동일한 사업소에서 대통령령이 정하는 수량 이상의 위험물을 저장 또는 취급하는 경우 당해 사업소 관계인이 설치해야 하는 것은?

① 의용소방대
② 자체소방대
③ 자위소방대
④ 의무소방대

[10. 경기]
기본서 3권 p.193

116 제4류 위험물 중 알코올 8,000만 리터에 갖추어야 할 화학소방차의 대수와 필요한 자체소방대의 인원수는?

① 1대 − 5인
② 1대 − 10인
③ 2대 − 10인
④ 2대 − 15인
⑤ 3대 − 15인

[11. 간부]
기본서 3권 p.193

해설

115 ② 대통령령이 정하는 수량 이상의 위험물을 저장 또는 취급하는 경우 당해 사업소 관계인이 설치해야 하는 것은 자체소방대에 해당된다(법 제19조).

116 ③ 알코올 8,000만 리터를 알코올의 지정수량 400리터로 나눈다.

$$\frac{80,000,000}{400} = 200,000$$

20만배이므로 화학차 2대, 인원 10인에 해당한다(영 별표 8).

사업소의 구분	화학소방자동차	자체소방대원의 수
1. 제조소 또는 일반취급소에서 취급하는 제4류 위험물의 최대수량의 합이 지정수량의 3천배 이상 12만배 미만인 사업소	1대	5인
2. 제조소 또는 일반취급소에서 취급하는 제4류 위험물의 최대수량의 합이 지정수량의 12만배 이상 24만배 미만인 사업소	2대	10인
3. 제조소 또는 일반취급소에서 취급하는 제4류 위험물의 최대수량의 합이 지정수량의 24만배 이상 48만배 미만인 사업소	3대	15인
4. 제조소 또는 일반취급소에서 취급하는 제4류 위험물의 최대수량의 합이 지정수량의 48만배 이상인 사업소	4대	20인
5. 옥외탱크저장소에 저장하는 제4류 위험물의 최대수량이 지정수량의 50만배 이상인 사업소	2대	10인

정답 115.② 116.③

117 다음은 자체소방대에 두는 화학소방자동차와 자체소방대원의 수에 관한 규정이다. 빈칸에 들어갈 숫자가 바르게 짝지어진 것은?

> 제조소 또는 일반취급소에서 취급하는 제4류 위험물의 최대수량의 합이 지정수량의 24만 배 이상 48만 배 미만인 사업소에는 화학소방자동차 (㉠)대와 자체소방대원 (㉡)인을 두어야 한다.

	㉠	㉡
①	2	10
②	2	15
③	3	10
④	3	15

해설 117
▶ 자체소방대에 두는 화학소방자동차 및 인원(영 별표 8)
제조소 또는 일반취급소에서 취급하는 제4류 위험물의 최대수량의 합이 지정수량의 24만 배 이상 48만 배 미만인 사업소에는 화학소방자동차 (3)대와 자체소방대원 (15)인을 두어야 한다.

사업소의 구분	화학소방자동차	자체소방대원의 수
1. 제조소 또는 일반취급소에서 취급하는 제4류 위험물의 최대수량의 합이 지정수량의 3천배 이상 12만배 미만인 사업소	1대	5인
2. 제조소 또는 일반취급소에서 취급하는 제4류 위험물의 최대수량의 합이 지정수량의 12만배 이상 24만배 미만인 사업소	2대	10인
3. 제조소 또는 일반취급소에서 취급하는 제4류 위험물의 최대수량의 합이 지정수량의 24만배 이상 48만배 미만인 사업소	3대	15인
4. 제조소 또는 일반취급소에서 취급하는 제4류 위험물의 최대수량의 합이 지정수량의 48만배 이상인 사업소	4대	20인
5. 옥외탱크저장소에 저장하는 제4류 위험물의 최대수량이 지정수량의 50만배 이상인 사업소	2대	10인

정답 117.④

제4장 위험물의 운반 등

118 위험물의 운반에 관한 기준상 유별을 달리하는 위험물의 혼재기준에서 제4류 위험물과 혼재할 수 없는 것은?

① 1류, 6류
② 2류, 3류
③ 3류, 5류
④ 2류, 5류

119 「위험물안전관리법 시행규칙」상 위험물의 운반에 관한 기준에서 제2류 위험물 중 철분을 수납하는 위험물의 표시사항으로 옳은 것은?

① 화기주의 및 물기엄금
② 충격주의 및 화기엄금
③ 화기엄금 및 공기접촉엄금
④ 물기주의 및 화기주의

해설

118 ① 제1류 위험물과 제6류 위험물은 서로 혼재할 수 있고, 제4류 위험물은 제2류 위험물, 제3류 위험물, 제5류 위험물까지 혼재할 수 있다(규칙 별표 19).

119 ① 제2류 위험물 중 철분·금속분·마그네슘 또는 이들 중 어느 하나 이상을 함유한 것에 있어서는 "화기주의" 및 "물기엄금"(규칙 별표 19)

정답 118.① 119.①

120 위험물 중 운송책임자의 감독, 지원을 받아 운송하여야 하는 것은?
① 알칼리금속
② 알킬알루미늄
③ 유기과산화물
④ 칼슘

121 위험물 운송자가 운송책임자의 감독·지원을 받아 운송하여야 하는 위험물은?
① 유기과산화물
② 질산에스테르류
③ 알킬알루미늄
④ 칼륨
⑤ 나트륨

해설

120 ▶운송책임자의 감독·지원을 받아 운송하여야 하는 위험물(영 제19조)
1. 알킬알루미늄
2. 알킬리튬
3. 제1호 또는 제2호의 물질을 함유하는 위험물

121 ▶운송책임자의 감독·지원을 받아 운송하여야 하는 위험물(영 제19조)
1. 알킬알루미늄
2. 알킬리튬
3. 제1호 또는 제2호의 물질을 함유하는 위험물

정답 120.② 121.③

122 위험물 운송자가 운송책임자의 감독·지원을 받아 운송하여야 하는 위험물은?

① 유기과산화물
② 질산에스테르류
③ 알킬알루미늄
④ 칼륨 및 나트륨

[11. 부산]
기본서 3권 p.200

123 다음 중 위험물 운송에 있어서 운송책임자의 감독·지원을 받아 운송하여야 하는 위험물은?

① 알킬알루미늄
② 아염소산염류
③ 니트로글리세린
④ 알칼리금속

[11. 서울]
기본서 3권 p.200

해설 **122** ▸ 운송책임자의 감독·지원을 받아 운송하여야 하는 위험물(영 제19조)
1. 알킬알루미늄
2. 알킬리튬
3. 제1호 또는 제2호의 물질을 함유하는 위험물

123 ▸ 운송책임자의 감독·지원을 받아 운송하여야 하는 위험물(영 제19조)
1. 알킬알루미늄
2. 알킬리튬
3. 제1호 또는 제2호의 물질을 함유하는 위험물

정답 122. ③   123. ①

124 위험물 운송자가 운송책임자의 감독·지원을 받아 운송하여야 하는 위험물이 아닌 것은?

① 알킬알루미늄
② 나트륨
③ 알킬리튬
④ 알킬알루미늄 및 알킬리튬을 함유하는 물질

[11. 울산]
상 중 **하**
기본서 3권 p.200

125 이동탱크저장소에 의하여 위험물을 운송하는 경우 운송책임자의 감독·지원을 받아야 하는 위험물은?

① 알킬알루미늄
② 아세트알데히드
③ 산화프로필렌
④ 질산메틸

[15. 통합]
상 중 **하**
기본서 3권 p.200

해설

124 ② 나트륨은 제3류 위험물에 해당한다.

▶ 운송책임자의 감독·지원을 받아 운송하여야 하는 위험물(영 제19조)
1. 알킬알루미늄
2. 알킬리튬
3. 제1호 또는 제2호의 물질을 함유하는 위험물

125 ▶ 운송책임자의 감독·지원을 받아 운송하여야 하는 위험물(영 제19조)
1. 알킬알루미늄
2. 알킬리튬
3. 제1호 또는 제2호의 물질을 함유하는 위험물

정답 124.② 125.①

126 「위험물안전관리법 시행령」상 운송책임자의 감독 또는 지원을 받아 운송하여야 하는 위험물로 옳은 것은?

① 알킬알루미늄, 알킬리튬
② 마그네슘, 염소류
③ 적린, 금속분
④ 유황, 황산

[18. 하반기 공채]
상 중 하
기본서 3권 p.200

해설 126
▶ 운송책임자의 감독·지원을 받아 운송하여야 하는 위험물(영 제19조)
법 제21조 제2항에서 "대통령령이 정하는 위험물"이라 함은 다음 각 호의 1에 해당하는 위험물을 말한다.
1. 알킬알루미늄
2. 알킬리튬
3. 제1호 또는 제2호의 물질을 함유하는 위험물

정답 126.①

제5장 감독 및 조치명령

127 위험물 제조소등에의 출입·검사권자로 옳은 것은?
① 소방청장, 시·도지사, 소방본부장, 소방서장
② 소방대장, 시·도지사, 소방청장, 소방본부장
③ 시·도지사, 소방청장, 소방서장, 소방공무원
④ 소방청장, 소방본부장, 소방서장, 소방대장

[기출변형]
기본서 3권 p.202

128 위험물의 누출·화재·폭발 등의 사고가 발생한 경우 사고의 원인 및 피해 등을 조사하여야 하는 자로 옳지 않은 것은?
① 시·도지사
② 소방청장
③ 소방본부장
④ 소방서장

[18. 하반기 공채]
기본서 3권 p.204

해설

127 ① 출입·검사권자는 소방청장, 시·도지사, 소방본부장 또는 소방서장이다(법 제22조 제1항).

128 ▶ 위험물 누출 등의 사고 조사(법 제22조의2 제1항)
① 소방청장, 소방본부장 또는 소방서장은 위험물의 누출·화재·폭발 등의 사고가 발생한 경우 사고의 원인 및 피해 등을 조사하여야 한다.

정답 127.① 128.①

제6장 보칙

129 다음 중 위험물 안전교육을 받아야 하는 안전교육대상자가 아닌 자는?
① 위험물 제조소의 관계인
② 안전관리자로 선임된 자
③ 탱크시험자의 기술인력으로 종사하는 자
④ 위험물운송자로서 종사하는 자

[09. 경남]

130 다음 중 위험물 안전교육대상자가 아닌 것은?
① 안전관리자로 선임된 자
② 탱크시험자의 기술인력으로 종사하는 자
③ 위험물운송자로 종사하는 자
④ 자체소방대원

[11. 통합]

해설

129 ① 위험물 제조소의 관계인은 포함되지 않는다.

▶ 안전교육대상자(영 제20조)
1. 안전관리자로 선임된 자
2. 탱크시험자의 기술인력으로 종사하는 자
3. 위험물운반자로 종사하는 자
4. 위험물운송자로 종사하는 자

130 ④ 자체소방대원은 포함되지 않는다.

▶ 안전교육대상자(영 제20조)
1. 안전관리자로 선임된 자
2. 탱크시험자의 기술인력으로 종사하는 자
3. 위험물운반자로 종사하는 자
4. 위험물운송자로 종사하는 자

정답 129.① 130.④

131 「위험물안전관리법」에서 과태료 부과권자로서 옳지 않은 것은?
① 소방서장
② 시·도지사
③ 소방본부장
④ 소방청장

132 「위험물안전관리법」상 벌칙 기준이 다른 것은?
① 제조소등의 사용정지명령을 위반한 자
② 변경허가를 받지 아니하고 제조소등을 변경한 자
③ 위험물의 저장 또는 취급에 관한 중요기준에 따르지 아니한 자
④ 위험물안전관리자 또는 그 대리자가 참여하지 아니한 상태에서 위험물을 취급한 자

해설

131 ④ 과태료는 대통령령이 정하는 바에 따라 <u>시·도지사, 소방본부장 또는 소방서장</u>이 부과·징수한다(법 제39조 제2항).

132 ④ 1천만원 이하의 벌금(법 제37조)
①②③은 1천500만원 이하의 벌금(법 제36조)

정답 131.④ 132.④

기출문제
모의고사

PART 01 | 2021 상반기(경채)

01 「소방기본법」상 소방업무의 응원에 대한 내용으로 옳지 않은 것은?

① 소방업무의 응원을 위하여 파견된 소방대원은 응원을 요청한 소방본부장 또는 소방서장의 지휘에 따라야 한다.
② 소방업무의 응원 요청을 받은 소방본부장 또는 소방서장은 정당한 사유 없이 그 요청을 거절하여서는 아니 된다.
③ 소방본부장이나 소방서장은 소방활동을 할 때에 긴급한 경우에는 이웃한 소방본부장 또는 소방서장에게 소방업무의 응원(應援)을 요청할 수 있다.
④ 소방청장은 소방업무의 응원을 요청하는 경우를 대비하여 출동 대상지역 및 규모와 필요한 경비의 부담 등에 관하여 필요한 사항을 행정안전부령으로 정하는 바에 따라 시·도지사와 협의하여 미리 규약(規約)으로 정하여야 한다.

해설 p.46 - 77번

02 「소방기본법 시행령」상 화재경계지구에 대한 내용으로 옳지 않은 것은?

① 시·도지사는 소방특별조사의 결과 등을 대통령령으로 정하는 화재경계지구 관리대장에 작성하고 관리하여야 한다.
② 소방본부장 또는 소방서장은 화재경계지구 안의 관계인에 대하여 소방상 필요한 훈련 및 교육을 연 1회 이상 실시할 수 있다.
③ 소방본부장 또는 소방서장은 화재경계지구 안의 소방대상물의 위치·구조 및 설비 등에 대한 소방특별조사를 연 1회 이상 실시하여야 한다.
④ 소방본부장 또는 소방서장은 소방상 필요한 훈련 및 교육을 실시하고자 하는 때에는 화재경계지구 안의 관계인에게 훈련 또는 교육 10일 전까지 그 사실을 통보하여야 한다.

해설 p.56 - 91번

정답 01.④ 02.①

03 「소방기본법 시행령」상 손실보상에 대한 내용으로 옳지 않은 것은?

① 손실보상심의위원회 위원의 임기는 2년으로 하며, 한 차례만 연임할 수 있다.
② 손실보상심의위원회는 위원장 1명을 포함하여 7명 이상 9명 이하의 위원으로 구성한다.
③ 소방청장등은 보상금을 지급하기로 결정한 경우에는 특별한 사유가 없으면 통지한 날부터 30일 이내에 보상금을 지급하여야 한다.
④ 소방청장등은 손실보상심의위원회의 심사·의결을 거쳐 특별한 사유가 없으면 보상금 지급 청구서를 받은 날부터 60일 이내에 보상금 지급 여부 및 보상금액을 결정하여야 한다.

04 「소방기본법 시행령」상 특수가연물의 품명과 수량으로 옳지 않은 것은?

① 넝마 및 종이부스러기 : 400킬로그램 이상
② 가연성고체류 : 3,000킬로그램 이상
③ 석탄·목탄류 : 10,000킬로그램 이상
④ 가연성액체류 : 2세제곱미터 이상

05 「소방기본법 시행령」상 소방자동차 전용구역에 대한 내용으로 옳은 것은?

① 「건축법 시행령」상의 모든 아파트는 소방자동차 전용구역 설치 대상이다.
② 「주차장법」 제19조에 따른 부설주차장의 주차구획 내에 주차하는 것은 전용구역 방해행위에 해당한다.
③ 전용구역 노면표지 도료의 색채는 황색을 기본으로 하되, 문자(P, 소방차 전용)는 백색으로 표시한다.
④ 소방자동차 전용구역 설치 대상인 공동주택의 건축주는 각 동별 전면과 후면에 소방자동차 전용구역을 각 1개소 이상 예외 없이 설치하여야 한다.

정답 03.② 04.① 05.③

06 「소방기본법」상 소방활동 종사 명령에 따라 소방활동에 종사한 사람은 시·도지사로부터 소방활동 비용을 지급받을 수 있다. 소방활동 비용을 지급받을 수 있는 사람으로 옳은 것은?

① 과실로 화재를 발생시킨 사람
② 화재 현장에서 물건을 가져간 사람
③ 소방대상물에 화재가 발생한 경우 그 관계인
④ 화재 현장에서 불이 번지지 아니하도록 하는 일을 명령 받은 사람

해설 p.98 - 165번

07 「소방기본법 시행령」상 보일러 등의 위치·구조 및 관리와 화재예방을 위하여 불의 사용에 있어서 지켜야 하는 사항으로 옳은 것은?

① 전기시설에서 전류가 통하는 전선에는 누전차단기를 설치하여야 한다.
② 「공연법」 제2조 제4호의 규정에 의한 공연장에서 이동식난로는 절대 사용하여서는 아니 된다.
③ 보일러를 실내에 설치하는 경우에는 콘크리트바닥 또는 금속 외의 난연재료로 된 바닥 위에 설치하여야 한다.
④ 수소가스를 넣는 기구에서 수소가스를 넣을 때에는 기구 안에 수소가스 또는 공기를 제거한 후 감압기를 사용하여야 한다.

해설 p.65 - 107번

08 「소방기본법」상 소방기관의 설치에 대한 내용으로 옳지 않은 것은?

① 시·도에서 소방업무를 수행하기 위하여 시·도지사 직속으로 소방본부를 둔다.
② 시·도의 소방업무를 수행하는 소방기관의 설치에 필요한 사항은 행정안전부령으로 정한다.
③ 소방업무를 수행하는 소방본부장 또는 소방서장은 그 소재지를 관할하는 시·도지사의 지휘와 감독을 받는다.
④ 소방청장은 화재 예방 및 대형 재난 등 필요한 경우 시·도 소방본부장 및 소방서장을 지휘·감독할 수 있다.

해설 p.17 - 25번

09 「소방기본법」상 소방 관련 시설 등의 설립 또는 설치에 관한 법적 근거로 옳은 것은?

① 소방체험관 : 대통령령
② 119종합상황실 : 대통령령
③ 소방박물관 : 행정안전부령
④ 비상소화장치 : 시·도 조례

해설 p.26 - 41번

정답 06.④ 07.④ 08.② 09.③

10 「소방기본법」 및 같은 법 시행령상 소방장비 등에 대한 국고보조의 내용으로 옳지 않은 것은?

① 보조 대상사업의 범위와 기준보조율은 대통령령으로 정한다.
② 소방활동장비 및 설비의 종류와 규격은 행정안전부령으로 정한다.
③ 국가는 소방장비의 구입 등 시·도의 소방업무에 필요한 경비의 전부를 보조한다.
④ 국고보조 대상사업에 해당하는 소방활동장비로는 소방자동차, 소방헬리콥터 및 소방정 등이 있다.

11 「화재예방, 소방시설 설치·유지 및 안전관리에 관한 법률 시행령」상 피난구조설비 중 공기호흡기를 설치하여야 하는 특정소방대상물로 옳지 않은 것은?

① 지하가 중 지하상가
② 운수시설 중 지하역사
③ 판매시설 중 대규모점포
④ 호스릴이산화탄소소화설비를 설치하여야 하는 특정소방대상물

12 「화재예방, 소방시설 설치·유지 및 안전관리에 관한 법률」상 청문 사유로 옳지 않은 것은?

① 성능인증의 취소
② 전문기관의 지정취소 및 업무정지
③ 소방용품의 형식승인 취소 및 제품검사 중지
④ 소방시설 설계업 및 방염업의 등록취소 및 영업정지

13 「화재예방, 소방시설 설치·유지 및 안전관리에 관한 법률」상 소방시설관리업의 등록을 반드시 취소하여야 하는 사유로 옳지 않은 것은?

① 자체점검 등을 하지 아니한 경우
② 소방시설관리업자가 피성년후견인인 경우
③ 거짓이나 그 밖의 부정한 방법으로 등록한 경우
④ 다른 자에게 등록증이나 등록수첩을 빌려준 경우

정답 10. ③ 11. ④ 12. ④ 13. ①

14 「화재예방, 소방시설 설치·유지 및 안전관리에 관한 법률 시행령」상 특정소방대상물 중 근린생활시설로 옳지 않은 것은?

① 같은 건축물에 금융업소로 쓰는 바닥면적의 합계가 200제곱미터인 것
② 같은 건축물에 단란주점으로 쓰는 바닥면적의 합계가 300제곱미터인 것
③ 같은 건축물에 골프연습장으로 쓰는 바닥면적의 합계가 450제곱미터인 것
④ 같은 건축물에 미용원으로 쓰는 바닥면적의 합계가 800제곱미터인 것

15 「화재예방, 소방시설 설치·유지 및 안전관리에 관한 법률 시행령」상 성능위주설계를 해야 하는 특정소방대상물로 옳은 것은? (단, 신축하는 것만 해당한다.)

① 높이 120미터인 아파트
② 연면적 2만 제곱미터인 철도역사
③ 연면적 10만 제곱미터인 특정소방대상물(단, 아파트등은 제외)
④ 하나의 건축물에 「영화 및 비디오물의 진흥에 관한 법률」 제2조 제10호에 따른 영화상영관이 10개인 특정소방대상물

16 「화재예방, 소방시설 설치·유지 및 안전관리에 관한 법률 시행령」상 〈보기〉는 둘 이상의 특정소방대상물이 내화구조로 된 연결통로로 연결된 경우 이를 하나의 소방대상물로 보는 기준에 대한 설명이다. ( ) 안에 들어갈 내용으로 옳은 것은?

- 벽이 없는 구조로서 그 길이가 (가) 이하인 경우
- 벽이 있는 구조로서 그 길이가 (나) 이하인 경우. 다만, 벽 높이가 바닥에서 천장까지의 높이의 (다) 이상인 경우에는 벽이 있는 구조로 보고, 벽 높이가 바닥에서 천장까지의 높이의 (다) 미만인 경우에는 벽이 없는 구조로 본다.

(가)	(나)	(다)
① 6m	10m	2분의 1
② 7m	12m	3분의 1
③ 8m	10m	2분의 1
④ 9m	12m	3분의 1

정답 14.② 15.④ 16.①

17 「화재예방, 소방시설 설치·유지 및 안전관리에 관한 법률 시행령」상 간이스프링클러를 설치하여야 하는 특정소방대상물로 옳지 않은 것은?

① 한의원으로서 입원실이 있는 시설
② 교육연구시설 내에 합숙소로서 연면적 100m² 이상인 것
③ 생활형 숙박시설로서 해당 용도로 사용되는 바닥면적의 합계가 300m² 이상인 것
④ 건물을 임차하여 「출입국관리법」 제52조 제2항에 따른 보호시설로 사용하는 부분

18 「화재예방, 소방시설 설치·유지 및 안전관리에 관한 법률」상 소방안전 특별관리시설물로 옳지 않은 것은?

① 「위험물안전관리법」 제2조 제1항 제3호의 제조소
② 「전통시장 및 상점가 육성을 위한 특별법」 제2조 제1호의 전통시장으로서 대통령령으로 정하는 전통시장
③ 「영화 및 비디오물의 진흥에 관한 법률」 제2조 제10호의 영화상영관 중 수용인원 1,000명 이상인 영화상영관
④ 「문화재보호법」 제2조 제3항의 지정문화재인 시설(시설이 아닌 지정문화재를 보호하거나 소장하고 있는 시설을 포함한다)

19 「화재예방, 소방시설 설치·유지 및 안전관리에 관한 법률」 및 같은 법 시행령상 특정소방대상물로서 그 관리의 권원(權原)이 분리되어 있는 것 가운데 소방본부장이나 소방서장이 공동 소방안전관리자를 선임하도록 지정할 수 있는 대상물로 옳지 않은 것은?

① 판매시설 중 상점
② 복합건축물로서 연면적이 5천 제곱미터 이상인 것
③ 고층 건축물(지하층을 제외한 층수가 11층 이상인 건축물만 해당)
④ 지하가(지하의 인공구조물 안에 설치된 상점 및 사무실, 그 밖에 이와 비슷한 시설이 연속하여 지하도에 접하여 설치된 것과 그 지하도를 합한 것을 말한다)

정답 17.③ 18.① 19.①

20 「화재예방, 소방시설 설치·유지 및 안전관리에 관한 법률」상 특정소방대상물별로 설치하여야 하는 소방시설의 정비 등에 대한 설명이다. ( ) 안에 들어갈 내용으로 옳은 것은?

> - 제9조 제1항에 따라 대통령령으로 소방시설을 정할 때에는 특정소방대상물의 (가) 등을 고려하여야 한다.
> - 소방청장은 건축 환경 및 화재위험특성 변화사항을 효과적으로 반영할 수 있도록 소방시설 규정을 (나) 이상 정비하여야 한다.

	(가)	(나)
①	규모·용도 및 수용인원	3년에 1회
②	위치·구조 및 수용인원	4년에 1회
③	규모·용도 및 가연물의 종류 및 양	5년에 1회
④	위치·구조 및 가연물의 종류 및 양	10년에 1회

해설 p.168 - 85번

정답 20.①

PART 02 | 2021 상반기(공채)

01. 「소방기본법」 및 같은 법 시행령상 화재의 예방조치 등으로 옳지 않은 것은?
    ① 소방본부장 또는 소방서장은 보관기간이 종료되는 때에는 보관하고 있는 위험물 또는 물건을 매각하여야 한다.
    ② 위험물 또는 물건의 보관기간은 소방본부 또는 소방서의 게시판에 공고하는 기간의 종료일 다음 날부터 7일로 한다.
    ③ 위험물 또는 물건을 보관하는 경우에는 그 날부터 14일 동안 소방본부 또는 소방서의 게시판에 그 사실을 공고하여야 한다.
    ④ 시·도지사는 폐기된 위험물의 소유자가 보상을 요구하는 경우에는 보상금액에 대하여 소유자와 협의를 거쳐 이를 보상하여야 한다.

02. 「소방기본법 시행규칙」상 소방용수시설의 설치기준으로 옳은 것은?
    ① 소방용호스와 연결하는 소화전의 연결금속구의 구경은 40밀리미터로 할 것
    ② 공업지역인 경우 소방대상물과 수평거리를 100미터 이하가 되도록 할 것
    ③ 저수조에 물을 공급하는 방법은 상수도에 연결하여 수동으로 급수되는 구조일 것
    ④ 급수탑의 개폐밸브는 지상에서 0.8미터 이상 1.5미터 이하의 위치에 설치하도록 할 것

03. 「소방기본법」상 119종합상황실의 설치 및 운영목적에 대한 내용으로 옳지 않은 것은?
    ① 상황관리
    ② 대응계획 실행 및 평가
    ③ 현장 지휘 및 조정·통제
    ④ 정보의 수집·분석과 판단·전파

정답 01.④ 02.② 03.②

04 「소방기본법」상 한국소방안전원이 수행하는 업무에 대한 내용으로 옳지 않은 것은?
① 소방기술과 안전관리에 관한 인허가 업무
② 소방기술과 안전관리에 관한 각종 간행물 발간
③ 소방기술과 안전관리에 관한 교육 및 조사·연구
④ 화재 예방과 안전관리의식 고취를 위한 대국민 홍보

05 「소방기본법」상 소방활동 종사 명령에 대한 설명으로 옳지 않은 것은?
① 소방본부장 또는 소방서장은 화재 현장에서 소방활동 종사 명령을 할 수 있다.
② 소방활동 종사 명령은 관할구역에 사는 사람 또는 그 현장에 있는 사람을 대상으로 할 수 있다.
③ 소방활동에 종사한 사람은 소방본부장 또는 소방서장으로부터 소방활동의 비용을 지급받을 수 있다.
④ 소방본부장 또는 소방서장은 소방활동에 필요한 보호장구를 지급하는 등 안전을 위한 조치를 하여야 한다.

06 「화재예방, 소방시설 설치·유지 및 안전관리에 관한 법률」 및 같은 법 시행령상 공동소방안전관리자 선임대상 특정소방대상물로 옳지 않은 것은?
① 판매시설 중 도매시장 및 소매시장
② 복합건축물로서 층수가 5층 이상인 것
③ 복합건축물로서 연면적 3천5백 제곱미터 이상인 것
④ 고층건축물(지하층을 제외한 층수가 11층 이상인 건축물만 해당한다)

07 「화재예방, 소방시설 설치·유지 및 안전관리에 관한 법률 시행령」상 소방용품 중 경보설비를 구성하는 제품 또는 기기로 옳지 않은 것은?
① 수신기
② 감지기
③ 누전차단기
④ 가스누설경보기

정답 04.① 05.③ 06.③ 07.③

08 「화재예방, 소방시설 설치·유지 및 안전관리에 관한 법률 시행령」상 간이스프링클러설비를 설치하여야 하는 특정소방대상물로 옳지 않은 것은?

① 교육연구시설 내에 합숙소로서 연면적이 100m² 이상인 것
② 근린생활시설 중 의원, 치과의원 및 한의원으로서 입원실이 있는 시설
③ 근린생활시설 중 근린생활시설로 사용하는 부분의 바닥면적 합계가 1천 m² 이상인 것은 모든 층
④ 숙박시설 중 생활형 숙박시설로서 해당 용도로 사용되는 바닥면적의 합계가 500m² 이상인 것

09 「화재예방, 소방시설 설치·유지 및 안전관리에 관한 법률 시행규칙」상 종합정밀점검에 대한 설명으로 옳은 것은?

① 소방시설관리업자만 할 수 있다.
② 소방시설등의 작동기능점검은 포함하지 않는다.
③ 건축물의 사용승인일이 속하는 다음 달에 실시한다.
④ 스프링클러설비가 설치된 특정소방대상물은 종합정밀점검을 받아야 한다.

10 「화재예방, 소방시설 설치·유지 및 안전관리에 관한 법률 시행규칙」상 소방안전관리대상물의 관계인이 피난시설의 위치, 피난경로 또는 대피요령이 포함된 피난유도 안내정보를 근무자 또는 거주자에게 정기적으로 제공해야 하는 방법으로 옳지 않은 것은?

① 연 1회 피난안내 교육을 실시하는 방법
② 분기별 1회 이상 피난안내방송을 실시하는 방법
③ 피난안내도를 층마다 보기 쉬운 위치에 게시하는 방법
④ 엘리베이터, 출입구 등 시청이 용이한 지역에 피난안내 영상을 제공하는 방법

정답 08.④ 09.④ 10.①

11 「소방시설공사업법」 및 같은 법 시행령, 시행규칙상 공사감리에 관한 내용으로 옳은 것은?

① 감리업자가 감리원을 배치하였을 때에는 소방본부장 또는 소방서장의 동의를 받아야 한다.
② 소방본부장 또는 소방서장은 특정소방대상물에 대해서 감리업자를 공사감리자로 지정하여야 한다.
③ 지하층을 포함한 층수가 16층 이상으로서 300세대 이상인 아파트에 대한 소방시설공사는 상주공사감리 대상이다.
④ 상주공사감리 대상인 경우 소방시설용 배관을 설치하거나 매립하는 때부터 완공검사증명서를 발급받을 때까지 소방공사감리현장에 감리원을 배치하여야 한다.

해설 p.292 - 87번

12 「소방시설공사업법」에 규정한 내용으로 옳지 않은 것은?

① 특정소방대상물의 관계인 또는 발주자는 소방시설공사 등을 도급할 때에는 해당 소방시설업자에게 도급하여야 한다.
② 소방본부장이나 소방서장은 완공검사나 부분완공검사를 하였을 때에는 완공검사증명서나 부분완공검사증명서를 발급하여야 한다.
③ 관계인은 하자보수기간에 소방시설의 하자가 발생하였을 때에는 공사업자에게 그 사실을 알려야 하며, 통보를 받은 공사업자는 7일 이내에 하자를 보수하거나 보수 일정을 기록한 하자보수계획을 관계인에게 서면으로 알려야 한다.
④ 소방시설업의 등록을 한 후 정당한 사유 없이 1년이 지날 때까지 영업을 시작하지 아니하거나 계속하여 1년 이상 휴업함으로써 그 이용자에게 불편을 줄 때에는 영업정지처분을 갈음하여 2억 원 이하의 과징금을 부과할 수 있다.

해설 p.286 - 76번

정답 11.④ 12.③

13 「소방시설공사업법 시행규칙」상 소방기술과 관련된 자격·학력 및 경력의 인정범위에 관한 내용으로 옳은 것은?
① 소방공무원으로서 3년간 근무한 경력이 있는 사람은 중급감리원의 업무를 수행할 수 있다.
② 학사학위를 취득한 후 소방 관련 업무를 10년간 수행한 사람은 특급기술자 업무를 수행할 수 있다.
③ 소방시설관리사 자격을 취득한 후 소방 관련 업무를 3년간 수행한 사람은 특급기술자 업무를 수행할 수 있다.
④ 소방설비기사 기계분야 자격을 취득한 후 소방 관련 업무를 8년간 수행한 사람은 해당분야 특급감리원의 업무를 수행할 수 있다.

14 「소방시설공사업법」상 소방공사감리업자의 업무범위로 옳지 않은 것은?
① 완공된 소방시설등의 성능시험
② 소방시설등의 설치계획표의 적법성 검토
③ 소방시설등 설계 변경 사항의 적합성 검토
④ 설계업자가 작성한 시공 상세 도면의 적합성 검토

15 「소방시설공사업법」 및 같은 법 시행령상 소방공사업자는 소방기술자를 소방공사 현장에 배치하는 것이 원칙이지만, 발주자가 서면으로 승낙하는 경우에는 해당 공사가 중단된 기간 동안 소방기술자를 공사 현장에 배치하지 않을 수 있도록 되어 있는 예외사항이 있다. 다음 중 예외사항으로 옳지 않은 것은?
① 발주자가 공사 중단을 요청하는 경우
② 소방공사감리원이 공사 중단을 요청하는 경우
③ 민원 또는 계절적 요인 등으로 해당 공정의 공사가 일정 기간 중단된 경우
④ 예산 부족 등 발주자의 책임 있는 사유 또는 천재지변 등 불가항력으로 공사가 일정 기간 중단된 경우

정답 13.④ 14.④ 15.②

16 「위험물안전관리법 시행규칙」상 옥외탱크저장소의 위치·구조 및 설비의 기준에 관한 내용이다. 빈칸에 들어갈 숫자로 옳은 것은?

> 가. 지정수량의 650배를 저장하는 옥외탱크저장소의 보유공지는 (ㄱ)m 이상이다.
> 나. 펌프설비의 주위에는 너비 (ㄴ)m 이상의 공지를 보유해야 한다. 다만 방화상 유효한 격벽을 설치하는 경우와 제6류 위험물 또는 지정수량의 (ㄷ)배 이하 위험물의 옥외저장탱크의 펌프설비에 있어서는 그러하지 아니하다.

	ㄱ	ㄴ	ㄷ
①	3	3	20
②	3	5	10
③	5	3	10
④	5	5	20

17 「위험물안전관리법 시행규칙」상 제조소의 환기설비의 기준에 대한 설명으로 옳지 않은 것은?

① 환기는 기계배기방식으로 할 것
② 환기구는 지상 2m 이상의 높이에 루프팬 방식으로 설치할 것
③ 바닥면적이 $90m^2$일 경우 급기구의 면적은 $450cm^2$ 이상으로 할 것
④ 급기구는 낮은 곳에 설치하고 가는 눈의 구리망 등으로 인화방지망을 설치할 것

18 「위험물안전관리법 시행령」 및 같은 법 시행규칙상 위험물의 성질과 품명이 옳지 않은 것은?

① 가연성 고체 : 적린, 금속분
② 산화성 액체 : 과염소산, 질산
③ 산화성 고체 : 요오드산염류, 과요오드산
④ 자연발화성 및 금수성 물질 : 황린, 아조화합물

정답 16.③ 17.① 18.④

19 「위험물안전관리법 시행령」상 정기점검 대상인 저장소로 옳지 않은 것은?

① 옥내탱크저장소　　② 지하탱크저장소
③ 이동탱크저장소　　④ 암반탱크저장소

20 「위험물안전관리법 시행규칙」상 제조소등에 설치하는 소방시설 설치에 대한 내용으로 옳지 않은 것은?

① 제조소등에는 화재발생시 소화가 곤란한 정도에 따라 그 소화에 적응성이 있는 소화설비를 설치하여야 한다.
② 제조소등에는 화재발생시 소방공무원이 화재를 진압하거나 인명구조 활동을 할 수 있도록 소화활동설비를 설치하여야 한다.
③ 주유취급소 중 건축물의 2층 이상의 부분을 점포·휴게음식점 또는 전시장의 용도로 사용하는 것과 옥내주유취급소에는 피난설비를 설치하여야 한다.
④ 지정수량의 10배 이상의 위험물을 저장 또는 취급하는 제조소등(이동탱크저장소 제외)에는 화재발생시 이를 알릴 수 있는 경보설비를 설치하여야 한다.

정답 19.① 20.②

PART 03 | 2020년 상반기(경채)

01 「소방기본법」 및 같은 법 시행령상 소방안전교육사와 관련된 규정의 내용으로 옳지 않은 것은?

① 소방안전교육사는 소방안전교육의 기획·진행·분석·평가 및 교수업무를 수행한다.
② 금고 이상의 형의 집행유예를 선고받고 그 유예기간 중에 있는 사람은 소방안전교육사가 될 수 없다.
③ 초등학교 등 교육기관에는 소방안전교육사를 1명 이상 배치하여야 한다.
④ 「유아교육법」에 따라 교원의 자격을 취득한 사람은 소방안전교육사 시험에 응시할 수 있다.

해설 p.84 - 143번

02 「소방기본법」상 소방자동차가 화재진압을 위하여 출동하는 경우 소방자동차의 우선 통행에 관한 내용으로 옳지 않은 것은?

① 모든 차와 사람은 소방자동차가 화재진압을 위하여 출동을 할 때에는 이를 방해하여서는 아니 된다.
② 소방자동차가 화재진압을 위하여 출동하거나 훈련을 위하여 필요할 때에는 사이렌을 사용할 수 있다.
③ 모든 차와 사람은 소방자동차가 화재진압을 위하여 사이렌을 사용하여 출동하는 경우에는 소방자동차에 진로를 양보하지 아니하는 행위를 하여서는 아니 된다.
④ 모든 차와 사람은 소방자동차가 화재진압을 위하여 사이렌을 사용하여 출동하는 경우 소방자동차의 우선 통행에 관하여는 「교통안전법」에서 정하는 바에 따른다.

해설 p.90 - 153번

정답 01.③ 02.④

03 「소방기본법 시행령」상 소방장비 등 국고보조 대상사업의 범위에 해당하지 않는 것은?
① 소방자동차 구입
② 소방용수시설 설치
③ 소방헬리콥터 및 소방정 구입
④ 소방전용통신설비 및 전산설비 설치

04 「소방기본법 시행령」상 일반음식점에서 조리를 위하여 불을 사용하는 설비를 설치할 때 지켜야 할 사항으로 옳지 않은 것은?
① 주방시설에는 동물 또는 식물의 기름을 제거할 수 있는 필터 등을 설치할 것
② 열을 발생하는 조리기구는 반자 또는 선반으로부터 0.5미터 이상 떨어지게 할 것
③ 주방설비에 부속된 배출덕트(공기 배출통로)는 0.5밀리미터 이상의 아연 도금강판 또는 이와 동등 이상의 내식성 불연재료로 설치할 것
④ 열을 발생하는 조리기구로부터 0.15미터 이내의 거리에 있는 가연성 주요구조부는 단열성이 있는 불연재료로 덮어 씌울 것

05 「소방기본법 시행령」상 화재가 발생하는 경우 불길이 빠르게 번지는 고무류·면화류 등 대통령령으로 정하는 특수가연물의 저장 및 취급기준 중 다음 (   ) 안에 들어갈 숫자로 옳은 것은? (단, 석탄·목탄류의 경우는 제외한다.)

> 살수설비를 설치하거나, 방사능력 범위에 해당 특수 가연물이 포함되도록 대형 수동식소화기를 설치하는 경우에는 쌓는 높이를 (가)미터 이하, 쌓는 부분의 바닥면적을 (나)제곱미터 이하로 할 수 있다.

	(가)	(나)
①	10	200
②	10	300
③	15	200
④	15	300

정답 03.② 04.② 05.③

06 「소방기본법」상 강제처분과 위험시설 등에 대한 긴급조치에 관한 내용으로 옳지 않은 것은?

① 소방본부장, 소방서장 또는 소방대장은 사람을 구출하거나 불이 번지는 것을 막기 위하여 필요할 때에는 화재가 발생하거나 불이 번질 우려가 있는 소방대상물 및 토지를 일시적으로 사용하거나 그 사용의 제한 또는 소방활동에 필요한 처분을 할 수 있다.
② 소방본부장, 소방서장 또는 소방대장은 화재 진압 등 소방활동을 위하여 필요할 때에는 소방용수 외에 댐·저수지 또는 수영장 등의 물을 사용하거나 수도(水道)의 개폐장치 등을 조작할 수 있다.
③ 시·도지사는 소방활동에 방해가 되는 주차 또는 정차된 차량의 제거나 이동을 위하여 견인차량과 인력 등을 지원한 자에게 시·도의 조례로 정하는 바에 따라 비용을 지급할 수 있다.
④ 시·도지사는 화재 발생을 막거나 폭발 등으로 화재가 확대되는 것을 막기 위하여 가스·전기 또는 유류 등의 시설에 대하여 위험물질의 공급을 차단하는 등 필요한 조치를 할 수 있다.

해설 p.101 - 171번

07 「소방기본법」상 화재경계지구로 지정할 수 있는 대상을 모두 고른 것은?

ㄱ. 시장지역
ㄴ. 목조건물이 밀집한 지역
ㄷ. 위험물의 저장 및 처리 시설이 밀집한 지역
ㄹ. 석유화학제품을 생산하는 공장이 있는 지역

① ㄱ, ㄴ
② ㄷ, ㄹ
③ ㄱ, ㄷ, ㄹ
④ ㄱ, ㄴ, ㄷ, ㄹ

해설 p.55 - 90번

08 「소방기본법」상 소방지원활동으로 옳지 않은 것은?

① 붕괴, 낙하 등이 우려되는 고드름 등의 제거활동
② 화재, 재난·재해로 인한 피해복구 지원활동
③ 자연재해에 따른 급수·배수 및 제설 등 지원활동
④ 집회·공연 등 각종 행사 시 사고에 대비한 근접대기 등 지원활동

해설 p.75 - 127번

정답 06.④ 07.④ 08.①

09 「소방기본법」상 소방력의 동원에 대한 설명이다. ( ) 안에 들어갈 용어로 옳은 것은?

> (가)은/는 해당 시·도의 소방력만으로는 소방활동을 효율적으로 수행하기 어려운 화재, 재난·재해, 그 밖의 구조·구급이 필요한 상황이 발생하거나 특별히 국가적 차원에서 소방활동을 수행할 필요가 인정될 때에는 각 (나)에게 행정안전부령으로 정하는 바에 따라 소방력을 동원할 것을 요청할 수 있다.

	(가)	(나)
①	소방청장	시·도지사
②	소방청장	소방본부장
③	시·도지사	시·도지사
④	시·도지사	소방본부장

10 「소방기본법」상 "소방대장"에 대한 용어의 뜻으로 옳은 것은?

① 소방대상물의 소유자·관리자 또는 점유자
② 소방본부장 또는 소방서장 등 화재, 재난·재해, 그 밖의 위급한 상황이 발생한 현장에서 소방대를 지휘하는 사람
③ 화재를 진압하고 화재, 재난·재해, 그 밖의 위급한 상황에서 구조·구급 활동 등을 하기 위하여 소방공무원, 의무소방원, 자위소방대원으로 구성된 조직체
④ 특별시·광역시·특별자치시·도 또는 특별자치도에서 화재의 예방·경계·진압·조사 및 구조·구급 등의 업무를 담당하는 부서의 장

11 「화재예방, 소방시설 설치·유지 및 안전관리에 관한 법률」상 특정소방대상물(소방안전관리대상물은 제외한다) 관계인의 업무로 옳지 않은 것은?

① 소방계획서의 작성 및 시행
② 화기(火氣) 취급의 감독
③ 소방시설이나 그 밖의 소방 관련 시설의 유지·관리
④ 피난시설, 방화구획 및 방화시설의 유지·관리

정답 09.① 10.② 11.①

12 「화재예방, 소방시설 설치·유지 및 안전관리에 관한 법률 시행령」상 성능위주설계를 해야 하는 특정소방대상물의 범위에 해당되는 것은? (단, 신축하는 것만 해당한다.)

① 연면적 30만 제곱미터의 아파트
② 연면적 2만5천 제곱미터의 철도시설
③ 지하층을 포함한 층수가 30층인 복합건축물
④ 연면적 3만 제곱미터, 높이 90미터, 지하층 포함 25층인 종합병원

해설 p.171 - 91번

13 「화재예방, 소방시설 설치·유지 및 안전관리에 관한 법률 시행령」상 방염성능기준에 대한 설명이다. ( ) 안에 들어갈 숫자로 옳은 것은?

- 버너의 불꽃을 제거한 때부터 불꽃을 올리며 연소하는 상태가 그칠 때까지 시간은 (가)초 이내일 것
- 버너의 불꽃을 제거한 때부터 불꽃을 올리지 아니하고 연소하는 상태가 그칠 때까지 시간은 (나)초 이내일 것

	(가)	(나)
①	10	30
②	10	50
③	20	30
④	20	50

해설 p.209 - 155번

14 「화재예방, 소방시설 설치·유지 및 안전관리에 관한 법률」상 방염성능검사에 합격하지 아니한 물품에 합격표시를 하거나 합격표시를 위조하거나 변조하여 사용한 자에 대한 벌칙의 기준으로 옳은 것은?

① 300만원 이하의 벌금
② 1천만원 이하의 벌금
③ 1년 이하의 징역 또는 1천만원 이하의 벌금
④ 3년 이하의 징역 또는 3천만원 이하의 벌금

해설 p.243 - 210번

정답 12.③ 13.③ 14.①

15 「화재예방, 소방시설 설치·유지 및 안전관리에 관한 법률 시행령」상 특정소방대상물의 소방시설 설치면제 기준으로 옳지 않은 것은?

① 간이스프링클러설비를 설치하여야 하는 특정소방대상물에 분말소화설비를 화재안전기준에 적합하게 설치한 경우에는 그 설비의 유효범위에서 설치가 면제된다.
② 비상경보설비를 설치하여야 할 특정소방대상물에 단독경보형감지기를 2개 이상의 단독경보형감지기와 연동하여 설치하는 경우에는 그 설비의 유효범위에서 설치가 면제된다.
③ 비상조명등을 설치하여야 하는 특정소방대상물에 피난구유도등 또는 통로유도등을 화재안전기준에 적합하게 설치한 경우에는 그 유도등의 유효범위에서 설치가 면제된다.
④ 누전경보기를 설치하여야 하는 특정소방대상물 또는 그 부분에 아크경보기 또는 전기 관련 법령에 따른 지락차단장치를 설치한 경우에는 그 설비의 유효범위에서 설치가 면제된다.

16 「화재예방, 소방시설 설치·유지 및 안전관리에 관한 법률 시행령」상 방염성능기준 이상의 실내장식물 등을 설치하여야 하는 특정소방대상물을 모두 고른 것은?

ㄱ. 근린생활시설 중 의원
ㄴ. 방송통신시설 중 방송국 및 촬영소
ㄷ. 근린생활시설 중 체력단련장

① ㄱ
② ㄱ, ㄴ
③ ㄴ, ㄷ
④ ㄱ, ㄴ, ㄷ

17 연면적 2,500㎡인 신축공사 작업현장의 바닥면적 200㎡인 지하층에서 용접작업을 하려고 한다. 「화재예방, 소방시설 설치·유지 및 안전관리에 관한 법률 시행령」상 해당 작업 현장에 설치하여야 할 임시소방시설로 옳지 않은 것은?

① 소화기
② 간이소화장치
③ 비상경보장치
④ 간이피난유도선

정답 15.① 16.④ 17.②

18 「화재예방, 소방시설 설치·유지 및 안전관리에 관한 법률」 및 같은 법 시행령상 건축허가등의 동의 등에 대한 설명으로 옳지 않은 것은?

① 건축허가등의 권한이 있는 행정기관은 건축허가등을 할 때 미리 그 건축물 등의 시공지 또는 소재지를 관할하는 소방본부장이나 소방서장의 동의를 받아야 한다.
② 건축허가등을 할 때에 소방본부장이나 소방서장의 동의를 받아야 하는 건축물 등의 범위는 행정안전부령으로 정한다.
③ 성능위주설계를 한 특정소방대상물은 소방본부장 또는 소방서장의 건축허가등의 동의대상에서 제외된다.
④ 관할 소방본부장이나 소방서장에게 건축허가등을 하거나 신고를 수리할 때 건축물의 내부구조를 알 수 있는 설계 도면을 제출하여야 한다.

해설 p.158 - 66번

19 「화재예방, 소방시설 설치·유지 및 안전관리에 관한 법률」 및 같은 법 시행령상 특정소방대상물에 관한 내용으로 옳은 것은?

① "특정소방대상물"이란 소방시설을 설치하여야 하는 소방대상물로서 행정안전부령으로 정하는 것을 말한다.
② 전력용의 전선배관을 집합수용하기 위하여 설치한 지하 인공구조물로서 사람이 점검 또는 보수를 하기 위하여 폭 1.5m, 높이 1.8m, 길이 300m 인 것은 지하구에 해당한다.
③ 하나의 건축물이 근린생활시설, 판매시설, 업무시설, 숙박시설 또는 위락시설의 용도와 주택의 용도로 함께 사용되는 것은 복합건축물에 해당한다.
④ 다중이용업 중 고시원업의 시설로서 독립된 주거의 형태를 갖추지 않은 것으로서 같은 건축물에 해당 용도로 쓰는 바닥면적의 합계가 450㎡인 고시원은 숙박시설에 해당한다.

해설 p.144 - 39번

정답 18.② 19.③

20 「화재예방, 소방시설 설치·유지 및 안전관리에 관한 법률」 및 같은 법 시행령상 임시소방시설을 설치하여야 하는 공사와 임시소방시설의 설치기준으로 옳지 않은 것은?

① 특정소방대상물의 용도변경을 위한 공사를 시공하는 자는 공사 현장에서 인화성(引火性) 물품을 취급하는 작업을 하기 전에 설치 및 철거가 쉬운 임시소방시설을 설치하고 유지·관리하여야 한다.

② 옥내소화전이 설치된 특정소방대상물의 용도변경을 위한 내부 인테리어 변경공사를 시공하는 자는 간이소화장치를 설치해야만 한다.

③ 무창층으로서 바닥면적 150㎡의 증축 작업현장에는 간이피난유도선을 설치해야 한다.

④ 소방서장은 용접·용단 등 불꽃을 발생시키거나 화기(火氣)를 취급하는 작업현장에 임시소방시설 또는 소방시설이 설치 또는 유지·관리되지 아니할 때에는 해당 시공자에게 필요한 조치를 하도록 명할 수 있다.

정답 20.②

PART 04 | 2020년 상반기(공채)

01 「소방기본법」상 소방대의 생활안전활동으로 옳지 않은 것은?

① 단전사고 시 비상전원 또는 조명 공급
② 소방시설 오작동 신고에 따른 조치 활동
③ 위해동물, 벌 등의 포획 및 퇴치 활동
④ 끼임, 고립 등에 따른 위험제거 및 구출 활동

02 「소방기본법」상 소방업무에 관한 종합계획의 수립·시행 등에 대한 설명이다. ( ) 안에 들어갈 내용으로 옳은 것은?

> (가)은 화재, 재난·재해, 그 밖의 위급한 상황으로부터 국민의 생명·신체 및 재산을 보호하기 위하여 소방업무에 관한 종합계획을 (나)마다 수립·시행하여야 하고, 이에 필요한 재원을 확보하도록 노력하여야 한다.

	(가)	(나)
①	소방청장	3년
②	소방청장	5년
③	행정안전부장관	3년
④	행정안전부장관	5년

03 「소방기본법」상 시·도지사가 소방활동에 필요하여 설치하고 유지·관리하는 소방용수시설로 옳지 않은 것은?

① 소화전
② 저수조
③ 급수탑
④ 상수도소화용수설비

정답 01.② 02.② 03.④

04
「소방기본법 시행령」상 보일러 등의 위치·구조 및 관리와 화재예방을 위하여 불의 사용에 있어서 지켜야 하는 사항으로, 다음은 용접 또는 용단 작업장에서 지켜야 할 사항이다. ( ) 안에 들어갈 내용으로 옳은 것은? (단,「산업안전보건법」제38조의 적용을 받는 사업장의 경우에는 적용하지 아니한다.)

- 용접 또는 용단 작업자로부터 (가) 이내에 소화기를 갖추어 둘 것
- 용접 또는 용단 작업장 주변 (나) 이내에는 가연물을 쌓아두거나 놓아두지 말 것. 다만, 가연물의 제거가 곤란하여 방지포 등으로 방호조치를 한 경우는 제외한다.

	(가)	(나)
①	반경 5m	반경 10m
②	반경 6m	반경 12m
③	직경 5m	직경 10m
④	직경 6m	직경 12m

05
「소방기본법」상 소방대의 구성원으로 옳은 것은?

ㄱ. 소방안전관리자 ㄴ. 의무소방원
ㄷ. 자체소방대원   ㄹ. 의용소방대원
ㅁ. 자위소방대원

① ㄱ, ㄷ
② ㄴ, ㄹ
③ ㄴ, ㅁ
④ ㄷ, ㅁ

06
「화재예방, 소방시설 설치·유지 및 안전관리에 관한 법률 시행령」상 피난구조설비로 옳지 않은 것은?

① 구조대
② 방열복
③ 시각경보기
④ 비상조명등

정답 04.① 05.② 06.③

07 「소방시설공사업법 시행령」상 소방본부장 또는 소방서장의 소방시설공사 완공검사를 위한 현장확인 대상 특정소방대상물로 옳지 않은 것은?

① 창고시설
② 스프링클러설비등이 설치되는 특정소방대상물
③ 연면적 1만 제곱미터 이상이거나 11층 이상인 아파트
④ 가연성가스를 제조·저장 또는 취급하는 시설 중 지상에 노출된 가연성 가스탱크의 저장용량 합계가 1천톤 이상인 시설

08 「화재예방, 소방시설 설치·유지 및 안전관리에 관한 법률 시행령」상 소방안전관리보조자를 두어야 하는 특정소방대상물에 대한 설명이다. ( ) 안에 들어갈 용어로 옳은 것은?

- 「건축법 시행령」 별표 1 제2호 가목에 따른 아파트 [(가)세대 이상인 아파트만 해당한다]
- 아파트를 제외한 연면적이 (나) 이상인 특정소방대상물

	(가)	(나)
①	150	1만 제곱미터
②	150	1만5천 제곱미터
③	300	1만 제곱미터
④	300	1만5천 제곱미터

09 「화재예방, 소방시설 설치·유지 및 안전관리에 관한 법률 시행령」상 의료시설에 해당되는 특정소방대상물을 모두 고른 것은?

ㄱ. 노인의료복지시설
ㄴ. 정신의료기관
ㄷ. 마약진료소
ㄹ. 한방의원

① ㄱ, ㄷ
② ㄱ, ㄹ
③ ㄴ, ㄷ
④ ㄷ, ㄹ

정답 07.③ 08.④ 09.③

10 「화재예방, 소방시설 설치·유지 및 안전관리에 관한 법률 시행령」상 특정소방대상물이 증축되는 경우, 원칙적으로 소방시설기준 적용에 관한 설명으로 옳은 것은?

① 기존 부분을 포함한 특정소방대상물의 전체에 대하여 증축 전 소방시설의 설치에 관한 대통령령 또는 화재안전기준을 적용하여야 한다.
② 기존 부분은 증축 전에 적용되던 소방시설의 설치에 관한 대통령령 또는 화재안전기준을 적용하고 증축 부분은 증축 당시의 소방시설의 설치에 관한 대통령령 또는 화재안전기준을 적용하여야 한다.
③ 증축 부분은 증축 전에 적용되던 소방시설의 설치에 관한 대통령령 또는 화재안전기준을 적용하고 기존 부분은 증축 당시의 소방시설의 설치에 관한 대통령령 또는 화재안전기준을 적용하여야 한다.
④ 기존 부분을 포함한 특정소방대상물의 전체에 대하여 증축 당시의 소방시설의 설치에 관한 대통령령 또는 화재안전기준을 적용하여야 한다.

11 「화재예방, 소방시설 설치·유지 및 안전관리에 관한 법률 시행령」상 특정소방대상물의 관계인이 특정소방대상물의 규모·용도 및 수용인원 등을 고려하여 갖추어야 하는 소방시설의 종류 중 단독경보형 감지기를 설치하여야 하는 특정소방대상물로 옳은 것은?

① 연면적 500㎡인 숙박시설
② 연면적 600㎡인 유치원
③ 연면적 2,000㎡인 기숙사
④ 교육연구시설 또는 수련시설 내에 있는 합숙소 또는 기숙사로서 연면적 3,000㎡인 것

12 「소방시설공사업법 시행령」상 하자보수 대상 소방시설 중 하자보수 보증기간이 다른 것은?

① 비상조명등
② 비상방송설비
③ 비상콘센트설비
④ 무선통신보조설비

정답 10.④ 11.① 12.③

13 「소방시설공사업법」상 감리업자가 감리를 할 때 위반사항에 대하여 조치하여야 할 사항이다. (　) 안에 들어갈 용어로 옳은 것은?

> 감리업자는 감리를 할 때 소방시설공사가 설계도서나 화재안전기준에 맞지 아니할 때에는 (가)에게 알리고, (나)에게 그 공사의 시정 또는 보완 등을 요구하여야 한다.

	(가)	(나)
①	관계인	공사업자
②	관계인	소방서장
③	소방본부장	공사업자
④	소방본부장	소방서장

14 「소방시설공사업법」상 공사의 도급에 관한 사항으로 옳지 않은 것은?
① 특정소방대상물의 관계인 또는 발주자는 소방시설공사등을 도급할 때에는 해당 소방시설업자에게 도급하여야 한다.
② 공사업자가 도급받은 소방시설공사의 도급금액 중 그 공사(하도급한 공사를 포함한다)의 근로자에게 지급하여야 할 노임(勞賃)에 해당하는 금액은 압류할 수 없다.
③ 도급받은 소방시설공사의 전부를 다른 공사업자에게 하도급할 수 있다.
④ 도급을 받은 자가 해당 소방시설공사등을 하도급할 때에는 행정안전부령으로 정하는 바에 따라 미리 관계인과 발주자에게 알려야 한다.

15 「소방시설공사업법」상 벌칙 중 1년 이하의 징역 또는 1천만원 이하의 벌금에 해당하는 자로 옳지 않은 것은?
① 소방시설업 등록을 하지 아니하고 영업을 한 자
② 영업정지처분을 받고 그 영업정지 기간에 영업을 한 자
③ 소방시설업자가 아닌 자에게 소방시설공사등을 도급한 자
④ 공사감리 결과의 통보 또는 공사감리 결과보고서의 제출을 거짓으로 한 자

정답 13.① 14.③ 15.①

16 「위험물안전관리법」상 위험물안전관리자의 선임 등에 관한 사항이다. ( ) 안에 들어갈 숫자로 옳은 것은?

> - 위험물안전관리자를 선임한 제조소등의 관계인은 그 위험물안전관리자를 해임하거나 위험물안전관리자가 퇴직한 때에는 해임하거나 퇴직한 날부터 (가)일 이내에 다시 위험물안전관리자를 선임하여야 한다.
> - 제조소등의 관계인은 위험물안전관리자를 선임한 경우에는 선임한 날부터 (나)일 이내에 행정안전부령으로 정하는 바에 따라 소방본부장 또는 소방서장에게 신고하여야 한다.

	(가)	(나)		(가)	(나)
①	15	14	②	15	30
③	30	14	④	30	30

17 「위험물안전관리법」상 벌칙 기준이 다른 것은?
① 제조소등의 사용정지명령을 위반한 자
② 변경허가를 받지 아니하고 제조소등을 변경한 자
③ 위험물의 저장 또는 취급에 관한 중요기준에 따르지 아니한 자
④ 위험물안전관리자 또는 그 대리자가 참여하지 아니한 상태에서 위험물을 취급한 자

18 「위험물안전관리법」상 위험물에 대한 정의이다. ( ) 안에 들어갈 용어로 옳은 것은?

> "위험물"이라 함은 (가) 또는 (나) 등의 성질을 가지는 것으로서 (다)이 정하는 물품을 말한다.

	(가)	(나)	(다)
①	인화성	가연성	대통령령
②	인화성	발화성	대통령령
③	휘발성	가연성	행정안전부령
④	인화성	휘발성	행정안전부령

정답 16.③ 17.④ 18.②

19 「위험물안전관리법」상 용어의 정의에 관한 내용으로 옳지 않은 것은?

① "취급소"라 함은 지정수량 이상의 위험물을 제조외의 목적으로 취급하기 위한 대통령령이 정하는 장소로서 「위험물안전관리법」에 따른 허가를 받은 장소를 말한다.
② "지정수량"이라 함은 위험물의 종류별로 위험성을 고려하여 대통령령이 정하는 수량으로서 제조소등의 설치허가 등에 있어서 최대의 기준이 되는 수량을 말한다.
③ "제조소등"이라 함은 제조소·저장소 및 취급소를 말한다.
④ "저장소"라 함은 지정수량 이상의 위험물을 저장하기 위하여 대통령령이 정하는 장소로서 「위험물안전관리법」에 따른 허가를 받은 장소를 말한다.

20 「위험물안전관리법 시행규칙」상 위험물 제조소등(이동 탱크저장소를 제외한다)에 설치하는 경보설비로 옳지 않은 것은?

① 확성장치
② 비상방송설비
③ 비상경보설비
④ 무선통신보조설비

정답 19.② 20.④

PART 05 | 2019년 상반기(경채)

01 「소방기본법」상 용어의 정의로 옳지 않은 것은?

① "소방대상물"이란 건축물, 차량, 선박(「선박법」 제1조의2 제1항에 따른 선박으로서 항구에 매어둔 선박만 해당한다), 선박 건조 구조물, 산림, 그 밖의 인공 구조물 또는 물건을 말한다.
② "관계지역"이란 소방대상물이 있는 장소 및 그 이웃 지역으로서 화재의 예방·경계·진압, 구조·구급 등의 활동에 필요한 지역을 말한다.
③ "소방본부장"이란 특별시·광역시·특별자치시·도 또는 특별자치도에서 화재의 예방·경계·진압·조사 및 구조·구급 등의 업무를 담당하는 부서의 장을 말한다.
④ "소방대"란 화재를 진압하고 화재, 재난·재해, 그 밖의 위급한 상황에서 구조·구급 활동 등을 하기 위하여 소방공무원, 의무소방원, 자위소방대원으로 구성된 조직체를 말한다.

해설 p.15 - 22번

02 「소방기본법 시행령」상 화재경계지구에 관한 설명으로 옳은 것은?

① 소방청장, 소방본부장 또는 소방서장은 화재경계지구 안의 소방대상물의 위치·구조 및 설비 등에 대한 소방특별조사를 연 1회 이상 실시하여야 한다.
② 소방본부장 또는 소방서장은 화재경계지구 안의 관계인에 대하여 소방상 필요한 훈련 및 교육을 연 1회 이상 실시할 수 있다.
③ 소방본부장 또는 소방서장은 소방상 필요한 훈련 및 교육을 실시하고자 하는 때에 화재경계지구 안의 관계인에게 훈련 또는 교육 30일 전까지 그 사실을 통보하여야 한다.
④ 소방청장은 화재경계지구의 지정 현황 등을 화재경계지구 관리대장에 작성하고 관리하여야 한다.

해설 p.54 - 88번

정답 01.④ 02.②

03. 「소방기본법」상 소방박물관 등의 설립과 운영에 관한 설명이다. (   ) 안의 내용으로 옳은 것은?

> 소방의 역사와 안전문화를 발전시키고 국민의 안전 의식을 높이기 위하여 (가)은/는 소방박물관을, (나)은/는 소방체험관(화재 현장에서의 피난 등을 체험할 수 있는 체험관을 말한다)을 설립하여 운영할 수 있다.

	(가)	(나)		(가)	(나)
①	소방청장	시·도지사	②	소방청장	소방본부장
③	시·도지사	소방본부장	④	시·도지사	소방청장

해설 p.25 - 40번

04. 「소방기본법 시행령」상 소방안전교육사의 배치대상별 배치기준에 관한 설명이다. (   ) 안의 내용으로 옳은 것은?

> 소방안전교육사의 배치대상별 배치기준에 따르면 소방청 (가)명 이상, 소방본부 (나)명 이상, 소방서 (다)명 이상이다.

	(가)	(나)	(다)
①	1	1	1
②	1	2	2
③	2	1	2
④	2	2	1

해설 p.83 - 140번

05. 「소방기본법」 및 같은 법 시행령상 손실보상에 관한 내용 중 소방청장 또는 시·도지사가 '손실보상심의위원회'의 심사·의결에 따라 정당한 보상을 하여야 하는 대상으로 옳지 않은 것은?

① 생활안전활동에 따른 조치로 인하여 손실을 입은 자
② 소방활동 종사명령에 따른 소방활동 종사로 인하여 사망하거나 부상을 입은 자
③ 위험물 또는 물건의 보관기간 경과 후 매각이나 폐기로 손실을 입은 자
④ 소방기관 또는 소방대의 적법한 소방업무 또는 소방활동으로 인하여 손실을 입은 자

해설 p.115 - 191번

정답 03.① 04.④ 05.③

06 「소방기본법 시행령」상 소방활동구역의 출입자로 옳지 않은 것은?
① 소방활동구역 안에 있는 소방대상물의 관계인
② 구조·구급업무에 종사하는 사람
③ 수사업무에 종사하는 사람
④ 시·도지사가 출입을 허가한 사람

07 「소방기본법」 및 같은 법 시행령상 소방자동차 전용구역의 설치 등에 관한 설명으로 옳지 않은 것은?
① 세대수가 100세대 이상인 아파트에는 소방자동차 전용구역을 설치하여야 한다.
② 소방본부장 또는 소방서장은 소방자동차가 접근하기 쉽고 소방활동이 원활하게 수행될 수 있도록 공동주택의 각 동별 전면 또는 후면에 소방자동차 전용구역을 1개소 이상 설치하여야 한다.
③ 전용구역 노면표지 도료의 색채는 황색을 기본으로 하되, 문자(P, 소방차 전용)는 백색으로 표시한다.
④ 소방자동차 전용구역에 차를 주차하거나 전용구역에의 진입을 가로막는 등의 방해행위를 한 자에게는 100만원 이하의 과태료를 부과한다.

08 「소방기본법 시행령」상 보일러 등의 위치·구조 및 관리와 화재예방을 위하여 불의 사용에 있어서 지켜야 하는 사항으로 옳지 않은 것은?
① '보일러'와 벽·천장 사이의 거리는 0.6미터 이상 되도록 하여야 한다.
② '난로' 연통은 천장으로부터 0.6미터 이상 떨어지고, 건물 밖으로 0.6미터 이상 나오게 설치하여야 한다.
③ '건조설비'와 벽·천장 사이의 거리는 0.5미터 이상 되도록 하여야 한다.
④ '불꽃을 사용하는 용접·용단기구' 작업장에서는 용접 또는 용단 작업자로부터 반경 10미터 이내에 소화기를 갖추어야 한다.

정답 06.④ 07.② 08.④

09 「소방기본법」상 소방력의 기준 등에 관한 설명으로 옳은 것은?
① 소방업무를 수행하는 데에 필요한 소방력에 관한 기준은 대통령령으로 정한다.
② 소방청장은 소방력의 기준에 따라 관할구역의 소방력을 확충하기 위하여 필요한 계획을 수립하여 시행하여야 한다.
③ 소방자동차 등 소방장비의 분류·표준화와 그 관리 등에 필요한 사항은 따로 법률에서 정한다.
④ 국가는 소방장비의 구입 등 시·도의 소방업무에 필요한 경비의 일부를 보조하고, 보조 대상사업의 범위와 기준보조율은 행정안전부령으로 정한다.

10 「소방기본법」상 과태료 부과대상으로 옳은 것은?
① 화재 또는 구조·구급이 필요한 상황을 거짓으로 알린 사람
② 화재경계지구 안의 소방대상물에 대한 소방특별조사를 거부·방해 또는 기피한 자
③ 소방자동차가 화재진압 및 구조활동을 위하여 출동할 때, 소방자동차의 출동을 방해한 사람
④ 소방활동 종사 명령에 따라 사람을 구출하는 일 또는 불을 끄거나 불이 번지지 아니하도록 하는 일을 방해한 사람

11 「화재예방, 소방시설 설치·유지 및 안전관리에 관한 법률」 및 같은 법 시행령상 지방소방기술심의위원회의 심의사항으로 옳은 것은?
① 화재안전기준에 관한 사항
② 소방시설의 구조 및 원리 등에서 공법이 특수한 설계 및 시공에 관한 사항
③ 소방시설의 설계 및 공사감리의 방법에 관한 사항
④ 연면적 10만 제곱미터 미만의 특정소방대상물에 설치된 소방시설의 설계·시공·감리의 하자 유무에 관한 사항

정답 09.③ 10.① 11.④

12 「화재예방, 소방시설 설치·유지 및 안전관리에 관한 법률 시행령」상 신축건축물로서 성능위주설계를 해야 할 특정소방대상물의 범위로 옳은 것은?

① 연면적 10만 제곱미터 이상인 특정소방대상물로서 기숙사
② 건축물의 높이가 100미터 이상인 특정소방대상물로서 아파트
③ 지하층을 포함한 층수가 20층 이상인 근린생활시설
④ 연면적 3만 제곱미터 이상인 특정소방대상물로서 공항시설

13 「화재예방, 소방시설 설치·유지 및 안전관리에 관한 법률」 및 같은 법 시행령상 소방특별조사 결과에 따른 조치명령과 손실보상에 관한 설명으로 옳지 않은 것은?

① 시·도지사가 손실을 보상하는 경우에는 원가로 보상하여야 한다.
② 손실보상에 관하여는 시·도지사와 손실을 입은 자가 협의하여야 한다.
③ 보상금액에 관한 협의가 성립되지 아니한 경우에는 시·도지사는 그 보상금액을 지급하거나 공탁하고 이를 상대방에게 알려야 한다.
④ 보상금의 지급 또는 공탁의 통지에 불복하는 자는 지급 또는 공탁의 통지를 받은 날부터 30일 이내에 관할 토지수용위원회에 재결을 신청할 수 있다.

14 「화재예방, 소방시설 설치·유지 및 안전관리에 관한 법률 시행령」상 무창층이 되기 위한 개구부의 요건 중 일부를 나타낸 것이다. ( ) 안의 내용으로 옳은 것은?

- 크기는 지름 (가)센티미터 이상의 원이 (나)할 수 있는 크기일 것
- 해당 층의 바닥면으로부터 개구부 (다)까지의 높이가 (라)미터 이내일 것

	(가)	(나)	(다)	(라)
①	50	내접	윗부분	1.2
②	50	내접	밑부분	1.2
③	50	외접	밑부분	1.5
④	60	내접	밑부분	1.2

정답 12.④ 13.① 14.②

15 「화재예방, 소방시설 설치·유지 및 안전관리에 관한 법률 시행령」상 특정소방대상물 중 지하구에 관한 설명이다. ( ) 안의 내용으로 옳은 것은?

> - 전력·통신용의 전선이나 가스·냉난방용의 배관 또는 이와 비슷한 것을 집합수용하기 위하여 설치한 지하 인공구조물로서 사람이 점검 또는 보수를 하기 위하여 출입이 가능한 것 중 다음의 어느 하나에 해당하는 것
>   1) 전력 또는 통신사업용 지하 인공구조물로서 전력구(케이블 접속부가 없는 경우에는 제외한다) 또는 통신구 방식으로 설치된 것
>   2) 1)외의 지하 인공구조물로서 폭이 (가)미터 이상이고 높이가 (나)미터 이상이며 길이가 (다)미터 이상인 것
> - 「국토의 계획 및 이용에 관한 법률」 제2조 제9호에 따른 (라)

	(가)	(나)	(다)	(라)
①	1.5	2	50	공동구
②	1.5	1.8	30	지하가
③	1.8	2	50	공동구
④	1.8	1.8	50	지하가

16 「화재예방, 소방시설 설치·유지 및 안전관리에 관한 법률」 및 같은 법 시행령상 노유자시설 및 의료시설의 경우 강화된 소방시설기준의 적용대상이다. 이에 해당하는 소방설비의 연결이 옳지 않은 것은?

① 노유자시설에 설치하는 간이스프링클러설비
② 노유자시설에 설치하는 비상방송설비
③ 의료시설에 설치하는 스프링클러설비
④ 의료시설에 설치하는 자동화재탐지설비

17 「화재예방, 소방시설 설치·유지 및 안전관리에 관한 법률」상 과태료 부과대상으로 옳은 것은?

① 소방시설·피난시설 등이 법령에 위반된 것을 발견하였음에도 필요한 조치를 할 것을 요구하지 아니한 소방안전관리자
② 특정소방대상물에 소방안전관리자 또는 소방안전관리보조자를 선임하지 아니한 자
③ 특정소방대상물에 화재안전기준을 위반하여 소방시설을 설치 또는 유지·관리한 자
④ 방염성능검사에 합격하지 아니한 물품에 합격표시를 하거나 합격표시를 위조하거나 변조하여 사용한 자

정답 15.③ 16.② 17.③

18 「화재예방, 소방시설 설치·유지 및 안전관리에 관한 법률」 및 같은 법 시행령상 소방특별조사에 관한 설명으로 옳지 않은 것은?

① 소방청장, 소방본부장 또는 소방서장은 관할구역에 있는 소방대상물, 관계 지역 또는 관계인에 대하여 소방시설 등이 이 법 또는 소방 관계 법령에 적합하게 설치·유지·관리되고 있는지, 소방대상물에 화재, 재난·재해 등의 발생 위험이 있는지 등을 확인하기 위하여 관계 공무원으로 하여금 소방특별조사를 하게 할 수 있다.

② 개인의 주거에 대하여는 관계인의 승낙이 있거나 화재발생의 우려가 뚜렷하여 긴급한 필요가 있는 때에 한정하여 소방특별조사를 실시할 수 있다.

③ 국가적 행사 등 주요 행사가 개최되는 장소 및 그 주변의 관계 지역에 대하여 소방안전관리 실태를 점검할 필요가 있는 경우 소방특별조사를 실시할 수 있다.

④ 소방특별조사위원회는 위원장 1명을 제외한 7명 이내의 위원으로 성별을 고려하여 구성한다.

19 「화재예방, 소방시설 설치·유지 및 안전관리에 관한 법률 시행령」상 건축허가등의 동의대상물의 범위에 해당되는 것으로 옳은 것은?

㉠ 항공기격납고, 관망탑, 방송용 송수신탑
㉡ 「학교시설사업 촉진법」 제5조의2 제1항에 따라 건축등을 하려는 학교시설은 연면적 100제곱미터 이상인 건축물
㉢ 차고·주차장으로 사용되는 바닥면적이 150제곱미터 이상인 층이 있는 건축물이나 주차시설
㉣ 노유자시설 및 수련시설은 연면적 200제곱미터 이상인 건축물

① ㉠, ㉡, ㉢
② ㉠, ㉡, ㉣
③ ㉠, ㉢, ㉣
④ ㉡, ㉢, ㉣

정답 18.④ 19.②

20 「화재예방, 소방시설 설치·유지 및 안전관리에 관한 법률 시행령」상 밑줄 친 각 호에 해당되지 않는 것은?

> 소방본부장 또는 소방서장은 특정소방대상물이 증축되는 경우에는 기존 부분을 포함한 특정소방대상물의 전체에 대하여 증축 당시의 소방시설의 설치에 관한 대통령령 또는 화재안전기준을 적용하여야 한다. 다만, 다음 <u>각 호의</u> 어느 하나에 해당하는 경우에는 기존 부분에 대해서는 증축 당시의 소방시설의 설치에 관한 대통령령 또는 화재안전기준을 적용하지 않는다.

① 기존 부분과 증축 부분이 내화구조로 된 바닥과 벽으로 구획된 경우
② 기존 부분과 증축 부분이 「건축법 시행령」 제46조 제1항 제2호에 따른 방화문 또는 자동방화셔터로 구획되어 있는 경우
③ 자동차 생산공장 등 화재 위험이 낮은 특정소방대상물 내부에 연면적 100제곱미터 이하의 직원 휴게실을 증축하는 경우
④ 자동차 생산공장 등 화재 위험이 낮은 특정소방대상물에 캐노피(기둥으로 받치거나 매달아 놓은 덮개를 말하며, 3면 이상에 벽이 없는 구조의 것을 말한다)를 설치하는 경우

해설 p.195 - 133번

정답 20.③

PART 06 | 2019년 상반기(공채)

01 「소방시설공사업법」상 소방시설업자가 소방시설공사등을 맡긴 특정소방대상물의 관계인에게 지체 없이 그 사실을 알려야 하는 사항으로 옳지 않은 것은?

① 소방시설업을 휴업한 경우
② 소방시설업자의 지위를 승계한 경우
③ 소방시설업에 대한 행정처분 중 등록취소 처분을 받은 경우
④ 소방시설업에 대한 행정처분 중 영업정지 또는 경고 처분을 받은 경우

해설 p.265 - 36번

02 「소방시설공사업법 시행령」상 소방시설공사가 공사감리 결과보고서대로 완공되었는지를 현장에서 확인할 수 있는 대상으로 옳은 것은?

① 창고시설 또는 수련시설
② 호스릴소화설비를 설치하는 소방시설공사
③ 연면적 1만 제곱미터 이상의 아파트에 설치하는 소방시설공사
④ 가연성 가스를 제조·저장 또는 취급하는 시설 중 지하에 매립된 가연성 가스탱크의 저장용량 합계가 1천톤 이상인 시설

해설 p.280 - 65번

03 「소방시설공사업법」상 행정처분 전에 청문을 하여야 하는 대상으로 옳지 않은 것은?

① 소방시설업의 등록취소 처분
② 소방기술인정 자격취소 처분
③ 소방시설업의 영업정지 처분
④ 소방기술인정 자격정지 처분

해설 p.309 - 117번

정답   01.④   02.①   03.④

04
「소방시설공사업법」상 (　) 안에 들어갈 내용으로 옳은 것은?

> 시·도지사는 소방시설공사업자가 소방시설 공사현장에 감리원 배치기준을 위반한 경우로서 영업정지가 그 이용자에게 불편을 주거나 그 밖에 공익을 해칠 우려가 있을 때에는 영업정지처분을 갈음하여 (　　　) 이하의 과징금을 부과할 수 있다.

① 2,000만원　　② 3,000만원
③ 1억원　　　　④ 2억원

05
「소방시설공사업법 시행령」상 소방시설공사 결과 하자보수 대상과 하자보수 보증기간의 연결이 옳은 것은?

하자보수대상 소방시설	하자보수 보증기간
① 비상경보설비, 자동소화장치	2년
② 무선통신보조설비, 비상조명등	2년
③ 피난기구, 소화활동설비	3년
④ 비상방송설비, 간이스프링클러설비	3년

06
「화재예방, 소방시설 설치·유지 및 안전관리에 관한 법률 시행령」상 방염성능기준 이상의 실내장식물 등을 설치하여야 하는 특정소방대상물로 옳지 않은 것은?

① 숙박시설　　　　② 의료시설 중 요양병원
③ 노유자시설　　　④ 운동시설 중 수영장

07
「화재예방, 소방시설 설치·유지 및 안전관리에 관한 법률 시행령」상 수용인원 산정방법으로 옳지 않은 것은?

① 침대가 있는 숙박시설은 해당 특정소방물의 종사자 수에 침대 수(2인용 침대는 2개로 산정)를 합한 수로 한다.
② 침대가 없는 숙박시설은 해당 특정소방대상물의 종사자 수에 바닥면적의 합계를 $3m^2$로 나누어 얻은 수를 합한 수로 한다.
③ 강의실 용도로 쓰이는 특정소방대상물은 해당 용도로 사용하는 바닥면적의 합계를 $1.9m^2$로 나누어 얻은 수로 한다.
④ 문화 및 집회시설은 해당 용도로 사용하는 바닥면적의 합계를 $3m^2$로 나누어 얻은 수로 한다.

정답　04.④　05.②　06.④　07.④

08 「화재예방, 소방시설 설치·유지 및 안전관리에 관한 법률」상 소방시설관리사의 자격의 취소·정지 사유로 옳지 않은 것은?
① 동시에 둘 이상의 업체에 취업한 경우
② 등록사항의 변경신고를 하지 아니한 경우
③ 소방시설관리사증을 다른 자에게 빌려준 경우
④ 소방안전관리 업무를 하지 아니하거나 거짓으로 한 경우

09 「화재예방, 소방시설 설치·유지 및 안전관리에 관한 법률 시행령」상 1급 소방안전관리대상물로 옳은 것은?
① 지하구
② 동·식물원
③ 가연성 가스를 1천톤 이상 저장·취급하는 시설
④ 철강 등 불연성 물품을 저장·취급하는 창고

10 「화재예방, 소방시설 설치·유지 및 안전관리에 관한 법률」상 화재안전정책기본계획 등의 수립 및 시행에 관한 내용으로 옳은 것은?
① 기본계획에는 화재안전분야 국제경쟁력 향상에 관한 사항이 포함되어야 한다.
② 소방본부장은 기본계획을 시행하기 위하여 5년마다 시행계획을 수립·시행하여야 한다.
③ 기본계획은 행정안전부령으로 정하는 바에 따라 소방본부장이 관계 중앙행정기관의 장과 협의하여 수립한다.
④ 국가는 화재안전 기반 확충을 위하여 화재안전정책에 관한 기본계획을 10년마다 수립·시행하여야 한다.

정답 08.② 09.③ 10.①

11 「소방기본법 시행령」상 불을 사용하는 설비의 관리기준 등에 대한 설명이다. ( ) 안에 들어갈 숫자로 옳은 것은?

- 보일러 : 보일러와 벽·천장 사이의 거리는 (가)미터 이상 되도록 하여야 한다.
- 난로 : 연통은 천장으로부터 (나)미터 이상 떨어지고, 건물 밖으로 0.6미터 이상 나오게 설치하여야 한다.
- 건조설비 : 건조설비와 벽·천장 사이의 거리는 (다)미터 이상 되도록 하여야 한다.
- 음식조리를 위하여 설치하는 설비 : 열을 발생하는 조리기구는 반자 또는 선반으로부터 (라)미터 이상 떨어지게 해야 한다.

	(가)	(나)	(다)	(라)
①	0.5	0.6	0.6	0.6
②	0.6	0.6	0.5	0.6
③	0.6	0.5	0.6	0.6
④	0.6	0.6	0.5	0.5

해설 p.64 - 104번

12 「소방기본법 시행령」상 소방안전교육사시험 응시자격에 대한 설명으로 옳은 것은?

㉠ 「영유아보육법」 제21조에 따라 보육교사 자격을 취득한 후 2년 이상의 보육업무 경력이 있는 사람
㉡ 「국가기술자격법」 제2조 제3호에 따른 국가기술자격의 직무분야 중 안전관리 분야의 산업기사 자격을 취득한 후 안전관리 분야에 3년 이상 종사한 사람
㉢ 「의료법」 제7조에 따라 간호조무사 자격을 취득한 후 간호업무 분야에 2년 이상 종사한 사람
㉣ 「응급의료에 관한 법률」 제36조 제3항에 따라 2급 응급구조사 자격을 취득한 후 응급의료 업무 분야에 3년 이상 종사한 사람
㉤ 「소방공무원법」 제2조에 따른 소방공무원으로 2년 이상 근무한 경력이 있는 사람
㉥ 「의용소방대 설치 및 운영에 관한 법률」 제3조에 따라 의용소방대원으로 임명된 후 5년 이상 의용소방대 활동을 한 경력이 있는 사람

① ㉠, ㉢, ㉤　　② ㉡, ㉣, ㉥
③ ㉢, ㉣, ㉤　　④ ㉣, ㉤, ㉥

해설 p.84 - 142번

정답 11.② 12.②

13 「소방기본법」 및 같은 법 시행령상 손실보상에 관한 설명 중 ( ) 안에 들어갈 숫자로 옳은 것은?

- 손실보상을 청구할 수 있는 권리는 손실이 있음을 안 날부터 (가)년, 손실이 발생한 날부터 (나)년간 행사하지 아니하면 시효의 완성으로 소멸한다.
- 소방청장등은 손실보상심의위원회의 심사·의결을 거쳐 특별한 사유가 없으면 보상금 지급 청구서를 받은 날부터 (다)일 이내에 보상금 지급 여부 및 보상금액을 결정하여야 한다.
- 소방청장등은 결정일부터 (라)일 이내에 행정안전부령으로 정하는 바에 따라 결정 내용을 청구인에게 통지하고, 보상금을 지급하기로 결정한 경우에는 특별한 사유가 없으면 통지한 날부터 (마)일 이내에 보상금을 지급하여야 한다.

	(가)	(나)	(다)	(라)	(마)
①	3	5	60	10	30
②	5	3	60	12	20
③	3	5	50	12	30
④	5	3	50	10	20

14 「소방기본법」 및 같은 법 시행규칙상 소방용수시설 설치기준 등에 대한 설명으로 옳지 않은 것은?

① 시·도지사는 소방활동에 필요한 소방용수시설을 설치하고 유지·관리하여야 하고, 「수도법」 제45조에 따라 소화전을 설치하는 일반수도사업자는 관할 소방서장과 사전협의를 거친 후 소화전을 설치하여야 하며, 설치 사실을 관할 소방서장에게 통지하고, 그 소화전은 소방서장이 유지·관리하여야 한다.

② 정당한 사유 없이 소방용수시설 또는 비상소화장치를 사용하거나 소방용수시설 또는 비상소화장치의 효용을 해치거나 그 정당한 사용을 방해한 사람에 대해서는 5년 이하의 징역 또는 5천만원 이하의 벌금에 처한다.

③ 소방본부장 또는 소방서장은 원활한 소방활동을 위하여 소방용수시설에 대한 조사, 소방대상물에 인접한 도로의 폭·교통상황, 도로주변의 토지의 고저·건축물의 개황 그 밖의 소방활동에 필요한 지리에 대한 조사를 월 1회 이상 실시하여야 하며, 조사결과는 2년간 보관하여야 한다.

④ 소화전은 상수도와 연결하여 지하식 또는 지상식의 구조로 하고 소방용 호스와 연결하는 소화전의 연결금속구의 구경은 65밀리미터로 하여야 하며, 급수탑은 급수배관의 구경을 100밀리미터 이상으로 하고 개폐 밸브는 지상에서 1.5미터 이상 1.7미터 이하의 높이에 설치할 수 있다.

정답 13.① 14.①, ④(복수정답)

15 「소방기본법」상 소방활동에 필요한 처분(강제처분 등)을 할 수 있는 처분권자로 옳은 것은?

> ㉠ 소방서장   ㉡ 소방본부장
> ㉢ 소방대장   ㉣ 소방청장
> ㉤ 시·도지사

① ㉠, ㉡, ㉢
② ㉠, ㉡, ㉣
③ ㉠, ㉢, ㉤
④ ㉠, ㉣, ㉤

16 「위험물안전관리법 시행규칙」상 고인화점위험물을 상온에서 취급하는 경우 제조소의 시설기준 중 일부 완화된 시설기준을 적용할 수 있는데, 고인화점위험물의 정의로 옳은 것은?

① 인화점이 250℃ 이상인 인화성 액체
② 인화점이 100℃ 이상인 제4류 위험물
③ 인화점이 70℃ 이상 200℃ 미만인 제4류 위험물
④ 인화점이 70℃ 이상이고 가연성 액체량이 40중량퍼센트 이상인 제4류 위험물

17 「위험물안전관리법 시행규칙」상 제조소의 위치·구조 및 설비의 기준에 대한 설명으로 옳지 않은 것은?

① 환기설비는 자연배기 방식으로 하여야 한다.
② 제6류 위험물을 취급하는 제조소는 안전거리 적용제외 대상이다.
③ "위험물 제조소"라는 표시를 한 표지의 바탕은 흑색으로, 문자는 백색으로 하여야 한다.
④ 제5류 위험물을 저장 또는 취급하는 제조소에는 "화기 엄금"을 표시한 게시판을 설치하여야 한다.

정답 15.① 16.② 17.③

18 「위험물안전관리법 시행규칙」상 옥외저장탱크의 위치·구조 및 설비 기준에 대한 설명으로 옳지 않은 것은?

① 옥외저장탱크는 위험물의 폭발 등에 의하여 탱크내의 압력이 비정상적으로 상승하는 경우에 내부의 가스 또는 증기를 상부로 방출할 수 있는 구조로 하여야 한다.
② 이황화탄소의 옥외저장탱크는 벽 및 바닥의 두께가 0.2m 이상이고 누수가 되지 아니하는 철근콘크리트의 수조에 넣어 보관하여야 한다.
③ 옥외저장탱크의 배수관은 탱크의 밑판에 설치하여야 한다. 다만, 탱크와 배수관과의 결합부분이 지진 등에 의하여 손상을 받을 우려가 없는 방법으로 배수관을 설치하는 경우에는 탱크의 옆판에 설치할 수 있다.
④ 제3류 위험물 중 금수성물질(고체에 한한다)의 옥외저장탱크에는 방수성의 불연재료로 만든 피복설비를 설치하여야 한다.

19 「위험물안전관리법 시행령」상 위험물의 지정수량이 가장 큰 것은?

① 브롬산염류
② 아염소산염류
③ 과염소산염류
④ 중크롬산염류

20 「위험물안전관리법」상 신고를 하지 아니하고 위험물의 품명·수량 또는 지정수량의 배수를 변경할 수 있는 경우로 옳은 것은?

① 농예용으로 필요한 건조시설을 위한 지정수량 20배 이하의 취급소
② 축산용으로 필요한 난방시설을 위한 지정수량 20배 이하의 저장소
③ 수산용으로 필요한 건조시설을 위한 지정수량 30배 이하의 저장소
④ 공동주택의 중앙난방시설을 위한 지정수량 30배 이하의 취급소

정답 18.③ 19.④ 20.②

PART 07 | 2018년 하반기(경채)

01 「소방기본법 시행령」상 보일러 등의 위치·구조 및 관리와 화재예방을 위하여 불의 사용에 있어서 지켜야 하는 사항 중 '난로'에 대한 설명이다. ( ) 안의 내용으로 옳게 연결된 것은?

> 연통은 천장으로부터 (㉠)m 이상 떨어지고, 건물 밖으로 (㉡)m 이상 나오게 설치하여야 한다.

	㉠	㉡		㉠	㉡
①	0.5	0.6	②	0.6	0.6
③	0.5	0.5	④	0.6	0.5

해설 p.63 - 102번

02 「소방기본법 시행령」상 규정하고 있는 특수가연물의 품명과 기준수량의 연결이 옳지 않은 것은?

① 면화류 : 1,000kg 이상
② 사류 : 1,000kg 이상
③ 볏짚류 : 1,000kg 이상
④ 넝마 및 종이부스러기 : 1,000kg 이상

해설 p.71 - 119번

03 「소방기본법」상 사람을 구출하거나 불이 번지는 것을 막기 위하여 필요한 때에는 강제처분 등을 할 수 있다. 이와 같은 권한을 가진 자로 옳지 않은 것은?

① 행정안전부장관
② 소방본부장
③ 소방서장
④ 소방대장

해설 p.100 - 169번

정답 01.② 02.① 03.①

04. 「소방기본법」상 화재조사를 할 수 있는 권한을 가진 자로 옳은 것은?
① 행정안전부장관, 소방청장, 소방본부장
② 행정안전부장관, 소방본부장, 소방서장
③ 소방청장, 소방본부장, 소방서장
④ 소방청장, 경찰청장, 소방서장

05. 「소방기본법」상 화재의 예방조치 등에 대한 설명이다. ( ) 안의 내용으로 옳은 것은?

> 소방본부장이나 소방서장은 함부로 버려두거나 그냥 둔 위험물 또는 불에 탈 수 있는 물건을 보관하는 경우에는 그 날부터 ( )일 동안 소방본부 또는 소방서의 게시판에 그 사실을 공고하여야 한다.

① 7
② 10
③ 12
④ 14

06. 「소방기본법」상 규정하는 소방지원활동과 생활안전활동을 옳게 연결한 것은?

> 가. 산불에 대한 예방·진압 등 지원활동
> 나. 자연재해에 따른 급수·배수 및 제설 등 지원활동
> 다. 집회·공연 등 각종 행사 시 사고에 대비한 근접대기 등 지원활동
> 라. 화재, 재난·재해로 인한 피해복구 지원활동
> 마. 붕괴, 낙하 등이 우려되는 고드름, 나무, 위험 구조물 등의 제거활동
> 바. 위해동물, 벌 등의 포획 및 퇴치 활동
> 사. 끼임, 고립 등에 따른 위험제거 및 구출 활동
> 아. 단전사고 시 비상전원 또는 조명의 공급

	소방지원활동	생활안전활동
①	가 – 나 – 다 – 라	마 – 바 – 사 – 아
②	가 – 라 – 마 – 사	나 – 다 – 바 – 아
③	마 – 바 – 사 – 아	가 – 나 – 다 – 라
④	나 – 다 – 바 – 아	가 – 라 – 마 – 사

정답 04.③ 05.④ 06.①

07 「소방기본법」상 규정하고 있는 소방자동차의 우선 통행 등에 대한 설명으로 옳지 않은 것은?

① 모든 차와 사람은 소방자동차가 화재진압 및 구조·구급 활동을 위하여 출동을 할 때에는 이를 방해하여서는 아니 된다.
② 소방자동차의 우선 통행에 관하여는 「자동차 관리법」에서 정하는 바에 따른다.
③ 소방자동차는 화재진압 및 구조·구급 활동을 위하여 출동하거나 훈련을 위하여 필요할 때에는 사이렌을 사용할 수 있다.
④ 소방자동차의 화재진압 출동을 방해한 자는 5년 이하의 징역 또는 5천만원 이하의 벌금에 처한다.

해설 p.89 - 152번

08 「소방기본법 시행령」상 규정하는 소방자동차 전용구역 방해행위 기준으로 옳지 않은 것은?

① 전용구역에 물건 등을 쌓거나 주차하는 행위
② 「주차장법」 제19조에 따른 부설주차장의 주차구획 내에 주차하는 행위
③ 전용구역 진입로에 물건 등을 쌓거나 주차하여 전용구역으로의 진입을 가로막는 행위
④ 전용구역 노면표지를 지우거나 훼손하는 행위

해설 p.91 - 155번

09 「화재예방, 소방시설 설치·유지 및 안전관리에 관한 법률」 및 같은 법 시행령상 소방특별조사에 관한 설명으로 옳지 않은 것은?

① 개인의 주거에 대한 소방특별조사는 관계인의 승낙이 있거나 화재발생의 우려가 뚜렷하여 긴급한 필요가 있는 때에 한정한다.
② 소방청장, 소방본부장 또는 소방서장은 소방특별조사를 하려면 7일 전에 관계인에게 조사대상, 조사기간 및 조사사유 등을 서면으로 알려야 한다.
③ 소방청장, 소방본부장 또는 소방서장은 소방특별조사의 대상을 객관적이고 공정하게 선정하기 위하여 필요하면 소방특별조사위원회를 구성하여 소방특별조사 대상을 선정할 수 있다.
④ 소방특별조사위원회는 위원장 1명을 포함한 7명 이내의 위원으로 성별을 고려하여 구성한다.

해설 p.154 - 59번

정답 07.② 08.② 09.③

10 「소방기본법」상 규정하는 용어의 정의를 옳게 연결한 것은?

> 가. (㉠)이란 건축물, 차량, 선박(「선박법」 제1조의2 제1항에 따른 선박으로서 항구에 매어둔 선박만 해당한다), 선박 건조 구조물, 산림, 그 밖의 인공 구조물 또는 물건을 말한다.
> 나. (㉡)이란 소방대상물이 있는 장소 및 그 이웃 지역으로서 화재의 예방·경계·진압, 구조·구급 등의 활동에 필요한 지역을 말한다.
> 다. (㉢)이란 소방대상물의 소유자·관리자 또는 점유자를 말한다.
> 라. (㉣)이란 특별시·광역시·특별자치시·도 또는 특별자치도에서 화재의 예방·경계·진압·조사 및 구조·구급 등의 업무를 담당하는 부서의 장을 말한다.
> 마. (㉤)란 화재를 진압하고 화재, 재난·재해, 그 밖의 위급한 상황에서 구조·구급 활동 등을 하기 위하여 소방공무원, 의무소방원, 의용소방대원으로 구성된 조직체를 말한다.
> 바. (㉥)이란 소방본부장 또는 소방서장 등 화재, 재난·재해, 그 밖의 위급한 상황이 발생한 현장에서 소방대를 지휘하는 사람을 말한다.

	㉠	㉡	㉢	㉣	㉤	㉥
①	소방대상물	관계지역	관계인	소방본부장	소방대	소방조장
②	방호대상물	경계지역	입회인	소방서장	지역대	소방대장
③	방호대상물	경계지역	입회인	소방서장	지역대	소방조장
④	소방대상물	관계지역	관계인	소방본부장	소방대	소방대장

11 「화재예방, 소방시설 설치·유지 및 안전관리에 관한 법률 시행령」상 건축허가등의 동의대상물 중 화재위험작업 공사현장에 설치하여야 하는 임시소방시설의 종류와 설치기준으로 옳지 않은 것은?

① 가연성 가스를 발생시키는 화재위험작업현장에는 소화기를 설치하여야 한다.
② 바닥면적 150m^2 이상인 지하층 또는 무창층의 화재위험 작업현장에는 간이소화장치를 설치하여야 한다.
③ 바닥면적 150m^2 이상인 지하층 또는 무창층의 화재위험 작업현장에는 비상경보장치를 설치하여야 한다.
④ 바닥면적 150m^2 이상인 지하층 또는 무창층의 화재위험 작업현장에는 간이피난유도선을 설치하여야 한다.

정답 10.④ 11.②

12 「소방기본법 시행령」상 규정하고 있는 설명으로 ( ) 안에 들어갈 숫자를 옳게 연결한 것은?

> 가. 화재경계지구에서 소방본부장 또는 소방서장은 소방상 필요한 훈련 및 교육을 실시하고자 하는 때에는 화재경계지구 안의 관계인에게 훈련 또는 교육 (㉠)일 전까지 그 사실을 통보하여야 한다.
> 나. 특수가연물의 쌓는 높이는 (㉡)미터 이하가 되도록 하고, 쌓는 부분의 바닥면적은 50제곱미터(석탄·목탄류의 경우에는 200제곱미터) 이하가 되도록 할 것. 다만, 살수설비를 설치하거나, 방사능력 범위에 해당 특수가연물이 포함되도록 대형수동식소화기를 설치하는 경우에는 쌓는 높이를 (㉢)미터 이하, 쌓는 부분의 바닥면적을 200제곱미터(석탄·목탄류의 경우에는 300제곱미터) 이하로 할 수 있다.
> 다. 소방청장 등은 손실보상심의위원회의 심사·의결을 거쳐 특별한 사유가 없으면 보상금 지급 청구서를 받은 날부터 (㉣)일 이내에 보상금 지급 여부 및 보상금액을 결정하여야 한다.
> 라. 소방청장 등은 보상금 지급여부 및 보상금액 결정일부터 (㉤)일 이내에 행정안전부령으로 정하는 바에 따라 결정 내용을 청구인에게 통지하고, 보상금을 지급하기로 결정한 경우에는 특별한 사유가 없으면 통지한 날부터 (㉥)일 이내에 보상금을 지급하여야 한다.

	㉠	㉡	㉢	㉣	㉤	㉥
①	7	7	14	40	15	30
②	7	10	15	60	15	20
③	10	7	14	40	10	20
④	10	10	15	60	10	30

13 「화재예방, 소방시설 설치·유지 및 안전관리에 관한 법률 시행령」상 물분무등소화설비를 설치하여야 하는 특정소방대상물로 옳지 않은 것은?

① 항공기격납고
② 연면적 600m² 이상인 주차용 건축물
③ 특정소방대상물에 설치된 바닥면적 300m² 이상인 전산실
④ 20대 이상의 차량을 주차할 수 있는 기계장치에 의한 주차시설

정답 12.④ 13.②

14 「화재예방, 소방시설 설치·유지 및 안전관리에 관한 법률」 및 같은 법 시행령상 중앙소방기술심의위원회의 심의사항에 관한 내용 중 옳지 않은 것은?
  ① 화재안전기준, 공법이 특수한 설계 및 시공에 관한 사항
  ② 소방시설공사의 하자를 판단하는 기준에 관한 사항
  ③ 연면적 10만m^2 이상의 특정소방대상물에 설치된 소방시설의 설계·시공·감리의 하자 유무에 관한 사항
  ④ 소방본부장 또는 소방서장이 심의에 부치는 사항

15 「화재예방, 소방시설 설치·유지 및 안전관리에 관한 법률」 및 같은 법 시행령상 규정하고 있는 소방대상물의 방염에 대한 설명으로 옳지 않은 것은?
  ① 층수가 11층 이상인 특정소방대상물(아파트는 제외)은 방염성능기준 이상의 실내장식물 등을 설치하여야 한다.
  ② 창문에 설치하는 커튼류(블라인드 포함)는 제조 또는 가공 공정에서 방염처리를 한 물품에 해당된다.
  ③ 방염성능검사 합격표시를 위조하거나 변조하여 사용한 자는 300만원 이하의 과태료에 처한다.
  ④ 대통령령에서 규정하는 방염성능기준 범위는 탄화한 면적의 경우 $50cm^2$ 이내, 탄화한 길이는 20cm 이내이다.

16 「화재예방, 소방시설 설치·유지 및 안전관리에 관한 법률 시행령」상 '분말형태의 소화약제를 사용하는 소화기'의 내용연수로 옳은 것은?
  ① 10년   ② 15년
  ③ 20년   ④ 25년

17 「화재예방, 소방시설 설치·유지 및 안전관리에 관한 법률 시행령」상 피난구조설비 중 인명구조기구로 옳지 않은 것은?
  ① 구조대   ② 방열복
  ③ 공기호흡기   ④ 인공소생기

정답 14.④ 15.③ 16.① 17.①

18 「화재예방, 소방시설 설치·유지 및 안전관리에 관한 법률」 및 같은 법 시행령상 다음에서 설명하는 '대통령령으로 정하는 소방시설'로 옳은 것은?

> 제8조(주택에 설치하는 소방시설) 다음 각 호의 주택의 소유자는 대통령령으로 정하는 소방시설을 설치하여야 한다.
> 1. 「건축법」 제2조 제2항 제1호의 단독주택
> 2. 「건축법」 제2조 제2항 제2호의 공동주택(아파트 및 기숙사는 제외한다)

① 소화기 및 시각경보기
② 소화기 및 간이소화용구
③ 소화기 및 자동확산소화기
④ 소화기 및 단독경보형감지기

19 「화재예방, 소방시설 설치·유지 및 안전관리에 관한 법률 시행령」상 '유사한 소방시설의 설치 면제의 기준'에 대한 설명이다. ( ) 안의 내용으로 옳게 연결된 것은?

> 간이스프링클러를 설치하여야 하는 특정소방대상물에 (㉠), (㉡), 또는 미분무소화설비를 화재안전기준에 적합하게 설치한 경우에는 그 설비의 유효범위에서 설치가 면제된다.

	㉠	㉡
①	스프링클러설비	옥내소화전설비
②	포소화설비	물분무소화설비
③	스프링클러설비	물분무소화설비
④	포소화설비	옥내소화전설비

20 「화재예방, 소방시설 설치·유지 및 안전관리에 관한 법률 시행령」상 특정소방대상물의 분류로 옳지 않은 것은?

① 근린생활시설 – 한의원, 치과의원
② 문화 및 집회시설 – 동물원, 식물원
③ 항공기 및 자동차 관련시설 – 항공기격납고
④ 숙박시설 – 「청소년활동 진흥법」에 따른 유스호스텔

정답 18.④ 19.③ 20.④

PART 08 | 2018년 하반기(공채)

01. 「소방시설공사업법 시행령」상 업무의 위탁에 대한 설명으로 옳지 않은 것은?
   ① 시·도지사는 소방시설업 등록신청의 접수 및 신청내용의 확인에 관한 업무를 소방시설업자협회에 위탁한다.
   ② 소방청장은 소방기술과 관련된 자격·학력·경력의 인정 업무를 소방시설업자협회, 소방기술과 관련된 법인 또는 단체에 위탁한다.
   ③ 소방청장은 소방시설공사업을 등록한 자의 시공능력평가 및 공시에 관한 업무를 소방시설업자협회에 위탁한다.
   ④ 소방청장은 소방기술자 실무교육에 관한 업무를 소방청장이 지정하는 실무교육기관 또는 대한소방공제회에 위탁한다.

02. 「소방시설공사업법 시행령」상 소방시설공사의 착공신고 대상으로 옳지 않은 것은?
   ① 특정소방대상물에 비상경보설비를 신설하는 공사
   ② 특정소방대상물에 자동화재속보설비를 신설하는 공사
   ③ 특정소방대상물에 연결송수관설비의 송수구역을 증설하는 공사
   ④ 특정소방대상물에 자동화재탐지설비의 경계구역을 증설하는 공사

03. 「소방시설공사업법 시행규칙」상 감리업자가 소방공사의 감리를 마쳤을 때, 소방공사감리 결과보고(통보)서를 알려야 하는 대상으로 옳지 않은 것은?
   ① 소방시설공사의 도급인
   ② 특정소방대상물의 관계인
   ③ 소방시설설계업의 설계사
   ④ 특정소방대상물의 공사를 감리한 건축사

정답 01.④ 02.② 03.③

04 「소방시설공사업법」상 '소방시설업'의 영업에 해당하지 않는 것은?
① 소방시설공사에 기본이 되는 공사계획, 설계도면, 설계 설명서, 기술계산서 및 이와 관련된 서류를 작성하는 영업
② 설계도서에 따라 소방시설을 신설, 증설, 개설, 이전 및 정비하는 영업
③ 소방안전관리 업무의 대행 또는 소방시설등의 점검 및 유지·관리하는 영업
④ 방염대상물품에 대하여 방염처리하는 영업

05 「화재예방, 소방시설 설치·유지 및 안전관리에 관한 법률 시행령」상 건축허가등을 할 때 미리 소방본부장 또는 소방서장의 동의를 받아야 하는 건축물 등의 범위로 옳지 않은 것은?
① 연면적이 100제곱미터 이상인 노유자시설 및 수련시설
② 지하층 또는 무창층이 있는 건축물로서 바닥면적이 150제곱미터(공연장의 경우에는 100제곱미터) 이상인 층이 있는 것
③ 차고·주차장으로 사용되는 바닥면적이 200제곱미터 이상인 층이 있는 건축물이나 주차시설
④ 결핵환자나 한센인이 24시간 생활하는 노유자시설(단독주택 또는 공동주택에 설치되는 시설은 제외)

06 「화재예방, 소방시설 설치·유지 및 안전관리에 관한 법률」 및 같은 법 시행령상 단독주택이나 공동주택(아파트 및 기숙사는 제외한다)의 소유자가 의무적으로 설치하여야 하는 소방시설로 옳은 것을 〈보기〉에서 있는 대로 고른 것은?

㉠ 소화기	㉡ 주거용 주방자동소화장치
㉢ 가스자동소화장치	㉣ 단독경보형감지기
㉤ 가스누설경보기	

① ㉠, ㉣
② ㉡, ㉤
③ ㉠, ㉡, ㉣
④ ㉡, ㉢, ㉤

정답 04.③ 05.① 06.①

07 「화재예방, 소방시설 설치·유지 및 안전관리에 관한 법률 시행령」상 소방용품인 분말형태의 소화약제를 사용하는 소화기의 내용연수로 옳은 것은?

① 10년　　② 15년
③ 20년　　④ 25년

08 특정소방대상물에 소방시설을 설치하려는 자는 지진이 발생할 경우 소방시설이 정상적으로 작동될 수 있도록 소방청장이 정하는 내진설계기준에 맞게 소방시설을 설치하여야 한다. 이에 해당되는 소방시설로 옳은 것은?

① 자동화재탐지설비, 옥외소화전설비, 스프링클러설비
② 자동화재탐지설비, 옥내소화전설비, 스프링클러설비
③ 옥내소화전설비, 옥외소화전설비, 물분무등소화설비
④ 옥내소화전설비, 스프링클러설비, 물분무등소화설비

09 소방특별조사에 관한 설명으로 옳지 않은 것은?

① 소방특별조사를 실시하는 경우에는 원칙적으로 7일 전에 관계인에게 서면으로 통지하여야 한다.
② 소방특별조사는 원칙적으로 관계인의 승낙 없이 해가 뜨기 전이나 해가 진 뒤에 할 수 없다.
③ 소방특별조사 결과에 따른 조치명령으로 인한 손실을 보상하는 경우에는 시가(時價)로 보상하여야 한다.
④ 소방특별조사 업무를 수행하면서 알게 된 비밀을 목적 외의 용도로 사용한 자는 300만원 이하의 벌금에 처한다.

10 특정소방대상물의 구분으로 옳은 것은?

① 운동시설 – 관람석의 바닥면적의 합계가 1,000제곱미터 이상인 체육관
② 관광 휴게시설 – 어린이회관
③ 교육연구시설 – 자동차운전학원
④ 동물 및 식물 관련시설 – 식물원

정답　07.①　08.④　09.④　10.②

11 「위험물안전관리법 시행령」상 용어에 대한 설명으로 옳지 않은 것은?

① 특수인화물 : 이황화탄소, 디에틸에테르 그 밖에 1기압에서 발화점이 섭씨 100도 이하인 것 또는 인화점이 섭씨 영하 20도 이하이고 비점이 섭씨 40도 이하인 것
② 제1석유류 : 아세톤, 휘발유 그 밖에 1기압에서 인화점이 섭씨 70도 미만인 것
③ 제3석유류 : 중유, 클레오소트유 그 밖에 1기압에서 인화점이 섭씨 70도 이상 섭씨 200도 미만인 것
④ 동식물유류 : 동물의 지육 등 또는 식물의 종자나 과육으로부터 추출한 것으로서 1기압에서 인화점이 섭씨 250도 미만인 것

해설 p.319 - 11번

12 「위험물안전관리법 시행령」상 관계인이 예방규정을 정하여야 하는 제조소등으로 옳지 않은 것은?

① 지정수량의 10배 이상의 위험물을 취급하는 제조소
② 지정수량의 50배 이상의 위험물을 저장하는 옥외저장소
③ 지정수량의 150배 이상의 위험물을 저장하는 옥내저장소
④ 암반탱크저장소

해설 p.372 - 112번

13 「위험물안전관리법 시행령」상 운송책임자의 감독 또는 지원을 받아 운송하여야 하는 위험물로 옳은 것은?

① 알킬알루미늄, 알킬리튬
② 마그네슘, 염소류
③ 적린, 금속분
④ 유황, 황산

해설 p.380 - 126번

14 위험물의 누출·화재·폭발 등의 사고가 발생한 경우 사고의 원인 및 피해 등을 조사하여야 하는 자로 옳지 않은 것은?

① 시·도지사　　　　② 소방청장
③ 소방본부장　　　　④ 소방서장

해설 p.381 - 128번

정답　11.② 12.② 13.① 14.①

15 다음은 자체소방대에 두는 화학소방자동차와 자체소방대원의 수에 관한 규정이다. 빈칸에 들어갈 숫자가 바르게 짝지어진 것은?

> 제조소 또는 일반취급소에서 취급하는 제4류 위험물의 최대수량의 합이 지정수량의 24만 배 이상 48만 배 미만인 사업소에는 화학소방자동차 (㉠)대와 자체소방대원 (㉡)인을 두어야 한다.

	㉠	㉡		㉠	㉡
①	2	10	②	2	15
③	3	10	④	3	15

16 「소방기본법」상 화재경계지구의 지정에 대한 내용으로 옳지 않은 것은?
① 소방본부장 또는 소방서장은 화재가 발생하는 경우 그로 인하여 피해가 클 것으로 예상되는 지역을 화재경계지구로 지정할 수 있다.
② 석유화학제품을 생산하는 공장이 있는 지역을 화재경계지구로 지정할 수 있다.
③ 위험물의 저장 및 처리시설이 밀집한 지역을 화재경계지구로 지정할 수 있다.
④ 공장·창고가 밀집한 지역을 화재경계지구로 지정할 수 있다.

17 「소방기본법」상 소방청장 또는 시·도지사가 손실보상심의위원회의 심사·의결에 따라 정당한 손실보상을 하여야 하는 대상으로 옳지 않은 것은?
① 생활안전활동에 따른 조치로 인하여 손실을 입은 자
② 화재가 확대되는 것을 막기 위하여 가스·전기 또는 유류 등의 시설에 대하여 위험물질의 공급을 차단하는 등의 조치로 인하여 손실을 입은 자
③ 소방활동 종사명령으로 인하여 사망하거나 부상을 입은 자
④ 소방활동에 방해가 되는 불법 주차 차량을 제거하거나 이동시키는 처분으로 인하여 손실을 입은 자

정답 15.④ 16.① 17.④

18 「소방기본법」 및 같은 법 시행규칙상 소방지원활동으로 옳지 않은 것은?
① 집회·공연 등 각종 행사 시 사고에 대비한 근접대기 등 지원활동
② 소방시설 오작동 신고에 따른 조치활동
③ 방송제작 또는 촬영 관련 지원활동
④ 위해동물, 벌 등의 포획 및 퇴치활동

19 「소방기본법 시행규칙」상 저수조의 설치기준으로 옳지 않은 것은?
① 지면으로부터의 낙차가 10미터 이하일 것
② 흡수부분의 수심이 0.5미터 이상일 것
③ 흡수관의 투입구가 사각형의 경우에는 한 변의 길이가 60센티미터 이상, 원형의 경우에는 지름이 60센티미터 이상일 것
④ 저수조에 물을 공급하는 방법은 상수도에 연결하여 자동으로 급수되는 구조일 것

20 「소방기본법 시행규칙」상 지상에 설치하는 소화전, 저수조 및 급수탑의 소방용수표지 기준으로 옳은 것은?

	안쪽 문자	안쪽 바탕	바깥쪽 바탕
①	흰색	붉은색	파란색
②	붉은색	흰색	파란색
③	파란색	흰색	파란색
④	흰색	파란색	붉은색

정답 18.④ 19.① 20.①

PART 09 | 2018년 상반기(경채)

01 다음 중 「소방기본법」상 화재로 오인할 만한 우려가 있는 불을 피우거나 연막 소독을 하려는 자가 시·도조례로 정하는 바에 따라 소방본부장 또는 소방서장에게 신고하지 않아도 되는 지역은?
 ① 소방시설, 소방용수시설 또는 소방출동로가 없는 지역
 ② 목조건축물이 밀집한 지역
 ③ 석유화학제품을 생산하는 공장이 있는 지역
 ④ 시장지역

해설 p.88 - 150번

02 다음 중 소방본부장·소방서장·소방대장이 할 수 있는 권한으로 옳지 않은 것은?
 ① 강제처분 등   ② 피난명령
 ③ 소방활동 종사명령   ④ 화재에 관한 위험 경보

해설 p.60 - 96번

03 다음 중 「소방기본법 시행령」상 국고보조 대상사업 범위에 해당하지 않는 것은?
 ① 소방자동차
 ② 소방헬리콥터 및 소방정
 ③ 소방전용통신설비 및 전산 설비 구입 및 설치
 ④ 소방 전기·기계설비 구입 및 설치

해설 p.40 - 66번

04 다음 중 「소방기본법 시행령」상 소방업무에 관한 종합계획의 수립 기한으로 옳은 것은?
 ① 계획 시행 연도 10월 31일까지 수립하여야 한다.
 ② 계획 시행 전년도 10월 31일까지 수립하여야 한다.
 ③ 계획 시행 연도 12월 31일까지 수립하여야 한다.
 ④ 계획 시행 전년도 12월 31일까지 수립하여야 한다.

해설 p.28 - 45번

정답 01.① 02.④ 03.④ 04.②

05 다음 중 「소방기본법」상 119종합상황실의 설치권자로 옳은 것은?
① 시·도지사
② 119구조본부장
③ 소방본부장
④ 119종합상황실장

해설 p.21 - 31번

06 다음 중 「소방기본법」상 생활안전활동 사항으로 옳지 않은 것은?
① 끼임, 고립 등에 따른 위험제거 및 구출 활동
② 위해동물, 벌 등의 포획 및 퇴치 활동
③ 자연재해에 따른 급수·배수 및 제설 활동
④ 단전사고 시 비상전원 또는 조명의 공급

해설 p.76 - 128번

07 다음 중 소방안전교육사에 대한 설명으로 옳지 않은 것은?
① 소방안전교육사는 소방안전교육의 기획·진행·분석·평가 및 교수업무를 수행한다.
② 금고 이상의 실형을 선고받고 그 집행이 끝나거나(집행이 끝난 것으로 보는 경우를 포함한다) 집행이 면제된 날부터 2년이 지나지 아니한 사람은 결격사유에 해당한다.
③ 2급 응급구조사 자격을 취득한 후 응급의료 업무 분야에 2년 이상 종사한 사람은 응시 자격이 있다.
④ 제1차 시험과목은 소방학개론, 구급·응급처치론, 재난관리론 및 교육학개론 중 응시자가 선택하는 3과목, 제2차 시험과목은 국민안전교육실무이다.

해설 p.83 - 141번

08 다음 중 「소방기본법」상 응원협정에 대한 설명으로 옳지 않은 것은?
① 소방본부장이나 소방서장은 소방활동을 할 때에 긴급한 경우에는 이웃한 소방본부장 또는 소방서장에게 소방업무의 응원을 요청할 수 있다.
② 소방업무의 응원 요청을 받은 소방본부장 또는 소방서장은 정당한 사유 없이 그 요청을 거절하여서는 아니 된다.
③ 소방업무의 응원을 위하여 파견된 소방대원은 응원을 요청한 소방본부장 또는 소방서장의 지휘에 따라야 한다.
④ 시·도지사는 소방업무의 응원을 요청하는 경우를 대비하여 출동 대상지역 및 규모와 필요한 경비의 부담 등에 관하여 필요한 사항을 시·도조례로 정하는 바에 따라 이웃하는 시·도지사와 협의하여 미리 규약으로 정하여야 한다.

해설 p.45 - 76번

정답 05.③ 06.③ 07.③ 08.④

09 다음 중 「화재예방, 소방시설 설치·유지 및 안전관리에 관한 법률 시행령」상 소방용품으로 옳지 않은 것은?
① 소화설비 중 자동소화장치
② 경보설비 중 가스누설경보기 및 누전경보기
③ 피난구조설비 중 피난유도선
④ 방염도료

10 다음 중 수용인원의 산정방법에서 수용인원이 제일 적은 것은?
① 종사자 3명, 침대가 110개(2인용 90개, 1인용 20개) 있는 숙박시설
② 종사자 3명, 침대가 없고 바닥면적 600m²인 숙박시설
③ 강의실·교무실·상담실·실습실·휴게실 용도로 사용하는 바닥면적 합계가 600m²인 특정소방대상물
④ 강당, 문화 및 집회시설, 운동시설, 종교시설 용도로 사용하는 바닥면적 합계가 900m²인 특정소방대상물(관람석 의자는 없다)

11 다음 중 「소방기본법 시행령」상 특수가연물의 저장 및 취급의 기준에 대한 설명으로 옳지 않은 것은?
① 특수가연물을 저장 또는 취급하는 장소에서는 품명·최대수량 및 화기취급의 금지표지를 설치할 것
② 쌓는 높이는 10미터 이하가 되도록 하고, 쌓는 부분의 바닥면적은 200제곱미터 이하가 되도록 할 것
③ 석탄·목탄류를 발전용으로 저장하는 경우에는 제외할 것
④ 쌓는 부분의 바닥면적 사이는 1미터 이상이 되도록 할 것

12 다음 중 「화재예방, 소방시설 설치·유지 및 안전관리에 관한 법률 시행령」상 성능위주설계를 해야 하는 특정소방대상물의 범위로 옳은 것은?
① 높이가 100미터 이상의 아파트
② 지하층이 5층이고 지상층이 25층인 관광호텔
③ 영화상영관이 9개인 특정소방대상물
④ 연면적 2만 제곱미터 이상인 철도

정답 09.③ 10.④ 11.② 12.②

13 다음 중 방염대상물품으로 옳지 않은 것은?
① 영화상영관에 설치된 섬유류·합성수지류를 원료로 하여 제작된 소파·의자
② 전시용 합판 또는 섬유판
③ 가상체험 체육시설업에 설치하는 스크린
④ 카펫, 두께가 2밀리미터 미만인 벽지류(종이벽지는 제외)

해설 p.209 - 156번

14 다음 중 「소방기본법 시행령」상 소방활동구역에 출입할 수 없는 사람은?
① 취재인력 등 보도업무에 종사하는 사람
② 수사업무에 종사하는 사람
③ 전기·가스·수도·통신·교통의 업무에 종사하는 사람으로 원활한 소방활동을 위하여 필요한 사람
④ 소방대상물과 가까운 소방대상물의 관계인

해설 p.95 - 161번

15 다음 중 건축허가 동의 대상물 범위에서 연면적 $200m^2$ 이상인 노유자시설에 해당하지 않는 노유자시설로 옳은 것은?
① 공동주택에 설치된 결핵환자나 한센인이 24시간 생활하는 노유자시설
② 공동주택에 설치된 아동복지시설
③ 단독주택에 설치된 정신질환자 관련 시설
④ 단독주택에 설치된 노인주거복지시설

해설 p.163 - 76번

16 다음 중 소방시설기준 적용의 특례에 대한 설명으로 옳지 않은 것은?
① 특정소방대상물이 증축되는 경우에는 기존 부분을 포함한 특정소방대상물의 전체에 대하여 증축 당시의 소방시설의 설치에 관한 대통령령 또는 화재안전기준을 적용하여야 한다.
② 기존 부분과 증축 부분이 내화구조로 된 바닥과 벽으로 구획된 경우에는 기존 부분에 대해서는 증축 당시의 소방시설의 설치에 관한 대통령령 또는 화재안전기준을 적용하지 않는다.
③ 용도 변경되는 경우에는 건물 전체에 대하여 용도변경 당시의 소방시설의 설치에 관한 대통령령 또는 화재안전기준을 적용한다.
④ 용도변경으로 인하여 천장·바닥·벽 등에 고정되어 있는 가연성 물질의 양이 줄어드는 경우에는 특정소방대상물 전체에 대하여 용도변경 전에 해당 특정소방대상물에 적용되던 소방시설의 설치에 관한 대통령령 또는 화재안전기준을 적용한다.

해설 p.194 - 132번

정답 13.① 14.④ 15.④ 16.③

17 다음 중 「화재예방, 소방시설 설치·유지 및 안전관리에 관한 법률 시행령」상 화재안전기준을 적용하기 어려운 정수장, 수영장 등 이와 비슷한 용도로 사용되는 특정소방대상물에 대하여 소방시설을 설치하지 아니할 수 있는 소방시설로 옳은 것은?
① 옥내소화전설비
② 비상방송설비
③ 연결살수설비
④ 연결송수관설비

18 다음 중 「화재예방, 소방시설 설치·유지 및 안전관리에 관한 법률 시행령」상 인명구조기구를 모두 설치해야 하는 특정소방대상물로 옳은 것은?
① 지하층을 포함하는 층수가 7층 이상인 관광호텔
② 지하층을 포함하는 층수가 5층 이상인 병원
③ 수용인원 100명 이상인 문화 및 집회시설 중 영화상영관
④ 판매시설 중 대규모 점포

19 다음 중 「화재예방, 소방시설 설치·유지 및 안전관리에 관한 법률 시행령」상 둘 이상의 특정소방대상물이 구조의 복도 또는 통로로 연결된 경우에 이를 하나의 소방대상물로 보지 않는 것은?
① 내화구조가 아닌 연결통로로 연결된 경우
② 컨베이어로 연결되거나 플랜트설비의 배관 등으로 연결되어 있는 경우
③ 방화셔터 또는 갑종 방화문이 설치되지 않은 피트로 연결된 경우
④ 벽이 없는 구조로서 그 길이가 10m 이하인 경우

20 다음 중 「화재예방, 소방시설 설치·유지 및 안전관리에 관한 법률 시행령」상 인화성 물품을 취급하는 작업 등 대통령령으로 정하는 작업으로 옳지 않은 것은?
① 인화성·가연성·폭발성 물질을 취급하거나 가연성 가스를 발생시키는 작업
② 전열기구, 가열전선 등 열을 발생시키는 기구를 취급하는 작업
③ 용접·용단 등 불꽃을 발생시키거나 화기를 취급하는 작업
④ 행정안전부령으로 정하여 고시하는 폭발성 부유분진을 발생시킬 수 있는 작업

정답 17.③ 18.① 19.④ 20.④

PART 10 | 2018년 상반기(공채)

01 「소방기본법」상 시·도지사가 화재경계지구로 지정할 필요가 있는 지역을 화재경계지구로 지정하지 아니하는 경우 해당 시·도지사에게 해당 지역의 화재경계지구 지정을 요청할 수 있는 사람은 누구인가?
① 행정안전부장관
② 소방본부장
③ 소방서장
④ 소방청장

02 「소방기본법 시행령」상 수소가스를 넣는 기구에 대한 설명으로 옳지 않은 것은?
① 바람이 초속 6미터 부는 때에는 띄워서는 아니된다.
② 경마장에서 수소가스를 넣는 기구를 운반하거나 취급하여서는 아니된다.
③ 수소가스는 용량의 90퍼센트 이상을 유지하여야 한다.
④ 띄우는 각도는 지표면에 대하여 45도 이하로 유지한다.

03 다음 중 「소방기본법」상 용어에 대한 설명으로 가장 옳은 것은?
① "관계인"이란 소방대상물의 소유자·관리자 또는 점유자를 말한다.
② "관계지역"이란 소방대상물이 있는 장소만을 말한다.
③ "소방대상물"이란 건축물, 차량, 항해 중인 선박, 선박 건조 구조물, 산림, 그 밖의 인공 구조물 또는 물건을 말한다.
④ "소방대장"이란 소방본부장 또는 소방서장만을 말한다.

04 「소방기본법 시행규칙」상 소방신호에 대한 설명으로 옳은 것은?

	종류	타종신호	사이렌신호
①	경계신호	1타와 연2타를 반복	5초 간격을 두고 30초씩 3회
②	발화신호	연3타를 반복 후 난타	5초 간격을 두고 5초씩 3회
③	해제신호	연2타를 반복	1분간 1회
④	훈련신호	연3타 반복	5초 간격을 두고 1분씩 3회

정답 01.④ 02.① 03.① 04.①

05 「소방기본법 시행령」상 특수가연물의 품명과 수량으로 옳지 않은 것은?
① 200kg인 면화류
② 1,200kg인 볏짚류
③ 350kg인 나무껍질
④ 1,000kg인 사류

06 「소방시설공사업법」에서 용어에 대한 설명으로 옳지 않은 것은?
① "감리원"이란 소방공사감리업자에 소속된 소방기술자로서 해당 소방시설공사를 감리하는 사람을 말한다.
② "발주자"란 소방시설공사 등을 소방시설업자에게 도급하는 자를 말한다. 다만, 수급인으로서 도급받은 공사를 하도급하는 자는 제외한다.
③ "소방시설공사업"이란 설계도서에 따라 소방시설을 신설, 증설, 개설, 이전 및 정비하는 영업을 말한다.
④ "소방시설설계업"이란 소방시설공사에 관한 발주자의 권한을 대행하여 소방시설공사가 설계도서와 관계 법령에 따라 적법하게 시공되는지를 확인하는 영업을 말한다.

07 「소방시설공사업법 시행령」상 책임감리원으로 고급감리원을 배치할 수 있는 공사현장으로 옳은 것은?
① 지하층을 포함한 층수가 40층 이상인 특정소방대상물의 공사현장
② 연면적 20만m² 이상인 특정소방대상물의 공사현장
③ 제연설비가 설치되는 특정소방대상물의 공사현장
④ 지하층을 포함한 층수가 16층 이상 40층 미만인 특정소방대상물의 공사현장

08 「소방시설공사업법 시행령」상 소방시설공사업의 등록기준으로 옳은 것은?
① 기술인력, 장비, 시설
② 기술인력, 자본금(자산평가액)
③ 자본금, 도급실적
④ 기술인력, 장비 도급실적

정답 05.③ 06.④ 07.③ 08.②

09 「화재예방, 소방시설 설치·유지 및 안전관리에 관한 법률」 및 같은 법 시행령상 공동 소방안전관리자 선임대상 특정소방대상물로 옳지 않은 것은?

① 고층 건축물(지하층 제외 13층 건축물)
② 지하가(지하의 인공구조물 안에 설치된 상점 및 사무실, 그 밖에 이와 비슷한 시설이 연속하여 지하도에 접하여 설치된 것과 그 지하도를 합한 것을 말한다)
③ 복합건축물로서 연면적 4천m^2인 것
④ 판매시설 중 도매시장 및 소매시장

해설 p.225 - 182번

10 「화재예방, 소방시설 설치·유지 및 안전관리에 관한 법률」 및 같은 법 시행령상 소방서장이 화재안전기준의 변경으로 강화된 기준을 적용하여야 하는 소방시설로 옳은 것을 모두 고르면?

> 가. 소화기구
> 나. 피난기구
> 다. 자동화재탐지설비
> 라. 노유자시설 스프링클러설비, 자동화재탐지설비
> 마. 의료시설 간이스프링클러설비, 자동화재속보설비

① 가, 나, 마
② 가, 다, 라
③ 나, 라, 마
④ 나, 다, 라

해설 p.192 - 129번

11 「화재예방, 소방시설 설치·유지 및 안전관리에 관한 법률 시행규칙」상 종합정밀점검 대상으로 옳은 것을 고르면?

① 자동화재속보가 설치된 소방대상물
② 물분무등소화설비가 설치된 연면적 4,000m^2인 특정소방대상물
③ 제연설비가 설치된 터널
④ 공공기관 중 연면적이 600m^2 이상이고 자동화재탐지설비가 설치된 것

해설 p.232 - 191번

정답 09.③ 10.① 11.③

12 「화재예방, 소방시설 설치·유지 및 안전관리에 관한 법률 시행령」상 방염성능기준에 대한 설명이다. 빈칸에 알맞은 것은?

> 가. 버너의 불꽃을 제거한 때부터 불꽃을 올리며 연소하는 상태가 그칠 때까지 시간은 ( )초 이내일 것
> 나. 버너의 불꽃을 제거한 때부터 불꽃을 올리지 아니하고 연소하는 상태가 그칠 때까지 시간은 ( )초 이내일 것
> 다. 탄화한 면적은 ( )제곱센티미터 이내, 탄화한 길이는 ( )센티미터 이내일 것
> 라. 불꽃에 의하여 완전히 녹을 때까지 불꽃의 접촉 횟수는 ( )회 이상일 것
> 마. 소방청장이 정하여 고시한 방법으로 발연량을 측정하는 경우 최대연기밀도는 ( ) 이하일 것

① 30, 20, 20, 50, 3, 400
② 20, 30, 50, 20, 3, 400
③ 20, 30, 20, 50, 3, 400
④ 30, 20, 20, 50, 2, 300

13 「화재예방, 소방시설 설치·유지 및 안전관리에 관한 법률 시행령」상 임시소방시설의 종류로 옳지 않은 것은?

① 소화기
② 스프링클러설비
③ 비상경보장치
④ 간이소화장치

14 「위험물안전관리법」상 위험물시설의 설치 및 변경 등에 대한 설명이다. 옳지 않은 것은?

① 제조소등을 설치하고자 하는 자는 그 설치장소를 관할하는 시·도지사의 허가를 받아야 한다.
② 제조소등의 위치·구조 또는 설비를 변경하고자 하는 때에는 시·도지사에게 신고해야 한다.
③ 제조소등의 위치·구조 또는 설비의 변경없이 당해 제조소등에서 저장하거나 취급하는 위험물의 품명·수량 또는 지정수량의 배수를 변경하고자 하는 자는 변경하고자 하는 날의 1일 전까지 시·도지사에게 신고하여야 한다.
④ 수산용으로 필요한 건조시설을 위한 지정수량 10배의 저장소는 신고를 하지 아니하고 위험물의 품명·수량 또는 지정수량의 배수를 변경할 수 있다.

정답 12.② 13.② 14.②

15 「위험물안전관리법 시행규칙」상 완공검사 신청 시기에 대한 설명이다. 옳지 않은 것은?

① 지하탱크가 있는 제조소등의 경우 : 당해 지하탱크를 매설하기 전
② 이동탱크저장소의 경우 : 상시 설치 장소를 확보하기 전 이동저장탱크를 완공한 후
③ 이송취급소의 경우 : 이송배관 공사의 전체 또는 일부를 완료한 후. 다만, 지하·하천 등에 매설하는 이송배관의 공사의 경우에는 이송배관을 매설하기 전
④ 전체 공사가 완료된 후에는 완공검사를 실시하기 곤란한 경우 : 위험물설비 또는 배관의 설치가 완료되어 기밀시험 또는 내압시험을 실시하는 시기

해설 p.358 - 86번

16 「위험물안전관리법 시행규칙」상 지하저장탱크의 주위에 설치하는 당해 탱크로부터의 액체위험물의 누설을 검사하기 위한 관에 대한 설명으로 옳지 않은 것은?

① 이중관으로 할 것. 다만, 소공이 없는 상부는 단관으로 할 수 있다.
② 재료는 금속관 또는 경질합성수지관으로 할 것
③ 관은 탱크전용실의 바닥 또는 탱크의 기초까지 닿게 할 것
④ 상부는 물이 침투하지 아니하는 구조로 하고, 뚜껑은 검사시에 쉽게 열 수 없도록 할 것

해설 p.344 - 60번

17 「위험물안전관리법 시행령」 및 같은 법 시행규칙상 1인의 안전관리자를 중복하여 선임할 수 있는 저장소 등으로 옳은 것을 모두 고르면?

> 가. 보일러·버너 위험물을 소비하는 장치로 이루어진 7개 이하의 일반취급소와 그 일반취급소에 공급하기 위한 위험물을 저장하는 저장소
> 나. 동일구내에 있는 11개의 옥내저장소
> 다. 동일구내에 있는 11개의 암반탱크저장소
> 라. 동일구내에 있는 31개의 옥외탱크저장소

① 가
② 가, 나
③ 가, 라
④ 가, 다, 라

해설 p.365 - 98번

정답 15.② 16.④ 17.①

18 「위험물안전관리법 시행규칙」상 제조소의 설치기준에 대한 설명이다. 옳지 않은 것은?

① 채광설비는 불연재료로 하고 연소 우려가 없는 장소에 설치한다.
② 조명설비의 전선은 내화·내열전선으로 한다.
③ 환기설비의 급기구의 크기는 800cm² 이상으로 한다.
④ 환기설비의 급기구는 높은 곳에 설치한다.

19 「화재예방, 소방시설 설치·유지 및 안전관리에 관한 법률 시행규칙」상 소방시설업에 대한 행정처분에 대한 설명이다. 빈칸에 들어갈 단어로 옳은 것은?

> 위반행위의 차수에 따른 행정처분의 가중된 처분기준은 최근 (　)간 같은 위반행위로 행정처분을 받은 경우에 적용한다. 이 경우 기간의 계산은 위반행위에 대하여 (　)과 그 처분 후 다시 같은 위반행위를 하여 적발된 날을 기준으로 한다.

① 6개월　　　행위를 한 날
② 6개월　　　행정처분을 받은 날
③ 1년　　　　행정처분을 받은 날
④ 1년　　　　행위를 한 날

20 「소방시설공사업법」상 소방시설업의 종류로 옳은 것을 모두 고르면?

가. 소방공사감리업	나. 방염처리업
다. 소방시설공사업	라. 소방시설점검업
마. 소방시설설계업	바. 소방시설관리업

① 가, 나, 바
② 가, 다, 마
③ 가, 나, 다, 마
④ 가, 나, 다, 라, 마

정답　18.④　19.③　20.③

PART 11 | 2017년 경채

01 다음 중 소방박물관과 소방체험관의 설립·운영자로 옳은 것은?
① 소방청장, 시·도지사
② 문화재청장, 소방박물관장
③ 시·도지사, 소방청장
④ 문화재청장, 소방청장

02 다음 중 임시소방시설로 가장 옳지 않은 것은?
① 간이소화장치
② 소화기
③ 호스릴 옥내소화전
④ 비상경보장치

03 「화재예방, 소방시설 설치·유지 및 안전관리에 관한 법률 시행령」 별표상 스프링클러를 설치해야 하는 기준 중 가장 옳은 것은?
① 판매시설, 운수시설 및 창고시설(물류터미널에 한정한다)로서 연면적의 합계가 5천m² 이상인 모든 층
② 판매시설, 운수시설 및 창고시설(물류터미널에 한정한다)로서 수용인원이 100명 이상인 경우에는 모든 층
③ 문화 및 집회시설 중 영화상영관의 용도로 쓰이는 층의 바닥면적이 지하층 또는 무창층인 경우에는 1천m² 이상, 그 밖의 층의 경우에는 1천m² 이상인 모든 층
④ 문화 및 집회시설 중 무대부가 지하층·무창층 또는 4층 이상의 층에 있는 경우에는 무대부의 면적이 300m² 이상인 모든 층

정답 01.① 02.③ 03.④

04. 소방력의 기준 및 소방장비의 국고보조에 대한 설명 중 가장 옳은 것은?
① 소방장비의 분류, 표준화와 그 관리 등에 필요한 사항은 대통령령으로 정한다.
② 시·도지사는 관할구역의 소방력을 확충하기 위하여 필요한 계획을 수립하여 시행하여야 한다.
③ 국고보조 대상사업와 기준보조율은 행정안전부령으로 정한다.
④ 소방활동장비 및 설비의 종류와 규격은 대통령령으로 정한다.

05. 한국소방안전원에 대한 설명 중 가장 옳지 않은 것은?
① 안전원은 법인으로 한다.
② 소방안전관리자 또는 소방기술자로 선임된 사람도 회원이 될 수 있다.
③ 안전원의 운영경비는 국가 보조금으로 충당한다.
④ 안전원이 정관을 변경하려면 소방청장의 인가를 받아야 한다.

06. 다음 중 피난구조설비에 해당하는 것은?
① 공기호흡기
② 통합감시시설
③ 무선통신보조설비
④ 연결살수설비

07. 다음 중 국고보조 대상사업의 범위로 옳지 않은 것은?
① 소방관서용 청사의 건축
② 소방헬리콥터 및 소방정
③ 소방전용통신설비 및 전산설비
④ 특정소방대상물의 소방시설

정답 04.② 05.③ 06.① 07.④

08 소방업무에 관한 종합계획 및 세부계획의 수립·시행에 대하여 옳지 않은 것은?

① 소방청장은 소방업무에 관한 종합계획을 관계 중앙행정기관의 장과의 협의를 거쳐 계획 시행 전년도 10월 31일까지 수립하여야 한다.
② 재난·재해 환경 변화에 따른 소방업무에 필요한 대응 체계를 마련한다.
③ 장애인, 노인, 임산부, 영유아 및 어린이 등 이동이 어려운 사람을 대상으로 한 소방활동에 필요한 조치를 한다.
④ 시·도지사와 시·군·구청장은 종합계획의 시행에 필요한 세부계획을 수립하여 소방청장에게 제출하여야 한다.

해설 p.27 - 44번

09 내진설계대상 중 대통령령으로 정하는 소방시설로 가장 옳지 않은 것은?
① 옥내소화전설비
② 옥외소화전설비
③ 스프링클러설비
④ 물분무소화설비

해설 p.188 - 121번

10 다음 중 화재경계지구 지정에 대한 설명으로 옳지 않은 것은?
① 시·도지사가 화재경계지구를 지정하지 않으면 소방청장이 지정할 수 있다.
② 소방본부장이나 소방서장은 화재경계지구 안의 소방대상물의 위치, 구조, 설비 등에 대하여 소방특별조사를 하여야 한다.
③ 소방본부장이나 소방서장은 화재경계지구 안의 관계인에 대하여 대통령령으로 정하는 바에 따라 훈련 및 교육을 실시할 수 있다.
④ 시·도지사는 화재경계지구 지정 현황, 소방특별조사의 결과 등 화재경계지구에서의 화재예방 및 경계에 필요한 자료를 매년 작성·관리하여야 한다.

해설 p.59 - 95번

정답 08.④ 09.② 10.①

11 다음 중 5년 이하의 징역 또는 5,000만원 이하의 벌금에 해당하지 않는 것은?

① 정당한 사유 없이 소방대가 현장에 도착할 때까지 사람을 구출하는 조치 또는 불을 끄거나 불이 번지지 아니하도록 하는 조치를 하지 아니한 사람
② 위력을 사용하여 출동한 소방대의 화재진압·인명구조 또는 구급활동을 방해하는 행위를 한 사람
③ 사람을 구출하는 일 또는 불을 끄거나 불이 번지지 아니하도록 하는 일을 방해한 사람
④ 출동한 소방대원에게 폭행 또는 협박을 행사하여 화재진압·인명구조 또는 구급활동을 방해하는 행위를 한 사람

12 다음 중 특정소방대상물의 종류로 알맞게 짝지어진 것은?

① 교육연구시설 : 도서관, 직업훈련소
② 의료시설 : 치과의원, 격리병원
③ 운수시설 : 자동차검사장, 여객자동차터미널
④ 묘지 관련 시설 : 장례식장, 봉안당

13 방염성능기준 이상의 실내장식물 등을 설치하여야 하는 특정소방대상물로 옳지 않은 것은?

① 문화 및 집회시설
② 의료시설
③ 노유자 시설
④ 운동시설(수영장)

14 공동 소방안전관리자를 선임해야 하는 특정소방대상물로 옳지 않은 것은?

① 복합건축물로서 연면적이 5천m^2 이상인 것 또는 층수가 5층 이상인 특정소방대상물
② 지하가
③ 지하층을 포함한 11층 이상 특정소방대상물
④ 소방본부장 또는 소방서장이 지정하는 특정소방대상물

정답 11.① 12.① 13.④ 14.③

15 다음 중 소방안전관리보조자를 두어야 하는 특정소방대상물이 아닌 것은?
① 야간까지 이용되는 노유자시설
② 휴일에도 이용되는 수련시설
③ 아파트 300세대
④ 연면적 1만 제곱미터 미만 특정소방대상물

해설 p.218 - 171번

16 다음 중 소방지원활동 내용으로 옳지 않은 것은?
① 단전사고 시 비상전원 조명의 공급 지원활동
② 산불에 대한 예방·진압 등 지원활동
③ 자연재해에 따른 급수·배수 및 제설 등 지원활동
④ 화재, 재난·재해로 인한 피해복구 지원활동

해설 p.74 - 125번

17 다음 중 강제처분에 대한 설명으로 옳은 것은?
① 소방본부장, 소방서장, 소방대장은 사람을 구출하거나 불이 번지는 것을 막기 위하여 필요할 때에는 불이 번질 우려가 있는 토지를 일시적으로 사용할 수 없다.
② 시·도지사는 법령을 위반하여 소방자동차의 통행과 소방활동에 방해가 된 경우도 보상하여야 한다.
③ 시·도지사는 강제처분으로 인하여 손실을 입은 자가 있는 경우에는 그 손실을 보상하여야 한다.
④ 소방본부장, 소방서장 또는 소방대장은 사람을 구출하거나 불이 번지는 것을 막기 위하여 긴급하다고 인정할 때에는 화재가 발생하거나 불이 번질 우려가 있는 토지 외의 토지에 대하여 처분을 할 수 없다.

해설 p.100 - 168번

정답 15.④ 16.① 17.③

18 다음 중 소방특별조사에 대한 설명으로 옳지 않은 것은?
① 소방청장, 소방본부장 또는 소방서장은 소방특별조사를 하려면 5일 전에 관계인에게 조사대상, 조사기간 및 조사사유 등을 서면으로 알려야 한다.
② 관계인이 이 법 또는 다른 법령에 따라 실시하는 소방시설 등, 방화시설, 피난시설 등에 대한 자체점검 등이 불성실하거나 불완전하다고 인정되는 경우 실시한다.
③ 소방본부장은 소방특별조사의 대상을 객관적이고 공정하게 선정하기 위하여 필요하면 소방특별조사위원회를 구성하여 소방특별조사의 대상을 선정할 수 있다.
④ 개인의 주거에 관하여는 관계인의 승낙이 있거나 화재발생의 우려가 뚜렷하여 긴급한 필요가 있는 때에 한정한다.

19 다음 중 중앙소방기술심의위원회 심의사항으로 가장 옳지 않은 것은?
① 화재안전기준에 관한 사항
② 소방시설의 구조 및 원리 등에서 공법이 특수한 설계 및 시공에 관한 사항
③ 소방시설의 설계 및 공사감리의 방법에 관한 사항
④ 소방시설에 하자가 있는지의 판단에 관한 사항

20 다음 중 소방산업의 육성·진흥 및 지원 등에 대한 설명으로 옳지 않은 것은?
① 국가는 소방산업의 육성·진흥을 위하여 필요한 계획의 수립 등 행정상·재정상의 지원시책을 마련하여야 한다.
② 국가는 소방산업과 관련된 기술의 개발을 촉진하기 위하여 기술개발을 실시하는 자에게 그 기술개발에 드는 자금의 일부만 출연하거나 보조할 수 있다.
③ 국가는 소방기술 및 소방산업의 국제경쟁력과 국제적 통용성을 높이는 데에 필요한 기반 조성을 촉진하기 위한 시책을 마련하여야 한다.
④ 국가는 국민의 생명과 재산을 보호하기 위하여 기관이나 단체로 하여금 소방기술의 연구·개발사업을 수행하게 할 수 있다.

정답 18.① 19.④ 20.②

PART 12 | 2017년 중앙

01 특정소방대상물의 내진설계 대상으로 대통령령으로 정하는 소방시설로 가장 옳은 것은?
① 스프링클러설비
② 옥외소화전설비
③ 소화용수설비
④ 제연설비

해설 p.187 - 120번

02 다음 중 소방활동 업무 등에 대한 설명으로 옳지 않은 것은?
① 소방활동 업무를 돕다가 사망하거나 부상을 입은 경우에는 소방청장 또는 시·도지사가 보상한다.
② 소방활동에 종사한 관계인은 시·도지사로부터 비용을 지급받을 수 있다.
③ 소방서장은 인근 사람에게 인명구출, 화재진압을 명할 수 있다.
④ 소방활동시 방해하면 5년 이하의 징역 또는 5천만원 이하의 벌금에 해당된다.

해설 p.97 - 163번

03 다음 중 화재 예방조치의 내용 중 옳지 않은 것은?
① 소방본부장이나 소방서장은 화재의 예방상 위험하다고 인정되는 행위를 하는 사람이나 소화 활동에 지장이 있다고 인정되는 물건의 소유자·관리자 또는 점유자에게 명령을 할 수 있다.
② 소방본부장이나 소방서장은 함부로 버려두거나 그냥 둔 위험물, 그 밖에 불에 탈 수 있는 물건을 옮기거나 치우게 하는 등의 조치에 해당하는 경우로서 그 위험물 또는 물건의 소유자·관리자 또는 점유자의 주소와 성명을 알 수 없어서 필요한 명령을 할 수 없을 때에는 소속 공무원으로 하여금 그 위험물 또는 물건을 옮기거나 치우게 할 수 있다.
③ 소방본부장이나 소방서장은 옮기거나 치운 위험물 또는 물건을 보관하여야 한다.
④ 소방본부장이나 소방서장은 위험물 또는 물건을 보관하는 경우에는 그 날부터 7일 동안 소방본부 또는 소방서의 게시판에 그 사실을 공고할 수 있다.

해설 p.50 - 82번

정답 01.① 02.② 03.④

04 화재조사에 대한 설명으로 옳지 않은 것은?
① 화재조사에 관한 시험에 합격한 자가 없는 경우에는 소방공무원 중 「국가기술자격법」에 따른 기계분야 산업기사 이상의 자격을 취득한 자로 하여금 화재조사를 실시하도록 할 수 있다.
② 화재조사에 관한 시험에 합격한 자가 없는 경우에는 소방공무원 중 소방·건축·가스·전기·위험물분야 산업기사 이상의 자격을 취득한 자로 하여금 화재조사를 실시하도록 할 수 있다.
③ 소방청장은 화재조사에 관한 시험에 합격한 자에게 2년마다 전문보수교육을 실시하여야 한다.
④ 소방청장·소방본부장 또는 소방서장은 화재조사전담부서에서 근무하는 자의 업무능력 향상을 위하여 국내·외의 소방 또는 안전에 관련된 전문기관에 위탁교육을 실시할 수 있다.

05 다음 중 건축허가등의 동의 대상기준으로 옳은 것은?
① 차고·주차장은 바닥면적 250m^2 이상
② 노유자·수련시설은 연면적 200m^2 이상
③ 지하층·무창층 건물은 바닥면적 100m^2 이상(단, 공연장은 150m^2 이상)
④ 정신의료기관(입원실 없는 정신건강의학과의원 제외) 연면적 200m^2 이상

06 「소방시설공사업법 시행령」상 완공검사를 위한 현장확인 대상 특정소방대상물의 범위로 가장 옳지 않은 것은?
① 연면적 1만m^2 이상 특정소방대상물
② 문화 및 집회시설, 다중이용업소
③ 물분무등소화설비(호스릴 소화설비 제외)가 설치되는 특정소방대상물
④ 11층 이상의 고층건축물 중 아파트

07 관계인이 예방규정을 정해야 하는 제조소등의 기준으로 옳은 것은?
① 지정수량 10배 이상의 위험물을 취급하는 제조소
② 지정수량 100배 이상의 위험물을 저장하는 옥내저장소
③ 지정수량 150배 이상의 위험물을 저장하는 옥외탱크저장소
④ 지정수량 150배 이상의 위험물을 저장하는 옥내탱크저장소

정답   04.①   05.②   06.④   07.①

08 소방지원활동 등에 대한 설명으로 옳지 않은 것은?
① 화재, 재난·재해로 인한 피해복구 소방지원활동을 할 수 있다.
② 소방지원활동에는 단전사고 시 비상전원 또는 조명의 공급이 있다.
③ 소방지원활동은 소방활동 수행에 지장을 주지 아니하는 범위에서 할 수 있다.
④ 유관기관·단체 등의 요청에 따른 소방지원활동에 드는 비용은 지원요청을 한 유관기관·단체 등에게 부담하게 할 수 있다.

해설 p.74 - 124번

09 다음 중 착공신고 대상에 대하여 옳은 것은?
① 비상방송설비를 증설하는 공사
② 유도등을 신설하는 공사
③ 자동화재탐지설비 경계구역을 증설하는 공사
④ 비상경보설비를 증설하는 공사

해설 p.274 - 53번

10 다음 중 위험물안전관리자에 대하여 옳지 않은 것은?
① 대리자는 경력이 없어도 위험물의 취급에 관한 자격취득자를 선임할 수 있다.
② 대리자는 안전관리자를 선임하지 못할 시에만 지정할 수 있다.
③ 위험물취급자격자가 아닌 자는 안전관리자 또는 대리자가 참여한 상태에서 위험물을 취급하여야 한다.
④ 대리자를 선임 시 소방본부장 또는 소방서장에게 신고를 하지 않아도 된다.

해설 p.363 - 94번

11 다음 중 방염성능기준으로 옳지 않은 것은?
① 불꽃에 의해 완전히 녹을 때까지 불꽃의 접촉횟수는 3회 이상일 것
② 버너의 불꽃을 제거한 때부터 불꽃을 올리고 연소상태가 그칠 때까지의 시간은 20초 이내일 것
③ 버너의 불꽃을 제거한 때부터 불꽃을 올리지 아니하고 연소상태가 그칠 때까지 시간은 30초 이내일 것
④ 탄화한 면적은 50제곱센티미터 이내, 탄화한 길이는 30센티미터 이내일 것

해설 p.207 - 153번

정답 08.② 09.③ 10.② 11.④

12 다음 중 119종합상황실에 지체없이 보고해야 할 사항이 아닌 것은?
① 사망 5명 이상인 화재
② 재산피해액 50억 이상의 화재
③ 이재민 50명 이상인 화재
④ 연면적 1만5천m² 이상인 공장에서 발생한 화재

13 다음 중 소방특별조사에 대한 설명으로 옳지 않은 것은?
① 소방특별조사에 소방기술사, 소방시설관리사, 전문지식을 갖춘 사람을 소방특별조사에 참여하게 할 수 있다.
② 소방청장, 소방본부장, 소방서장은 7일 전까지 조사사유, 조사대상, 조사기간을 관계인에게 서면으로 알려야 한다.
③ 소방특별조사의 연기를 신청하려는 자는 소방특별조사 시작 5일 전까지 소방청장, 소방본부장, 소방서장에게 연기 신청을 할 수 있다.
④ 관계인이 질병, 장기출장 등으로 소방특별조사를 참여할 수 없는 경우 소방청장, 소방본부장, 소방서장에게 연기 신청을 할 수 있다.

14 다음 중 등록사항 변경신고사항으로 옳지 않은 것은?
① 상호(명칭)　　② 대표자
③ 기술인력　　　④ 자본금

15 소방시설 하자보증기간을 같은 것끼리 묶은 것은?
① 유도표지, 비상경보설비, 비상조명등, 피난기구
② 옥내소화전, 제연설비, 비상콘센트, 비상방송설비
③ 무선통신보조설비, 자동소화장치, 상수도소화용수설비, 물분무등소화설비
④ 자동화재탐지설비, 옥내소화전설비, 무선통신보조설비, 비상조명등

정답　12.③　13.③　14.④　15.①

16 다음은 주유취급소에 대한 설명이다. 옳은 것은?
① 주유를 받으려는 자동차 등이 출입할 수 있도록 너비 10m 이상, 길이 5m 이상의 콘크리트 등으로 포장한 공지를 보유하여야 한다.
② 흑색바탕에 황색문자로 "주유 중 엔진정지"라는 표시를 한 게시판을 설치하여야 한다.
③ 주유취급소의 주위에는 자동차 등이 출입하는 쪽 외의 부분에 높이 3m 이상의 내화구조 또는 불연재료의 담 또는 벽을 설치하여야 한다.
④ 고정주유설비 또는 고정급유설비의 주유관의 길이는 5m 이내로 한다.

17 다음 중 판매취급소에 대하여 옳은 것은?
① 제1종 판매취급소는 제2종 판매취급소보다 더 강화된 기준을 적용한다.
② 제2종 판매취급소는 건축물의 1층에 설치하여야 한다.
③ 출입구의 문턱의 높이는 바닥면으로부터 0.15m 이상으로 설치한다.
④ 위험물의 배합실의 바닥면적은 $6m^2$ 이상 $10m^2$ 이하로 한다.

18 다음 중 위험물의 지정수량으로 옳지 않은 것은?
① 무기과산화물 − 50kg
② 철분 − 500kg
③ 특수인화물 − 100리터
④ 질산에스테르류 − 10kg

19 다음 중 공사감리자 지정대상 특정소방대상물로 옳지 않은 것은?
① 소화용수설비・통합감시시설을 신설・개설할 때
② 옥내・외소화전설비를 신설・개설・증설할 때
③ 캐비닛형 간이스프링클러설비를 신설・개설, 방호・방수구역 증설할 때
④ 자동화재탐지설비를 신설 또는 개설할 때

20 정당한 사유없이 ( )일 이상 소방시설공사를 계속하지 않은 경우에는 관계인은 수급인에게 도급계약을 해지할 수 있는가?
① 7
② 15
③ 30
④ 60

정답 16.④ 17.② 18.③ 19.③ 20.③

PART 13 | 2017년 하반기

01 「소방기본법 시행규칙」상 종합상황실의 실장이 상급기관에 보고하여야 하는 사유로 옳지 않은 것은?

① 사망자가 5인 이상 발생한 화재
② 사상자가 10인 이상 발생한 화재
③ 재산피해액이 10억원 이상 발생한 화재
④ 이재민이 100인 이상 발생한 화재

해설 p.20 - 30번

02 「소방기본법」상 위력(威力)을 사용하여 출동한 소방대의 화재진압·인명구조 또는 구급활동을 방해하는 행위를 한 경우 벌칙 규정은?

① 5년 이하의 징역 또는 5천만원 이하의 벌금
② 5년 이하의 징역 또는 3천만원 이하의 벌금
③ 3년 이하의 징역 또는 3천만원 이하의 벌금
④ 3년 이하의 징역 또는 1,500만원 이하의 벌금

해설 p.120 - 198번

03 「소방기본법 시행규칙」상 화재조사를 실시하는 시기로 옳은 것은?

① 조사요원이 현장에 도착한 후
② 소화활동을 종료한 후에
③ 화재사실을 인지하는 즉시
④ 소방서장이 현장에 도착한 후에

해설 p.104 - 176번

정답 01.③ 02.① 03.③

04 「소방기본법」상 소방업무의 응원협정에 대한 설명으로 옳지 않은 것은?

① 소방본부장이나 소방서장은 소방활동을 할 때에 긴급한 경우에는 이웃한 소방본부장 또는 소방서장에게 소방업무의 응원(應援)을 요청할 수 있다.
② 소방업무의 응원 요청을 받은 소방본부장 또는 소방서장은 정당한 사유 없이 그 요청을 거절하여서는 아니 된다.
③ 소방업무의 응원을 위하여 파견된 소방대원은 응원을 요청받은 소방본부장 또는 소방서장의 지휘에 따라야 한다.
④ 시·도지사는 ①에 따라 소방업무의 응원을 요청하는 경우를 대비하여 출동 대상지역 및 규모와 필요한 경비의 부담 등에 관하여 필요한 사항을 행정안전부령으로 정하는 바에 따라 이웃하는 시·도지사와 협의하여 미리 규약(規約)으로 정하여야 한다.

05 「소방기본법 시행령」상 노·화덕 설비의 설치기준으로 옳지 않은 것은?

① 시간당 열량이 30만킬로칼로리 이상인 노를 설치하는 경우에는 주요구조부는 난연재료로 한다.
② 시간당 열량이 30만킬로칼로리 이상인 노를 설치하는 경우에는 노 주위에는 1미터 이상 공간을 확보한다.
③ 노 또는 화덕의 주위에는 녹는 물질이 확산되지 아니하도록 높이 0.1미터 이상의 턱을 설치하여야 한다.
④ 실내에 설치하는 경우에는 흙바닥 또는 금속 외의 불연재료로 된 바닥이나 흙바닥에 설치하여야 한다.

06 「화재예방, 소방시설 설치·유지 및 안전관리에 관한 법률 시행령」상 성능위주설계를 해야 하는 특정소방대상물의 범위로 가장 옳은 것은?

① 연면적 10만 제곱미터인 특정소방대상물(아파트등 제외)
② 지하층을 포함한 층수가 20층인 특정소방대상물(아파트등 제외)
③ 연면적 3만 제곱미터인 철도 및 도시철도 시설
④ 건축물의 높이가 120미터 이상인 아파트

정답 04.③ 05.① 06.③

07 「소방시설공사업법」상 감리업자의 업무내용으로 옳지 않은 것은?
① 소방시설등의 설치계획표의 적법성 검토
② 피난시설 및 방화시설의 유지・관리
③ 완공된 소방시설등의 성능시험
④ 소방시설등 설계 변경 사항의 적합성 검토

08 「소방시설공사업법」 및 같은 법 시행규칙상 소방시설업의 등록, 운영, 취소에 대한 설명 중 가장 옳은 것은?
① 소방시설업의 영업정지처분을 받은 경우 즉시 감리업자에 알려야 한다.
② 소방시설업의 영업정지 기간 중에 소방시설공사등을 한 경우 영업정지 기간을 연장한다.
③ 소방시설업의 등록의 취소권자는 소방본부장 또는 소방서장이다.
④ 영업정지 처분기간 중 영업정지에 해당하는 위반사항이 있는 경우에는 종전의 처분기간 만료일의 다음날부터 새로운 위반사항에 대한 영업정지의 행정처분을 한다.

09 「소방시설공사업법 시행령」상 반드시 착공신고를 해야 하는 경우로 옳은 것은?
① 단독경보형감지기를 설치하는 경우
② 소화용수설비를 「건설산업기본법 시행령」에 따른 기계가스설비공사업자가 공사하는 경우
③ 특정소방대상물에 옥내소화전설비를 신설하는 경우
④ 동력(감시)제어반을 고장 또는 파손 등으로 인하여 작동시킬 수 없어 긴급히 교체하거나 보수하여야 하는 경우

10 「소방시설공사업법」상 완공검사에 대한 설명 중 옳지 않은 것은?
① 공사업자는 소방시설공사를 완공하면 소방본부장 또는 소방서장의 완공검사를 받아야 한다.
② 대통령령으로 정하는 특정소방대상물의 경우에는 소방본부장이나 소방서장이 소방시설공사가 공사감리 결과보고서대로 완공되었는지를 현장에서 확인할 수 있다.
③ 공사업자가 소방대상물 일부분의 소방시설공사를 마친 경우 그 일부분에 대하여 소방본부장이나 소방서장에게 완공검사를 신청할 수 없다.
④ 소방본부장이나 소방서장은 완공검사를 하였을 때에는 완공검사증명서를 발급하여야 한다.

정답 07.② 08.④ 09.③ 10.③

11 「위험물안전관리법」의 목적에 대한 설명이다. 빈칸에 들어갈 단어로 옳은 것은?

> 이 법은 위험물의 (㉠)·(㉡) 및 (㉢)과 이에 따른 안전관리에 관한 사항을 규정함으로써 위험물로 인한 위해를 방지하여 공공의 안전을 확보함을 목적으로 한다.

	㉠	㉡	㉢		㉠	㉡	㉢
①	저장	취급	운반	②	제조	취급	운반
③	제조	저장	이송	④	저장	취급	이송

해설 p.314 - 1번

12 「화재예방, 소방시설 설치·유지 및 안전관리에 관한 법률 시행령」상 소방시설을 설치하지 아니할 수 있는 특정소방대상물 및 소방시설의 범위로 옳지 않은 것은?

① 불연성 물품을 저장하는 창고 – 화재 위험도가 낮은 특정소방대상물
② 농예·축산·어류양식용 시설 – 화재안전기준을 적용하기 어려운 특정소방대상물
③ 원자력 발전소 – 화재안전기준을 달리 적용하여야 하는 특수한 용도 또는 구조를 가진 특정소방대상물
④ 펄프공장의 작업장 – 화재 위험도가 낮은 특정소방대상물

해설 p.162 - 73번

13 「화재예방, 소방시설 설치·유지 및 안전관리에 관한 법률」상 형식승인에 대한 설명이다. 빈칸에 들어갈 단어로 옳은 것은?

> 형식승인을 받지 아니한 소방용품을 (㉠)하거나 (㉡) 목적으로 (㉢)하거나 소방시설공사에 (㉣)할 수 없다.

	㉠	㉡	㉢	㉣
①	제조	제조	수입	사용
②	판매	판매	진열	사용
③	사용	사용	수입	설치
④	판매	진열	수입	설치

해설 p.238 - 202번

정답 11.① 12.④ 13.②

14 「화재예방, 소방시설 설치·유지 및 안전관리에 관한 법률」 및 같은 법 시행령상 화재안전정책기본계획 등의 수립·시행등에 대한 설명 중 옳지 않은 것은?

① 국가는 화재안전 기반 확충을 위하여 화재안전정책에 관한 기본계획을 5년마다 수립·시행하여야 한다.
② 소방청장은 화재안전정책에 관한 기본계획을 계획 시행 전년도 8월 31일까지 관계 중앙행정기관의 장과 협의를 마친 후 계획 시행 전년도 9월 30일까지 수립하여야 한다.
③ 기본계획에는 화재안전분야 전문인력의 육성·지원 및 관리에 관한 사항이 포함된다.
④ 기본계획, 시행계획 및 세부시행계획 등의 수립·시행에 관하여 필요한 사항은 행정안전부령으로 정한다.

15 「화재예방, 소방시설 설치·유지 및 안전관리에 관한 법률」상 소방시설관리사 또는 소방시설관리업에 대한 설명이다. 옳지 않은 것은?

① 소방시설관리사가 되려는 사람은 소방청장이 실시하는 관리사시험에 합격하여야 한다.
② 소방공무원으로 5년 이상 근무한 경력이 있는 사람은 소방시설관리사 시험에 응시할 수 있다.
③ 기술 인력, 장비 등 관리업의 등록기준에 관하여 필요한 사항은 대통령령으로 정한다.
④ 관리업의 등록이 취소된 날부터 1년이 경과한 경우는 관리업을 등록할 수 있다.

16 「소방시설공사업법」상 상주 공사감리 대상으로 옳은 것은?

① 연면적 3만 제곱미터 이상의 특정소방대상물(아파트는 제외)
② 연면적 3만 제곱미터 이상의 특정소방대상물(아파트는 포함)
③ 지하층을 포함한 층수가 11층 이상으로서 500세대 이상인 특정소방대상물(아파트는 제외)
④ 지하층을 포함한 층수가 11층 이상으로서 500세대 이상인 특정소방대상물(아파트는 포함)

정답 14.④ 15.④ 16.①

17 「위험물안전관리법 시행규칙」상 복합용도 건축물의 옥내저장소의 기준에 대한 설명으로 옳지 않은 것은?

① 옥내저장소의 용도에 사용되는 부분의 바닥면적은 75m² 이하로 하여야 한다.
② 옥내저장소의 용도에 사용되는 부분의 바닥은 지면보다 높게 설치하고 그 층고를 6m 미만으로 하여야 한다.
③ 옥내저장소의 용도에 사용되는 부분의 출입구에는 수시로 열 수 있는 자동폐쇄방식의 갑종방화문 또는 을종방화문을 설치하여야 한다.
④ 옥내저장소의 용도에 사용되는 부분에는 창을 설치하지 아니하여야 한다.

해설 p.336 - 44번

18 「위험물안전관리법」상 고객이 직접 주유하는 주유취급소에 대한 설명으로 옳지 않은 것은?

① 주유노즐은 자동차 등의 연료탱크가 가득 찬 경우 수동으로 정지시키는 구조이어야 한다.
② 주유호스는 200kg중 이하의 하중에 의하여 깨져 분리되거나 이탈되어야 하고, 깨져 분리되거나 이탈된 부분으로부터의 위험물 누출을 방지할 수 있는 구조이어야 한다.
③ 휘발유와 경유 상호간의 오인에 의한 주유를 방지할 수 있는 구조이어야 한다.
④ 1회의 연속주유량 및 주유시간의 상한을 미리 설정할 수 있는 구조이어야 한다.

해설 p.350 - 71번

19 「위험물안전관리법 시행령」상 정기점검 대상으로 옳지 않은 것은?

① 지정수량 80배의 위험물을 저장하는 옥외저장소
② 암반탱크저장소
③ 이동탱크저장소
④ 지정수량 210배의 위험물을 저장하는 옥외탱크저장소

해설 p.366 - 100번

정답 17.③ 18.① 19.①

20 소방공무원으로서 근무한 경력이 5년인 사람이 위험물취급자격자로서 취급할 수 있는 위험물의 종류로 옳은 것은?
   ① 1류 위험물   ② 2류 위험물
   ③ 3류 위험물   ④ 4류 위험물

정답 20.④

편저자약력

김동준

- **(현) 소방방재학박사**
  - 재난행정박사 수료
  - 중앙소방학교 간부후보생 교수
  - 중앙소방학교 신임소방사 교수
  - 중앙소방학교 전문교육 교수
  - 경북소방학교 전문교육 교수
  - 경기소방학교 신임교육 교수
  - 충청소방학교 신임교육 교수
  - 충남 정책자문위원회위원
  - 소방청 소방행정연찬대회 지도교수

  - 한국화재소방학회 평생회원
  - 한국건축학회 정회원
  - 한국건축시공학회 정회원
  - 한국터널공학회 정회원
  - 일본소방학회 정회원
  - 일본건축학회 정회원
  - 진도군 재난재해대책위원
  - 법무부 화재재난전문위원
  - 공간인증평가위원

- **(전) 소방공무원 출제위원**
  - 소방시설관리사 출제위원
  - 소방공무원 면접위원
  - 소방시설관리사 검토위원
  - 세한 소방 근무(공사, 소방시설관리업)

  - 소방공무원 검토위원
  - 명성 소방 근무(설계, 감리)
  - 한국소방안전원 근무
  - 세한대학교 소방행정학과 학과장

- **저서** : 김동준 소방학개론(서울고시각)
  - 김동준 소방학개론 동형모의고사(서울고시각)
  - 김동준 소방관계법규 동형모의고사(서울고시각)
  - 김동준 소방관련학과 동형모의고사(서울고시각)
  - 김동준 소방학개론 단원별 기출문제집 600(서울고시각)
  - 김동준 소방관계법규 단원별 기출문제집 500(서울고시각)
  - 김동준 소방면접가이드(서울고시각)
  - 김동준 소방관계법규Ⅱ(두빛나래)
  - 김동준 소방관계법규Ⅲ(두빛나래)
  - 김동준 소방 슬림노트(두빛나래)
  - 김동준 소방학개론 객관식 문제집(두빛나래)
  - 김동준 소방관계법규 객관식 문제집-공채(두빛나래)
  - 김동준 소방관계법규 객관식 문제집-경채(두빛나래)
  - 김동준 소방학개론 합격 노트(두빛나래)
  - 김동준 소방학개론 빈칸 노트(두빛나래)
  - 김동준 소방관계법규 합격 노트(두빛나래)
  - 김동준 소방관계법규 빈칸 노트(두빛나래)
  - 김동준 재난관리론 객관식 문제집(두빛나래)
  - 김동준 재난관리론 연도별 기출문제집(두빛나래)
  - 김동준 안전관리론 객관식 문제집(두빛나래)
  - 김동준 안전관리론 연도별 기출문제집(두빛나래)

인쇄일 2021년 10월 5일
발행일 2021년 10월 10일

편저자 김동준
발행인 김용관
발행처 ㈜서울고시각
주 소 서울시 영등포구 양평로 157 투웨니퍼스트밸리 10층 1008호
대표전화 02.706.2261
상담전화 02.706.2262~6 | **FAX** 02.711.9921
인터넷서점·동영상강의 www.edu-market.co.kr
E-mail gosigak@gosigak.co.kr
표지디자인 이세정
편집디자인 플러스
편집·교정 서승희

ISBN 978-89-526-3930-1
정 가 25,000원

저자와의
협의하에
인지생략

- 이 책에 실린 내용에 대한 저작권은 서울고시각에 있으므로 함부로 복사·복제할 수 없습니다.

22년 대비 김동준 소방&방재 아카데미와 함께하는 소방체력 Family

체력학원명	지역	주소	상담대표전화
에듀스포츠 체대입시(수원)	경기도	경기도 수원시 장안구 장안로 92 태범B/D	031-252-7678
맥스체대입시(강릉시)	강원도	강원도 강릉시 임영로120 3층 맥스체대입시	033-651-2673
맥스체대입시(동해시)	강원도	강원도 동해시 동해대로 5033 4층	033-521-2673
맥스체대입시(천안)	충남	충청남도 천안시 서북구 두정동 2036	041-522-0207
트윈 에이치(청주)	충북	충청북도 청주시 흥덕구 천석로 73	010-8253-1912
맥시멈체대입시(창원)	경남	경남창원시 마산합포구 동서동3길39 새롬미리내 아파트 101동 지하상가 제1호	055-245-1789
스포츠매니아(순천)	전남	전라남도 순천시 신대지구 기성용빌딩 8층	010-5543-1316
엘리트 체대 입시(전주)	전북	전라북도 전주시 완산구 우전로 255 4층	010-6336-4565
골드짐	대전	대전 중구 선화동 5-1 지하1층	042-254-0864
한국 맥시멈 공무원체력학원	대구	대구광역시 중구 중앙대로 390 지하1층	053-255-1129
PSSA 경찰소방체력	부산	부산시 부산진구 중앙대로 680번길 38 현광빌딩 5층	051 806 9666
맥스체대입시(관악교육원)	서울	서울 관악구 난곡로63가길 60 로얄빌딩	0507-1323-0794
맥스체대입시(춘천교육원)	춘천	강원 춘천시 경춘로 2215 어썸빌딩 3층	033-251-9731
맥스체대입시(원주교육원)	원주	강원 원주시 능라동길 26 메인스퀘어 3층 305호	010-9211-6332

*현 교재에 포함된 쿠폰 제출시 각 학원과 협업되어있는 할인 프로모션에 참여가 가능합니다. *자세한 할인율 및 할인금액은 해당되는 지역의 체력학원에 문의하여 주시기 바랍니다.